《华中学术》(第16辑)编委会

中文社会科学引文索引（CSSCI）来源集刊
华中师范大学文学院　主办

華中學術

Central China Humanities

第16辑

主编　戴建业

2016/4
VOL.8 NO.4

華中师范大学出版社

新出图证(鄂)字 10 号

图书在版编目(CIP)数据

华中学术(第 16 辑)/戴建业主编. —武汉:华中师范大学出版社,2016.12
ISBN 978-7-5622-7655-5

Ⅰ.①华… Ⅱ.①戴… Ⅲ.①社会科学—文集 Ⅳ.①C53

中国版本图书馆 CIP 数据核字(2016)第 321547 号

华中学术(第 16 辑)

责任编辑:王中宝 **责任校对**:缪 玲 **封面设计**:罗明波
编 辑 室:学术出版中心 **电话**:027—67867792
出版发行:华中师范大学出版社
社址:湖北省武汉市洪山区珞喻路 152 号 **邮编**:430079
电话:027—67863426/3280(发行部) 027—67861321(邮购)
传真:027—67863291
网址:http://press.ccnu.edu.cn **电子邮箱**:press@mail.ccnu.edu.cn
印刷:湖北新华印务有限公司 **督印**:王兴平
字数:343 千字
开本:787mm×1092mm 1/16 **印张**:15.25
版次:2016 年 12 月第 1 版 **印次**:2016 年 12 月第 1 次印刷
定价:39.00 元

欢迎上网查询、购书

目录

华中学术(第16辑)

【影视文化与批评】(主持人:李显杰)

【语言学研究】(主持人:刘云)

【汉语方言研究】(主持人:汪国胜)

【博士生论坛】(主持人:魏天无)

学缘漫忆

在唐师身边问学的日子

王兆鹏

（武汉大学文学院，湖北武汉，430072）

在唐师圭璋先生身边问学的三年（1987.9—1990.11），是我求学生涯中最轻松自在、无忧无虑、快乐充实的日子。跟如今的博士生相比，我当时可以说是“三无博士”。

一无生活压力。我是在职带薪读书，职称是讲师，每月工资87元，都留给太太抚养孩子，我自己“创收”挣生活费。那会儿自学考试的热潮正盛，各种自学辅导班需要讲课的老师。我每周到辅导班里讲一次古代文学的辅导课，可以挣三四十元，一个月下来，可以挣一两百元，比工资还高。除去五六十元的日常生活开销，还有不少余钱买书，生活过得蛮滋润。唐师也常常给我机会赚稿费，学界、出版界时常有人向唐师约稿，有些推脱不掉的文章，老师就让我执笔代写，人家给的稿费，他悉数给我。因为唐师的名气大，人家给的稿费也高，一篇几千字短文，总要给一两百元，相当于我一两个月的工资。

二无论文压力。当年读博士，不需要发表资格论文，只管埋头读书，读自己要读的书、想读的书、爱读的书。积累到一定程度，自然就水到渠成，可以写出比较好的论文。读博士二年级的时候，我写了两篇论文《传统的突破——傅璇琮三部著作述评》和《论“东坡范式”——兼论唐宋词的演变》，当年就分别发表在《文学遗产》1989年第2期和第5期上。那个时候，没有什么核心期刊、权威期刊的概念，一年在《文学遗产》发表两篇论文，没有点赞，没有奖励，只有自个儿高兴，觉得自己有进步。因为读硕士期间，论文寄出一篇就被退稿一篇；读博士之后，投出两篇就中了两篇，而且是在学界公认的名刊上发表，治学的信心大增。

三无就业压力。当年的博士，就像皇帝的姑娘不愁嫁。我是定向培养的博士生，更无就业的压力，可以全身心无顾虑地投入学业之中。

读博三年，我每周要做五件快乐的事，完成“五个一”工程。

第一个“一”，是每周看望一次老师。我入学读博的时候，唐师已经87岁了，身体比较衰弱，不能出门活动。同届的另两位同门师兄肖鹏和史双元都是本系教师，在职读书，有课要上，有家要顾。我虽说也是在职读书，但是脱产专心读博士，时间宽裕，所以我每周至少要到老师家中去看望他一次，陪伴他一小时，听老师谈学问，聊往事，说掌故，从言谈中感受老师的人格境界，从细微处感悟老师的治学精神。唐师为人极谦和，待人极亲切。一般的学生初次见老师，总会有种敬畏感、恐惧感，特别是像唐师这样大师级的学者，按理说，应该有一种说不出的威严。可是，初次见唐师，没有一点紧张畏惧，就像见了自己的老爷爷一样，亲切得不行。他慈眉善目，总是面带笑容。他家客厅里摆着一对旧沙发，中间是个小茶几，每次见面，他都让我坐在另一端的沙发上，把我的一只手拉着放在茶几上，他自始至终用干瘦而温暖的手抚摸着我的手背，跟我谈话。对谁都这样，只要是客人到他家看望他、拜访他，他都习惯抚摸着客人的手背跟他交谈，直到客人离开。每次离开的时候，虽然他行走艰难，但都要缓慢地起身，把客人送到门口，然后让照顾他生活起居的女儿女婿一同送到楼下。对我们学生是这样，对其他客人也是这样。每次都是如此，从不改变。对客人、对晚辈的友好和尊重，是他的生活习惯。

唐师每次谈的话题，基本上是学问之事，他很少谈日常琐事，也不谈时事政治。即使是1989年“六四”前后那样的时局，他也绝口不谈不问，但他心中有国家观念，有民族意识。有次说起苏州大学一篇研究钱谦益的博士论文，他半开玩笑半认真地说，钱谦益这种投降清人的贰臣也值得为他写博士论文？唐师跟龙榆生先生是好朋友，但对其失足为汉奸之事却不宽恕。上世纪30年代，龙榆生先生主编《词学季刊》，唐师和夏承焘先生全力支持配合，差不多每期都有他们三人的力作。有次唐师无意中翻出龙先生50年代末给他的一封信，信中说起30年代他们在词坛上“鼎足而三”的情形，颇为自得。唐师一边把信递给我看，一边愉快地回忆跟龙先生的友谊和交往。他顺便聊起一事，80年代初，夏承焘先生在中华书局出版《瞿髯论词绝句》，其中有一首诗影射龙先生与汪伪政权的瓜葛，指斥其失节当汉奸。词中意旨原不明显，夏先生的夫人吴无闻加注说明后，词意才豁然明朗。龙先生的子女看到后，有些不满，写信给唐师，希望他从中斡旋，请夏先生删去注释，不要直接点名批评，以回护龙先生的声誉。唐师断然拒绝，称赞夏先生在大非问题上不含糊。因为此事，龙先生的子女后来就不再与他联系了。唐师称许夏先生坚守民族大义，唐师本人也是如此，大是大非问题也绝不含糊。

唐师说他研究词学，是深受老师吴梅先生的影响，是吴先生给他指引了词学研究的方向。他读大学的时候，词曲学还不是显学，在传统的学者心目中，是末学，是小道，有点被人瞧不起。唐师讲过一个小故事，颇能见出词曲学在当时人心目中的地位。民国时期，中央大学中文系办公室只有一把比较高档的沙发椅子，平时除了黄侃先生，没有第二个人敢坐。有一次开会，吴梅先生先到，坦然地坐在椅子上。黄侃先生来后，一见吴先生坐在他的“专座”上，很是来气，就盛气凌人地质问吴先生：“你凭什么坐这把椅子？”吴梅先生自信而俏皮地说：“凭我的曲子。”黄侃先生听后，虽然有些不服气，但也无可如何，只好悻悻然自找别的板凳坐下。吴梅先生当时已是蜚声南北的戏曲家，既能研治词曲，也能创作词曲，还能演唱词曲。他能自作自导自演昆曲。即便是吴梅先生这样大师级的学者，治传统小学的黄侃先生，多少还是有点不屑，可想见当时新兴的词曲学，并不受传统学者的待见。唐师选定词学作为终生的研究方向，就是看到了词学研究发展的前景，虽然眼前不受人重视，但只要执着投入，就能开拓出一片新天地。唐师的选择，让我感悟到，做学问，要有前瞻性，要为人所不为，为人所未为，做别人想不到的学问，做别人不做的学问，做别人做不了的学问。

我读博士的时候，是“师徒制”，类似于师傅带徒弟，除了公共课，不怎么上专业课。专业上的培养，是老师耳提面命，学生自己读书，自己找问题。有了疑问，再请教老师，研究生可以自由发展。

当时的公共课有三门：一门英语，一门二外，一门政治课。我们上英语课时，可幸福了，外语学院一位教授专门教我们同门三位博士生，每周三节英语课。因为人少，就在老师家里上。上课前，老师摆好茶点，上课时一边吃着茶点，一边用英语聊天，很是轻松。每次找个话题神侃，不知不觉中就提高了英语的听说能力。上完半年的英语课后，我就可以自如地与外国友人用英语交流，可以顺溜地听“美国之音”的英语节目。记得1990年8月，伊拉克入侵科威特，我最先是从美国之音的英语广播中听到消息的。博士毕业后，英语听说能力还保持了相当一段时间，只是后来长期不用，英语听说能力大大下降，如今只能一般阅读而不能听说了。唐师年轻的时候，英语也非常棒，曾经翻译过美国欧·亨利的小说《波斯智者的礼物》，发表在1929年12月21日的《中央日报》上。欧·亨利这篇小说的英文原标题为 *The Gift of the Magi*，近些年国内语文教材多译为《麦琪的礼物》，或译为《圣诞礼物》，这两种翻译，都不准确。此处 Magi，是指耶稣诞生时波斯拜火教的法师（Magician），英文缩写为 Magi。随着基督教的发展，波斯拜火教法师被改为智者（Wise Man）。可见，八十多年前唐师的翻译，比时下的翻译还要高明，可以想见当年唐师的英语水平好生了得。第二外国语，我选修的是日语，上的是大课，虽然当时学得不错，考试常常拿满分，可惜学了半年之后没有坚持继续学习，不久就全部还给老师了，如今想来十分后悔。当时上政治课，也蛮有意思，学的是马克思《1844年经济学哲学手稿》，上课的学生也只有我们同门三人，任课老师只是第一堂课讲了要点，以后的课程就由我们仨轮流讲，讲完后讨论。开始阅读时没什么感觉，似懂非懂，心里很不服气，26岁的马克思写的著作，28岁的我居然读不懂，太丢人了。于是一字一句地读原著，细细琢磨原著的思路和方法。一学期下来，思想开窍了，思维活跃了。至今还感念当时的政治课老师带领我们读马克思的哲学经典，让我的理论思辨能力大大提升。专业课只上了一门版本目录学的课，任课老师是钱玄（小云）教授。当时钱先生（1910—1999）年事已高，无力讲课，只是给我们开了书目，让我们自学。虽然没上课，我按要求系统地研读了程千帆先生和徐有富先生合著的《校雠广义》等版本目录学著作，深深地体会到版本目录学是治学的门径。不熟悉古代文献的目录版本，古代文学研究就难以登堂入室。

唐师虽然没有正式给我们上过专业课，但每周一次的交谈，等于是给我开小灶。他常常给我讲读书的方法，告诉我要读些什么书。老师说的读书方法中，印象最深的是由点及面、上下贯通的纵横读书法。所谓由点及面，是先读一家词集，读熟读透后，再以其为中心，读同时代的诸家词集，以便在比较中辨析词人的个性与群体的共性。比如要研究辛弃疾，先读辛弃疾的词集，包括他的诗文集。对辛弃疾这个点有了比较深入的了解后，再读与辛弃疾同时的陈亮、韩元吉、朱熹、陆游、杨万里、范成大、赵善括、杨炎正等人的诗词文集。那些虽然与辛弃疾没有直接交往，但同时的作家文集、诗集、词集也应该阅读，这样能获得更多与辛弃疾直接相关和间接相关的史料。对当时的文坛、诗坛、词坛有了全方位的认识之后，就有助于对辛弃疾的深度了解，有助于对辛弃疾进行准确的文学史定位。这是把一个“点”放在“面”上进行横向的比较分析。上下贯通是，读辛弃疾之前的作家的词集，如南渡词人、北宋词人的词集甚至唐五代词人的词集，以见出辛弃疾的文学渊源、创作上的承传与变异，各种风格、题材的来龙去脉。辛弃疾之后的词人词集也要阅读，这样才能了解他对后世的影响。一个作家的生命，不仅存在于他自己的作品中，还存在于别人的作品中。一个作家的文学史地位，不仅要看他本人文学贡献的大小，还要看他在文学进程中影响的大小。这种读书方法，其实也是一种研究思路，后来我研究辛弃疾，就是按老师指点的这种思路进行的。博士毕业之后，为了参加辛弃疾学术研讨会，我写过一篇三万多字的长文《辛弃疾词的英雄世界》。为说明辛词创作范式的承传与变异，我先上溯到唐五代，再沿北宋而下。写到南渡时期，已有一万五千字，于是分为两篇，上篇题为《唐宋词的审美层次及其嬗变》，后来发表在《文学遗产》1994年第1期；下篇《英雄的词世界——稼轩词的特质及其新变》发表在《河北大学学报》1993年第4期。唐师教我的这种读书方法、研究思路，让我受益无穷。我后来治学的路数，也是由点及面，由面及线，上下贯通，四周辐射，逐渐把格局做大。我硕士论文做的是《张元幹年谱》，是点；博士论文是做《宋南渡词人群体研究》，是面，此所谓由点及面。博士毕业之后，向上拓展研究苏轼、北宋词、唐五代词。博士毕业的次年，就主持《全唐五代词》的编纂，后来又主编了《唐宋词汇评・唐五代卷》；向下延展至辛弃疾研究、南宋词研究，逐步拓展向金词、明词和清词，于今继续向下关注当代词坛。此所谓由面及线、上下贯通，力图对整个词史的全程有自己的观察和思考。过去研究词学，主要关注词人与词作，创作过程研究的多，传播过程和接受过程研究的少。受传播学和接受美学的启发，我又将词人词作研究向传播接受研究转移拓展。词人词作的经典研究，需要量化统计，需要定性分析与定量分析相结合，于是我又尝试进行词学和文学的计量研究。词学始终是我关注的对象，但我努力拓展研究视野、拓展研究领域。此所谓四周辐射。

老师要求读的书目，有《诗经》、《楚辞》，这是中国韵文的两大源头；还有诸子散文《论语》、《孟子》、《庄子》和历史散文《左传》、《国语》以及《史记》，这是中国散文的源头。这是打底子的书，是研究古代文学的必读书。要研究词学，可先读《宋词三百首》以入门，培养对词作的艺术感悟能力。次读版本目录书，以打好文献基础。然后熟读几种专家词，如苏辛词、周姜词之类，要读得烂熟于心，体会词人的用心，琢磨词人的个性。此所谓先读选本，以博其趣；后读别集，以精其诣。老师还特别推荐，要我好好读夏承焘先生的《天风阁学词日记》，他说那是夏老一生读书和思考的存证。我读之后，果然受益匪浅，既深切感受了夏先生那种执着不懈的探索创新的治学精神、宏大气象，更从中发现了不少可以继续开拓的学术选题。

唐师不仅告诉我怎样读书，也告诉我怎样写论文。有些他推辞不掉的约稿，让我代为执笔，这是一种“实战教学法”，在学术实践中培养我的研究能力和写作能力。

记得天津古籍出版社要影印明人吴讷辑录的《唐宋名贤百家词》，请唐师作序。唐师让我执笔，并告诉我先弄清吴讷的生平事迹，了解《唐宋名贤百家词》的来龙去脉、版本源流、递藏经过、各本优劣和版本价值后再行文。写完此文，也就慢慢学会了版本研究的套路。这种“实战教学法”，或“案例教学法”，效果非常好。带着问题去查资料，兴趣既高，收获也大。我的文章写好后给唐师过目，唐师看后如果不满意，从不疾言厉色地批评训斥，总是和颜悦色地说：“拿回去改改。”他只要你改，但不告诉你改什么、怎么改。拿回来后，只好自己琢磨，是材料使用不当，还是表述不准确，或是结构不清晰，努力发现问题。修改后再给唐师看。如果他依然不满意，就说：“再拿回去改改。”又只好拿回来，从头到尾一遍一遍地细读，仔细琢磨，终于发现有问题。几经修改，文章完善了，老师满意了，才拿出去发表。如此反复修订，也就慢慢领悟到为文的方法、体悟到严谨的治学态度和精益求精的精神。

唐师的教学重感悟。据一位听过唐师讲课的学生回忆，唐师以前给本科生讲宋词，一般只诵读，不讲解，让学生自己感悟。有次讲苏轼的悼亡词《江城子》，他把全词抄在黑板上，读了一遍，只含泪发了一声沉痛的感慨：“苦啊!”一下子就把全班学生给镇住了。学生在老师的情绪感染中，也领悟了原词的真挚情感，让他们终生难忘。这种重感悟的教学方法，来自词学前辈朱彊村。唐师曾告诉我一件轶事：岭南词人杨铁夫当初笺注梦窗词，因好多读不懂，跑去请教朱彊村，彊村只告诉他两字秘诀：“多读。”一年之后，再问朱先生，说还是读不懂，朱又答：“再读。”两年之后，依然有些不懂，再向朱请教，朱的回答仍然是：“重读。”

唐师给我的恩惠，不只是直接的指导，更有无形的护持。老师的威名和影响力让我沾光。1989 年 5 月，我到山东青州参加李清照学术研讨会，这是我第四次外出参加学术会议了。这次与会，与以前参加会议的感觉大不相同。以前在跟与会者的交往过程中，自我介绍、互通姓名后，别人没有什么感觉，可这次会上，无论是前辈还是同侪，知道我是唐门弟子时，似乎都高看一眼，纷纷与我聊起与唐师有关的话题，托我代致问候。会上我被推选为中国李清照辛弃疾学会理事。初出茅庐的我，还没毕业的博士研究生，能当上一个全国性的学会理事，这不是因为我有啥能耐，而是因为我是唐师的弟子。这让我感觉到做唐师的学生真的好光荣，让我增加了不少自信，当然也有压力，有责任。我从此暗下决心，一定要好好做学问，为唐师争光，至少不能给唐门抹黑。

第二个“一”，是每周逛一次书店。因为每周到老师家里，他常常会问我最近出版了什么新书，看到了什么新书，有好的书，就帮他买。老师布置的这个作业，其实就是策略地鞭策我多读书，及时了解最新的学术动态。为了每周见老师有内容汇报，我就每个周末逛一次书店，骑着花 50 元钱买来的二手自行车，先到南京杨公井古旧书店，去看有些什么文史新书，再转到新街口新华书店，看有些什么新理论书籍问世。当时阅读的兴趣广泛，文学理论、美学、哲学、文化学、社会学、心理学、传播学等方面的新书，都要浏览一番，喜欢的、有用的就买回来。三年下来，买了好几百本。当时的书比较便宜，有的一本只需几毛钱、一两元钱。理论书籍读的多了，视野也开阔了，思维也活跃了，感觉写文章时笔法也灵动了。

第三个“一”，是每周跟太太写一封信，我戏称是“周报”。当时电话不普及，更没有移动电话，与太太联系，只能靠书信。虽然每周一次，不像现在的电话这么方便，可以随时随地联系，但牵挂、期盼，也是一种幸福。而且现在的即时通信，往往不能留存，情感的印记随着时间而流逝，书信却能让感情保鲜。回头看看当年一百多封周报，仍能感觉当时的情感温度。

第四个“一”，是每周看一场电影。那时宿舍里没电视，也没网络，每周唯一的娱乐消遣就是周六的晚上到学校附近的电影院看场电影。当年比较时兴跳交谊舞，可我不会跳舞，也舍不得时间去学。读书的时候，很少出去游玩，成天就泡在图书馆，一心只想着多读点书。有一次，既是本科同学又是研究生同学的好友刘川鄂，到南京查询资料，我只晓得借自行车给他，让他独自活动，却舍不得花点时间陪他出去游玩。多少年后说起此事，他还嗔怪我来着。

第五个“一”，是每个周末去书店以后，就顺路到亲戚家享受一餐美食。内子的表哥荣义坚当时在江苏省水利厅工作，分管水利物资，家中常常有友人送来水产品。表哥和表嫂厨艺高，都会做菜，所以，我每次去他们家，如风卷残云，把他俩做的美食扫荡一空。不仅吃佳肴，还要喝美酒。我的酒量就是在南京练大的，原来只能喝二三两，博士毕业后，可以喝到半斤了。可惜现如今由于健康原因，酒功全废。

因为有这五个“一”的快乐工程，我读博士的三年时光一晃而过。毕业离校的头一天，我跟唐师辞行，唐师握着我的手，说“欲哭无泪”，嘱咐我回家后要记得写信给他报平安。说实话，当时我不是很能理解老师的心情，虽然我也舍不得离开老师，但少年不识愁滋味，并不怎样的伤感，因为我觉得今后会常常返校看望老师。如今随着年龄的增长，又了解了让我留校的一些过程细节，就能体会老师的心情了。以前我外出开会，与前辈同行结识，聆听时贤鸿论，多的是兴奋。如今年纪稍大，感觉大是不同。每次外出开会，与新知旧雨刚刚团聚，两三天后又骤然分开，有一种说不出的惆怅，怎么这么快就离别了呢！人到中老年，就特别念旧怕离别，古人所谓“中年怀抱”，不到一定的年岁还真没法理解。而唐师跟我的感情，不同于一般的师生情，三年间我长期在他身边，头两年是每周见一次，第三年他因不慎摔倒，导致骨裂，卧床不起，我每天要去陪伴他一个小时，天天见面，已是情同家人，情同祖孙，师生情渐变成铭心刻骨的亲情。我离校后，就不会有学生每天陪他说话，听他怀旧了，他是真舍不得，真的很伤感。我告辞时他欲哭无泪，是他的真切感受。我到现在才能真正体会老师当时的心境。

我博士毕业时的留校风波，也让唐师伤感。这事儿还需从头说起。唐师开始带我们这一届博士生时，已是87岁高龄，系里安排了两位副导师，协助唐师指导我们三位博士生。系里指定曹济平老师指导我，常国武老师指导肖鹏和史双元。名义上我是曹老师指导，但我也经常向常国武老师请教。博士论文写完后，我把初稿拿给常老师审阅，常老师并不因为我不是他名下的学生而敷衍，而是很认真地逐字逐句批改，使我的论文完善不少。他看完后，非常欣赏，就向唐师提出让我留校任教。当时师兄肖鹏已是本系教师，常老师很希望我跟肖鹏今后能比翼齐飞，成为“唐门二鹏”或“南师二鹏”。唐师当然也希望我能留在他身边，于是常老师向中文系正式提出让我留校。

从不求人的常老师，主动登门向主管研究生的副校长陈情。这位副校长也是古代文学专业的教授，他当面答应了常老师，但在开校长办公会决定是否留我时，他却提出否决意见，主要理由是古代文学教研室唐宋段的老师太多，应该消肿，不能再增加人。恰好我不争气，给他提供了一个口实。事件的原委是，毕业前夕，我在宿舍里用小电炉煮牛奶。当时用电紧张，学校规定学生宿舍不能使用电炉，可是研究生们还是暗地里使用。我用电炉时，正好被宿舍管理员阿姨发现。她要没收我的电炉，我不让她拿走，就争执了几句。最终她拿走了电炉，并向学校汇报了我的违规行为。这件事被那位主管的副校长知道，校长办公会上，他以此事为例，说我品质不好，不宜留校。后来有同学告诉我，他曾在一次全校研究生大会上，以我违规使用电炉的事例作为反面典型，告诫研究生要遵守纪律。一次违规事件，之所以让这位副校长印象深刻，原因是我曾经顶撞过他，让他对我印象不好。那是 1987 年 9 月我初到南师读博，学校住宿条件差，把我和艺术系的三位研究生安排在一间宿舍（博士研究生四人住一间，当时全国少有），准备过渡几个月后，再把我们调到离学校较远的位于后宰门的江苏省研究生公寓。大约开学两个月后，那位副校长和研究生处长来到宿舍，动员我们去公寓居住。我当时不认识他，只知道他是一位领导，就对他说，如果搬到后宰门住，每次来学校上课、上图书馆，来回要两个小时；中午如果回宿舍午休，一天跑两个来回，路上需要四个小时。一天浪费四个小时，一个礼拜就要浪费二十四个小时，相当于三天不能读书。这太耽误时间了。他说："你们中午可以不休息嘛，美国人中午就不休息。"我那时年轻气盛，没好气地顶撞了他一句："我是中国人，不是美国人。中午不能不休息。"他听后很生气，于是向研究生处处长打听我是何许人。刘处长告诉他，我是唐老的博士生，叫王兆鹏。从此，他就记住我了。三年前的旧事加上这次新犯的违规烧电炉的错误，加深了他对我的坏印象。所以，他坚决不让我留校。学校校长办公会否决了中文系让我留校的要求后，常老师又找中文系主要领导说明情况，也不知常老师是怎样说服了中文系王臻中主任和陈国钧书记，他俩铁定决心要留我，双双到校长办公室找归鸿校长理论，对校长大发雷霆，拍桌子力争，声音之大，楼下过路的人都听得一清二楚。校长只好再次召开校长办公会，勉强通过了让我留校的决定。后来我听说此事，感动不已，我何德何能，让常老师如此费神，让系主任和书记如此器重，不惜得罪校长，坚决让我留校。好在系主任和书记没有因为此事而得罪上峰，后来他俩都做到了校级领导。学校同意我留校以后，系里委派能说会道的有"铁嘴"之称的副主任郁炳隆教授到湖北大学协商我的留校事宜。因为我是在职攻读，人事档案还在湖北大学，所以，我要留在南师，还需要湖北大学的同意。而早在我毕业之前的 1989 年 6 月，湖北大学为了能留住我，已把我爱人从外单位调入中文系资料室工作。那次调动，我人都没有回去就办成了，所以，我也心存感激。郁主任到湖北大学之后，被湖北大学留我的诚意所感动。湖大副校长范际燕教授出面接待郁主任，对郁主任说："你们留兆鹏，是锦上添花。我们要兆鹏回来，是雪中送炭。湖大这边教唐宋文学的，只有一位老教师了，如果兆鹏不回来，就断档了。"郁主任信心满满地去武汉，结果是失望地回到南京，向常老师致歉，说没有完成任务。因为留校的纠结，我 6 月份答辩完，一直拖到 11 月才离校回到武汉。几个月的争取与纠结，我还是没能留在唐师身边。唐师生性温和，一生与世无争，从来不会为自己的心愿向领导争取。他感到无助，所以特别伤感。我想留在唐师身边，以便学术上有更好的发展，可最终没能留下，当时就下定决心，一定要把唐门词学研究的旗帜在武汉树起来，为唐师争光！为唐门争气！我离开南师后，师兄肖鹏也离开南师，去深圳工作。“唐门二鹏”一个都没留下，这让常国武老师也伤感了好多年。如今他见我俩发展得都不错，又感到欣慰。前年秋天我和肖鹏陪常老师同游庐山，常老师说起当时让我留校的经过，一波三折，唏嘘不已。

虽然唐师离世 27 年了，但我情深依旧，至今见到或提起唐师的名字，我就肃然起敬，感到亲切。谁要是当我的面，直呼唐师的名字而不带称呼，我就本能地反感。我至今跟唐师的家人保持着密切联系，像亲人一样，每年逢年过节，彼此都要打电话互致问候。唐师的女儿唐棣棣、女婿卢德宏老师曾经去美国帮小女儿带孩子，过年了，特地打来越洋电话问候新年。一声问候，是一份感动，一片深情。我每次到南京开会，再忙也要去三位老师家拜望。有次参加南京大学莫砺锋教授主持的重大项目开题会，同时参会的华东师范大学胡晓明教授见我拉着一个大箱子，颇为不解，问我开半天会，为何要带这么大的行李箱。我说带的是礼物，要去看望老师。他很感慨地说：“看来我得学着点。”我每次去南京，硕大的行李箱总是满满的，那里面装的不是礼物，而是时间冲不淡的感恩之心。

钱锺书文学批评话语的双重审视

焦亚东

（淮阴师范学院文学院，江苏淮安，223300）

内容摘要：一直以来，钱学研究领域存在着两种极端对立的看法：或过于夸大钱锺书的学术成就而尊其为“文化昆仑”，或过于强调他的学术局限而称其是“杂耍艺人”，以致“不虞之誉”与“求全之毁”集于一人之身。由于这种评价的偏差主要集中在“学识的游戏与批评的逻辑”、“大师批评与大众批评”、“断片的狂欢与学术体系的假想”这些认识的对立上，故以之为视角审视钱锺书的文学批评话语，似能更准确地把握其特质，更客观地评价其价值。

关键词：钱锺书；文学批评；双重审视

在20世纪中国学术史上，钱锺书走过的道路很耐人寻味。一方面，他自觉地呼应了历史的诉求，毫无保留地踏上了会通中西、会通古今的学术道路；另一方面，他又刻意回避了其所经历的各个时期蔚然而成风习的学术潮流，力图以特立独行的方式保持自己的学术个性。可以说，钱锺书的学术品格以及至今仍被人津津乐道的学术个性，都使他成为现代学术史上的一个传奇，一个异数。亦因为此，长期以来学界对他的评价一直存在两种对立的看法：或过于夸大其学术成就与影响，至有“文化昆仑”之美誉；或过于强调其学术局限与不足，至有“杂耍艺人”之恶评[1]。这种“不虞之誉”与“求全之毁”集于一人的现象，已成为钱学研究领域必须直面的问题，惜乎尚未引起人们足够的关注。本文从“学识的游戏与批评的逻辑”、“大师批评与大众批评”、“断片的狂欢与体系的假想”这三个学界争议最集中的层面，对钱锺书文学批评话语做双重审视，以期更清晰地彰显其学术研究的特质，更客观地评价其学术研究的价值。

一、学识的游戏与批评的逻辑

阅读钱著，最深刻的印象莫过于书中纷至沓来的文献资料。这在作者自然是其所热衷的学识游戏，但对读者却是一种残酷的“卖弄”，不妨套用《围城》中唐晓芙的话说：“钱先生，你对我们这种没有学问的读者太残忍了。”[2]钱著中“乱花渐欲迷人眼”的文献资料，对普通读者而言始终是难以逾越的阅读障碍，而对很多想从中有所借鉴的研究者来说，也实在缺少体会揣摩、操觚自运的可能。钱锺书的这套学术话语是无法复制的，由于各种因素的制约，今人已很难重现他那种泛览群籍、旁征博引的治学气象了。

在钱的学术研究中，学识乃是至关重要的东西，以保证他那套“会通中西古今”的研究策略能够顺利实现。在每一次即使是对琐细问题的研究中，他也总能调动自己全部的知识积累，发掘出尽可能多的文献资料。我们很容易就找到这样的例子，例如在分析宋人罗与之的诗句“东风满天地，贫家独无春”时，钱锺书就让读者：

> 参看《汉郊祀歌》里《日出入》：“春非我春，秋非我秋”；曹植《感婚赋》：“春风起兮萧条”；庾信《和庾四》：“无妨对春日，怀抱只言秋”；张说《寄许八》：“万类春皆乐，徂颜独不怡”；杜审言《春日京中有怀》：“愁思看春不当春”；孟郊《长安羁旅行》：“万物皆及时，独余不觉春”；李贺《感春》：“春日自萧条”；赵嘏《别麻氏》：“分离况值花时节，从此东风不似春。”[3]

而假如一位读者正在吟诵姜夔的诗：“老去无心听管弦，病来杯酒不相便。人生难得秋前雨，乞我虚堂自在眠。”钱锺书一准儿会轻描淡写地提醒他：

> 吕本中《紫微诗话》里称道吕希哲的一首绝句：“老读文书兴易阑，须知养病不如闲。竹床瓦枕虚堂上，卧看江南雨后山。”假如姜夔作这首诗的时候，没有记起那首诗，我们读这首诗的时候，也会想到它。[4]

在这样的阅读中，对文本关系的追寻不可避免地要与阅读者的学识发生联系。最佳的状态当然是学识足够渊博，以至于每一次阅读都能与作者会心，彼此在记忆的深处莫逆相契，“通过这种方式，每一次接受的经验都更新了记忆，每一次阅读都成为一个事件”[5]。这就是钱锺书乐此不疲的学识游戏，他以此向读者展示诗人是如何追蹑前人的步履并从中汲取创作养分的，同时也告诉读者在阅读时应该怎样唤醒自己的文学记忆。因此对钱锺书来说，这种学识的游戏自有其深心所寄的用意。

不过，问题就在于此。李健吾曾批评废名的小说喜欢用典，“已然是通常读者的一种隔阂”；不过他又说：“无论如何，一般人视为隐晦的，有时正相反，却是少数人的星光。”[6]这句话倘倒过来看，一个问题必然浮出水面：少数人视为星光的，却是一般人视为隐晦的。有多少人可以像钱锺书那样谈艺呢？又有谁一读到陈陶的名句“可怜无定河边骨，犹是春闺梦里人”，就能自然而然地想起萨克雷小说《名利场》的结语呢？[7]对读者来说，参与如此深奥的学识游戏绝非乐事。更多的时候，对钱著的阅读只能是一种单向的接受，而不是一种双向的对话，留下的只是读者对浩瀚书海的喟叹，也许还有对这位学识渊博者的敬佩与不满。早就有人注意到这一问题，美国学者胡志德就说：“《谈艺录》征引的大量典故书证表明其作者的博学甚至超过拥有一座世界上最好的图书馆”，“这给20世纪的一般读者甚至包括那些受过良好中文教育的读者带来了阅读上的重重困难”[8]。

在快乐的学识游戏中，钱锺书自己似乎也察觉到了问题。1934年他为李高洁(Le Gros Clark)英译《苏东坡赋》撰序，就曾这样批评宋人："最可恼大概就是他们的显示学问和好用典故，这使得欣赏宋诗即便在中国人当中，也在很大程度上是少数人才可以享有的一种奢侈。"[9]在《宋诗选注》中他也针对宋人用典指出：读书多的人明白讲的是什么，读书少的人只觉得碰头绊脚，眼睛张都张不开，更别想看东西[10]。他的这种思考在评价王安石一首诗时表现得更明显。王诗"一水护田将绿绕，两山排闼送青来"，看似明白晓畅，其实暗藏玄机。钱锺书照例很得意地指出："护田"、"排闼"都出自《汉书》，所谓"史对史"，"汉人语对汉人语"[11]。我们当然得承认，他发现的这些隐含的文学关系对更好地理解诗的意蕴是大有裨益的。但对普通读者而言，问题的关键不是该不该这样读诗，而是能不能这样读诗。"护田"、"排闼"，普通读者姑且不论，很多有学问的人也未必知晓，这一情况笔者就偶见两例：其一是《琵琶记》唱词"坐对送青排闼青山好，看将绿护田畴绿水溆"，钱南扬先生注："《王临川全集》卷二十九《书湖阴先生壁》：'一水护田将绿绕，两山排闼送青来。'这里盖用此诗意。排闼，推门直入。《史记·樊哙传》：'高祖常病甚，……诏户者无得入群臣，哙乃排闼直入。'溆，水流貌，见《玉篇》。"[12]只注"排闼"而未及"护田"，显然不算抉发无余。今人不晓，古人也不知，葛立方就在《韵语阳秋》这部诗话中发问：王诗"乃以樊哙排闼事对护田，岂护田亦有所出邪?"[13]两位专治诗词的学者尚有此遗漏，遑论一般读者！也许就是意识到此，钱锺书在指出王安石诗句的出处后还有这样一段补充："可是不知道这些字眼和句法的'来历'，并不妨碍我们了解这两句的意义和欣赏描写的生动；我们只认为'护田''排闼'是两个比喻，并不觉得是古典。"[14]这番话或许能稍稍安慰一下读者沮丧的心情。对诗人来说，运化典实，意在言外，固然是得意之举；对钱锺书来说，读懂典故，彼此参印，更是大有斩获；而对一般人来说，甘心情愿做一个简单的读者，也不必感到惭愧，因为在文学阅读中，试图追蹑前人的步履，寻找复杂的文本关系，确乎是一件极困难的事情。

从这层意义上说，我们首先得承认钱锺书的旁征博引几乎没有模仿的可能，也因此不具有多少学术示范意义；还得承认他许多时候过于求全求备，没有将例证的取舍与批评的逻辑结合得恰到好处，做到增一例则嫌多，减一例则嫌少；更得承认他的这套论说话语与学界通行的学术规范大不相同，尽管与前人相比，他在诗话和札记中已经尽可能顾及思辨的逻辑、结构的完整和表述的严谨。夏承焘先生曾说《宋诗选注》在"委曲寻究"、"旁通发明"的同时存在"过于求备"的问题，虽然他举的例子有误，但这一评价在整体上还是有针对性的。

但是，再反过来说，以此质疑钱锺书也实在没有多少意义。一旦没有了旁征博引，钱锺书还是钱锺书吗？即以夏承焘的看法为例，就是由于先入为主，认定钱锺书在玩学识游戏，他才误读了钱锺书。这次误读源自对曾几诗的解读。宋代诗人曾几喜见雨润秋苗，吟出"千里稻花应秀色，五更桐叶最佳音"的好句，钱锺书说：

> 在古代诗歌里，秋夜听雨打梧桐照例是个教人失眠添闷的境界，像唐人刘媛的《长门怨》说："雨滴梧桐秋夜长，愁心和雨断昭阳。"又如温庭筠的《更漏

子》词说：“梧桐树，三更雨，不道离情正苦。”元人白仁甫的《梧桐雨》第四折后半折，尤其把这种情景描写个畅。曾几这里来了个旧调翻新：听见梧桐上的潇潇冷雨，就想像庄稼的欣欣生意。[15]

夏承焘批评钱锺书，举的正是此例。他认为这里所引刘媛等人的作品，“与曾诗的句意并不很贴切”，而这主要是因为钱锺书在“委曲寻究”、“旁通发明”时“过于求备”才导致的[16]。而在我看来，夏先生其实误读了钱先生！因为要确切理解钱的意思，就必须注意“旧调翻新”这四个字：诗人见雨润秋苗，遂一反通常以“雨打梧桐”描写内心愁闷的“旧调”，用“五更桐叶最佳音”抒写内心的喜悦。钱锺书引刘媛等人的作品，是为了通过相互参照，彰显曾几对传统言说思路的突破，它们自然“与曾诗的句意并不很贴切”了。夏先生的批评，始于正确的指向，却终于错误的解读，是很值得玩味的。他的误读看似偶然，实则必然，这与他对钱锺书治学方法的一贯看法大有关系。资料表明，夏先生对钱锺书的旁征博引多次表示过不满，此处的“过于求备”，以及此前他在日记中称钱锺书“积卡片”、“取证稠叠”、“无优游不迫之致”、“近人著书每多此病”、“其逞博处不可爱”等，均是明证[17]。这或许就是他未能与钱锺书达成默契的关键。因为有了先入之见，难免就会先入为主，一看到钱锺书“又”将很多诗作“引合”在一起，就会打心眼儿里不以为然，如此一来，看走眼也就不足为怪了。

以是观之，对钱锺书的学识游戏，我们当然可以分析它的问题，但更应该尊重它的存在。唯有立足于尊重，才能探寻其意义。它看起来很像学识的游戏，实际上却有着严肃的用意。就谈艺的内容看，钱锺书的着力点在于发掘中西古今共同的诗心文心，有此目的，旁征博引就不可避免，因为爬梳剔析、参会比较、指摘利钝、品评手眼，端赖于此。就谈艺的形式看，他既然选择用诗话体、札记体写作，就必然要自觉遵守旧文体的言说规范，或者不自觉被旧文体的言说规范所制约，要求钱锺书在传统文论的旧文体中构建现代批评的新逻辑，多少有些强人所难了。

二、大师批评与大众批评

法国学者蒂博代曾将文学批评分为“自发的批评”、“职业的批评”、“作家的批评”三种类型，它们分别代表“媒体批评”、“学者批评”、“大师批评”[18]。按照这样的分类，钱氏之谈艺实兼“职业的批评”与“作家的批评”两种特质，是“学者批评”与“大师批评”的完美结合。

无论从哪方面看，钱锺书的文学研究都称得上是一种“居于艺术最深处的批评”[19]。这种带有贵族气质的文评对读者大众的疏离是不言而喻的。首先，钱氏谈艺，多限于一个狭小的圈子，学问于他只是“荒江野老屋中二三素心人商量培养之事”[20]。读一读《石语》便能一窥阃奥。在这部对话录中，石遗老人与青年锺书一老一少在旧诗小天地里品藻诗艺、月旦文苑的洋洋自得之情，记录得可谓生动传神。其次，钱锺书一生治学，独钟情古典文学，着力最深。他曾多次表示自己最感兴趣的是古典文学。例如，1978年在意大利的两次演讲中，他的第一句话都是“我是研究中国古典文学的"[21]，"我是中国古典文学的研究者"[22]；他还称自己的"专业"是古典文学，"余兴"才是比较文学[23]；坦言对诗歌心存褊狭，"偏袒、偏向它"[24]。杨绛也说："他酷爱诗。我国的旧体诗之外，西洋德、意、英、法原文诗他熟读的真不少，诗的意境是他深有领会的。"[25]在他最重要的三部著述中，《宋诗选注》是选本，《谈艺录》是诗话，讨论的重心自不必说。《管锥编》虽被誉为文化巨著，但细读之下亦不难发现其要义仍在于古典诗歌的鉴赏和批评[26]。这种兴趣与偏爱也使他的谈艺带有更多的古典韵味。第三，钱锺书两部重要著作《谈艺录》、《管锥编》都用雅致的文言写就，而且书生气十足的他还明确表示不同意排印简体字版[27]。这在一定程度上也阻隔了读者对钱著的亲近。从这三个方面看，尽管钱氏谈艺不追求宏大的体系，不玩弄晦涩的术语，而是灵动活泼，机趣盎然，但我们还是得承认，总体上它是偏向经典化、精英化、贵族化的学术，一般的读者对它有敬而不亲之心，望而生畏之情，实不难理解。此处结合笔者自身的阅读体验稍作分析。

钱著难读，首先在其表述方式。文字较长，引文甚多，大观点套小论点且往往一气呵成，是钱锺书一贯的行文风格，作者的思路和文章的内容也因此较难把握。例如，《管锥编·归妹》一则，讨论"比喻有两柄而复具多边"。全文三千多字而无"一二三"、"甲乙丙"这类标示，思路多通过转折词和主题句显示。这里节选其中一小段以窥全豹：

> 比喻有两柄而复具多边。盖事物一而已，然非止一性一能，遂不限于一功一效。取譬者用心或别，着眼因殊，指（denotatum）同而旨（significatum）则异；故一事物之象可以孑立应多，守常处变。譬夫月，形圆而体明，圆若明之在月，犹《墨经》言坚若白之在石，"不相外"而"汀陵灭"者也。镜喻于月，如庾信《咏镜》："月生无有桂"，取明之相似，而亦可兼取圆之相似。茶團、香饼喻于月，如王禹偁《龙凤茶》："圑似三秋皓月轮"，或苏轼《惠山谒钱道人烹小龙圑》："独携天上小圑月，来试人间第二泉"；王沂孙《天香·龙涎香》："孤峤蟠烟，层涛蜕月"，或周密《天香·龙涎香》："骊宫玉唾谁捣，麝月双心"；仅取圆之相似，不及于明。[28]

第一句是主题句，承上启下，点出比喻不仅有前面刚讨论过的"两柄"，还有下面将讨论的"多边"；接下来两句，先解释"多边"的生成机制，再解释何谓"多边"；再接下来就是例证，指出古人以月取譬，或取其"圆"，或取其"明"，此即比喻之"多边"。这一小段文字基本可以代表钱锺书行文的特点，他的思路和表述其实非常清晰。"归妹"一则，全文亦复如此：首先借《周易·归妹》引出"比喻有两柄而复具多边"这一话题；接着阐发"比喻有两柄"，佐以大量例证；然后阐发"比喻有多边"，同样举例甚多；最后讨论"两柄"、"多边"的形成原因。照理说，作者思路如此清晰，读者理解起来应该不难，但在实际阅读中，由于其表述方式的影响，这则短札的结构、思路、主旨需要反复研读才能弄清楚。而对普通人来说，阅读钱著多凭兴趣，很难有耐心细细推敲。胡志德就曾注意到钱锺书行文的这种特点，他说："首先，他排列大量书证并高度归纳：读者被给予一大批几乎令人手足无措的史料。第二，论据很少有连成一篇的必要条件，一点停止，另一点开始，不做预先通知，很少浪费时间来说明为什么乙应当跟着甲。第三，钱的主要观点经常隐含在段落当中而不在开头或结尾之处。”[29]钱锺书在行文时喜欢随时征引文献，同时又见缝插针地给出个人意见，因此要想清晰完整地把握他的意思，还是有一定难度的。如果缺乏足够的耐心兼细心，原本清晰的思路在读者眼中也会显得比较纷乱甚至不知所云。这也就是钱锺书自己所说的“立言之人句斟字酌、慎择精研，而受言之人往往不获尽解，且易曲解而滋误解”[30]。

其次，钱著难读，更在其内容之精深细微。钱锺书学养深厚，手眼高妙，谈艺衡文，深入透辟，因此，很多意思在他是信手拈来，别具会心，而在一般读者眼中则难免有云山雾罩之感。不妨先看两个例子：

> 宛陵诗得失已见《谈艺录》，窃谓“安而不雅”四字可以尽之。敛气藏锋，平铺直写，思深语淡，意切词和，此其独到处也。[31]
>
> 松雪诗浏亮雅适，惜肌理太松，时作楞响。……而笔性本柔婉，每流露于不自觉，强绕指柔作百链钢，每令人见其矜情作态，有如骆驼无角，奋迅两耳，亦如龙女参禅，欲证男果。[32]

作者娴熟地使用传统诗话的语言和套路分析梅尧臣、赵孟頫之诗。这种分析，不以逻辑论证的方式展开，而是以精妙随意的点评完成。它们不是面向读者大众的学术报告，而是诗坛同好的围炉夜话，看似随意道来，实为当行人语。读者如果没有足够的学识和悟性，恐难理会其中之深意。赵孟頫诗“肌理太松”，是何意思？梅尧臣诗“思深语淡”，又作何解？面对这样的“文学批评”，你不得不服膺它的雅致精深，它的圆熟透辟，但又不得不感叹它的高高在上，它的深赜难解。钱锺书遍读唐宋以来诗集诗话，又有可资参照的西学根底，能写善评，按夏志清的话说，他是将“写诗”与“论诗”、“博学”与“眼力”结合得极好的人物[33]。这种谈艺方式，也许在他不过是随意之举，但对一般读者来说就显得玄妙高深了。

实际上，在钱锺书的时代，这种传统的谈艺方法早被边缘化了。晚清至民国，报业的发展带来了文学批评的变革，以报刊为载体的批评活动非常活跃，在传播文学知识、阐发文学作品、鼓吹文学思潮等方面都产生了很大影响。这种朝向读者大众的文学批评，与贵族气质浓郁的古典诗文评是大异其趣的。一方面，就批评的受众而言，在古典诗文评中，言者与听者多是同道中人，彼此自有会心，言者大可不著一言，听者也能尽得风流。而大众化批评的受众不仅数量庞大，而且他们还积极参与到批评活动之中，如此一来，“是非良莠的认定，再也不归属于某一个特殊群体，每个人自行做出的判断、选择，都可能具有真实的意义——不论你在文学上的发言权能否与专业人士相比，甚至不论你是不是文学的‘门外汉’”[34]。在《南方周末》开设过《新作观止》专栏的李敬泽就曾感慨，因为面对的是各种各样的读者，知识背景差异很大，因此“没法儿做一个学院派”，编辑会苦口婆心地教导你要让读者知道你在说什么。

李敬泽称："对我而言，这是一个珍贵的经历，实际上是寻求一个文学的专业立场与公众经验的结合点。"[35]另一方面，就批评的目的而言，古典诗文评往往追求精深细微，以炫示手眼高妙；而大众化批评更倾向于培养读者良好的文学趣味，指导读者具体的文学阅读，因此更注重表述的逻辑和行文的清晰，以兼顾读者参差不齐的知识结构，因此，这种批评就像蒂博代所言："带有让人愉快地迅速读完所必需的一切"，"并力图避免一切学究气息。"[36]

晚清以来，文学和文学批评的贵族化、精英化局面被打破，代之而起的大众文学、大众批评在内容和形式上都开始贴近普通读者。事实上，在整个20世纪，古典的学问及其所代表的文化姿态，表面上备受尊崇，极尽荣光，实际上曲高和寡，谈之者甚多而知之者甚少。有研究者认为，要解决这种危机，批评家首先应放弃孤芳自赏的"文化英雄"幻梦，走出书斋，与现实文学保持紧张与敏感的关系，同时还要在切入角度、行文方式、语言风格等方面注意避免生硬的学理化趋向[37]。这些看法分析了学院批评存在的问题，指明了文学批评走向读者大众的路径，以之审视钱锺书学术话语的局限也是很有针对性的。

不过，与上节的讨论一样，问题的关键仍在于，我们当然可以指出钱锺书的不足，甚至不妨将"贵族化"的标签贴在他身上，但这并不意味着就应该"重构"一个"大众化"钱锺书。可以想象的是，一个放弃了"孤芳自赏"，走出了"狭小书斋"，与"现实文学保持紧张与敏感关系"的钱锺书，那还是钱锺书吗？钱锺书就是钱锺书，他的眼界自然高妙，见解自然精深，这是没有办法的事。面对他的高妙，他的精深，我们最好的态度就是远离浮躁，安静下来认真读他的书。换言之，既然作者"有一种业余消遣者的随便和从容"，读者也不妨"不慌不忙地浏览"[38]。与各式各样对钱著缺乏"同情之了解"的"求全之毁"相比，这才不失为一种值得提倡的阅读态度。

三、断片的狂欢与学术体系的假想

"学"与"术"，通而不同。梁启超说："学也者，观察事物而发明其真理者也；术也者，取所发明之真理而致诸用者也。"[39]刘师培也认为："学也者，指事物之原理言也；术也者，指事物之作用言也。"[40]总体来说，中国传统学术追求经世致用，不太热衷形而上的思辨，也不太注重理论体系的构建，就像王国维批评的那样："吾国人之所长，宁在于实践之方面，而于理论之方面，则以具体的知识为满足，至于分类之事，则除迫于实际之需要外，殆不欲穷究之也。"[41]或因为此，传统文论自滥觞以来，就基本处在一种有"术"无"学"的状态，始终未能形成完整的理论体系。亦因为此，在晚清以来学术转型中，构建一套本土的文论话语遂成为人们最急切的愿望。陈平原曾这样描述彼时知识界对"系统"、"体系"的追捧之风："五四以后的学术著述，注重'脉络'与'系统'，鄙视传统诗文评和札记、注疏的'不成体系'，甚至有讥为'简直没有上过研究的正轨过'的。"[42]许多致力于中西文论融通的人都相信，要想彻底变革传统，就要建立起一套科学的学术体系，这是传统文论现代转换的关键一环。百余年前，中国文论的现代化之梦就是以这样的认识开始的，而在急不可待的变革诉求推动下，最终，"1927年以后的中国学界，新的学术范式已经确立，基本学科及重要命题已经勘定”[43]。

身处这样的历史潮流，钱锺书的选择却极具个性，自始至终表现出对体系的不屑。周振甫说：“钱先生在文学上有许多创见，本来不是不可以构成自己的理论体系的……他不愿为勉强形成一个体系而去讲一句空话，违反自己治学的基本精神。”[44]余英时也认为钱锺书对体系没有多少兴趣，“他捕捉的是一种很小的真理，但是加起来很可观。所谓大系统，往往没有几年就被人丢掉了，忘记了”[45]。事实也确实如此，在钱锺书看来，中西古今具体鲜活的文学现象远比任何空洞的理论体系更有探究的价值。他说：

> 许多严密周全的思想和哲学系统经不起时间的推排销蚀，在整体上都垮塌了，但是它们的一些个别见解还为后世所采取而未失去时效。好比庞大的建筑物已遭破坏，住不得人、也唬不得人了，而构成它的一些木石砖瓦仍然不失为可资利用的好材料。[46]

除了这段被广为引用的话外，钱锺书还多次谈到自己对理论体系的看法。在《汉译第一首英语诗〈人生颂〉及有关二三事》一文中他说：“在历史过程里，事物的发生和发展往往跟我们闹别扭，恶作剧，推翻了我们定下的铁案，涂抹了我们画出的蓝图，给我们的不透风、不漏水的严密理论系统捅上大大小小的窟窿。”[47]在致友人的信中他坦言：“我不提出‘体系’，因为我以为‘体系’的构成未必由于认识真理的周全，而往往出于追求势力或影响的欲望的强烈。”[48]钱氏治学，尊奉的信念是“不耻支离事业”，热爱的工作是“拾穗靡遗，扫叶都净，网罗理董，俾求全征献”[49]。举凡典故、语词、句法、意象、命意、文体、手法、技巧、修辞等细小问题，都让他着迷，让他花费大量心力精研细磨。终其一生，钱锺书没有创建自己的学术体系，钱著最突出的结构特征，不是“体系”，而是“断片”，因此在阅读钱著时一个有趣的现象就是——读者可以从任何一处开始，而无须顾及全书全篇。

实际上，要构建一个文艺理论的体系，对钱锺书来说也并非不可能。学术体系的创建包含三个层面：核心是一些元命题，它们衍生出更多的基本命题，最后通过辅助性假说以保证元命题与基本命题的合法性。也即是说，元命题、基本命题、辅助性假说构成了学术体系的三个层次[50]。而通观钱著不难发现，钱锺书对文艺的本质、特征、规律、原理等问题几乎都有详细深入的阐发，只是这些阐发多与具体作品的分析交织在一起。如果认真梳理，将这些看法缀连成章，加以结构性的联系，完全可以使其成为一部具有完整意义的文艺理论著作。有研究者就认为钱著中存在着一个“潜体系”：“作者虽然没有提供明确的理论框架，但在其具体学术成果之中，确实存在着一个潜在的、隐含的体系。”[51]一些研究者对钱著的梳理似乎也能证明这一点，如周振甫在《〈谈艺录〉读本》中，将《谈艺录》拆分为鉴赏论、创作论、作家论、作品论、批评论、文体论、修辞论、风格论等部分，每部分再细分出更具体的内容。蔡田明的《〈管锥编〉述说》、舒展的《钱锺书论学文选》也大致如此[52]。前者将《管锥编》细分成文字、文学、修辞、艺术、史学、心理学、文化、考订等十二门，每门再做细分。后者将钱著按内容分门别类，整理出思辨论、人事论、创作论、鉴赏论、批评论等五编，然后再分更细的条目，内容非常丰富，以至于编者自诩“可为读者象使用工具书那样，根据各自的需要，提供翻检之便”[53]。可见，钱锺书完全有能力写出一部融通中西的文艺理论著作，它不再是诗话、札记、选本，而是对各种文艺问题完整而系统的阐发。从周振甫、蔡田明等人的研究看，出现这样一位钱锺书也是有可能的。

不过，存在这样一个假想的钱锺书也实在没有太大的意义。像刘若愚先生《中国文学理论》表述的那样，以形而上理论、决定理论、表现理论、技巧理论、审美理论、实用理论等“理论”去架构中国古典文论的体系，固然是一种新鲜的尝试。但换一个角度，我们也不免要问：这种用条条框框架构起来的文论体系，会是那个自称“碧海掣鲸闲此手，只教疏凿别清浑”的钱锺书乐意看到的吗?[54]会是那个坦言“余雅喜谈艺”的钱锺书乐意为之的吗?[55]钱锺书不立体系，非不能也，实不为也。他曾称自己的著作是在为文艺批评“发凡张本”，后来者不妨“于例则引而伸之，于例则推而益之”[56]，很清楚地表明了他谈艺的兴趣与宗旨。

当然，如果抛开以上种种，重新审视钱锺书的学术道路，我们多少也为他感到惋惜。钱锺书的学术道路始于 20 世纪 30 年代，彼时，传统文论的现代转型基本完成，新与旧的断裂与融合，创造出充满张力的学术空间，中国文论话语的建构正充满无限的可能性。这是一个难得的契机，钱锺书恰逢其时。当是时也，以左翼批评家为主体的社会学批评、以京派批评家为主体的印象式批评大行其道，成为中国现代文学批评的两大主流范型。而此时的钱锺书，“才情学识兼具”，“新旧中西竞通”[57]，学养之深厚，视野之开阔，观念之通脱，手眼之高妙，正不妨大旗独树，生面别开，在自己喜爱的语言批评天地里好好耕耘一番，创造一套属于自己的文艺理论体系，使语言批评在中国现代文学批评的舞台上大放异彩，如此，则其开疆拓土之功绩，或可远高于今天人们对他的评价。

由此看来，不立体系的钱锺书，多少还是让人感到有些遗憾，但没有了遗憾的钱锺书，还是人们心目中的那个钱锺书吗?

＊本文为国家社科基金后期资助项目“钱锺书文学批评话语研究”【2011FZW020】、江苏高校哲学社会科学重点研究基地基金资助【2015ZSJD010】、江苏高校品牌专业建设工程资助项目【PPZY2015C205】“中国文论现代转型研究”阶段性成果。

注释：

[1]“文化昆仑”见舒展的《文化昆仑：钱锺书——关于刻不容缓研究钱锺书的一封信》(《随笔》1986 年第 5 期)。“杂耍艺人”见刘皓明的《绝食艺人：作为反文化现象的钱锺书》(《天涯》2005 年第 3 期)，此文将钱锺书的学问比喻成杂耍艺人用以博取观众喝彩的功夫，称其“除了对记忆力和阅读的纯量化的广泛的炫耀外缺乏任何其它实质的东西”。

[2] 曹元朗写了一首“无一字无来处”的《拼盘姘伴》，自认为“诗有出典，愈觉得滋味浓厚”，而唐晓芙则说：“曹先生，你对我们这种没有学问的读者太残忍了。”参见钱锺书《围城》，北京：人民文学出版社，1991 年，第 68～73 页。

[3] 钱锺书：《宋诗选注》，北京：生活・读书・新知三联书店，2002 年，第 423 页。

[4] 钱锺书:《宋诗选注》,北京:生活·读书·新知三联书店,2002年,第356页。

[5] [法]萨莫瓦约:《互文性研究》,邵炜译,天津:天津人民出版社,2003年,第87页。

[6] 李健吾:《咀华集·咀华二集》,上海:复旦大学出版社,2005年,第85页。

[7] 萨克雷《名利场》结尾:Darkness came down on the field and the city;and Amelia was praying for George,who was lying on his face,dead,with a bullet through his heart,钱锺书译:"夜色四罩,城中之妻方祈天保夫无恙,战场上之夫仆卧,一弹穿心,死矣。"参见钱锺书:《管锥编》,北京:中华书局,1986年,第69页。

[8] [美]胡志德:《钱锺书的〈谈艺录〉》,《钱锺书研究采辑》(第1辑),北京:生活·读书·新知三联书店,1992年,第93页。

[9] 钱锺书:《苏东坡的文学背景及其赋》("Su Tung-Po's Literary Background and His Prose-poetry"),《学文月刊》1934年第1卷第2期,第134~148页。译文参见张隆溪:《走出文化的封闭圈》,北京:生活·读书·新知三联书店,2004年,第260页。

[10] 钱锺书:《宋诗选注》,北京:生活·读书·新知三联书店,2002年,第156页。

[11] 钱锺书:《宋诗选注》,北京:生活·读书·新知三联书店,2002年,第76页。

[12] (元)高明著、钱南扬校注:《元本琵琶记校注》,上海:上海古籍出版社,1980年,第13~14页。

[13] (宋)葛立方:《韵语阳秋》,何文焕辑:《历代诗话》,北京:中华书局,1981年,第492页。

[14] 钱锺书:《宋诗选注》,北京:生活·读书·新知三联书店,2002年,第76页。

[15] 钱锺书:《宋诗选注》,北京:生活·读书·新知三联书店,2002年,第204~205页。

[16] 夏承焘:《如何评价〈宋诗选注〉》,《光明日报》1959年8月2日,第6版,"文学遗产"专栏。

[17] 夏承焘:《天风阁学词日记》,《夏承焘集》(第7卷),杭州:浙江古籍出版社,1998年,第2页,第344页。

[18] [法]阿尔贝·蒂博代:《六说文学批评》,赵坚译,北京:生活·读书·新知三联书店,2002年,第138页。

[19] [法]阿尔贝·蒂博代:《六说文学批评》,赵坚译,北京:生活·读书·新知三联书店,2002年,第138页。

[20] 郑朝宗:《钱学二题》,《厦门大学学报》1988年第3期,第60~63页。

[21] 钱锺书:《意中文学的互相照明:一个大题目,几个小例子》,钱锺书:《人生边上的边上》,北京:生活·读书·新知三联书店,2002年,第172页。

[22] 钱锺书:《古典文学研究在现代中国》,钱锺书:《人生边上的边上》,北京:生活·读书·新知三联书店,2002年,第178页。

[23] 钱锺书:《美国学者对于中国文学的研究简况》,钱锺书:《人生边上的边上》,北京:生活·读书·新知三联书店,2002年,第183页。

[24] 钱锺书:《读〈拉奥孔〉》,钱锺书:《七缀集》,北京:生活·读书·新知三联书店,2002年,第57页。

[25] 杨绛:《钱锺书对〈钱锺书集〉的态度》,钱锺书:《七缀集》,北京:生活·读书·新知三联书店,2002年,第1页。

[26] 周振甫在审读《管锥编》时说:"这部著作不限于比较文学,也接触到其他学术问题,但以文学艺术为主。"周振甫:《〈管锥编〉选题建议及审读报告》,丁伟志主编:《钱锺书先生百年诞辰纪念文集》,香港:香港牛津大学出版社,2010年,第293页。

[27] 参见北京生活·读书·新知三联书店2002年简体字版《钱锺书集》"出版说明"第2页。

[28] 钱锺书:《管锥编》,北京:中华书局,1986年,第39页。

[29] [美]胡志德:《钱锺书的〈谈艺录〉》,《钱锺书研究采辑》(第1辑),北京:生活·读书·新知

三联书店,1992年,第93页。

[30] 钱锺书:《管锥编》,北京:中华书局,1986年,第406页。

[31] 钱锺书:《容安馆札记》(第1卷),北京:商务印书馆,2003年,第699页。

[32] 钱锺书:《谈艺录》,北京:生活·读书·新知三联书店,2001年,第269页。

[33] 夏志清:《钱锺书与中国古典文学研究之新趋向》,黄维梁、曹顺庆编选:《中国比较文学学科理论的垦拓——台港学者论文选》,北京:北京大学出版社,1998年,第280～288页。

[34] 杨劼:《多元格局中的思想贫困》,《当代文坛》2008年第3期,第42～45页。

[35] 侯虹斌、李敬泽:《忠实于趣味和信念》,《南方都市报》2005年4月9日,第B12版。

[36] [法]阿尔贝·蒂博代:《六说文学批评》,赵坚译,北京:生活·读书·新知三联书店,第18页。

[37] 翟永明:《学院批评的空间危机与拓展》,《文艺评论》2010年第4期,第37～40页。

[38] 钱锺书:《写在人生边上》,北京:生活·读书·新知三联书店,2002年,"序"第7页。

[39] 梁启超:《学与术》,《梁启超全集》(第4卷),北京:北京出版社,1999年,第2351页。

[40] 刘师培:《国学发微》,《刘申叔遗书》(上卷),南京:江苏古籍出版社,1997年,第480页。

[41] 王国维:《论新学语之输入》,《王国维全集》(第1卷),杭州:浙江教育出版社,2009年,第126页。

[42] 陈平原:《中国现代学术之建立:以章太炎、胡适之为中心》,北京:北京大学出版社,2010年,第218～219页。

[43] 陈平原:《中国现代学术之建立:以章太炎、胡适之为中心》,北京:北京大学出版社,2010年,第8页。

[44] 周振甫:《周振甫讲〈管锥编〉〈谈艺录〉》,南京:江苏教育出版社,2005年,第12页。

[45] 傅杰:《余英时时隔十年谈钱锺书》,《东方早报·上海书评》2008年5月25日,第1版。

[46] 钱锺书:《读〈拉奥孔〉》,钱锺书:《七缀集》,北京:生活·读书·新知三联书店,2002年,第33～34页。

[47] 钱锺书:《汉译第一首英语诗〈人生颂〉及有关二三事》,钱锺书:《七缀集》,北京:生活·读书·新知三联书店,2002年,第156页。

[48] 舒展:《表示风向的一片树叶——钱锺书与两岸文化交流》,《散文·海外版》2009年第3期,第53～55页。

[49] 钱锺书:《管锥编》,北京:中华书局,1986年,第854页。

[50] 王晓华:《学术建构的三个层面与体系性创新的意义》,《探索与争鸣》2007年第8期,第65～68页。

[51] 王水照:《〈钱锺书手稿集·容安馆札记〉与南宋诗歌发展观》,《文学评论》2012年第1期,第55～62页。

[52] 参见周振甫、冀勤编:《钱锺书〈谈艺录〉读本》,上海:上海教育出版社,1992年。舒展选编:《钱锺书论学文选》,广州:花城出版社,1990年。蔡田明:《〈管锥编〉述说》,北京:中国友谊出版公司,1991年。

[53] 舒展选编:《钱锺书论学文选》,广州:花城出版社,1990年,"出版说明"第1页。

[54] 钱锺书:《槐聚诗存》,北京:生活·读书·新知三联书店,2002年,第119页。

[55] 钱锺书:《谈艺录》,北京:生活·读书·新知三联书店,2001年,"序"第1页。

[56] 参见牟晓朋、范旭仑编:《记钱锺书先生》,大连:大连出版社,1995年,第101页。

[57] 吴宓《赋赠钱君锺书即题中书君诗初刊》:"才情学识谁兼具,新旧中西子竞通。"吴宓:《吴宓诗集》,吴学昭整理,北京:商务印书馆,2004年,第287页。

不离《诗》 亦不执《诗》
——中国诗学“合法诠释”思想研究

李有光

（湖北师范大学文学院，湖北黄石，435002）

内容摘要：自宋开启怀疑《诗序》政教说《诗》之合理、有效性以来，历代都有学者不断发起对汉儒任意穿凿之诠释方法的批评。而且，对过度诠释《诗经》的警惕之心也推延至一般的诗歌文本，这使得董仲舒的“从变从义”论能够在普通的诗歌理解与阐释中被具体坐实。换言之，过于“从变”，就极易穿凿附会而失之妄；但过于“从义”，又会因胶柱鼓瑟而失之固。明乎此，在对诗歌文本的合法诠释过程中，中国诗学就会更加坚持“从变”和“从义”的辩证统一、相互制衡的关系。

关键词：中国诗学；诗学解释学；合法诠释；过度阐释

作为中国古典诗学多元阐释思想元话语的“《诗》无达诂”，始出董仲舒的《春秋繁露》之《精华第五》篇：

> 难晋事者曰：“《春秋》之法，未踰年之君称子，盖人心之正也。至里克杀奚齐，避此正辞而称君之子，何也?”曰：“所闻‘《诗》无达诂，《易》无达占，《春秋》无达辞’，从变从义，而一以奉人。”[1]

就像我在拙作《“〈诗〉无达诂”生成的历史境遇》中探讨“《诗》无达诂”出生的场域问题时指出的那样，董仲舒之所以提出“所闻‘《诗》无达诂，《易》无达占，《春秋》无达辞’”，显然是对“里克杀奚齐，避此正辞而称君之子，何也”的间接回答，其缘起在于《春秋·僖公九年》记载的“冬晋里克弑其君之子奚齐”一事。也就是说，董氏这里的“所闻”和接下来的“故去其正辞，徒言君之子而已”等，其出发点和本意原来是对《春秋》措辞的解释。所以，从“《诗》无达诂，《易》无达占，《春秋》无达辞”这一语言比对和同类归结来看，其落脚点和重心当在最后的“《春秋》无达辞”上[2]。

然而，在将董仲舒的言意观即“辞指”论和他的经权、常变的解释思想结合在一起考察之后，我们发现情况有所变化。这一点我在《论董仲舒的经学解释观之于

“〈诗〉无达诂”生成的意义》一文中分析董氏的经学解释观时有详尽的论述[3]。概言之，董仲舒在《竹林第三》里就已经提出“《春秋》无通辞，从变而移”，其后《精华第五》里的“《春秋》无达辞”只不过与它构成了同义呼应的关系。但从《精华》篇的“《春秋》固有常义，又有应变”开始，董氏一直在将经学解释的原则性和变通性并置对举，所谓常义与变义、常辞与变辞、经与权、常与变的对立统一、互动互存。就像《竹林》篇所言：“《春秋》之道，固有常有变。变用于变，常用于常，各止其科，非相妨也。今诸子所称，皆天下之常，雷同之义也。”[4]正如徐复观先生所言，董子“变”的观念要远比《公羊传》作者为重，对行权的范围也远较《公羊传》为宽[5]，尽管如此，我们还是在《春秋繁露》里看到不少董氏为了预防滥用“权变”而强调坚守“常经”的地方。其《玉英》篇甚至提出：“夫权虽反经，亦必在可以然之域。不在可以然之域，故虽死亡，终弗为也。”这里的“可以然之域”实质上就是“行权”的阈限、变通的范围。因此，综合董子的全部经学解释思想，我们再来整体观照他的著名回答：“所闻‘《诗》无达诂，《易》无达占，《春秋》无达辞’，从变从义，而一以奉人。”无疑，全句的真正落脚点和重心，从解释学视域看，应该是“从变从义”。此处的“变”就是“权变”，即解释的灵活性和变通性；而“义”当是“常经”，即解释的原则性和立足点，或者说是经典的本旨和圣贤的意图。

形象地讲，如果说古文经学注重训诂考据、滞泥经典之本义不化，这是有些“靠左”的相对客观的语言解释，今文经学讲究对经典的政教比附，追求对文本的任意诠解，这是过分“靠右”的相对主观的心理解释，那么，董氏的“从变从义”则使二者都回到“执两用中”的集主客观理解于一身的历史解释。当代学人完全从解释学角度认为：“何谓‘从变从义’？所谓‘从变’，是指解释者可以依据自己所处的历史文化语境对《诗经》作品进行灵活自由的理解和解释。而‘从义’则是强调解释者对《诗经》作品的主观理解和解释又必须顾及其中的微言大义，即儒家的伦理道德规范。”[6]事实上，董仲舒在《春秋繁露》27处引《诗》说事的具体解释实践中就已经自觉地贯彻了“从变从义”的指导思想，譬如《竹林》篇和《度制》篇对《诗·邶风·谷风》中“采葑采菲，无以下体”的运用[7]，就既有与《诗》之本意相符又有相左的地方。

在解释学看来，董仲舒的“从变从义”既是对其“《诗》无达诂”解释思想的必要补充，也是一种对其侧重求变求活的解释方法的规约，是祈望经学解释“复归于正”的努力。在比较的视域下，我们很容易发现它与西方解释学对合法诠释的强调、对过度诠释的预防不谋而合。更重要的是，这种颇为符合儒家中庸原则的解释思想对中国诗学解释学产生了深远的影响。在展开梳理中国诗学解释史上的“从变从义”理念之前，我们仍然需要坚持中西比较的思路，对西方解释学中的合法诠释、过度诠释进行窥探。

一

可以说，如果伽达默尔的哲学解释学只是一味张扬读者自由释义的权利而弃文本及其意义于不顾，那么它就会因为陷入极端的读者中心主义而使自身的理论价值大打折扣，同时也不可能变成一门渗透到几乎所有人文社会科学并成为其方法论的学问。不错，哲学解释学的重要理论特征就是强调理解与阐释对作者意图和文本本旨的超越，但是，“超越不等于抛弃，超越可以有被超越者的存在，抛弃则是否定这种存在。超越还是批评家自身的超越。如果批评家不能超越自己，最终也不可能根本上超越作者和作品”[8]。不仅不能抛弃文本的意义，在整个西方解释思想史上，文本一直就是一切理解与阐释的起点，一切意义生成的源头。伽氏也同样视之为一条颠扑不破的解释学原则，他借评介狄尔泰的解释思想指出：“狄尔泰把一条古老的关于所有解释的原则搬到历史世界，这条原则就是：人们必须就文本本身来理解文本。”[9]脱离文本的无所依傍的空谈与畅想固然显得自在而多彩，但毕竟是“墙上芦苇，头重脚轻根底浅；山间竹笋，嘴尖皮厚腹中空”。伽氏虽然重视释义的多样性和读者对作者意图的背离，但也承认在所有的解释中还是有一些与文本意义相契合的所谓“正解”，他说：“所有正确的解释都必须避免随心所欲的偶发奇想和难以觉察的思想习惯的局限性，并且凝目直接注意‘事情本身’（这在语文学家那里就是充满意义的本文，而本文本身则又涉及事情）。的确，让自己这样地被事情所规定，对于解释者来说，显然不是一次性的勇敢的决定，而是‘首要的、经常的和最终的任务’。”[10]既然理解与阐释必须充分尊重文本的规定性并像现象学那样“直面事情本身”，而且这样做不是一次性的、偶然的，而是首要的、最终的常规，那么，就把文本作为我们出发和返航的港口，作为意义萌发的肥沃的土壤吧。

然而，仅此还是远远不够的。就像上述伽氏所论，我们除了要避免没有文本的“随心所欲的偶发奇想”，还要避免直面文本时“难以觉察的思想习惯的局限性”。在哲学解释学这里，人类最根深蒂固而又难以觉察的思想习惯及其局限莫过于一切理解与阐释产生的条件——前理解。当然，伽氏并不是要求人们放弃业已形成的前理解，而是不要盲目坚持那些由于过分轻率的相信、由于被权威影响而来的前理解，同时还要学会面对文本敞开自己，对文本保持一种开放的态度[11]，唯有如此，我们才能不断纠正自己前理解中的差误，也才能不断契近更为正确的理解与阐释。伽氏说：“解释者无需丢弃他内心已有的前见解而直接地接触本文，而是只要明确地考察他内心所有的前见解的正当性，也就是说，考察其根源和有效性。”[12]显而易见，考察前见解的正当性、有效性无非就是保证我们对文本解释的正当性和有效性。这意味着，合理的理解与阐释并非只要依据文本就能自动生成，它还涉及很多与接受者自身相关的因素。

伽氏认为：“不仅艺术的语言提出了合法理解的要求，而且一般来说，每一种人类文化的创作形式都提出了这一要求。”[13]无疑，所有历史流传物都向接受者提出了“合法理解、合法诠释”的要求，而达到这一要求的首要转折就是从读者的权利再回到文本本身，也许，这就是伽达默尔称之为“辩证法的解释学”[14]中最大的，也是最重要的解释学辩证法。坚持从文本到读者的循环往复，包括由文本通向作者，即“作者意图←文本意义→读者衍义”的关系，既彰显了哲学解释学的辩证性和灵活性，也确保了其理论价值的普适性和永久性。无论如何，“从文本中来”证明了解释的合法性，“到文本中去”验证了解释的有效性，这样一个看似简明的重要释义原则在人类的全部解释史上也并非被一直承传着，因此，对它的始终不渝的强调还需要赓续。美国学者特雷西说："文本一旦写出来，它就是独立存在的，而作者此刻则已成为又一个读者。我们有时在与作者见面时，往往可能体验到一种奇异的失望感，这主要是我们的问题，而不是他们的问题。一旦文本问世，我们就应该去向文本，而不是去向作者的传记和生平追问作品的意义。"[15]这样的论述，显然省略了一部向作者追问作品意义的漫长解释史。

"过度诠释"（over interpretation）作为合法诠释的对立物而被学界关注和热议是由意大利当代著名学者昂贝多·艾柯挑起的，这一解释现象表面上看虽然与文学批评中"无限衍义"的合理观念相吻合，但在艾柯这里却是一种因为滥用了无限阐释的权利而应该遭到批判和摒弃的对象。艾柯的论述在我们看来的确有理有据，他说："我所提倡的开放性阅读必须从作品本文出发（其目的是对作品进行诠释），因此它会受到本文的制约。换言之，我所研究的实际上是本文的权利与诠释者的权利之间的辩证关系。我有个印象是，在最近几十年文学研究的发展进程中，诠释者的权利被强调得有点过了火。……说诠释潜在地是无限的并不意味着诠释没有一个客观的对象，并不意味着它可以像水流一样毫无约束地任意蔓延。说一个本文潜在地没有结尾并不意味着每一诠释行为都可能得到一个令人满意的结果。"[16]事实上，每一个始终关注文学研究进程的人都深有感触：诠释者的权利确实被强调得有点过了火。为了很好地解决文本的权利对诠释者的权利的制约与平衡，艾柯建构了"作品意图"和"标准读者"这样两个新颖而合理的概念。英国剑桥学者柯里尼对此评价道："艾柯提出了'作品意图'这个富于挑战性的概念，认为作品意图在本文意义生成的过程中起着非常重要的作用；作为意义之源，它并不受制于本文产生的'作者意图'，也不会对'读者意图'的自由发挥造成阻碍。……艾柯用极富灵思的'作品意图'这一概念旨在揭示出：文学本文的目的就在于产生出它的'标准读者'（the model reader）——那种按照本文的要求、以本文应该被阅读的方式去阅读本文的读者，尽管并不排除对本文进行多种解读的可能性。"[17]不管艾柯的"作品意图"和"标准读者"能否被学界广泛接受并对过度诠释的阅读与批评行为产生规范作用，有一点还是应该值得赞许的：艾柯并没有因为强调文本的权利而对读者的自由理解和多种阐释进行封杀，不从一个极端走向另一个极端当然是一种聪明的好理论。不仅如此，艾柯甚至并不因此而将作者及其意图完全抛到九霄云外。他说："我们必须尊重本文，而不是实际生活中的作者本人。然而，认为可怜的作者与本文诠释毫不相干而将其排斥出去的作法可能会显得极为武断。在语言交往过程中存在着许多同样的情况：说话者的意图对理解他所说的话至关重要。"[18]这让我们不能不想到同样是反对随心所欲的过度诠释的美国解释学批评家赫施。

与艾柯不同，赫施试图通过重建作者原意来为解释的有效性提供客观依据。他说："我们应该尊重原意，将它视为最好的意义，即最合理的解释标准。"[19]"也就是说，只有作者的原意才是决定理解文本是否正确的关键，只有寻找到客观的、已经存在着的作者原意，阐释才是充分有效的，否则其意义将是不合法的。"[20]为了给有效的、正确的解释建立明确而稳定的对象，赫施创造性地区分了作品的"意义"

(meaning) 和“意味”(significance)。后者是衍化而来的新意，往往会随着历史境遇、读者个人情况的变化而变化，具有很大的不确定性。而前者则是作者真正想传递给读者的本意，它不因读者的自我理解与阐释的多样性而改变，解释学的根本任务就是发现而不是发明文本中蕴含的作者意图。举例说：“《红楼梦》这部作品的意义就是曹雪芹意欲表达的东西，而历来人们对这部作品的不同理解和解释，则是读者和理解者与作品意义的关系，也就是赫施所说的意味，不论人们对这部作品做出怎样不同的理解和解释，都不会改变曹雪芹所意指的东西，我们理解这部作品就是去重建曹雪芹所意欲表达的东西。”[21]其实，明眼人都能看出赫施这种区分的良苦用心所在。但是，我们不妨再往前追问一句：我们可以用作者的意图来考量理解与阐释的有效、正确与否，那又用什么来判断作者意图的真伪呢？

因此，应该说，赫施这种剑走偏锋式的论调不如艾柯兼顾三方的辩证观更容易令人首肯，尽管他们都是在祈向合法理解和预防过度诠释上作出了各自的努力。无论如何，我们可以看出，从伽达默尔到艾柯、赫施，从哲学解释学到文学解释学，西方学人一直在尽力调和作者、文本和读者三方的权利关系，其不懈探索的最终目的都是既达到理解的合法、有效性，又充分保障读者诠释的自由。无疑，正是因为这种不断革新和探索的精神，因为辩证的思想和方法在其中的有机融合和灵活贯彻，才使得解释学成为一门应用广泛、生命长青的理论。正如我一直强调的，中西方都有各具特色的解释思想和方法，但在许多人类共同经历的解释难题和困惑时，它们往往又都有相同的求索和思考，譬如我们正在探析的过度诠释问题。

二

在中国诗学解释史上，最先需要纠偏扶正的任意比附、过度隐射之作莫过于汉代《毛诗序》。由于齐、鲁、韩三家诗的失传，毛诗一家独大，天下治《诗》者无不尽宗毛诗，故而《毛诗序》那种对《诗》文本的政教诠释模式已经渗透到历代的诗歌笺评中，其不顾作品之本意而一味作或美或刺的阐释方法对合理有效的诠解诗文本造成了严重影响。因此，在宋代普遍“不信注疏，驯至疑经”[22]的疑古思潮中，以朱熹的《诗集传》和欧阳修的《诗本义》为代表，宋儒开始了对《诗序》、毛传和郑笺中被“穿凿坏了”的以谶纬说《诗》、以教化解《诗》的大胆质疑和批判。朱熹认为，由于《诗序》近乎神圣的权威地位，且被绑定在每首诗的篇首位置，这样一来每一位解诗者都不得不接受其比附之意的影响，从而使得《诗》越来越远离其“感物道情”的审美本质。“后世但见《诗序》巍然冠于篇首，不敢复议其非，至有解说不通，多为饰辞以曲护之者，其误后学多矣！”[23]在朱子看来，欲恢复《诗》之为《诗》的本来面目，当务之急就是赶紧摒弃传统的“以《序》解《诗》”，真正做到“以《诗》解《诗》”，即尽力抛开上述所论的由于权威和轻信而形成的前理解，直面《诗》文本本身。朱子说：“今人不以《诗》说《诗》，却以《序》解《诗》，是以委屈牵合，必欲如序者之意，宁失诗人之本意不恤也。此是序者之大害处。”[24]实际上，“以《序》解《诗》”解的并不是《诗》而是《序》，是为了迎合和曲护《序》的政教之意而从《诗》中寻找牵强的证明。那么，“以《诗》说《诗》”真正要从《诗》中解读出什么呢？朱子说：

> 大率古人作诗，与今人作诗一般，其间亦自有感物道情，吟咏情性，几时尽是讥刺他人？只缘序者立例，篇篇要作美刺说，将诗人意思尽穿凿坏了！且如今人见人才做事，便作一诗歌美之，或讥刺之，是甚么道理？如此，亦似里巷无知之人，胡乱称颂谀说，把持放雕，何以见先王之泽？何以为情性之正？[25]

原来，《诗》中之诗和所有后代之诗一样，不过是作者感物而动，缘情而作，其间并没有那么多隐旨奥义、宏大主题。用艺术审美的眼光去解《诗》，就会发现它描写的就是人之常情、物之常理，那些荒谬的拔高和夸饰反而令人生厌。朱子说得很清楚："《诗》本易明，只被前面《序》作梗。《序》出于汉儒，反乱《诗》本意。且只将四字成句底诗读，却自分晓。"[26]果然，我们只需要按文学作品一路读来，《诗》之为诗的真善美便会油然而生，用不着什么爬罗剔抉、探赜钩深，更无须篇篇涂抹上政教之高义、伦理之大防，让人感觉到我们似乎只有一根直肠一根筋，一条胡同走到黑。朱自清先生说《诗序》"据'思无邪'一义先给'作诗人之志'定下了模型，再在这模型里'以意逆志'，以诗证史，人情自然顾不到，结果自然便远出常人想像之外了"[27]。而远出常人想象之外的任何解说，往往都有随心所欲的任意诠释之嫌，其合理性和有效性很难被人接受。

不可否认，《诗经》中有许多关于旱涝、地震等自然灾害和日蚀、月食等异常天象的描述，《诗》的作者也往往将之与统治者的无道发生联系，并借此抨击时政、体恤民情。但在汉代谶纬之学和今文经学的演绎下，很多本无政教指涉的诗歌都被建立了天人感应的关联，作了神学色彩很浓的过度阐释。宋欧阳修对此种臆说深表不满，在其《诗本义》中也竭力廓清所谓"诗人之意"、"圣人之志"、采编者之职和汉儒训释之义，以力图恢复《诗》之本义。《钦定四库全书总目》曾评价道："自唐以来，说诗者莫敢议毛、郑，虽老师宿儒，亦谨守《小序》，至宋而新义日增，旧说俱废。推原所始，实发于修。"[28]由此可见，有宋一代对汉儒说《诗》的全面批判之功还首推欧阳修，清末张元济先生就对欧阳修的努力给予了高度肯定：

> 欧阳永叔不信符命之说，尝斥《周易》、《河图》、《洛书》为妖妄；是书于《生民》、《思文》、《臣工》诸诗，复力诋"高禖"、"祈子"、"后稷"、"天生"及"白鱼跃舟"、"火流为乌"、"以谷俱来"之怪说，诚古人之先知先觉者。且其说经于先儒义训，有不可通者，均付阙疑，绝不为穿凿附会之说，是真能脚踏实地示人为学之道者也。[29]

《大雅·生民》和《周颂·思文》本是记叙后稷出生、授民稼穑并因五谷丰登而被人歌颂的诗，但汉代谶纬之学却以白鱼跃舟、火流为乌等神秘怪说来推阐其德君化民之意。欧阳修对此类牵合之说一概清算指正，令人叹服。的确，《诗经》作为一部最早的诗歌集，从最初的创作、采集，到后期的删编和疏解，其意义多层引申、复杂周折，确实需要认真梳理，但汉儒这种沿着一个路向愈走愈远的比附诠解只会更加妨碍我们对《诗》本意的厘定，就像清魏源所论："自《毛诗》以采诗、编诗之意为主，多归之美刺，说者不察，遂并以美刺为诗人之意，比兴凿枘，《风》、《雅》茅塞。"[30]

需要补充说明的是，自宋开启怀疑《诗序》政教说《诗》之合理、有效性以来，历代都有学者不断发起对汉儒任意穿凿之诠释方法的批评。而且，对过度诠释《诗经》的警惕之心也推延至一般的诗歌文本，这使得董仲舒的"从变从义"论能够在普通的诗歌理解与阐释中被具体坐实。但是，我们还应该看到，始自汉儒的政教比附说《诗》在中国诗学解释史上的影响非常深远，以至于不少人形成了一解诗便或美或刺的思维模式。值得关注的是，中国历代出现的"以诗罪人"的文字狱在很大程度上就与这种过度诠释的政教美刺说诗模式有关，聊举宋代有名的苏轼"乌台诗案"一例。据宋叶梦得《石林诗话》载：

> 元丰间，苏子瞻系大理狱。神宗本无意深罪子瞻，时相进呈，忽言苏轼于陛下有不臣意。神宗改容曰："轼固有罪，然于朕不应至是，卿何以知之？"时相因举轼《桧诗》"根到九泉无曲处，世间惟有蛰龙知"之句，对曰："陛下飞龙在天，轼以为不知己，而求之地下之蛰龙，非不臣而何？"神宗曰："诗人之词，安可如此论，彼自咏桧，何预朕事！"时相语塞。章子厚亦从旁解之，遂薄其罪。子厚尝以语余，且以丑言诋时相，曰："人之害物，无所忌惮，有如是也！"[31]

类似这种基于美刺说诗思维而因言获罪，在中国历代不绝如缕，最终发展到清代所谓"清风不识字，何故乱翻书"的极端文字狱个案。由此不难看出，要处理好捍卫读者释义的权利与防止任意诠释之间的关系，还任重而道远。它其实不仅仅涉及文本接受问题，也与人们在日常事务上如何坚持权利与义务的辩证关系息息相关。

三

清季诗论家叶燮说："学诗者，不可忽略古人，亦不可附会古人。"[32]实际上，无论是忽略古人还是附会古人，古人都是不在场的，后学者的忽略或附会都无从验证，我们真正可以依赖、可以相信的东西就是文本。无疑，只有朱熹提倡的"以《诗》解《诗》"才是通往"正解"的唯一途径。伽达默尔曾为此强调指出："有这样的文本，它们在我们理解它们的行动中并不消失，而是在那儿用标准的要求面对我们的理解，它们不断地面对文本能够说话的每一种新方法。把这些文本同所有其他文本区别开来的究竟是什么？我的论点是：这些文本只有在回到它们自身时才真正地在那儿。这时它们是最初的与真正的意义上的文本。这样的文本中的话只有在回到它们自身时才真正地在那儿。它们靠自身实现文本真正的意义。文学文本是这样的文本，在大声阅读它们时也必须倾听它们，哪怕是用内在的耳朵。"[33]文学文本就是这样一种只有回到自身才能实现其全部意义的文本，所有解读者都必须学会尊重它们、倾听它们。也可以说，文学文本不仅是一切理解的起点，它实际上也是任何阐释都须臾不可离的意义库存之地。也许，我们之所以要"唯本文本意是求"[34]，根本的原因还在于文学文本，尤其是诗歌，本身还具有一个最重要的特性，就像明代钟惺所言，诗是一种“活物”，用当代话语来说，诗歌是一种具有极大再生性和开放性的文本，“故说《诗》者散为万而《诗》之体自一，执其一而《诗》之用且万”[35]。由“一”可以生“万”，而“万”又不可离“一”，这种理一分殊和月映万川的文本特性既保证了意义生成的合法性，又维护了读者对意义的相对自由的派生权和创造力。

然而，即使我们真正做到了回归文本自身，以文本为一切理解与阐释的圆心，却常常又容易出现类似作者中心论和读者中心论的另外两种极端的诠释症候。中国经学解释史表明，在对经典的疏解上，“汉人之失在于固”，即滞泥于经典本旨或圣贤元意而不化；而“宋人之失在于妄”，即因过分臆说经典而使一己之私意丧失了有效性。清季诗经学家方玉润对这两种理解偏锋有过很好的归结：

> 六经中唯《诗》易读，亦唯《诗》难说。固因其无题无序，亦由于词旨隐约，每多言外意，不比他书明白显易也。又况说《诗》诸儒，非考据即讲学两家，而两家性情与《诗》绝不相近，故往往穿凿附会，胶柱鼓瑟，不失之固，即失之妄，又安能望其能得诗人言外意哉![36]

显然，过于“从变”，就极易穿凿附会而失之妄；但过于“从义”，又会因胶柱鼓瑟而失之固。明乎此，我们就会更加坚持“从变”和“从义”的辩证统一、相互制衡的关系。清人严虞惇在其《读诗质疑》卷首说：“不离《诗》，亦不执《诗》，人心至灵，物情善变，情由事感，理以境迁，风雅寄乎其区，比兴触乎其类，引而伸之，天下之道毕出于此矣。后儒谓六义，截然判隔，不得相通。”[37]我们完全可以把“不离《诗》，亦不执《诗》”视作“从变从义”的又一种形象简明的话语表述。本质上，“不离《诗》，亦不执《诗》”的辩证性是由读者的“灵性”和文本的特殊“物性”所决定的。文本中的理、事、情具有一定的客观性，但读者又具备相当的主观能动性，只有二者的协调统一，才能完成对意义的发现和发明。归根结底，所有的理解与阐释最终还要进一步落实到更具体的“言”上，所谓“不离《诗》，亦不执《诗》”其实就是“不离言，亦不执言”，正如金人王若虚所云：

> 解《论语》者，不知其几家义略备矣。然旧说多失之不及，而新说每伤于太过。夫圣人之意，或不尽于言，亦不外乎言。不尽于言，而执其言以求之，宜其失之不及也；不外乎言，而离其言以求之，宜其伤于太过也。[38]

有当代学者依此阐发道：“文学解释活动是自由与限制的和谐统一：一方面解释者应该‘不尽于言’——即不是被作家笔下的语言文辞所束缚，而是在作品语言文辞的基础上展开丰富的想象、联想和积极主动的艺术再创造活动；另一方面解释者又‘不外于言’——即解释者对作品的创造性理解和发挥又不脱离作品本文的客观内涵。”[39]这样的阐述固然合理而详尽，却不如古人之论更耐人寻味。读者得意要么“不及”，要么“太过”，最好的当然还是“归诸中正”：

> 夫人感物而动，兴之所托，未必咸本庄雅，要在讽诵紬绎，归诸中正，辞不害志，人不废言。虽乖谬庸劣，纤维委琐，苟可驰喻比类，冀声究实，吾皆乐取，无苛责焉。[40]

所谓“辞不害志，人不废言”实际上还是在具体的理解与阐释中要做到“不尽于言”和“不外于言”，这是获取“中正”之意需要正确处理的文本之言与读者理解之间的辩证关系。周裕锴先生曾将“言”与“意”比喻为圆心和圆周，圆心可以和圆周上的意义之点连接在一起。也就是说，只要不超出语言指涉的有效半径，读者的任何不同的理解都不算是过度诠释[41]。这样贴切的比喻似乎可以直观地解决合法理解与过度阐释间的界线问题，但在具体的解释实践中，并不存在一条清晰可见的区分之线，还需要接受者自己在充分尊重文本的前提下，自觉地把握好解读的权利与责任，既不能让思考和想象的骏马无所依傍地驰骋，也不可使之仅在有限的园囿里踯躅不前。换言之，既要深度地进入文本语言世界，又要能自由灵活地从中跃出。

叶嘉莹先生说：“一个欣赏诗歌的人，若除了明白一首诗的词句所能说明的有限意义之外，便不能有什么感受和生发，那么即使他所了解的丝毫没有差误，也不过只是一个刻舟求剑的愚子而已；但反之亦然，若一个欣赏诗歌的人，但凭一己之联想，便认定作者确有如此之用心，那么即使他所联想的十分精微美妙，也不过只是盲人摸象的痴说而已。”[42]可以说，像叶先生这样对理解与阐释的合理性保持如此清醒认识的人在中国诗学解释史上并不鲜见，尤其是在我们这样一个拥有上千年注重训诂考据的经学解释史的国度。受篇幅和论证构架所限，我们还没有提及诸如孟子的“知人论世”和“以意逆志”等对过度诠释的预防作用。总之，由董子的“从变从义”话语所衍生的合法解释思想已经成为中国诗学解释者的自觉意识，正是因为这种意识和追求有效地弥补了“诗无达诂”话语体系的逻辑缺陷，才使得中国诗学多元解释理论显得严谨而富有张力，其适用性和生命力也才因此变得更加广泛而持久。

＊本文系国家社科基金项目【12FZW049】“中国诗学多元解释思想研究”的阶段性研究成果。

注释：

[1]（清）苏舆撰、钟哲点校：《春秋繁露义证》，北京：中华书局，1992年，第94～95页。

[2] 参见李有光：《“〈诗〉无达诂”生成的历史境遇》，《中国文化研究》2010年第1期，第85～94页。

[3] 参见李有光：《论董仲舒的经学解释观之于“〈诗〉无达诂”生成的意义》，《中国文化研究》2011年第4期，第130～140页。

[4]（清）苏舆撰、钟哲点校：《春秋繁露义证》，北京：中华书局，1992年，第53～54页。

[5] 徐复观：《两汉思想史》第二卷，上海：华东师范大学出版社，2001年，第205页。

[6] 刘明华、张金梅：《从“微言大义”到“诗无达诂”》，《文学遗产》2007年第3期，第134页。

[7]（清）苏舆撰、钟哲点校：《春秋繁露义证》，北京：中华书局，1992年，第54～55、229页。

[8] 张首映:《西方二十世纪文论史》,北京:北京大学出版社,1999 年,第 254 页。

[9] [德] 伽达默尔:《论理解的循环》,严平编选:《伽达默尔集》,邓安庆,等译,上海:上海远东出版社,1997 年,第 41 页。

[10] [德] 伽达默尔:《真理与方法》上卷,洪汉鼎译,上海:上海译文出版社,2004 年,第 344～345 页。

[11] [德] 伽达默尔:《真理与方法》上卷,洪汉鼎译,上海:上海译文出版社,2004 年,第 347、351 页。

[12] [德] 伽达默尔:《真理与方法》上卷,洪汉鼎译,上海:上海译文出版社,2004 年,第 346 页。

[13] [德] 伽达默尔:《诠释学》(1974),《真理与方法》下卷,洪汉鼎译,上海:上海译文出版社,2004 年,"附录"第 742 页。

[14] 关于伽达默尔的"解释学辩证法",国内学者何卫平有专门研究,参见其著《通向解释学辩证法之途》,上海:上海三联书店,2001 年,导论第 1～8 页。

[15] [美] 特雷西:《诠释学·宗教·希望》,冯川译,上海:上海三联书店,1998 年,第 33 页。

[16] [意] 艾柯,等著:《诠释与过度诠释》,王宇根译,北京:生活·读书·新知三联书店,1997 年,第 27～28 页。

[17] [英] 柯里尼:《诠释:有限与无限》,[意]艾柯,等著:《诠释与过度诠释》,王宇根译,北京:生活·读书·新知三联书店,1997 年,"导论"第 12 页。

[18] [英] 柯里尼:《诠释:有限与无限》,[意]艾柯,等著:《诠释与过度诠释》,王宇根译,北京:生活·读书·新知三联书店,1997 年,第 79 页。

[19] [美] 赫施:《解释的有效性》,王才勇译,北京:生活·读书·新知三联书店,1991 年,第 13 页。

[20] 王岳川:《现象学与解释学文论》,济南:山东教育出版社,1999 年,第 250 页。

[21] 李建盛:《理解事件与文本意义——文学诠释学》,上海:上海译文出版社,2002 年,第 161～162 页。

[22] (清)皮锡瑞:《经学历史》,北京:中华书局,1959 年,第八章《经学变古时代》,第 264 页。

[23] (宋)黎靖德编、王星贤点校:《朱子语类》卷八十《纲领》,北京:中华书局,1986 年,第 2075 页。

[24] (宋)黎靖德编、王星贤点校:《朱子语类》卷八十《纲领》,北京:中华书局,1986 年,第 2077 页。

[25] (宋)黎靖德编、王星贤点校:《朱子语类》卷八十《纲领》,北京:中华书局,1986 年,第 2076 页。

[26] (宋)黎靖德编、王星贤点校:《朱子语类》卷八十一《诗二》,北京:中华书局,1986 年,第 2101 页。

[27] 朱自清:《诗言志辨》,北京:古籍出版社,1956 年,第 72 页。

[28] (清)纪昀,等撰:《钦定四库全书总目》卷十五经部十五,北京:中华书局,1997 年,第 190 页。

[29] (清)张元济:《诗本义跋》,《涉园序跋集录》,上海:古典文学出版社,1957 年,第 10 页。

[30] (清)魏源:《诗古微》之《三家发微下》,长沙:岳麓书社,1989 年,第 82 页。

[31] (宋)叶梦得:《石林诗话》卷上,何文焕辑:《历代诗话》(上),北京:中华书局,1981 年,第 410 页。

[32] (清)叶燮:《原诗》卷四,丁福保辑:《清诗话》下册,上海:上海古籍出版社,1978 年,第 611 页。

[33] [德] 伽达默尔:《文本与解释》,严平编选:《伽达默尔集》,邓安庆,等译,上海:上海远东出版社,1997 年,第 71 页。

[34]（宋）朱熹:《朱子大全》卷四十八《答吕子约》，北京：中华书局，1936年，第809页。

[35]（明）钟惺著、李先耕，等标校:《隐秀轩集》卷二十三《诗论》，上海：上海古籍出版社，1992年，第393页。

[36]（清）方玉润著、李先耕点校:《诗经原始》卷首《凡例》，北京：中华书局，1986年，第4页。

[37]（清）严虞惇:《读诗质疑》卷首四《读诗纲领》，《景印文渊阁四库全书》第87册，台北：台湾商务印书馆，1986年，第75页。

[38]（金）王若虚:《滹南集》卷三《论语辨惑序》，《景印文渊阁四库全书》第1190册，台北：台湾商务印书馆，1986年，第290页。

[39] 邓新华:《中国古代诗学解释学研究》，北京：中国社会科学出版社，2008年，第56页。

[40]（清）周济:《词辨序》，（清）黄苏，等选评《清人选评词集三种》，济南：齐鲁书社，1988年，第144页。

[41] 周裕锴:《中国古代阐释学研究》，上海：上海人民出版社，2003年，第398页。

[42] 叶嘉莹:《谈诗歌的欣赏与〈人间词话〉的三种境界》，叶嘉莹著:《王国维及其文学批评》，广州：广东人民出版社，1982年，第453页。

古代文学文献研究

《四库全书总目》明别集提要订误十则

何宗美

（西南大学文学院，重庆，400715）

内容摘要：将刻《琼台吟稿》的蒋云汉误为蒋冕，贬斥丘濬“相业无可称”与史实不符。《椒丘文集》三十四卷而误为四十四卷，照搬《续文献通考》，故与库书相参差；又谓“次十四卷为诗”，而集中仅五卷为诗，根本未核原书。《东园文集》提要“乾隆初”误为“康熙初”，“英梁”误为“梁英”。《怀麓堂集》提要谓“旧版已毁”，亦非事实。《清溪漫稿》库书载“奏议”共十八篇，提要误曰“共五十九篇”，不明一疏之中可奏数事或十数事如《会议》一篇奏二十八事，而强谓与“前后陈请百余事”不合。吴与弼字子传误为子傅，沿用《续文献通考》而未据原始文献以考订；又将“讲学之功，备见于日录”之“日录”在另一处误为“目录一卷”，望文生义虽在馆臣而有所不免。如此等等，不一而足，在丘濬《重编琼台稿》提要到周瑛《翠渠摘稿》提要中比比皆是，几乎篇篇有误，将《四库全书总目》种种问题暴露无遗。

关键词：四库全书总目；明别集提要；谬误

笔者近以明人别集提要为中心专力考证《四库全书总目》，发现这些出自馆臣之手的“杰作”几乎篇篇有误，甚至低级错误或硬伤也比比皆是。全面考证《总目》的目的，并不是否定它的应有价值，而是使它更加完善。现略举若干为例，以请正于方家。

一、丘濬《重编琼台稿》二十四卷（副都御史黄登贤家藏本）

（一）其文集世不一本。初其门人蒋冕等刻其诗曰《吟稿》，续又裒其记序表奏曰《类稿》。嘉靖中，郑廷鹄合二稿所载，益以所得写本，釐为十二卷，名曰《会稿》。天启初，其裔孙尔榖遴《类稿》十之二，增《会稿》十之三，并《吟稿》合刻，曰《重编会稿》，即此本也。[1]

按，这段文字直接抄录《续文献通考》卷一九一“丘濬《重编琼台会稿》二十四卷”条，《通考》曰：“濬集不一本。其门人蒋冕等刻其诗曰《吟稿》，续又裒其记序表奏曰《类稿》。嘉靖中，郑廷鹄合二稿所载，益以所得写本，为十二卷，名曰《会稿》。天启初，其裔孙尔穀遴《类稿》十之二，增《会稿》十之三，并《吟稿》合刻曰《重编会稿》，即此本也。”[2]据李东阳《琼台吟稿序》云：“礼部尚书琼台先生丘公蚤能诗，信口纵笔，若不经意，而思味隽永，援据赅博。平生所得近万篇，往往为好事者取去。晚乃掇其存者，分类为编，殆二十之一而已。东阳在翰林，从公久。近见其所编者，如探宝藏，入武库，心悸目眩，应接不暇，盖于此得大观焉。”[3]此言《吟稿》编者乃丘濬本人。又据《明别集版本志》，今国家图书馆、上海图书馆藏弘治五年（1492）蒋云汉刻本而非蒋冕刻本，该本卷五、卷十镌“弘治三年春三月望日男敦编次，学生傅佐录刊”，弘治五年魏瀚《跋琼台吟稿后》载：“琼山丘先生以是集寄瀚，谓瀚同年且尝学诗，俾识数语藏之。偶为同寅蒋方伯（名云汉，巴县人，天顺丁丑进士）所见，叹曰：‘此希世之音也，乌可秘玩以自资！’遂命工梓行之，因俾识其后。”[4]蒋云汉见载于《四川通志》，籍巴县，天顺元年（1457）丁丑科进士，官至布政使[5]。蒋冕字敬之，全州人，成化二十三年（1487）进士，官至首辅[6]。知蒋云汉与蒋冕不为一人，刻《琼台吟稿》者非蒋冕而为蒋云汉甚明。程敏政《丘先生文集序》载：“先生门人翰林吉士蒋君冕及其嗣子太学生敦，辑先生平日诗文为若干卷，间奉以视走请序。”[7]据此，蒋冕与丘敦所辑者为包括诗、文在内的《琼台类稿》。今国家图书馆所藏弘治刻《琼台类稿》七十卷本，前有程敏《琼台丘先生文集序》、何乔新《琼台类稿序》[8]，亦证程序所指是《类稿》而非《吟稿》。《通考》、《总目》所云皆失之确。

另，何乔新《琼台类稿序》载：“礼部尚书掌詹事府事琼台丘先生，出其平生所作诗文，曰《琼台类稿》者，属予校阅而定其可传者。予读之，数月而后毕，因定其灼然可传者，凡若干卷。适都宪吴兴闵公，出镇两广，见之叹曰：‘此名世之文也，当为刻之以传于天下后世。’先生因属予序之。”[9]闵公即闵珪。结合程序，知《琼台类稿》初由蒋冕、丘敦编辑，再由何乔新校定，刻者则闵珪。《通考》、《总目》叙之未详，此可补充。

> （二）濬相业无可称，其立朝与叶盛不相能，又与庄昶相恶，具载《明史》盛、昶二人《传》中。其嗾御医刘文泰陷王恕一事，虽其妻亦知其非，具载《明史》恕传。讲学家以其力崇朱子，曲相回护，迄不能与公论争也。其两广平贼之策，言之凿凿，然韩雍力驳其说，竟奏荡平，具载《明史·雍传》中。则其好论天下事，亦不过恃其博辨，非有实济。然记诵淹洽，冠绝一时。故其文章尔雅，终胜于游谈无根者流。在有明一代，亦不得不置诸作者之列焉。[10]

按，《总目》对丘濬的上述评价虽据于史但明显与史载不符。“相业无可称”贬斥丘濬居相毫无作为，史载并非如此。《明史》本传云：“以《衍义补》所载皆可见之行事，请摘其要者奏闻，下内阁议行之。帝报可。”又载：“因列时弊二十二事。帝纳之。”卷末赞语又曰：“徐溥以宽厚著，丘濬以博综闻。观其指事陈言，恳恳焉为忧盛危明之计，可谓勤矣。”[11]事实说明丘濬为相是有一些重要建树的，并非像《总目》

所说的“无可称”。《殿阁词林记》载丘濬对孝宗及弘治中兴所起的重要作用时说：“其后，上日英明，颇远近习，而信听内阁，亦濬有以启之也。”[12]凌迪知《国朝名世类苑》称丘濬“中兴贤辅”[13]，可见“相业无可称”之说难成公论。再如“与叶盛不相能”的说法，既为“不相能”，则并非丘濬单方的问题。《明史》载：“盛与总兵官颜彪破贼寨七百余所。彪颇滥杀，谤者遂以咎盛……初，编修邱濬与盛不相能。大学士李贤入濬言，及是草雍敕曰：‘无若叶盛之杀降也。’盛不置辨。”[14]就事论事，叶盛以平贼被谤“滥杀”之责，丘濬的说法并非毫无根据。至于“与庄昶相恶”，《明史》载丘濬语曰“率天下士背朝廷者，昶也”[15]，由此可知他们的冲突当由思想分歧所致。丘濬进平两广之策事，《总目》不提濬本传“奏记大学士李贤，指陈形势，纚纚数千言。贤善其计，闻之帝，命录示总兵赵辅、巡抚都御史韩雍。雍等破贼，虽不尽用其策，而濬以此名重公卿间”的记载[16]，而引据《韩雍传》也是断章取义而已。因为在韩雍本传，史家重点是体现韩雍的才能而不能喧宾夺主，但尽管如此，据此传所载，朝廷在平定两广之乱时，第一步采用的便是丘濬的方略，韩雍只是在丘濬的基础上进行调整而取得了最终胜利。所以，丘濬本传中说“虽不尽用其策”，“不尽用”不是不用，而是在采用的基础上有所变动和改进。馆臣忽略这些客观的事实而否定丘濬平乱之策的应有作用显然是一种主观偏误。

特别是“嗾御医刘文泰陷王恕一事，虽其妻亦知其非”的说法，与《明史》所载有明显出入。《王恕传》载丘、王二人结怨前因后果较详，现录如下：

> 是时刘吉已罢，而丘濬入阁，亦与恕不相能。初，濬以礼部尚书掌詹事，与恕同为太子太保。恕长六卿，位濬上。及濬入阁，恕以吏部弗让也，濬由是不悦。恕考察天下庶官，已黜而濬调旨留之者九十余人。恕屡争不能得，因力求罢，不许。太医院判刘文泰者，故往来濬家以求迁官，为恕所沮，衔恕甚。恕里居日，尝属人作传，镂板以行。濬谓其沽直谤君，上闻罪且不小。文泰心动，乃自为奏章，示除名都御史吴祯润色之。讦恕变乱选法……廷论以是不直濬。及濬卒，文泰往吊，濬妻叱之出曰：“以若故，使相公龉王公，负不义名，何吊为？”[17]

上述记载可以归纳为几点：第一，丘濬与王恕结怨，亦为“不相能”而起，最初是王恕以官尊看不起入阁的丘濬，使濬“不悦”，其起因本不只在丘濬一方；第二，王恕主持吏部，以刚正清严著称，但史载弘治六年（1493）吏部一次性罢黜官员与杂职达近三千人，未免过于苛猛，这样做必使朝廷用人一时出现过大缺口而不利于国家机器的正常运转，故作为辅臣的丘濬“调旨留之者九十余人”，亦自有道理，冲突反映的是其人才观、吏治观与王恕相左而已，并非私情；第三，丘濬牵涉到刘文泰奏劾王恕一事，《明史》云“濬谓其沽直谤君，上闻罪且不小。文泰心动，乃自为奏章”，特别用到一个“自”字，并明载为之润色者为吴祯，而在《丘濬传》中史家载“恕疑文泰受濬指，而言者哗然言疏稿出濬手”[18]，一经对读，显然“疏稿出濬手”的说法便被《明史》所否定，而“疑”的使用也明显体现了史家的谨慎态度，也就是说《明史》中并没有像《总目》所说的“嗾御医刘文泰陷王恕”的倾向性记载；第四，丘濬妻斥责刘文泰的原话意思是说“因为你的缘故，使相公与王公相倾轧，背负了不义之名”，这只能理解为濬妻耿耿于怀的是刘文泰奏劾王恕一事让丘濬被动卷入其中，如果是丘濬主动嗾使刘文泰所为，濬妻岂有责斥他人之理？显然，按《明史》所载是得不出《总目》“虽其妻亦知其非”之结论的。

四库馆臣借撰《重编琼台会稿》提要之机，对丘濬的思想、人品和政治作为一概贬斥，其法一是把凡是记载丘濬的负面性内容集中起来而正面记载和评价则删削不言，二是无论正面、负面的内容都主观地向贬斥丘濬的思想倾向作阐释。比较起来，《明史》虽谓丘濬“顾性褊隘”，但又说“尝以宽大启上心，忠厚变士习”；虽谓“议论好矫激，闻者惊愕”，但又称其“廉介”。这说明，从气性上讲丘濬不免有些小气，又好激辩，争强好胜，语不让人，但从品德上讲他是宽厚仁爱、忠直廉洁的。前者是小，虽圣贤在所能免；后者是大，乃君子必持之德。可以说，《明史》对丘濬的记载是注重客观性的，对丘濬人品、人格的把握也是较为准确的。所以，我们在《丘濬传》及相关记载中，能看到一个在朝中复杂的官场人际关系中不免屡屡发生些争持、出现些差错的似乎并不太完美的活生生的角色，更能看到一个嗜学博闻、精熟典制、宽厚持正、廉介勤勉并致力于启上心、谋善政、变士心、正文体的朝中名臣。相反，《总目》则通过歪曲事实歪曲了丘濬的形象，究其原因一是丘濬一生持华夷之变的思想为代表清代官方思想的四库馆臣所不容，这一点提要中没有明言；二是“讲学家以其力崇朱子，曲相回护”即丘濬受到后来讲学家的推崇，而清朝对讲学、结社持反对和禁止态度，因其易形成社会势力和思想力量而动摇其统治，所以在《总目》中凡讲学家、结社者推崇的，馆臣则必贬斥之，这一点提要中有明显透露。

二、何乔新《椒邱文集》四十四卷（两江总督采进本）

> 是集前三卷为策略，盖科举之学；次五卷为史论；次十二卷为杂文；次十四卷为诗；次六卷为碑、诔；次三卷为奏议。《外集》一卷，则往来赠答之文，为婺源余莹所编辑。[19]

按，文渊阁库书《椒丘文集》提要曰：“《椒丘文集》三十四卷，明何乔新撰。”[20]核之，亦为三十四卷，而非四十四卷，《总目》之说有误。《钦定续通志》（卷一六二）、《钦定续文献通考》（卷一九一）皆载《椒丘文集》四十四卷，或为《总目》所本。《千顷堂书目》（卷一九）载《椒丘文集》三十二卷、附录一卷。据《明别集版本志》，今传世有明嘉靖元年（1522）刻本《椒丘文集》三十四卷、《外集》一卷，藏于中科院图书馆等地。另有清康熙三十三年刻本《文肃公文集》三十四卷、《外集》一卷，哈尔滨师范大学图书馆、江西图书馆、温州图书馆皆有藏[21]。这说明三十四卷本是明清时期流传的主要版本。

《总目》对《椒丘文集》诸卷文体类别的叙述亦与文渊阁库书的实际情况不一致。具言之，卷一至三为“策府十科摘要”，非《总目》所谓“策略”；卷四至八为“史论”，卷九至二十为“序”、“记”、“赋”、“书”等即《总目》所谓“杂文”，此大体无异。卷二十一至二十五为“诗”，共五卷，与“次十四卷为诗”有较大出入，《总目》之说有误。卷二十六至三十一为“哀辞”、“祭文”、“庙碑”、“神道碑”、“墓志铭”、“墓表”，《总目》所叙文类亦欠完备。卷三十二至三十四为“奏议集略”，无误。舒芬《椒丘文集序》云：“《椒丘文集》凡三十四卷：为策府者三卷，为史论者五卷，为奏议者三卷，为序记、碑铭、诗赋、书简、题跋者二十三卷。”[22]此与文渊阁库书实际内容相符。又，《椒丘外集》收录像赞、传记、神道碑、赠送序及诗、祭文等，不惟“往来赠答之文”。据嘉靖元年刻本，《外集》的编辑者是余罄（字君器）[23]，而非《总目》所谓“余莹”，为一字之误。

三、郑纪《东园文集》十三卷《续编》一卷（福建巡抚采进本）

是集前四卷为经筵讲章及奏议，后九卷为杂文。《续编》一卷，凡文二十一篇，则国朝康熙初其九世孙梁英等所续辑也。纪入翰林后，归卧屏山，读书二十余年。生平为文，无构思，无易稿。为人假去，亦不复问。门人吴濂称其文甚类老泉。其气昌，其思深，其辞正而不阿，其辨博而不杂。今观集内所载诸奏疏，皆恺挚详明，切中时政，诸体文亦多属有关世教之言。《续编》内有《归田咨目》十条，皆兢兢以礼法自持。盖其人品端谨，亦有足重者焉。[24]

按，文渊阁库书《东园文集》卷首提要曰：“《东园文集》十三卷，《附录》一卷。”[25]翻检该集，与此相符。十三卷中，卷一为“经筵讲章”，卷二至四为“奏议”，卷五、六为“记”，卷七至九为“序”，卷十为“书”，卷十一为“题跋”、“说”、“赞”，卷十二为“铭类”、“行状”、“传”，卷十三为“祝文”、“上梁文”、“祭文”、“杂著”。其中，《归田咨目》十条见于卷十三“杂著”，非如《总目》所言。《附录》“名公叙述”，辑《仙游志》、《遗事》等有关郑纪生平事迹之文二十一则，即《总目》所谓“《续编》一卷，凡文二十一篇”，说明《附录》、《续编》名虽不一，实则无别。据《明别集版本志》，今传世者有明刻本《东园郑先生文集》、《续编》十三卷、《附录》一卷，藏天津图书馆[26]，则《续编》、《附录》各不相同。

《东园文集》卷末附郑英梁《东园文集跋》，署曰“乾隆戊午九世孙英梁谨识”[27]。知《总目》“康熙初”为“乾隆初”（戊午为乾隆三年）之误，“梁英”为“英梁”之误。

四、李东阳《怀麓堂集》一百卷（兵部侍郎纪昀家藏本）

其集旧版已毁，此本为国朝康熙壬戌茶陵州学正廖方达所校刻，凡诗稿二十卷，文稿三十卷，诗后稿十卷，文后稿三十卷。又杂稿十卷，曰《南行稿》，曰《北上录》，曰《经筵讲读》，曰《东祀录》，曰《集句录》，曰《哭子录》，曰《求退录》，凡七种，其诗后稿本十卷，张鸿烈跋作二十卷，笔误也。前有正德丙子杨一清序及东阳自序。然自序为《拟古乐府》作，不为全集作，后人移弁全集耳。[28]

按，据《明别集版本志》，李东阳《怀麓堂集》今尚有明刻本存世，中科院图书馆、上海图书馆就藏有正德十一年（1516）熊桂刻本。该本包括《怀麓堂诗稿》二十卷、《文稿》三十卷、《诗后稿》十卷、《文后稿》三十卷、《南行稿》一卷、《北上录》一卷、《经筵讲读》一卷、《东祀录》一卷、《集句录》一卷、《集句后录》一卷、《哭子录》一卷、《求退录》三卷，共102卷[29]。除杂稿比四库采用的康熙廖方达刻本多出二卷外，余皆一致。由此看来，《总目》所谓“其集旧版已毁”的说法是不合事实的。

康熙廖方达刻本今亦传。该本刻于康熙二十年辛酉而不是《总目》说的康熙二十一年壬戌；收有韩世琦《重刻怀麓堂全集序》、蒋永修《怀麓堂稿序》和廖方达《重募刊怀麓文集疏》，并无《总目》所说的“杨一清序及东阳自序”[30]。另，今据《四库全书》文渊阁库书《怀麓堂集》，该集前有正德十一年（丙子）杨一清序，末附正德十三年（戊寅，1518）靳贵后序。此亦与《总目》所叙不同。库书包括《诗稿》、《文稿》、《诗后稿》、《文后稿》、《文续稿》五个部分共100卷，其中《南行稿》等收入《文续稿》中，而不叫《杂稿》，与《总目》亦异。卷数《南行稿》二卷、《北上录》二卷、《经筵讲章》一卷、《东祀录》一卷、《集句录》一卷、《哭子录》一卷、《求退录》二卷，与正德刻本分卷有些区别。

《总目》原文据今考当改为：“其集有明正德熊桂刻本。此本为国朝康熙辛酉茶陵州学正廖方达所校刻，凡诗稿二十卷，文稿三十卷，诗后稿十卷，文后稿三十卷，文续稿十卷，曰《南行稿》，曰《北上录》，曰《经筵讲章》，曰《东祀录》，曰《集句录》，曰《哭子录》，曰《求退录》，凡七种，其诗后稿本十卷，张鸿烈跋作二十卷，笔误也。前原有正德丙子杨一清序及东阳自序，然自序为《拟古乐府》作，不为全集作，后人移弁全集耳，今删除不录。末附正德戊寅靳贵后序。”如此则无误，且与库本书相符。

五、倪岳《清溪漫稿》二十四卷（浙江汪汝瑮家藏本）

（一）岳字舜咨，钱塘人，徙居上元，南京礼部尚书谦之子也。登天顺甲申进士，官至吏部尚书。谥文毅。事迹具《明史》本传。[31]

按，《明史》卷一八三《倪岳传》载：“倪岳，字舜咨，上元人。”[32]《殿阁词林记》（卷五）、《今献备遗》（卷三十四）、《礼部志稿》（卷五三）、《佩文斋书画谱》（卷四二）、《六艺之一录》（卷三六六）等皆作“上元人”，且未载“徙居上元”之说。据《续文献通考》载：“岳字舜咨，钱塘人，徙居上元，南京礼部尚书谦之子。天顺进士，官至吏部尚书，谥文毅。”[33]知《总目》相关文字实据此抄录而成。又，《御定渊鉴类函》引《吾学编》亦谓：“倪岳字舜咨，钱塘人，徙上元。”[34]那么，倪岳究竟是上元人还是钱塘人呢？或者说是何时由钱塘“徙居上元”的呢？王鏊《太子少保吏部尚书赠荣禄大夫少保谥文毅倪公行状》恰有载：“倪世家浙之钱塘，国初以闾右徙京师，故今为应天上元人。”[35]吴宽《倪文毅公家传》载之更详：“公讳岳，字舜咨，姓倪氏。其先从宋南渡，家于钱塘。国初，诏徙江浙诸省民实京师，公之高祖启在徙中，故今为上元人。"[36]由此可知，倪氏早在明初洪武时自岳之高祖启就已徙居上元，到岳之时已经五世。这样来看，像《总目》把倪岳说成"钱塘人，徙居上元"就不妥了，因为徙居上元的是他的高祖而非他本人。正确的说法当为"上元人"，或"其先为钱塘人，明初徙居上元"。四库馆臣在《倪文僖集》的提要中说倪岳之父谦为"上元人"[37]，联系起来更容易造成误会，让人觉得似乎是到了倪岳才由钱塘徙居上元。而在倪谦《朝鲜纪事》提要中，则说谦"钱塘人，徙上元"[38]，若与《青溪漫稿》提要对照看，又不知"徙上元"是谦还是岳，馆臣自己也未弄清楚，其实两人都不是。另外，《明诗综》载倪谦"钱塘人，徙上元"[39]，倪岳"由钱塘徙上元"[40]，亦属缺失考证之说，理当纠正。

（二）史称其为礼部长贰时，礼文制度率待岳而决。论事未尝苟同，前后陈请百余事，军国弊政，剔抉无遗。疏出，人多传录之。今集中疏议共五十九篇，与所谓百余事者不合，疑刊集时已有所删择。然如《正祀典》、《陈灾异》及《论西北用兵》诸奏，皆建白之最大者，已具在其中。[41]

按，《明史》本传载："至礼文制度率待岳而决……同列中，最推逊马文升，然论事未尝苟同。前后陈请百余事，军国弊政剔抉无遗。疏出，人多传录之。论西北用兵害尤切。"[42]《总目》中"论事未尝苟同"前，尚有"同列中，最推逊马文升"一语，是确指"论事"与马文升"未尝苟同"，删除此语后与史载原义不免有所出入。

又，文渊阁库书《青溪漫稿》卷 至一四为"奏议"，其中卷一一依次为《礼仪一》、《祀典一》、《祀典二》、《祀典三》，卷一二依次为《灾异二》、《灾异》、《灾异八》、《灾异》、《又灾异》、《灾异十二》，卷一三依次为《朝觐三》、《止夷贡一》、《止番僧一》、《止给度一》、《科举一》、《辞职疏一》、《辞职疏二》、《论西北备边事宜状一》，卷一四为《会议》，共计18篇，《总目》所谓"今集中共疏议共五十九篇"乃误。《灾异》诸疏未见一、三、四、五、六、七、九、十、十一等篇，《朝觐》未见一、二两篇，由此可知，《青溪漫稿》刊集时确有"删择"。馆臣或未核照原集，故只能提出"疑"议，而未能定论。再者，所谓"陈请百余事"者，未必一定有疏议百余篇。一篇中疏奏诸事者，往往是常有的事。以卷一四《会议》为例，此奏包括"为灾异陈言"、"推行圣学"、"豫节亲藩"等二十八事[43]，即为明证。《总目》"今集中疏议共五十九篇，与所谓百余事者不合"之说，在理解上本身就是有问题的。另可补充的是，胡玉缙《四库全书总目提要补正》引丁氏《藏书志》据正德本谓"此本目录后有夹行注云：'文毅倪公《青溪漫稿》，诗文七十八卷，讲章奏议二十一卷，南畿提学莆田黄公刊二十四卷。'"胡氏云："《提要》云：'与百余事不合'，殆未见目录后之夹注耳。"[44]幸正德本今仍传世，藏南京图书馆[45]，可核之。

六、吴与弼《康斋文集》十二卷（江苏周厚堉家藏本）

（一）弼字子傅，临川人。天顺元年，以忠国公石亨荐，征至京师，授左春坊左谕德，辞不就职，诏行人护送归，事迹具《明史·儒林传》。[46]

按，《明史》本传载吴与弼“字子传”[47]，《明诗综》（卷二七）、《佩文斋书画谱》（卷四一）、《六艺之一录》（卷三六四）皆同《明史》。《今献备遗》（卷二六）、《明儒学案》（卷四）、《江西通志》（卷八一）、《续文献通考》（卷一九一），皆作“子傅”，《总目》与之同。《御定渊鉴类函》一引《吾学编》作“子传”（卷一九四），一引《续文献通考》作“子傅”（卷二八三）。《总目》当直接采《续文献通考》，该著“吴与弼《康斋文集》十二卷”条云：“与弼字子傅，临川人。天顺中，以荐授左春坊左谕德，辞不就，事迹具《明史·儒林传》。”[48]《总目》相关文字不过稍加增益而成。考较早介绍吴与弼生平事迹的原始材料，一是吴与弼父执杨士奇所撰《国子司业吴先生墓志铭》，二是吴与弼门人娄谅所撰《康斋先生行状》。前者载：“（吴溥）子与弼，字子传，别号康斋。天顺改元，以高士征至京，授左春坊左谕德，四上疏以疾辞不就，进封事十策，英宗嘉纳之，遣行人王惟善送归，行状见后。”[49]后者载：“讳与弼，字子传，号康斋。”[50]由此可知，吴与弼之字为“子传”，而非“子傅”。

（二）其集初刻于抚州，凡四卷，岁久漫漶。此本乃崇祯壬申江南提学副使陈维新所刻。分为诗七卷，奏疏、书、杂著一卷，序一卷，记一卷，目录一卷，跋、赞、铭、启、墓志、墓表、祭文一卷。[51]

按，胡玉缙《四库全书总目提要补正》：“丁氏《藏书志》有弘治刊本十二卷，附录一卷。云：‘弘治七年，江浦吴泰守抚州，从其子得遗若干，遂刊于郡斋，陈维新所刻，实从此本出也。’”[52]弘治本今尚传世，南京图书馆、重庆图书馆有藏，有吴泰序[53]。由此可知，抚州初刻本并非《总目》所说的“四卷”。该集明刻本除弘治本、崇祯本外，传世者另有正德本、嘉靖本和万历本，分别藏于南京图书馆和美国普林斯顿大学图书馆等，皆为正文十二卷，附录一卷[54]。崇祯本今藏中国社科院历史所图书馆，有吴泰弘治七年序、徐岱嘉靖五年序、刘世节万历十八年序、陈懋德崇祯五年序[55]，此四序在文渊阁库书皆被删，知库本已非其本来面目。

上段文字还有一处明显错误，即将“日录”误为“目录”[56]。《康斋集》卷十一为“日录”[57]，“目录一卷”当为“日录一卷”明矣。文渊阁库书提要亦作“日录一卷”[58]，《总目》本则提要下文已谓“讲学之功，备见于日录”。所以致误者，当因馆臣或誊录者见原稿“日录一卷”而想当然改成了“目录一卷”，并没有核以原书。

七、程敏政《篁墩集》九十三卷（两淮马裕家藏本）

是集为敏政所自订。据《千顷堂书目》，尚有外集十二卷，别集二卷，《行素稿》一卷，拾遗一卷，杂著一卷。今皆不在此编中，疑其本别行也。[59]

按，这段文字为直接抄录《续文献通考》而成。该著卷一九一“程敏政《篁墩集》九十三卷”条云：“是集为敏政所自订，据黄虞稷《千顷堂书目》尚有《外集》十二卷、《别集》二卷、《行素稿》一卷、《拾遗》一卷、《杂著》一卷，今皆不在此编。”[60]两相对照，《总目》只加“疑其本别行也”数字，余皆雷同。李东阳序《篁墩文集》曰：“先生之文有《篁墩》诸稿，共百有余卷。没之七年为正德丙寅，其门人辈摘而刻于徽州，名曰《篁墩文粹》，论者以为未尽其选。越明年丁卯，知府何君歆暨休宁知县张九逵王错，征于其子锦衣千户埙，得全稿焉，将并锓诸梓以示来者，而埙请序于予。”[61]《篁墩程先生文粹》二十五卷，刻于正德元年（1506），今有传本。何韵刻《篁墩程先生文集》九十三卷、《拾遗》一卷，刊于正德二年（1507），今亦传。两种刻本皆刻于程敏政逝后。据林瀚《篁墩程先生文粹序》载：“（程敏政）所著旧稿甚富，其孤锦衣千兵壎□（按，原缺字）、公从子垲、族子曾类编之袭藏于家，无虑百余卷，愿寿之梓，未之能。”[62]何韵所刻即是李东阳、林瀚都讲到的“百余卷”旧稿，它曾由程敏政之子、从子、族子诸人“类编”，而非作者“自订”。“百余卷”尚非程敏政“自订”，此后何韵所刻九十三卷本又怎能是“自订”呢？所以，《续文献通考》所谓“自订”说是完全错误的，《总目》不辨而沿袭其说，错亦在所难免。

> （二）其集名曰“篁墩”者，考新安有黄墩，为晋新安太守黄积所居，子孙世宅于此，故以黄为名。自罗愿《新安志》、《朱子文集》所载皆同。敏政乃称黄本“篁”字，因黄巢而改，遂称曰篁墩，为之作记，且以自号，其说杜撰无稽。然名从主人，实为古义，今亦仍其旧称焉。[63]

按，程敏政《篁墩书舍记》云：“考诸谱及郡志莫知墩之所以名者，近得一说云：黄墩之‘黄’本‘篁’字，以其地多产竹故名。至黄巢之乱，所过无噍类，独以黄为己姓，凡州里山川以黄名者辄敛兵不犯。程之避地于此者，因更‘篁’为‘黄’，以求免祸，岁久而习焉。予独慨夫循吏忠臣赐第庙食之所，而污于僭乱之姓，七百余年卒无觉其非者，因大书‘篁墩’二字，揭诸故庐，且借重于作者一言，使后世知此地之获复旧名自予始云。”[64]《总目》谓程敏政改“黄”为“篁”，并“为之作记”即指此。馆臣所据罗愿《新安志》，见该书卷三：“黄墩湖，在县西南四十五里，阔二十余丈，长三百步，众水所潴。”[65]所据《朱子文集》者，原曰：“盖新安、番阳、信安诸程，皆出梁镇西将军忠壮公灵洗，其家婺源者，又自歙之黄墩徙而来，谱牒具在。闻之先君子，忠壮公葬黄墩，其墓以石为封，今尚在也。”[66]但这两个依据不足证明程敏政之说为误，第一个理由是罗愿《新安志》原本就讲到“黄巢之乱”时人们避地于黄墩的史实：“黄墩地广衍，黄巢之乱，中原衣冠避地者，相与保于此，及事定留居新安或稍散之傍郡。”[67]这说明程敏政的说法或不无道理。另一理由是，早于罗愿《新安志》的乐史《太平寰宇记》、李昉《太平御览》皆载“篁墩湖”而非“黄墩湖”[68]，这也有利于支撑程敏政的说法。胡玉缙《四库全书总目提要补正》引李东阳《篁墩赋》“新安之篁墩，以竹名，黄巢之乱，凡地名黄者辄不加兵，墩之人更篁为黄”数语[69]，但李氏之说实当出于程，故不足为据，不如《太平寰宇记》诸书证之力也。

八、庄昶《庄定山集》十卷（山东巡抚采进本）

昶字孔旸，江浦人。成化丙戌进士，官至南京礼部郎中。事迹具《明史》本传。[70]

按，《明史》本传载："庄昶字孔旸，江浦人……乃复以为行人司副。俄迁南京吏部郎中，得风疾。明年乞身归，部臣不为奏。又明年京察，尚书倪岳以老疾罢之。居二年卒，年六十三。"[71]据此，昶官至南京吏部郎中，而非"礼部郎中"，《总目》有误。项笃寿《今献备遗》（卷二五）、黄宗羲《明儒学案》（卷四五）等皆载官至"南京吏部郎中"。钱谦益《列朝诗集小传》谓"迁南验封郎中"[72]，"验封司"属吏部而非礼部。

九、黄仲昭《未轩文集》十二卷、《补遗》二卷、《附录》一卷（江苏巡抚采进本）

（一）是集为其门人刘节所编，凡文六卷，诗五卷，词一卷。而以碑文墓志铭附之。[73]

按，今传世的嘉靖三十四年（1555）黄希白刻本《未轩文集》十二卷、附录一卷，署"刑部右侍郎门人大庾刘节校"[74]。王世贞《弇山堂别集》卷五八"刑部左右侍郎"载："刘节，江西大庾人。由进士，（嘉靖）十一年任右，十二年闲住。"[75]据《江西通志·人物志》，刘节为官止于刑部右侍郎，年八十卒于家[76]。由此知校刊《未轩文集》事当在刘节家居期间。黄希白序云："不肖深惟遏佚前光是惧，顾吏于岭海未遑及也。比家居成之，谨辑汇为卷十二，募匠锓梓，愧未尽其全云。"[77]则"辑汇"即编辑之事原归黄希白，刘节做的事情为"校"而非"编"。

又，雍正十三年（1735）黄迈琮《未轩文集补遗跋》曰："爰谋于族从，就郡志中钞取新增各传及传后论断，出祠篋羡金付梓，附于原刻全集后，以广其传。"[78]可知《补遗》二卷原为嘉靖黄希白辑、刘节校本所无，为后来清人黄迈琮编录及"付梓"。今传世者"明嘉靖三十四年黄希白刻清雍正十三年黄迈琮印本"，即为《四库全书》采用本。

再者，今文渊阁库本《未轩文集》，仅有正集十二卷，《补遗》二卷，"《附录》一卷"则未见，所谓"而以碑文墓志铭附之"，毫无着落。

（二）后懋与昶并以聚徒讲学为事，而仲昭独刻意纪述。《八闽通志》、《延平府志》、《邵武府志》、《南平县志》、《兴化府志》皆所编录。[79]

按，黄迈琮《未轩文集补遗跋》谓："家居著书自乐，当事者敬重公品行，以礼敦请修《八闽通志》，延平、邵武二《府志》，《南平县志》。弘治改元，用荐起视学西江，再疏乞致仕，归仍筑室下皋山中。郡守陈公，请偕翠渠周先生，修《兴化府志》。

公以总志让周先生，而以人物志自任。列传经乡先辈编定者，悉仍其旧，详识出某书，不欲掠美。间有缺者补之，未入传者附之，各传后系以论断，皆公自出手笔。”[80]据此，则《八闽通志》、《延平府志》、《邵武府志》、《南平县志》四志为黄仲昭“所编录”，《兴化府志》则仅有《人物志》出自黄氏，主要成于周瑛号翠渠者。《总目》所言，与事实稍有出入。

一〇、周瑛《翠渠摘稿》七卷《补遗》一卷（福建巡抚采进本）

> （一）郑岳撰瑛传，称其文章浑成雅健，诗格调高古。瑛亦尝作绝句云“老去归平澹，时人或未知”，则其自命不在以繁音缛节务谐俗耳矣。朱彝尊《明诗综》、郑王臣《莆风清籁集》并载瑛《履霜操乐府》，其言怨而不怒，足正昌黎之失。此集中乃未收之，或近龙去取失当，误佚之欤。[81]

按，郑岳《周瑛传》原谓“为文章浑深雅健，有根柢，诗格调高古”[82]，《总目》“浑成”与此之“浑深”有一字之差。《翠渠摘稿》卷七《好奇》曰：“平生性好奇，作字亦如之。老去归平澹，时人应未知。”[83]《总目》“或未知”原为“应未知”，“应”、“或”二字，不仅义有殊差，平仄也不一样。整首诗的意思，周瑛说的是自己“作字”即书法艺术风格由“好奇”变而为“平澹”，这种变化往往不为人知。他另一首叫《学书》的诗描述了自己早期书法“好奇”的情态：“四十年来始学书，墨华长自满衫裾。枯藤礌砢火焚后，绣铁棱层土蚀余。豪气稍充成老健，中心才放转粗疎。曹公去后朱公死，千载何人寻后车。”[84]其中，“枯藤”几句是对“好奇”之“奇”的具体写照，由此看来，《总目》所谓“繁音缛节”云云，与作者的原意并不相干。朱彝尊《明诗综》引林雨可语云：“先生奇语奇情，出之简易。尝自题稿云：‘老去归平澹，时人或未知。’当为定评。”[85]可见，《总目》之说实源自朱彝尊，再溯其源头则始于林雨可。另，“正昌黎之失”出自朱彝尊《明诗综》引罗子应语，并朱、郑二氏之论，《总目》交代未确。《明诗综》载：“罗子应云：韩子《履霜操》，觉伯奇有怨怒之气，未免害义。若翠渠作，一篇之内，吉甫惑于后妻之失，既不可掩，伯奇伤己自讼，不敢怨怒，而凯父母自省之意亦明。词婉意切，足补韩子之失。”[86]现引韩、周二诗以作对照，韩之《履霜操》曰：

> 父兮儿寒，母兮儿饥。儿罪当笞，逐儿何为？儿在中野，以宿以处。四无人声，谁与儿语？儿寒何衣？儿饥何食？儿行于野，履霜以足。母生众儿，有母怜之。独无母怜，儿宁不悲？[87]

周之《履霜操》则曰：

> 母兮儿憎，父兮儿怒。局蹐天地，懵不知其故。父在高堂，儿在郊圻。曩兴履霜，踵血淋漓。荷衣不暖，椁食不饱，不即捐沟壑，念我父母。父本儿爱，母

本儿怜。一朝放逐，实儿之愆。维鸟有鷇，维虫有蠃。父兮母兮，其或归我。[88]

罗子应评此二诗，褒周而贬韩，主要是本于伦理而言的，若基于文学，韩诗则毫无疑问更具审美感染力。以此言之，罗子应和四库馆臣所谓“韩子之失”或“昌黎之失”完全是不存在的，“补”、“正”之说恰恰是走了文学的歧途。

（二）末附说三篇，序一篇，诗十八首，共为一卷，乃康熙戊子其七世孙维镳于家乘中钞出，以补《摘稿》所遗者，然冠以郑岳所撰传。其八世孙成又于雍正壬子求得瑛自撰志铭，补录于后，亦列于题跋之中，均乖编次之体。[89]

按，今文渊阁库书卷八署“续编”二字[90]，“说三篇，序一篇，诗十八首，共为一卷”即此卷也。“郑岳所撰传”，今附于全卷末而非“冠”于首。国家图书馆藏《四库全书》底本，为“明嘉靖七年冯驯刻清雍正十三年周成增修本”，并有雍正十三年（1735）周成题识[91]，而雍正十三年为乙卯年，壬子则为雍正十年（1732）。另，文渊阁库书未见“瑛自撰志铭”。

（三）张诩作陈献章行状，称瑛为献章门人，而成跋力辩其非。以二人之集考之，盖始合而终睽者，诩与成之说皆各执其一偏。《明史·儒林传》亦称瑛“始与献章友，献章之学主于静，瑛不然之，谓学当以居敬为主”云。[92]

按，张诩所作《白沙先生行状》见于《陈献章集》附录二[93]，文中未见“瑛为献章门人”之说。周瑛《送陈白沙归南海》（其一）谓：“我知君最深，君知我亦至。”[94]又，《题李氏义学》云：“白沙，予友也。二十年前，同在都下，瑛见其神清气完，心地定叠，往往以其静观天下之动，窃以为古闭关人也。”[95]前者写的是作者与陈献章“同在都下”的友谊，后者作于弘治四年辛亥（1491），时周瑛六十有二，陈献章六十有四，已属晚年。结合起来看，知周、陈二人的友情始终未曾裂变。至于出处有仕、隐之别，学亦有居敬、主静之殊，但未如《总目》“始合终睽”之说也。

＊本文为重庆市哲学社会科学领军人才支持计划项目、西南大学人文社科研究重大项目培育项目“《四库全书总目》的重新整理及其文学批评的还原研究”【13XDSKZ003】阶段性成果。

注释：

[1]（清）纪昀，等：《钦定四库全书总目》卷一七〇，北京：中华书局，1997年，第2298页。

[2]（清）张廷玉，等：《续文献通考》卷一九一，杭州：浙江古籍出版社，1988年，第4306页。

[3]（明）李东阳：《怀麓堂集》卷二七，上海：上海古籍出版社，1991年，第290页。

[4] 崔建英：《明别集版本志》，北京：中华书局，2006年，第685页。

[5]（清）黄廷桂，等：《四川通志》卷八《人物志》、卷三四《选举志》，文渊阁《四库全书》本。

[6]（清）张廷玉，等：《明史》卷一九〇《蒋冕传》，北京：中华书局，2000年，第3357～3358页。

[7]（明）程敏政：《篁墩文集》卷二九，上海：上海古籍出版社，1991 年，第 513 页。

[8] 崔建英：《明别集版本志》，北京：中华书局，2006 年，第 685 页。

[9]（明）何乔新：《椒丘文集》卷九，上海：上海古籍出版社，1991 年，第 141～142 页。

[10]（清）纪昀，等：《钦定四库全书总目》卷一七〇，北京：中华书局，1997 年，第 2298 页。

[11]（清）张廷玉，等：《明史》卷一八一，北京：中华书局，2000 年，第 3212 页。

[12]（明）廖道周：《殿阁词林记》卷一六，文渊阁《四库全书》本。

[13]（明）凌迪知：《国朝名世类苑》，李焯然：《丘濬评传》，南京：南京大学出版社，2005 年，第 240 页。按，关于丘濬的历史作为与贡献可参看该著有关内容。

[14]（清）张廷玉，等：《明史》卷一七七《叶盛传》，北京：中华书局，2000 年，第 3143 页。

[15]（清）张廷玉，等：《明史》卷一七九《庄昶传》，北京：中华书局，2000 年，第 3164 页。

[16]（清）张廷玉，等：《明史》卷一八一，北京：中华书局，2000 年，第 3199 页。

[17]（清）张廷玉，等：《明史》卷一八二，北京：中华书局，2000 年，第 3218 页。

[18]（清）张廷玉，等：《明史》卷一八一，北京：中华书局，2000 年，第 3200 页。

[19]（清）纪昀，等：《钦定四库全书总目》卷一七〇，北京：中华书局，1997 年，第 2298 页。按，胡玉缙《四库全书总目提要补正》有考，但仅曰："丁氏似即《提要》本，而卷数不同，据所说，各与其所见本合，又非有字误，俟考。"北京：中华书局，1964 年，第 1491 页。

[20]（明）何乔新：《椒丘文集》卷首，上海：上海古籍出版社，1991 年，第 1 页。

[21] 崔建英：《明别集版本志》，北京：中华书局，2006 年，第 231 页。

[22] 崔建英：《明别集版本志》，北京：中华书局，2006 年，第 231 页。

[23] 崔建英：《明别集版本志》，北京：中华书局，2006 年，第 231 页。

[24]（清）纪昀，等：《钦定四库全书总目》卷一七〇，北京：中华书局，1997 年，第 2299 页。

[25]（明）郑纪：《东园文集》卷首，上海：上海古籍出版社，1991 年，第 730 页。

[26] 崔建英：《明别集版本志》，北京：中华书局，2006 年，第 777 页。

[27]（明）郑纪：《东园文集》卷末，上海：上海古籍出版社，1991 年，第 866 页。

[28]（清）纪昀，等：《钦定四库全书总目》卷一七〇，北京：中华书局，1997 年，第 2299 页。

[29] 崔建英：《明别集版本志》，北京：中华书局，2006 年，第 456 页。

[30] 崔建英：《明别集版本志》，北京：中华书局，2006 年，第 456 页。

[31]（清）纪昀，等：《钦定四库全书总目》卷一七〇，北京：中华书局，1997 年，第 2299～2300 页。

[32]（清）张廷玉，等：《明史》卷一八三《倪岳传》，北京：中华书局，2000 年，第 3237 页。

[33]（清）张廷玉，等：《续文献通考》卷一九一，杭州：浙江古籍出版社，1988 年，第 4306 页。

[34]（清）张英，等：《渊鉴类函》卷一九六，文渊阁《四库全书》本。

[35]（明）王鏊：《震泽集》卷二五，上海：上海古籍出版社，1991 年，第 388 页。

[36]（明）吴宽：《家藏集》卷五九，上海：上海古籍出版社，1991 年，第 555 页。

[37]（明）倪谦：《倪文僖集》卷首，上海：上海古籍出版社，1991 年，第 235 页。

[38]（清）纪昀，等：《钦定四库全书总目》卷五三，北京：中华书局，1997 年，第 737 页。

[39]（清）朱彝尊：《明诗综》卷二〇，北京：中华书局，2007 年，第 1007 页。

[40]（清）朱彝尊：《明诗综》卷二二，北京：中华书局，2007 年，第 1134 页。

[41]（清）纪昀，等：《钦定四库全书总目》卷一七〇，北京：中华书局，1997 年，第 2300 页。

[42]（清）张廷玉，等：《明史》卷一八三《倪岳传》，北京：中华书局，2000 年，第 3238 页。

[43] 按，在第十二事"均平铨选"有阙文，但据残存文字"附选之期"云云可知仍然讲的是"铨选"的事，因此接下来的"湔涤过名"就应该是紧接着的第十三事。《青溪漫稿》卷一四，上海：上海古籍出版社，1991 年，第 175 页。

[44] 胡玉缙:《四库全书总目提要补正》卷五三,北京:中华书局,1964年,第1492页。

[45] 崔建英:《明别集版本志》,北京:中华书局,2006年,第319页。

[46] (清)纪昀,等:《钦定四库全书总目》卷一七〇,北京:中华书局,1997年,第2300页。

[47] (清)张廷玉,等:《明史》卷二八二,北京:中华书局,2000年,第4839页。

[48] (清)张廷玉,等:《续文献通考》卷一九一,文渊阁《四库全书》本。按,浙江古籍出版社1988年影印本则作"子传",见第4306页。

[49] (明)徐纮:《明名臣琬琰录》卷二三,文渊阁《四库全书》本。

[50] (明)徐纮:《明名臣琬琰续录》卷一〇,文渊阁《四库全书》本。

[51] (清)纪昀,等:《钦定四库全书总目》卷一七〇,北京:中华书局,1997年,第2300页。

[52] 胡玉缙:《四库全书总目提要补正》卷五三,北京:中华书局,1964年,第1492页。

[53] 崔建英:《明别集版本志》,北京:中华书局,2006年,第293～294页。

[54] 崔建英:《明别集版本志》,北京:中华书局,2006年,第294页。

[55] 崔建英:《明别集版本志》,北京:中华书局,2006年,第294页。

[56] 按,不仅中华书局整理本误为"目录",浙本亦然(中华书局1965年,第1490页)。

[57] (明)吴与弼:《康斋文集》卷一一,《青溪漫稿》外四种,上海:上海古籍出版社,1991年,第566页。

[58] (明)吴与弼:《康斋文集》卷首,《青溪漫稿》外四种,上海:上海古籍出版社,1991年,第357页。

[59] (清)纪昀,等:《钦定四库全书总目》卷一七一,北京:中华书局,1997年,第2301页。

[60] (清)张廷玉,等:《续文献通考》卷一九一,杭州:浙江古籍出版社,1988年,第4307页。

[61] (明)李东阳:《怀麓堂集》卷六四,上海:上海古籍出版社,1991年,第667页。

[62] 崔建英:《明别集版本志》,北京:中华书局,2006年,第302页。

[63] (清)纪昀,等:《钦定四库全书总目》卷一七一,北京:中华书局,1997年,第2302页。

[64] (明)程敏政:《篁墩文集》卷一三,上海:上海古籍出版社,1991年,第229～230页。

[65] (宋)罗愿:《新安志》卷三,文渊阁《四库全书》本。

[66] (宋)朱熹:《晦庵先生朱文公文集》卷九〇《环溪翁程君墓表》,《朱子全书》第24册,上海:上海古籍出版社,合肥:安徽教育出版社,2002年,第4174页。

[67] (宋)罗愿:《新安志》卷三,文渊阁《四库全书》本。

[68] 按,《太平寰宇记》卷一百四载:"篁墩湖,在县西南四十五里。"《太平御览》卷六六载:"《歙县图经》曰,篁墩湖在县西南。"

[69] 胡玉缙:《四库全书总目提要补正》卷五四,北京:中华书局,1964年,第1493页。

[70] (清)纪昀,等:《钦定四库全书总目》卷一七一,北京:中华书局,1997年,第2302页。

[71] (清)张廷玉,等:《明史》卷一七九《庄昶传》,北京:中华书局,2000年,第3164页。

[72] (清)钱谦益:《列朝诗集小传》丙集"庄郎中昶",上海:上海古籍出版社,1983年,第266页。

[73] (清)纪昀,等:《钦定四库全书总目》卷一七一,北京:中华书局,1997年,第2302页。

[74] 崔建英:《明别集版本志》,北京:中华书局,2006年,第536页。

[75] (明)王世贞:《弇山堂别集》卷五八,北京:中华书局,1985年,第1088页。

[76] (清)高其倬,等:《江西通志》卷九三,文渊阁《四库全书》本。

[77] 崔建英:《明别集版本志》,北京:中华书局,2006年,第536页。

[78] (明)黄仲昭:《未轩文集》卷末,《枫山集》外四种,上海:上海古籍出版社,1991年,第623页。

[79] (清)纪昀,等:《钦定四库全书总目》卷一七一,北京:中华书局,1997年,第2302页。

[80] (明)黄仲昭:《未轩文集》卷末,《枫山集》外四种,上海:上海古籍出版社,1991年,第623页。

[81] (清)纪昀,等:《钦定四库全书总目》卷一七一,北京:中华书局,1997 年,第 2303 页。

[82] (明)周瑛:《翠渠摘稿》附录,《枫风集》外四种,上海:上海古籍出版社,1991 年,第 878 页。

[83] (明)周瑛:《翠渠摘稿》卷七,《枫风集》外四种,上海:上海古籍出版社,1991 年,第 863 页。

[84] (明)周瑛:《翠渠摘稿》卷七,《枫风集》外四种,上海:上海古籍出版社,1991 年,第 853 页。

[85] (清)朱彝尊:《明诗综》卷二四,北京:中华书局,2006 年,第 1225 页。

[86] (清)朱彝尊:《明诗综》卷二四,北京:中华书局,2006 年,第 1225 页。

[87] (唐)韩愈著、钱仲联集释:《韩昌黎诗系年集释》卷一一《履霜操》,上海:上海古籍出版社,1984 年,第 1164 页。

[88] (清)朱彝尊:《明诗综》卷二四,北京:中华书局,2006 年,第 1225 页。

[89] (清)纪昀,等:《钦定四库全书总目》卷一七一,北京:中华书局,1997 年,第 2303 页。

[90] (明)周瑛:《翠渠摘稿》卷八,《枫风集》外四种,上海:上海古籍出版社,1991 年,第 872 页。

[91] 崔建英:《明别集版本志》,北京:中华书局,2006 年,第 730 页。

[92] (清)纪昀,等:《钦定四库全书总目》卷一七一,北京:中华书局,1997 年,第 2303 页。

[93] (明) 陈献章:《陈献章集》,北京:中华书局,1987 年,第 868 页。

[94] (明)周瑛:《翠渠摘稿》卷六,《枫风集》外四种,上海:上海古籍出版社,1991 年,第 831 页。

[95] (明)周瑛:《翠渠摘稿》卷八,《枫风集》外四种,上海:上海古籍出版社,1991 年,第 796 页。

经学视野下的文学解读

——论《毛诗正义》中的“体悟式解读”

安　敏

（华中师范大学文学院，湖北武汉，430079）

内容摘要：《毛诗正义》沿袭汉代美刺传统，在解读中注重政教功用。在经学视野下，《毛诗正义》中出现了一些“体悟式解读”，主要体现在三个方面：对诗歌主旨进行特殊阐发；挖掘语词深意、体悟诗句情韵；以解读者之慧眼明心对诗句进行精妙补充，彰显诗境之美，引发诗义之思。这些“体悟式解读”的存在与解读者的文学素养、《诗经》作品本身的艺术性以及《毛诗正义》“体悟式解读”的尺度息息相关。从文学思想上说，《毛诗正义》的“体悟式阅读”从实践上触及对文质关系的思考。从解读效果上说，解读者的见解有利于我们把握诗歌的亮点，走向诗歌本身。

关键词：《毛诗正义》；经学；“体悟式解读”

作为初唐时期非常重要的一部《诗经》解读经典，《毛诗正义》经由科举考试的途径进入士人的精神领域，对他们的为人为文产生了一定影响。整体而言，《毛诗正义》基本上沿袭了汉代美刺的传统，仍然将《诗经》作为一部经书加以观照，试图借此达到政治教化的功用。这是《毛诗正义》的解读宗旨与根本特色。如《邶风·静女》描摹了男女恋爱幽会、赠物传情的场景，《毛诗正义》将其解作刺时之作，将诗中赠送彤管的爱意表达解作“遗我不违女史之法，使妃妾德美也”[1]。又如《卫风·淇奥》赞颂了男子的德才风神、气质品格，有人认为此诗是“美武公之德也”[2]。《毛诗正义》不仅沿袭了这种说法，而且还联系现实给予了“意味深长”的阐发：“案《世家》云‘武公以其赂赂士，以袭攻共伯’，而杀兄篡国，得为美者，美其逆取顺守，德流于民，故美之。齐桓、晋文皆篡弑而立，终建大功，亦皆类也。”[3]这不仅仅是为武公正名，为春秋霸主齐桓公、晋文公正名，更是为唐代统治者开脱。针对这一“过度”解释，钱锺书先生先引姚范《援鹑堂笔记》卷六的斥责之语“说经者当如是乎”表示不认同，又引方东树按语“此唐儒傅会，回避太宗、建成、元吉事耳”揭示其实质，评价姚、方二人“读书甚得间”[4]。

但是在这样的视野与基点上，《毛诗正义》的编者们仍然从理论与实践上间或挖掘着诗歌的文学色彩，丰富着诗歌的文学情境。他们对诸如诗乐的关系、情性论、比兴等问题的探讨都颇有价值。尽管文学解读仍然被笼罩在经学解读的视野之下，但是在大段的史书、礼书引证和名物训诂材料中，我们仍然能够找到不少文学解读的印迹。“体悟式解读”就是其中之一。

一、《毛诗正义》“体悟式解读”的具体表现

《毛诗正义》的“体悟式解读”是指解读者融合自己的情感、思想和知识体系，通过解读语言引发联想进入诗歌的情境中，把握和申发诗歌的意蕴内涵，也使得读者感同身受。“体悟式解读”的材料散落在大段的经学解读材料之中。经笔者初步搜集概括，大致有以下几种表现：

《毛诗正义》的“体悟式解读”首先表现在对诗歌主旨的特殊阐发上。一般情况下，《毛诗正义》对诗歌主旨的阐发多用“作……诗者……”或者“……诗者，……作也……”的格式。前者如：

> 作《葛覃》诗者，言后妃之本性也，谓贞专节俭自有性也。[5]
>
> 作《桃夭》诗者，后妃之所致也。[6]
>
> 作《采蘋》诗者，言大夫妻能循法度也。[7]
>
> 作《击鼓》诗者，怨州吁也。[8]
>
> 作《凯风》诗者，美孝子也。[9]
>
> 作《河广》诗者，宋襄公母本为夫所出而归于卫。及襄公即位，思欲向宋而不能止，以义不可往，故作《河广》之诗以自止也。[10]
>
> 作《清人》诗者，刺文公也。[11]
>
> 作《东方未明》诗者，刺无节也。[12]

后者如：

> 此《载驰》诗者，许穆夫人所作也。闵念其宗族之国见灭，自伤不能救之。[13]
>
> 《荡》诗者，召穆公所作，以伤周室之大坏也。[14]
>
> 《抑》诗者，卫武公所作，以刺厉王也。[15]

前者直接明确地阐明诗歌美刺的主旨，后者则先言诗歌作者，后申诗歌主旨。这两种解读格式占据了《毛诗正义》主旨解读的绝对地位，奠定了《毛诗正义》主旨解读的经学基调。但是在主旨解读中偶尔也出现了不尽相同的表达方式。试看《周南·芣苢》，《毛序》解为：“后妃之美也。和平则妇人乐有子矣。”《毛诗正义》在此基础上解为：“若天下乱离，兵役不息，则我躬不阅，于此之时，岂思子也！”[16]这一解读与《毛序》相比有了两点变化：其一，虽然是发挥《毛序》“和平则妇人乐有子矣”之说，但是全篇解释都没有沿着“后妃之美”的路子走下去，而是泛指当时之妇人，这

样一来使得诗歌的所指范围扩大了，诗歌亦从神圣庙堂走向凡俗民间，更具生活的气息。其二，解读设身处地地从“我”的处境出发，用反面设疑的方式说明只有天下和顺，政治清明才能有百姓的正常生活，也才能有反映妇人思子、采摘车前草的诗歌。“我躬不阅”出自《邶风·谷风》，按照《毛诗正义》的解读本是一位被弃妇人的“自诀”之词，“言我身尚不能自容，何暇忧我后所生之子孙乎？母子至亲，当相忧念，言己无暇，所以自怨痛之极也”[17]，朱熹的《诗集传》也认为此是“知不能禁，而绝意之辞也”[18]。联系《邶风·谷风》的解释，《毛诗正义》对《芣苢》主旨的解释就注入了更多的情感因素，反向说明了《周南·芣苢》所蕴含的和乐之情，也让人对诗歌的现实渊源有了切实的感受。

第二，《毛诗正义》的“体悟式解读”还表现在挖掘语词深意，体悟诗句情韵之上。《毛诗正义》中存在大量的语词解读，这样的解读多停留在对语词基本意义的把握上，主要是对毛传、郑笺进行印证、阐发。如《豳风·七月》“春日载阳，有鸣仓庚。女执懿筐，遵彼微行，爰求柔桑”，《毛传》“仓庚，离黄也。懿筐，深筐也。微行，墙下径也”。《毛诗正义》进一步肯定《毛传》的解释：“仓庚一名离黄，即《葛覃》黄鸟是也。懿者，深邃之言，故知懿筐‘深筐’。行训为道。步道谓之径。微行为墙下径。”有些情况下《毛传》出现前后解读不一致之处，《毛诗正义》详细给予解释说明，维护《毛传》的权威。如《召南·采蘩》中《毛传》“蘩，皤蒿”[19]，《豳风·七月》“采蘩祁祁”的“蘩”，《毛传》解为“白蒿也，所以生蚕”。《毛诗正义》注意到了这两处解读不一致的现象，并作如下解释：“《释草》云：‘蘩，皤蒿。’孙炎曰：‘白蒿也。’传于《采蘩》云‘皤蒿也’，此云‘白蒿’，变文以晓人也。今定本云‘皤蒿也’。白蒿所以生蚕，今人犹用之。”[20]

与以上语词解读停留在词义表面不同，《毛诗正义》中也偶尔出现了通过对语词文化内涵的挖掘，走进诗歌的情感世界。《豳风·七月》“春日迟迟，采蘩祁祁”，《毛诗正义》曰：“迟迟者，日长而暄之意，故为舒缓。计春秋漏刻多少正等，而秋言凄凄，春言迟迟者，阴阳之气感人不同。张衡《西京赋》云：‘人在阳则舒，在阴则惨。’然则人遇春暄，则四体舒泰，春觉昼景之稍长，谓日行迟缓，故以迟迟言之。及遇秋景，四体褊躁，不见日行急促，唯觉寒气袭人，故以凄凄言之。凄凄是凉，迟迟非暄，二者观文似同，本意实异也。”此解钱锺书先生给予很高评价：“按孔疏殊熨帖心理，裨益词学。”[21]在笔者看来，这则解读将读者与作者相勾连，从文化心理的角度延伸了诗歌的情境。它本解“迟迟”，却比之“凄凄”；本抒伤春，亦参之悲秋；本写女子思男，又及男子思女。无论身份贵贱，无论性别差异，无论诗中人与诗外人，人同此心，心同此理。从整体上挖掘了“迟迟”、“凄凄”的文化内涵和情感附着。《毛诗正义》在解读时加入的与“迟迟春日”相对的“凄凄秋景”是解读者主观化的自然，这种处理已经“将描绘从直感和现实性移到了想象之中”[22]。诗中的采蘩女在迟迟春日中既感劳作之事苦，又感阳气而思男，那种焦灼苦闷的情态似乎呈现在我们目前，可见亦可感。

第三，《毛诗正义》的“体悟式解读”也表现在发展传笺的解读，凭着解读者的慧眼明心对诗句进行精妙补充，彰显诗境之美，引发诗义之思。

《大雅·常武》本是歌颂周宣王武功征伐徐国之事的诗歌。周宣王“命遣将帅，修戒兵戎，无所暴掠，民得就业，此事可常以为法，是有常德也”[23]。诗中运用一连串的比喻对王旅之威进行了形象描绘：“王旅啴啴，如飞如翰。如江如汉，如山之苞。”对此，《毛传》解为：“啴啴然盛也。疾如飞，挚如翰。苞，本也。”《郑笺》云：“啴啴，闲暇有余力之貌。其行疾，自发举如鸟之飞也。翰，其中豪俊也。江汉以喻盛大也。山本以喻不可惊动也。川流以喻不可御也。”《毛传》和《郑笺》均从字义出发进行解读。相较而言，《郑笺》进一步注意到比喻的内涵。不过，《毛诗正义》对此的解释更胜一筹：“兵法有动有静：静则不可惊动，故以山喻；则不可御止，故以川喻”，“兵法应敌出奇，故美其不可测度”[24]。用兵法之美妙来解王师之威，的确如钱锺书先生所说“尤为具眼”[25]。个人认为理由有三：其一，诗歌前面写到周宣王先令南仲、皇父整齐六军，又令尹吉甫、程伯休父“戒我师旅”，说明王师定是军容威武、军纪严明、用兵谨严，《毛诗正义》此解与诗义颇能相合。其二，《毛诗正义》以兵法变幻之美引发读者对王师之盛的想象。兵法本身就是一门艺术，在动静之间游走，不可揣度，如同此处的王师，无法用固定的语言来形容其盛。其三，此解让人自然联系到与兵法相关的名句，如《孙子兵法》中的“其疾如风，其徐如林，侵略如火，不动如山，难知如阴阳，动如雷霆”[26]之境。如此，读此诗句又添一层胜景。

再看《邶风·新台》。这是《诗经》中争议较大的一首诗，新台是地名还是高台，籧篨和鸿到底指什么，众说纷纭。诗歌首章“新台有泚，河水弥弥”，《毛传》释“泚，鲜明貌。弥弥，盛貌。水所以洁污秽，反于河上而为淫昏之行”，《毛诗正义》在此基础上进一步解读为：“台泚，言鲜明；下言高峻，见台体高峻而其状鲜明也。河弥，言盛貌；下言平地，见河在平地而波流盛也。以公作台要齐女，故须言台，又言河水者，表作台之处也。言水流之盛者，言水之盛流当以絜污秽，而公反于其上为淫昏，故恶之也。”[27]《毛诗正义》此解相较《毛传》有几点申发：一是将诗歌内容本身与《毛传》结合起来理解，对台、河水与诗歌内涵之间的关联性进行了强调。按照《毛诗正义》的理解卫宣公要齐女的行为发生在鲜亮高峻的地方，发生在河水水势壮盛的地方，因此有此诗句。这正是对现实场景的客观描绘。二是挖掘出此句所蕴含的复杂情绪：台是如此高峻鲜明，河水是如此壮盛流溢，带给人美好的心理感受和情感体验。但在如此美妙的背景之下隐藏的却是公之污行，这是一重反衬；满盛的河水是可以冲刷污秽的，可是宣公却在此为淫昏，即使再清澈满盛的河水也无法冲刷这污秽，这是第二重反衬。这样层层造势之下，宣公的行径更让人不齿，诗歌所表现的愤激与怨恨就更为强烈了。可以说这样的解读颇能体悟诗之艺术境界。

二、《毛诗正义》“体悟式解读”之成因

在浩繁复杂的经学解读中，《毛诗正义》仍然出现了这些“体悟式解读”，主要有以下几个方面的原因。

第一，解读者的文学素养促成了《毛诗正义》“体悟式解读”的出现。作为《五经正义》的主编，孔颖达是一代儒师，没有诗歌传世，所留下的文有7篇，分别是《对〈论语〉问》、《明堂议》、《易正义序》、《尚书正义序》、《毛诗正义序》、《礼记正

义序》、《春秋正义序》。这 7 篇作品主要是论议性质的。孔氏其他的著述也集中在史学、经学和礼学方面。也就是说，孔颖达肯定算不上一个文学家，但是这并不影响他良好的文学表达。

考察他的《五经正义序》，文辞亦呈华赡之姿、从容之度。试看下面两段文字：

采翡翠之羽毛，拔犀象之牙角。罄荆山之石，所得者连城；穷汉水之滨，所求者照乘。巍巍荡荡，无得而称；郁郁纷纷，于斯为盛。[28]

若夫哀乐之起，冥于自然，喜怒之端，非由人事。故燕雀表啁噍之感，鸾凤有歌舞之容。然则《诗》理之先，同夫开辟，《诗》迹所用，随运而移。[29]

前段文字读来让人唇齿留香，后段文字让人信服熨帖，均可窥见孔颖达深厚的文学修养。

《新唐书·孔颖达传》记“帝幸太学观释奠，命颖达讲经，毕，上《释奠颂》，有诏褒美”[30]，说的是孔颖达在讲经之后作了一篇《释奠颂》，唐太宗很喜欢，下诏褒奖。《释奠颂》今佚，我们已无缘得见，但是唐太宗的褒奖却留存了下来。我们不妨从唐太宗的褒奖中感受这篇作品的文学色彩：

省所上颂殊为佳作，循题发函，情辞烂其盈目；启封申纸，逸气飘以凌云。骊龙九重，不足方斯绮丽；威凤五彩，无以比其鲜华。扬雄掞天，高踪何远；黄香日下，茂轨犹存。寻读周环，弥觉欣翫。卿夙挺珪璋，早标令誉。网罗百氏，包括六经。思涌珠泉，情抽蕙圃。关西孔子更起乎？方今济南伏生重兴乎？兹日庶令引四科于缣帙，阐百遍于青襟，翰苑词林，卿其首之也。[31]

唐太宗褒奖的语言辞藻华美，将孔颖达比作扬雄、孔子、伏生，可见《释奠颂》应该是文质并重的作品。于志宁在为孔颖达所作《大唐故太子右庶子银青光禄大夫国子祭酒上护军曲阜宪公孔公碑铭》更是从辞藻、音韵、才情、神思方面对此文给予了高度评价，说它“文艳雕龙，将五色而比彩；谐韵□凤，与八音而同节。逸思掩于子玉，丽藻超于□□。蒙□敕□□□表赞”[32]。

正是因为有如此文学素养，所以解读者在和具体的诗歌作品，尤其是《诗经》中大量鲜活的“风”进行碰撞的时候，能够于具体解读中体现出充分的感悟和欣赏能力。

第二，《诗经》作品本身的艺术性给解读提供了“体悟”的可能与想象的空间。试看《周南·桃夭》，这是一首写新娘出嫁的诗歌，以桃花盛开作为背景，烘托出新娘的年轻美貌。诗歌开头“桃之夭夭，灼灼其华”，《毛传》言“兴也。桃有华之盛者。夭夭，其少壮也。灼灼，华之盛也”，《毛诗正义》在此基础上进行了这样一番解读：“夭夭言桃之少，灼灼言华之盛。桃或少而未华，或华而不少。此诗夭夭、灼灼并言之，则是少而有华者，故辨之。言桃有华之盛者，由桃少故华盛，以喻女少而色盛也。”[33]《毛诗正义》此解可以说颇得诗句之妙，它将“灼灼”、“夭夭”二词共同构成的桃之盛景——少而有华——的内涵进行阐明，使得引发的想象之景更为鲜明清晰。另一方面又点明了桃与少女之间的关联性。《毛传》、《郑笺》、《诗集传》均将此句释为兴，《毛诗正义》却看到了它“喻”的一面。依笔者看来，此句之妙就在于它用兴中之比，比中之兴将桃与少女融为一体。《毛诗正义》这种“体悟式解读”与这首诗歌本身丰富鲜活的艺术情境是有很大关系的。

另一种情况是诗歌本身的不确定性给《毛诗正义》的“体悟式解读”提供了契机。《邶风·新台》的主旨多有争论，《毛传》认为是“刺卫宣公也。纳伋之妻，作新台于河上而要之。国人恶之，而做是诗也”，而朱熹认为不能轻易将此诗与卫宣公之事联系起来，他在《诗集传》中说：“凡宣姜事首末，见《春秋传》。然于《诗》，则皆未有考也。”[34]考察《春秋》、《左传》的相关记载，卫宣公夺儿媳一事不见于《春秋》，《左传·桓公十六年》对此的记载也仅为“初，卫宣公烝于夷姜，生急子，属诸右公子。为之娶于齐，而美，公取之”[35]，这里并未提及建筑新台一事。所以朱熹所疑值得思考。不过，从某种程度上说，诗歌本身的不确定性也为大家提供了多种解读的空间。

第三，《毛诗正义》“体悟式解读”的尺度也保证了它得以留存。解读者所进行的“体悟”和发挥是有限的。可以发现，我们在第一部分分析的“体悟式解读”的表现在强大的经学力量面前是很微弱的，这不仅表现在“体悟式解读”出现的数量上，还表现在“体悟式解读”的尺度上。

应该说，“体悟式解读”还没有脱离初唐官方政教和汉儒解读传统的桎梏。尽管在《周南·桃夭》中解读者引导我们进入了“人面桃花相映红”的想象之境中，但是仍然将其放在了“后妃内修其化，赞助君子，致使天下有礼，昏娶不失其时”[36]的主导思想之下；尽管《邶风·新台》揭示了美景和恶行的强烈反差，帮助读者去体会诗句所隐含的复杂情感，但是仍然认为这首诗是刺卫宣公的，诗中的愤激和怨恨的情绪解析得越详细、越到位，就越能帮助接受者完成思想上的教化和心灵的净化。

这种“体悟”的尺度还表现在解读的语言和结构上。我们不妨将清人方玉润对《周南·芣苢》的解读摘录于下，以便比较说明：

> 读者试平心静气，涵泳此诗，恍听田家妇女，三三五五，于平原旷野，风和日丽中群歌互答，余音袅袅，若远若近，忽断忽续，不知其情之何以移，而神之何以旷。[37]

本来《芣苢》一诗语言简单，仅仅通过变化六个动词记录了妇女们在一起采摘车前子的劳动场景。但是方玉润运用语言的再创造，将读者带入诗歌的情境之中，使得此首诗歌仿佛灵动起来，有声有色有情。这样的解读语言注意到了辞藻的丰富华美，语气的起伏跌宕，句式的整齐与变化，在结构上一以贯之，简直就是一篇独立的优美小文。与此相比较，《毛诗正义》“体悟式解读”的语言更为平实，更多程式，情绪表达更为内敛，解读过程中多杂有对语词基本意义的说明。

总体来说，《毛诗正义》产生是基于“儒学多门，章句繁杂”[38]的现实，目标是统一经义，让天下传习，以实行教化之功，因此“体悟式解读”还无法达到后世文学解读的灵动鲜活，艺术化的水平也谈不上有多高，但是它在经学的藩篱之中顽强生长，文学的因素已经初现端倪。

三、《毛诗正义》“体悟式解读”的文学价值

尽管《毛诗正义》的“体悟式解读”只是汹涌急流中的几朵浪花，但是在经学背景和政教宗旨之下，它在文学思想和解读效果上还是显露出了一定的文学价值。

首先，从文学思想上说，《毛诗正义》的“体悟式阅读”从实践上触及文质关系的问题。由隋入唐，文质关系始终是影响文风变革的重要问题。有隋一代，无论是官方还是民间都有变革文风的呼吁。就官方而言，李谔的《上隋高祖革文华书》可为代表。此书在批评浮华文风的基础上，力主“公私文翰，并宜实录”，即大力推行平易实用的应用文，摒弃华艳的文风。为了保证变革的效果，他甚至在书中进言“请勅有司，普加搜访，有如此者，具状送台”[39]，尽管最后的变革效果并未像李谔设想的那样，但是它毕竟是由隋文帝“颁示天下”的官方举措，这种“质胜于文”的主张也就有了相当的市场。从民间来说，以儒师王通为核心的河汾之学影响很大。王通虽然在文学创作成就上不及他的弟弟王绩和孙子王勃，但是《中说》记录了他对诗歌的一些看法，他明确诗“有四名焉，有五志焉。何谓四名？一曰化，天子所以风天下也；二曰政，蕃臣所以移其俗也；三曰颂，以成功告于神明者也；四曰叹，以陈诲立戒于家也。凡此四者，或美焉，或勉焉，或伤焉，或恶焉，或诫焉，是谓五志”[40]，强化了诗歌主政教的功用。

初唐时期，唐太宗的《帝京篇·序》代表了他反对浮华文风，文学应施于政教的观念。他认为：“故观文教于六经，阅武功于七德，台榭取其避燥湿，金石尚其谐神人，皆节之于中和，不系之于淫放。”[41]在这样观念的指导下，他令孔颖达和诸儒生撰定《五经正义》，颁行天下，又下诏重修五史，这些举措就是为了推行政教。与此同时，唐太宗并不一味地排斥艺术性，当御史大夫杜淹和许多人一样将陈、齐之亡与《玉树后庭花》、《伴侣曲》联系在一起时，“太宗说：‘不然。夫音声岂能感人？欢者闻之则悦，哀者听之则悲，悲悦在于人心，非由乐也。将亡之政，其人心苦，然苦心相感，故闻之则悲耳。何乐声哀怨，能使悦者悲乎？’”[42]此说确为灼见，艺术其实没有决定政权兴亡的力量，所以文辞的华美与政教之间也不是矛盾的存在。

由上可知，由质胜于文到文质并重，隋唐之间的文学思想发生着微妙变化。《毛诗正义》编纂于初唐，孔颖达由隋入唐，在经学的视野之下，《毛诗正义》的文学解读在不经意间关注到“文”的价值，也在不经意间保留了“文”的位置。

第二，在解读效果上，解读者的见解有利于我们把握诗歌的亮点，走近诗歌本身。

《毛诗正义》的“体悟式解读”既有从细节上挖掘诗句的深意、情感，也有从整体上把握诗歌的意脉，感受诗歌内在的文势。这样的解读有助于我们全面把握诗歌的精彩之处，在疏通诗歌义理的基础上把握诗歌、诗句的文学因素。前面对于诗歌、诗句的细节分析已经举了不少例子。下面我们再举两例说明《毛诗正义》对诗歌的整体

体悟效果。

《召南·采蘋》、《毛诗正义》曰："三章势连，须通解之也。大夫之妻，将行嫁，欲为教成之祭。言往何处采此蘋菜？于彼南涧之厓采之。往何处采此藻菜？于彼流潦之中采之。南涧言滨，行潦言彼，互言也。既得此菜，往何器盛之？维筐及筥盛之。既盛此菜而还，往何器烹煮之？维锜及釜之中煮之也。既煮之为羹，往何处置设之？于宗子之室户外牖下设之。当设置之时，使谁主之？有齐庄之德少女主设之。"[43] 这首诗共三章，以问答的形式展开，铺写女子出嫁前祭祀祖先的情景。《毛传》和《郑笺》对这三章都是分而解之。可是《毛诗正义》注意到这三章诗义存在内在逻辑，通过解读就好像是将一帧帧的图片连贯成电影放映，使得诗歌更有画面感。

另一个例子是《小雅·北山》后半部分的"或燕燕居息，或尽瘁事国。或息偃在床，或不已于行。或不知叫号，或惨惨劬劳。或栖迟偃仰，或王事鞅掌。或湛乐饮酒，或惨惨畏咎。或出入风议，或靡事不为"。《毛传》与《郑笺》对这一部分的解读仍然是分而解之，且主要解释字、词的基本意义。而《毛诗正义》则创见性的进行整体观照，曰："三章势接，须通解之，皆具说在注。"[44] 这几章通过一系列的对比反复表达了作者对于劳役分配不均的愤恨之情，《毛诗正义》的整体解读以良好的艺术感受力既引导读者把握诗歌意义的贯穿，体会情感的层层加深，又有对艺术手法的观照。

《毛传》奠定的"以史解诗"的传统影响深远，极大地限制了我们对《诗经》作品的美学感受。《毛诗正义》虽然依旧沿着这个路子在走，但是却偶尔关注到了诗句的文学表达。从这一点上说，在"以史解诗"到"以诗解诗"的演变进程中，《毛诗正义》至少在一定程度上引起了读者对诗歌文学特性的关注，丰富了诗歌的情境。

总体而言，"体悟式解读"虽然不能从根本上代表《毛诗正义》的解读特色，但是它表现了《毛诗正义》潜在的文学价值，是初唐时期文学思想观念的真实呈现，值得我们给予更多关注。

*本文系国家社科基金项目"初唐经史'制作'对文学思想的影响研究"【12CZW028】阶段性成果。

注释：

[1] 李学勤主编整理：《毛诗正义》(《十三经注疏》标点本)，北京：北京大学出版社，1999 年，第 174～175 页。

[2] 李学勤主编整理：《毛诗正义》(《十三经注疏》标点本)，北京：北京大学出版社，1999 年，第 214 页。

[3] 李学勤主编整理：《毛诗正义》(《十三经注疏》标点本)，北京：北京大学出版社，1999 年，第 215 页。

[4] 钱锺书：《管锥编》第 1 册，北京：中华书局，1986 年，第 88 页。

[5] 李学勤主编整理：《毛诗正义》(《十三经注疏》标点本)，北京：北京大学出版社，1999 年，第 30 页。

[6] 李学勤主编整理:《毛诗正义》(《十三经注疏》标点本),北京:北京大学出版社,1999年,第45页。

[7] 李学勤主编整理:《毛诗正义》(《十三经注疏》标点本),北京:北京大学出版社,1999年,第72页。

[8] 李学勤主编整理:《毛诗正义》(《十三经注疏》标点本),北京:北京大学出版社,1999年,第128页。

[9] 李学勤主编整理:《毛诗正义》(《十三经注疏》标点本),北京:北京大学出版社,1999年,第133页。

[10] 李学勤主编整理:《毛诗正义》(《十三经注疏》标点本),北京:北京大学出版社,1999年,第239～240页。

[11] 李学勤主编整理:《毛诗正义》(《十三经注疏》标点本),北京:北京大学出版社,1999年,第287页。

[12] 李学勤主编整理:《毛诗正义》(《十三经注疏》标点本),北京:北京大学出版社,1999年,第337页。

[13] 李学勤主编整理:《毛诗正义》(《十三经注疏》标点本),北京:北京大学出版社,1999年,第211页。

[14] 李学勤主编整理:《毛诗正义》(《十三经注疏》标点本),北京:北京大学出版社,1999年,第1154页。

[15] 李学勤主编整理:《毛诗正义》(《十三经注疏》标点本),北京:北京大学出版社,1999年,第1162页。

[16] 李学勤主编整理:《毛诗正义》(《十三经注疏》标点本),北京:北京大学出版社,1999年,第50～51页。

[17] 李学勤主编整理:《毛诗正义》(《十三经注疏》标点本),北京:北京大学出版社,1999年,第148页。

[18] (宋)朱熹:《诗集传》,北京:中华书局,2015年,第29页。

[19] 李学勤主编整理:《毛诗正义》(《十三经注疏》标点本),北京:北京大学出版社,1999年,第65页。

[20] 李学勤主编整理:《毛诗正义》(《十三经注疏》标点本),北京:北京大学出版社,1999年,第495页。

[21] 钱锺书:《管锥编》第1册,北京:中华书局,1986年,第130页。

[22] [德]W.顾彬著:《中国文人的自然观》,马树德译,上海:上海人民出版社,1990年,第24页。

[23] 李学勤主编整理:《毛诗正义》(《十三经注疏》标点本),北京:北京大学出版社,1999年,第1249页。

[24] 李学勤主编整理:《毛诗正义》(《十三经注疏》标点本),北京:北京大学出版社,1999年,第1255页。

[25] 钱锺书:《管锥编》第1册,北京:中华书局,1986年,第159页。

[26] 骈宇骞,等译注:《孙子兵法》,北京:中华书局,2012年,第47～48页。

[27] 李学勤主编整理:《毛诗正义》(《十三经注疏》标点本),北京:北京大学出版社,1999年,第176页。

[28] 李学勤主编整理:《尚书正义·尚书正义序》(《十三经注疏》标点本),北京:北京大学出版社,1999年,第3页。

[29] 李学勤主编整理:《毛诗正义·毛诗正义序》(《十三经注疏》标点本),北京:北京大学出版

社,1999年,第3页。

[30] (宋)欧阳修、宋祁:《新唐书》,北京:中华书局,1997年,第5644页。

[31] (宋)王钦若,等编:《册府元龟》卷六〇一,北京:中华书局,1960年,第7221页。

[32] (清)董诰,等纂修:《全唐文》,北京:中华书局,1983年,第1463页。原文中的"阙几字"以"□"代替。

[33] 李学勤主编整理:《毛诗正义》(《十三经注疏》标点本),北京:北京大学出版社,1999年,第47页。

[34] 李学勤主编整理:《毛诗正义》(《十三经注疏》标点本),北京:北京大学出版社,1999年,第35页。

[35] (清)洪亮吉:《春秋左传诂》,北京:中华书局,2008年,第230页。

[36] 李学勤主编整理:《毛诗正义》(《十三经注疏》标点本),北京:北京大学出版社,1999年,第45页。

[37] (清)方玉润:《诗经原始》,北京:中华书局,2007年,第85页。

[38] (后晋)刘昫,等:《旧唐书》,北京:中华书局,1997年,第4941页。

[39] (唐)魏征,等:《隋书》卷六十六,北京:中华书局,1997年,第1545页。

[40] 张沛:《中说校注》,北京:中华书局,2013年,第84页。

[41] (清)彭定求,等编:《全唐诗》第一卷,郑州:中州古籍出版社,2008年,第1页。

[42] 裴汝诚,等:《贞观政要译注》卷七,上海:上海古籍出版社,2007年,第229页。

[43] 李学勤主编整理:《毛诗正义》(《十三经注疏》标点本),北京:北京大学出版社,1999年,第74页。

[44] 李学勤主编整理:《毛诗正义》(《十三经注疏》标点本),北京:北京大学出版社,1999年,第797~798页。

生命的“感发”

——论叶嘉莹古典诗歌研究特色

龙珍华

（湖北第二师范学院文学院，湖北武汉，430205）

内容摘要： 叶嘉莹先生在古典诗歌研究方面可谓独树一帜。她以“兴发感动”说为核心，着眼于诗歌感发生命价值的发掘，于客观知性研究中不乏主观感性色彩，于知人论世中饱含生命意识与人文情怀，充分肯定才性禀赋之于诗歌创作的重要性，体现出浓厚的人文精神与鲜明的学术个性。这些不仅在客观上纠正了中国传统诗学中过分重视“人”，反而忽略“诗”的本末倒置的流弊，而且对于古代文学研究中的“科学主义”倾向，学术规范化与技术化的过度追求所导致的人文精神缺失现象，对于当今大数据时代的古代文学研究，均有十分重要的现实意义。

关键词： 叶嘉莹；古典诗歌研究；“生命感发”；人文精神；学术个性

当今中国古代文学研究取得了诸多成绩，但也存在一些缺憾。现代转型期的人文科学研究在面临诸多理论与方法的机遇和选择时，因现代学术研究的市场化和学术研究的规范化与技术化倾向所导致的人文精神缺失现象也普遍存在。大数据时代的古代文学研究正不知不觉地被“科学主义”所影响、所左右，“我们越来越被文献和知识的追问所淹没，唯独见不到‘文学’的踪影，更感受不到‘文学’所蕴含的思想、情感、审美等方面独有的魅力”[1]。古代文学研究的技术化倾向常常把活生生的文学弄成僵死的东西，“在研究中一切都成为技术处理的对象，材料的罗列，不动声色的叙述，貌似公允的评价”，“什么人格节操，人生境界，生活情趣，人间亲情，都被客观化与技术化掉了”[2]。如何保持古代文学研究的学术特性，避免古代文学研究中人文精神的缺失，已成为古代文学研究具体实践中不可忽视的现实问题，亟须引起学界的广泛关注。叶嘉莹先生以丰富的古代文学研究成果蜚声学界，尤其在古典诗歌研究方面独具“生命”色彩，对于古代文学研究中人文精神的缺失现象，对于大数据时代的古代文学研究，确有一定现实意义。

一、生命“感发”中的人文精神

人文精神是蕴含在人文学科中的对人类生存价值与意义的关怀，是一种以人为对象或以人为主体的精神。人文精神对于人的价值与意义常常通过建构一个精神世界的方式来实现，尤其体现在艺术、哲学与宗教中。现代人文科学的研究因为深受西方科学精神的影响，所以为了避免主观与偏见，研究者在研究过程中往往尽量保持客观理性的态度，如强调文献作为研究基础的重要性，强调论述材料的真实性，强调学术的规范化，等等。虽然这种科学精神确为一切科学研究的应有之义，但由于对理性精神与客观技术的过度追求，使得人文学科如古代文学研究的学术特性往往被忽视，而出现极端“科学主义”倾向，导致人文精神的缺失。同时，研究者的学术个性被渐渐磨平，其学术创造性也渐渐泯灭。而叶嘉莹先生却以颇具感性色彩与人文风貌的学术个性在当今学界别具一格。在古典诗歌研究与传播中，她始终坚持诗歌本身的诗性特质，以“兴发感动”（即“感发”，下同）说为理论核心，着眼于诗歌感发生命价值的挖掘，在传统文化精神的承传中融入深切的现实关怀，体现出古典诗歌研究的人文特性。

叶嘉莹结合现象学、接受美学等西方理论所形成的“兴发感动”说诗学理论，浑融中西而自成体系。

首先，其直接理论来源为传统诗学概念兴。《论语·阳货》：“子曰：小子何莫学夫诗？诗可以兴，可以观，可以群，可以怨。迩之事父，远之事君，多识于鸟兽草木之名。”清刘宝楠《论语正义》引孔安国语曰：“兴，引譬连类。”[3]即诗可以引起读者的想象与联想，这当是对“兴”的最早解释，后来朱熹释为“感发志意”[4]，则进一步指出了诗歌的感发作用。《说文解字》释“兴”为“起”，即启动、发生、乘兴而起。而据陈伯海先生《释“诗可以兴”》一文所考，在孔子提出“诗可以兴”之前，“兴”的概念早已产生。他说：“‘兴’起源于古代的乐舞祭祀活动，它标志着这一活动过程中的生命感发状态（即呈现于腾举、盘游、呼叫等形体动作中的情感生命的升腾与发扬），并意图凭借这一感发的力量以沟通天人，而实现生命回归本原的目标指向。”[5]可见“兴”从源起便确立了其感发生命的诗学意义。叶嘉莹指出，产生这种生命感发力量的基本源泉与动力是“心物交感”，所谓“人禀七情，应物斯感，感物吟志，莫非自然”（《文心雕龙·明诗》篇），“气之动物，物之感人，故摇荡性情，形诸舞咏”（钟嵘《诗品·序》）。这种感发不仅可由自然界而感发，还可由人事界而感发；其感发之关系既可为情意之相通，也可为音声之相应；既可为正面相关，也可为反面相衬；既可同物异感，也可异物同感[6]。

其次，在传统诗学基础上，叶嘉莹结合姚斯、伊瑟尔等人的接受反应论，将这种感发理论加以拓展，强调读者、评论者在进一步发掘与传达作品感发力量中的作用，指出诗歌作品“兴发感动”的生命力依赖于作者与读者的共同完成[7]。因为任何作品只有经过读者的欣赏，才能赋予生趣，才具美学价值和意义，只有真正会批评、会欣赏的读者才能把作品所隐藏的生命感发的本质力量都发掘出来[8]。她颇具创见性地将“兴发感动”之作用作为诗歌批评标准，强调“兴发感动”之于诗歌创作与接受的重要性，因为中国古典诗歌“具有一种超越于外表的是非善恶之局限以外而纯属于精神本质上的伦理价值存在”[9]，能够启人心智，激奋感情，陶冶品性，满足人们的精神需求，而中国古典诗歌足以感动人心的东西，都在于这种感发生命的精神特质。因此“能感之”既是诗歌创作的基本源泉和动力，也是读者获得激励感发的内在品质与力量，而说诗之人也需具备这种“能感之”的素质，这样才能由作者的感动传达给读者以感动，并由读者的自由联想，产生一种绵延不断，生生不已的兴发感动。同时，叶嘉莹还指出，可以通过诗歌吟诵来实现这种直接的感发作用，作诗者与读诗者于吟诵中可以得到一种心灵的感动，说诗者也可于吟诵中唤起读者的感发。

可以说，叶嘉莹先生以自己的生命体验对中国古典诗歌的感发价值进行了最好的诠释。她将中国古典诗词作为终生的精神伴侣，认为学习古典诗词的最大好处就是"让心灵不死"。而这种"让心灵不死"的力量就来自古典诗歌生生不已的感发生命的质素。这也正是中国古典诗歌生命价值之所在，中国古代文学深厚的人文内蕴亦存于此，研究中国古代文学的终极价值亦在于斯，因为诗歌所感发的情意是一种超越性的生命体验，能帮助人们摆脱各种现实功利关系的羁绊，而复归于生命的本原，成为人们的精神故乡。所以在长年海外教学生涯中，叶嘉莹常常将自己的故土之情寄托在古典诗歌中，尤其是杜诗："平生佳句总相亲，杜老诗篇动鬼神。"[10] "天涯常感少陵诗，北斗京华有梦思。"（《嘉陵诗词稿·纪游绝句十一首》）她不仅怀杜诗，研杜诗，说杜诗，在《杜甫秋兴八首集说》中更倾注了对于杜诗的深厚感情，而且还将自己"书生报国"的理想与责任融入古典诗歌的研究与传播中，着重于诗歌生命感发价值的发掘，为传承中华民族的传统文化精神作出了重要贡献。其"兴发感动"说对于研究与传承古代文学的人文精神特质具有重要的理论价值、深厚的现实意蕴和深远的学术影响。

作为一位成就突出的知名学者，叶嘉莹的学术成就不仅来自其中西诗学的理论涵养，更来自其对于学术个性的执着追求，以及对文学作为人学的人文精神特质的坚持与把握。在古典诗歌研究中，她始终坚守诗歌感发生命的人文底线。她指出，对于作诗者而言，"无论是多么优秀的作者，也无论有多么美好的内容，而没有自己真正的兴发感动，便只能写出浮嚣跟风的伪作，而再也写不出富于感发作用的真正的诗篇了"[11]；对于说诗者而言，如果不善于感发，诗歌的感发价值就无法被真正发掘出来，其感发生命价值就不能得以传承。因此，她不仅是位善感的说诗者，而且在诗歌生命价值的感发中融入深切的现实关怀，对中国年轻一代寄予殷切期望，希望他们在继承中国古典文学遗产时，能够受到一些启发。比如，其《一组易懂而难解的好诗》以人类情感之共相与基型的阐释去剥茧《古诗十九首》的诗学魅力与人文质素；其《论杜甫七律之演进及其承先启后之成就》极具针对性地批判了台湾诗坛因狂刮"西方反传统反具象的现代风"而走上"求晦的途径"，阐明了西学与传统诗学之关系及时人当取之态度；其《几首咏花的诗和一些有关诗歌的话》则通古今之变，贯中西之通，对中国古典诗歌的生命感发价值及其演进规律进行了生动阐释，而又不乏对于台湾现代新诗的关切等。这种坚守古典诗歌研究人文特性，并着眼于当下的学术精神，无疑对当今学界的古代文学研究具有积极启示作用。

二、"知性"研究中的感性诠释

德国哲学家威廉·狄尔泰（Wilhelm Dilthey，1833—1911）在《历史的意义》一书中开篇便说："首先，我们都是历史性的存在，其次，我们都是对历史进行静观的人；这完全是因为我们都是一种确实会变成另一种人的人。"[12] 狄尔泰认为，人类之所以成为精神科学（即人文科学）研究的主题，是因为存在着一种介于经验、表达和理解之间的关系，“精神科学就建立在这种关系之上了，而这种关系则为它们提供它们所特有的标准”[13]。在古代文学研究中，我们都是静观文学历史的人，但都是“确实会变成另一种人”的人，这种人文学科的主观性与人文性特征，使人文学科的研究实质上成为一种生命的研究，与自然科学的客观性追求明显不同，应有“主观”精神的参与，而带有某种主观感性的色彩。

狄尔泰还指出：“生命，生命体验和各种有关人的研究，都是持续不断地联系在一起、持续不断地互相影响的。构成这些研究的基础的并不是概念性的研究程序，而是通过某种心理状态的总体性对这种状态的觉察，是通过移情对这种状态的重新发现。”[14]诚然。就古代文学研究而言，其研究对象往往是具体的古代作家及其作品，面对的是一个个曾经鲜活的生命及其生命的书写，其柔软的心灵无法用客观的逻辑思维去触摸，其曾经动人心魄的生命体验也无法用冷静的理性态度去体会。文学作为人学的生命潜质与诗性精神，更应该“通过某种心理状态的总体性”去觉察，甚至只有通过“移情”的手段和方法才能发现。这种学术特性使古代文学研究不可避免地具有“主观”感性的一面。这是古代文学研究的应有特征，也是文学研究区别于其他学术研究的学术个性。而古代文学研究中的“科学主义”倾向，对于学术规范与技术化的过度追求，却往往容易使这种学术特性被忽视，让文学作为人学的人文精神渐渐消失。而叶嘉莹却始终坚守古代文学研究作为人文学科的学术特性，在古典诗歌研究中，始终着眼于诗歌的生命感发特质，在兴发感动说的理论观照下，将自己强烈的生命热忱贯注于古典诗歌研究与评说中，在“知性”研究中独具鲜明的“主观”感性色彩。

其说诗时，于广征博引中，以生动的激情阐述体现出古典诗歌的感发特质，可谓声情并茂，神采飞扬，以自己的生命贯通古今，仿佛“变成另一种人”（狄尔泰），意兴之处甚至“手之舞之，足之蹈之”，极富感染力地迸发出古典诗歌鲜活的生命力，给人以诗心诗性的熏陶与感受，体现了诗歌感发生命的人文价值与精神。

其著论时，于严谨理性的论述中又往往流露出一定的情感倾向，具有明显的“主观”感性特征。其《嘉陵论诗丛稿·后叙》云：“我对于该文中所涉及的几位诗人的称谓并不一致，我对王国维称‘静安先生’，以表示我的一份尊敬之意，对王维称‘摩诘居士’，以表现我的一份疏远之感，而对于李商隐则不加任何称谓，而直呼其字曰‘义山’，以表示一种近于同类的亲切。”[15]这种颇为主观感性的称谓让古人面目如在眼前，让古代文学的历史面貌不再僵硬，也让古代文学的研究更富人文色彩，从而使传统文化精神的传播变得更具活力。

叶嘉莹先生也自认为其古典诗歌研究大体上均“以感性为主”，尽管在“从主观到客观、从感性到知性、从欣赏到理论、从为己到为人的过程”[16]中，逐渐注意到客观、知性与理论辨析的重要性，为给诗歌研究提供论析立说的依据与方法而结合了传记的、史观的、现代的三种不同的知性倾向，但是其结合的成分之多少，以及用以结合的方式等又各有不同。这种不同主要源于其以诗歌中感发生命质素的挖掘为核心。她认为在中国古典诗歌中，“之子于归”的生之喜乐，“不如无生”的生之忧苦，“美志不遂”的生命悲哀以及“兰之生谷虽无人而自芳”的生命自赏，都是中国古典诗歌宝贵的精神内涵。这种生命的感发特质成就了千古诗名，形成绵延古今“生生不已的生命”，给人以“生命的共感”，具有一种“引发起读者心灵中某种美好之意念及联想的力量”[17]。所以评价一首诗歌的重要标准“当以其所传达的感发生命之质量，及其所传达的效果之优劣为根本之依据”，故所采用的有关“传记的”资料，往往只取与诗歌中感发生命有关的部分，并不对诗人的为人与生平进行全面的叙述和考证，因其为文之目的在于说“诗”，并不在于说“人”[18]。所以对于中西理论的运用，她也以自己的真诚感受为主，择取所需并融合个人识见而用之[19]。她说：“诗歌是诉之于人的感情的，而不是诉之于人之知性的。”[20]因此，即使在其自称完全属于客观、知性的为人之作中，也常常体现出“主观”感性特色，时时流露着作者的主观情意与人文关照。

例如其《论杜甫七律之演进及其承先启后之成就——〈秋兴八首集说〉代序》一文，虽然逻辑严密，论述严谨，但仍于字里行间，隐含着作者浓厚的情感色彩，在理性的分析中不乏感性的诠释。惟其感之深切，方致阐述精微。她对杜诗“一片花飞减却春，风飘万点正愁人”（《曲江二首》）两句的评析便相当精彩：

> 自花飞一片之哀伤，当下承接到风飘万点之无望，我每读此二句，总觉得第一句便已以其深沉的悲哀，直破人之心扉，长驱而入，而就在此心扉乍开的不备之际，忽然又被第二句加以重重的一击，真使人有欲为之放声一恸之感。然后复接以“且看欲尽花经眼，莫厌伤多酒入唇”二句，把一片无可奈何的心情，无可挽回的悲哀，全用几个虚字的转折呼应表达出来，已是欲尽之花，然且复经眼看之，已伤过多之酒，且莫厌入唇饮之。夫花之欲尽，既已难留，则我之饮酒，何辞更醉，而且不更饮伤多之酒，又何能忍而对此欲尽之花，既对此欲尽之花，又何能忍而不更饮伤多之酒，这两句真是写得往复低回哀伤无限……杜甫已经使这种平板的律诗对句，得到了多少生命，得到了多少抒发。[21]

这段精辟生动的论述中，说诗者的主观情感呼之欲出，极富感性色彩。叶嘉莹用其“善感”之生命移情于杜诗深厚的精神内蕴中，将主观之“为己”与客观之“为人”完全融合在一起，不仅给读者带来学术的濡养，更给予诗性的熏陶；不仅拉近了读者与文本的阅读距离，更感发出古典诗歌旺盛的生命活力，让古代诗歌不复以僵固漠然的面目出现在现代读者眼前。

古代仁人志士的人格精神是中国古典诗歌感发生命的伦理价值之所在。叶嘉莹对古代诗人的客观评述中，往往也蕴含浓厚的感性色彩与人文关怀。比如，其于李、杜的客观阐述中从不掩其敬仰之情：“李、杜二家之足以并称千古者，其真正的意义和价值之所在，原来乃正在其充沛之生命与耀目之光彩的一线相同之处。”[22]其于理性的分析中对陶渊明充满了深深的敬意，称陶为“一个手中执着智慧之明灯的伟大的灵魂”，并发出深情感喟：“嗟夫，渊明远矣，人世之大伪依然，栗里之松菊何在，千古下，读其诗想见其人，令人徒然兴起一种‘愿留就君住，从今至岁寒’的凄然的向往。”[23]其于公正的评价中也对南宋词人吴文英表达了深切的同情与惋惜。在《拆碎七宝楼台——谈梦窗词之现代观》一文中，针对吴文英其人其词常被误解甚至不解的现象，叶先生以诗歌的生命感发特质为核心，结合王国维“能写真景物、真感情者，谓之有境界”的“境界说”（《人间词话》），发前人之所未发，指出吴词中“确有梦窗所特有的一种境界，也确有梦窗一份自我的真实的感受，只是他不大肯遵循一般人理性上所惯见习知的传统而已”[24]，从吴词对生命感发的价值方面重新建构了吴文英词学的现代地位，还其“七宝楼台”的客观面貌。同时，对文英词中那份“极其深沉真挚的残缺”与“永逝的创痛之情”给予深切同情，对其“竟不幸因一时人性之软弱而留下了予后人以肆加诋毁之口实”，发出“亦当为之三嗅而泣耳”的扼腕之辞。

叶嘉莹说，这种颇具感性色彩的论述方式，也许并不符合一般的学术规范，但这种写作方式“有时又确实可以传达出诗歌中感发的生命，而且可以在作者与读者之间形成一种活泼的生生不已的感发之延续”，“往往也可以流露出评诗人之心灵与感情的跃动”[25]。这种“心灵与感情的跃动”其实正是主体与客体间的生命互通，是作者与读者间的心灵交汇，是古典诗歌生生不已的生命之感发，也是叶嘉莹学术风格之所在。这种极富个性的研究特点既在客观上纠正了中国传统诗学中过分重视人，反而忽略诗的本末倒置的流弊，同时对于古代文学研究中普遍重客观乏主观、重理性轻感性的“科学主义”倾向，对于过度技术化追求所造成的人文精神缺失现象都具有现实的批判价值。

三、知人论世中的人文情怀

知人论世在中国传统文学批评中占有重要地位。从文学的一般原理来看，知人涉及的是文学四要素中作者与作品的关系，即创作主体与艺术作品之间的关系。论世则涉及四要素中的“世界”，要研究作品与世界之间的关系，即作品产生的时代和环境土壤之间的联系[26]。叶嘉莹围绕古典诗歌中的生命感发特质，以中国传统诗学知人论世的理论方法，结合西方现代诗学理论，形成其独具现代特色的知人论世批评方式，不仅表现了她对文学研究本体的坚持与把握，而且体现出颇具感性色彩的学术个性与人文精神。

如前所述，叶嘉莹为文之目的在于探求诗歌感发生命之本质及作用。虽然知人与论世都为此提供了论析立说的依据，但在一定程度上，其知人却更多于论世，而其论世也主要围绕着知人，尤其于知人中多论才性禀赋，表现出强烈的生命意识与深厚的人文情怀。

叶先生认为，中国古代诗歌的精神伦理价值主要取决于作者创作的情感态度与心灵品质，为了挖掘作品中作者所感发的生命价值，也需要知人，即“从‘人’的性格背景，来探讨‘诗’中‘能感之’的一种重要的质素”[27]。可以说，相对于知人之重在“说‘诗’”，也许论世容易流于“说‘人’”，因论世主要在于研究作品产生的时代与环境，往往容易导致对诗歌本身感发生命价值的忽视。且在叶嘉莹的诗歌研究中，如果说论世主要为面向过去的历史追溯，那么知人则有面向现在、展望未来的姿态。因此，在具体论述中，虽然其知人与论世二者并不可能截然分开，但实际上相对于论世而言，叶嘉莹更重视知人，即更注重从诗人的性格背景和天资禀赋来探讨诗歌感发生命之质素。其以中学为本，以西学为参照，结合中西诗学中的天才理论，进行生命本原的探讨，从而多论创作者的才性禀赋。这一方法论上的意义缘自她对于发掘诗歌感发生命价值、传承传统文化精神这一研究目的的强烈自觉，以及对于古代文学研究这一人文学科学术特性的毅然坚守。

中国传统诗学中不乏才性禀赋之说，但总体以文气论为基础而处于文体论与创作论的边缘状态，既没有形成完整的理论体系，又与儒家重德轻文的文道论一直存在着对立与冲突。而肇始于柏拉图“神赐的迷狂”之天才说在西方诗学中却有着非常重要的地位与影响。如华兹华斯与柯勒律治便认为诗歌就是诗人内心世界的外化，“诗的天才是善于表现并润色诗人自己心中的形象、思想和感情的”[28]；诗人具有一种天生的资质和禀赋，有着超越一般人的气质与能力，“比一般人具有更敏锐的感受性，具有更多的热忱和温情，他更了解人的本性，而且有着更开阔的灵魂”，也更富有感受力与想象力[29]。黑格尔也肯定艺术创作需要一种特殊的资质，其中天生的因素也起到重要作用[30]。叶嘉莹西学中用，在古典诗歌研究中颇多天才之论，而在其对于天才诗人的深沉感喟中，也涵蕴着浓郁的主观感性色彩。

比如，其论陶渊明，认为陶渊明的天赋中，“似乎生而具有着一种极可贵的智慧的烛照”，让其能摆落一切形式与拘执，“自然而然地获致到最适合于他自己的一点精华”，并能把自任何事物中汲取所得，“都化为了足以添注于其智慧之光中的，一点一滴的油膏，而这盏智慧之灯，则仍是完全属于他自己的所有，而并不可也不必归属于任何一家”。因此，这种“由繁复丰美所凝结的智慧之光的闪烁”，便形成了陶渊明诗歌的特色[31]。

其论杜甫，肯定杜甫“禀有可以集大成之足以有为的容量”，“他生而禀有着一种极为难得的健全的才性——那就是他的博大、均衡与正常”[32]，认为杜甫的禀赋使其成就为一位感性与知性兼善的诗人，故能博采众长，融汇古今，无所不工，而至博大深厚。

其论李白之为天才，深感其诗正如其人：“完全只是一份赤裸之天才的腾越挣脱之表现”，“迥非常人之所能写与所能有”，就像“不羁之天才”所作的“云飞水逝的一片神行”。并对李白不为世所知所用的天才之寂寞及悲剧给予了深切同情：“（李白）寂寞地腾越，寂寞地挣扎，寂寞地催伤，而终于寂寞地陨落，这真是一幕绝顶的天才之悲剧。”[33]

其论李商隐有一颗天才之寂寞心，认为天之生才不同，其思想感情及感觉的深浅、厚薄、利钝，都有千差万别而不能强同，因诗人与常人的才性有别，故真正的诗人都有极深的寂寞感。并将李商隐与卡夫卡进行比较，认为他们都禀赋有一种迥异于常人，可以超越时空而存在的使人震惊和讶异的“某一类型之心灵”[34]。

由此可见，充分肯定才性禀赋之于诗歌创作的重要性也是叶嘉莹诗歌研究的明显特征。其知人论世中的生命意识与人文情怀，对诗歌感发生命潜能质素的生动阐述，让古人面目如在眼前，鲜活于当下，体现出古代诗歌研究的人文特性，以及叶嘉莹独具个性的学术风貌。

四、余论：古代文学研究与人文精神的呼唤

叶嘉莹以“诗歌中所传达的感发之生命的质量”为核心，将自己的生命体认融入古典诗歌感发生命价值的挖掘中，于客观知性的研究中不乏主观感性色彩，于知人论世中饱含生命意识与人文情怀，在诗歌生命的“感发”中体现出浓厚的人文精神与鲜明的学术个性。这不仅在一定程度上纠正了中国传统诗学中过分重视“人”，反而忽略“诗”的本末倒置的流弊，而且这种富于主观感性色彩与人文精神的研究特色在学界也可谓独树一帜，别开生面，对于现代人文学科研究中的“科学主义”倾向，学术规范化与技术化的过度追求所导致的人文精神缺失现象，对于大数据时代如何保持古代文学研究的人文精神特质问题，都确有一定批判价值与现实指导意义。

文学研究的对象较之其他任何人文学科更具个性化特征，具有情感化、审美化特质，更需要人文的关怀和审美的体验，使其在提高人生境界、丰富人类情感上发挥其他学科难以替代的作用。所以如何保持古代文学研究的学术特性，避免古代文学研究中出现人文精神的缺失现象，在大数据时代的当今学界亟须引起普遍重视。

韩经太《技术理性与人文课题》一文认为，文学研究作为一种创造性精神活动，会受到人文世界种种因素的影响，故古代文学研究的方法论问题需要当作一个人文课题来看待，“任何一种方法论自觉的形态，都需要在哲学高度上实现与当代人文精神之探询的统一”[35]。自步入现代化进程以来，关于技术理性与人文精神的关系问题便一直受到学界的关注。随着大数据时代的到来，对于技术化倾向所引起的人文精神缺失现象，古代文学研究中技术理性与人文精神的关系问题则更值得我们重视与探讨。

古代文学研究既是一种学术研究，更是一种审美研究；既是古代文学的历史研究，更应是一种古为今用的当下研究。在这个大数据时代，我们是否还能像韩经太先生那样断言“文学不要科学，科技时代的文学依然不要科学”，认为“技术理性的解剖刀同政治中心的审判官一样，都会成为把握文学命脉的阻滞因素”[36]？不管怎样，有一点是可以肯定的，那就是“都需要在哲学高度上实现与当代人文精神之探询的统一”，古代文学研究的人文精神特质不能被技术化的理性追求所淹没。

正如左东岭所言，文学领域是最讲究感性化、个性化、独特性与生动性的，过于技术化的模式追求会失去文学研究最宝贵的创造性与生动性[37]。技术化倾向不仅会抑制学术研究的创新与活力，更会扼杀读者的阅读激情与接受兴趣，从而影响到中华民族传统文化的传承与发展。中国古代文学中蕴含着中华民族最宝贵的精神财富，古代文学研究属于最富有人文特质的精神学科。叶嘉莹在古典诗歌研究中一直坚守这种人文学科特性，以诗歌感发生命特质为核心，贯通古今，关怀当下，于客观中不乏主观，于理性中蕴涵感性，以其饱满的生命激情“感发”出古典诗歌中宝贵的生命特质，对于技术化倾向所导致的古代文学研究中人文精神的缺失现象，可谓诊疗良方，具有重要的现实指导价值与作用。

叶嘉莹说：“我一直以为对于古典诗歌的讲授和欣赏，除去对于文字典故等的理性的解释说明，以及对内容和技巧的分析批评以外，如果更能对诗歌中感发之生命的美好的品质作一种感性的传达，使读者或听者能够从其中获致一种属于心灵上的激励

感发，重新振奋起中华民族在几千年的历史中藉诗歌而传承的一种精神力量，应该是一件极有意义的事。”[38]正是这种富于“主观”感性色彩的研究特色，以及着眼于当下的人文情怀，使她表现出鲜明的学术个性与精神风貌，给人以生生不已的“生命的感发”。而其人可亲，其文可读，便在情理之中。

让古代文学研究焕发人文精神的光辉，是为此文所期。

注释：

[1] 朱万曙:《古代文学研究与“科学主义”》,《文学遗产》2014年第1期,第148页。

[2] 左东岭:《中国古代文学研究转型期的技术化倾向及其缺失》,《文学遗产》2008年第1期,第132～134页。

[3] (清)刘宝楠撰,高流水点校:《论语正义》卷二十,《十三经清人注疏》,北京:中华书局,1990年,第689页。

[4] (宋)朱熹:《四书章句集注》卷九,《新编诸子集成》第一辑,北京:中华书局,1983年,第178页。

[5] 陈伯海:《释“诗可以兴”——论诗性生命的感发功能》,《华中师范大学学报》(人文社会科学版)2006年第3期,第91页。

[6] 叶嘉莹:《中国古典诗歌中形象与情意之关系例说——从形象与情意之关系看“赋、比、兴”说》,《迦陵论诗丛稿》,北京:中华书局,2005年,第329页。

[7] 叶嘉莹:《唐宋词十七讲》,石家庄:河北教育出版社,1997年,第139页。

[8] 叶嘉莹:《唐宋词十七讲》,石家庄:河北教育出版社,1997年,第496页。

[9] 叶嘉莹:《古典诗歌兴发感动之作用(代序)》,《迦陵论词丛稿》(修订本),石家庄:河北教育出版,1997年,第9页。

[10] 叶嘉莹:《一九八一年春自温哥华乘机赴草堂参加杜诗学会机上口占》,《迦陵诗词稿》,北京:中华书局,2007年,第155页。下文所引叶诗版本与此同,因篇幅原因不另出注。

[11] 叶嘉莹:《古典诗歌兴发感动之作用(代序)》,《迦陵论词丛稿》(修订本),石家庄:河北教育出版社,1997年,第17页。

[12] [德]威廉・狄尔泰:《历史中的意义》,艾彦、逸飞译,北京:中国城市出版社,2002年,第1页。

[13] [德]威廉・狄尔泰:《历史中的意义》,艾彦、逸飞译,北京:中国城市出版社,2002年,第9页。

[14] [德]威廉・狄尔泰:《历史中的意义》,艾彦、逸飞译,北京:中国城市出版社,2002年,第21页。

[15] 叶嘉莹:《后叙——谈多年来评说古典诗歌之体验及感性与知性之结合》,《迦陵论诗丛稿》,北京:中华书局,2005年,第352～353页。

[16] 叶嘉莹:《后叙——谈多年来评说古典诗歌之体验及感性与知性之结合》,《迦陵论诗丛稿》,北京:中华书局,2005年,第351页。

[17] 叶嘉莹:《古典诗歌兴发感动之作用(代序)》,《迦陵论词丛稿》(修订本),石家庄:河北教育出版社,1997年,第12页。

[18] 叶嘉莹:《后叙——谈多年来评说古典诗歌之体验及感性与知性之结合》,《迦陵论诗丛稿》,北京:中华书局,2005年,第356～357页。

[19] 叶嘉莹:《后叙——谈多年来评说古典诗歌之体验及感性与知性之结合》,《迦陵论诗丛稿》,

北京:中华书局,2005 年,第 366 页。

[20] 叶嘉莹:《中国古典诗歌中形象与情意之关系例说——从形象与情意之关系看"赋、比、兴"说》,《迦陵论诗丛稿》,北京:中华书局,2005 年,第 321 页。

[21] 叶嘉莹:《论杜甫七律之演进及其承先启后之成就——〈秋兴八首集说〉代序》,《迦陵论诗丛稿》,北京:中华书局,2005 年,第 75 页。

[22] 叶嘉莹:《说杜甫〈赠李白〉诗一首——谈李杜之交谊与天才之寂寞》,《迦陵论诗丛稿》,北京:中华书局,2005 年,第 108 页。

[23] 叶嘉莹:《从"豪华落尽见真淳"论陶渊明之"任真"与"固穷"》,《迦陵论诗丛稿》,北京:中华书局,2005 年,第 46 页。

[24] 叶嘉莹:《拆碎七宝楼台——谈梦窗词之现代观》,《迦陵论词丛稿》(修订本),石家庄:河北教育出版社,1997 年,第 72 页。

[25] 叶嘉莹:《后叙——谈多年来评说古典诗歌之体验及感性与知性之结合》,《迦陵论诗丛稿》,北京:中华书局,2005 年,第 352～353 页。

[26] 邵滢:《"知人论世"与文学批评》,《赣南师范学院学报》2010 年第 4 期,第 78～81 页。

[27] 叶嘉莹:《中国古典诗歌中形象与情意之关系例说——从形象与情意之关系看"赋、比、兴"说》,《迦陵论诗丛稿》,北京:中华书局,2005 年,第 321 页。

[28] [英]柯勒律治:《文学生涯》,刘若端编:《十九世纪英国诗人论诗》,北京:人民文学出版社,1984 年,第 69 页。

[29] [英]华兹华斯:《〈抒情歌谣集〉第二版序言》,刘若端编:《十九世纪英国诗人论诗》,北京:人民文学出版社,1984 年,第 13～14 页。

[30] [德]黑格尔:《美学》第一卷,朱光潜译,北京:商务印书馆,1995 年,第 361 页。

[31] 叶嘉莹:《从"豪华落尽见真淳"论陶渊明之"任真"与"固穷"》,《迦陵论诗丛稿》,北京:中华书局,2005 年,第 40～41 页。

[32] 叶嘉莹:《论杜甫七律之演进及其承先启后之成就——〈秋兴八首集说〉代序》,《迦陵论诗丛稿》,北京:中华书局,2005 年,第 48～51 页。

[33] 叶嘉莹:《说杜甫〈赠李白〉诗一首——谈李杜之交谊与天才之寂寞》,《迦陵论诗丛稿》,北京:中华书局,2005 年,第 126～128 页。

[34] 叶嘉莹:《旧诗新演——李义山〈燕台四首〉》,《迦陵论诗丛稿》,北京:中华书局,2005 年,第 198～200 页。

[35] 韩经太:《技术理性与人文课题——漫谈古典文学研究的方法论问题》,《古典文学知识》1994 年第 5 期,第 90 页。

[36] 韩经太:《技术理性与人文课题——漫谈古典文学研究的方法论问题》,《古典文学知识》1994 年第 5 期,第 89 页。

[37] 左东岭:《中国古代文学研究转型期的技术化倾向及其缺失》,《文学遗产》2008 年第 1 期,第 132～134 页。

[38] 叶嘉莹:《古典诗歌兴发感动之作用(代序)》,《迦陵论词丛稿》(修订本),石家庄:河北教育出版社,1997 年,第 19 页。

《西游记》解读的民俗视角与作者视角

——以仙鬼怪佛形象为中心

陈文新

（武汉大学文学院，湖北武汉，430072）

内容摘要：《西游记》中的仙鬼怪佛，一方面以民间文化图像为依据，另一方面又融入了作者个人的人生体验和文化理念。例如，其仙界高低有序，井然排列，俨然就是神仙谱系的《西游》版；但一介花果山的美猴王就足以让玉帝狼狈不堪，这样的图景又迥异于道教的神仙想象。如来佛身为西天极乐世界的教主，法力无边乃题中应有之义，有时却又像个为儿孙操持家计的土财主。丰富多彩的民间文化图像与其成书过程密切相关，而作者个人的人生体验和文化理念则赋予了小说诙谐风格和深刻意涵。在《西游记》解读中，兼顾民俗学视角与作者视角，把握好解读的分寸，非常必要。

关键词：《西游记》；仙鬼怪佛；民俗学视角；作者视角

《西游记》以唐僧师徒四人为中心，纵横捭阖地描写了仙、鬼、怪、佛等各类形象。小说作者以其个人的人生体验和文化理念为主导，一方面凭借民间文化图像展开情节，另一方面又对民间文化图像加以重构，从而写出了一部极具个人风格、极具政治内涵和哲理内涵的名著。就前一方面而言，神仙世界以玉皇大帝为首，鬼界有阎罗王、勾魂使，妖怪的原型为各类动物、植物和器物，如来佛生活在所谓西方极乐世界，都是民间文化图像在小说中的呈现。就后一方面而言，神仙世界单调无聊，时常发生匪夷所思的荒唐事情；鬼界的种种悲欢离合，经常唤醒读者的复杂感受；妖怪通常是与人格格不入的另类，但备受读者喜欢的悟空却是“天下驰名第一妖”；极乐世界虽以普度众生相标榜，而如来佛却不乏土财主的精明与算计。《西游记》对民间文化的重构，既有助于形成小说的诙谐风格，也有助于传达作者对于社会生活的观察体验和深入思考，作品的内涵因而丰富多彩，有着巨大的阐释空间。

一、《西游记》中的仙

神仙思想的核心有两个：长生不老，来去自由。

先说长生不老。《西游记》第七回，孙悟空大闹天宫，要求“皇帝轮流做，明年到我家”时，如来冷笑道：“你那厮乃是个猴子成精，焉敢欺心，要夺玉皇上帝龙位？他自幼修持，苦历过一千七百五十劫。每劫该十二万九千六百年。你算，他该多少年数，方能享受此无极大道？”[1]玉帝登上仙界至尊的宝座就花费了上亿年的时间，以后的情形就可想而知了。“妖仙”孙悟空在五行山下一压就是五百年，出来之后还是那副顽童模样。作为仙界长寿标志的王母娘娘的蟠桃园更是如此：“前面一千二百株，花微果小，三千年一熟，人吃了成仙得道，体健身轻。中间一千二百株，层花甘实，六千年一熟，人吃了霞举飞升，长生不老。后面一千二百株，紫纹缃核，九千年一熟，人吃了与天地齐寿，日月同庚。”（第五回）[2]难怪这些参加蟠桃会的神仙们都长生不老了。五庄观的人参果也是“三千年一开花，三千年一结果，再三千年才得熟。短头一万年”才得吃，“闻了一闻，就活三百六十岁；吃一个，就活四万七千年”（第二十四回）[3]。由此，我们也就理解镇元大仙的两个徒弟清风和明月过了一千二百岁还被称为“道童”的原因了。

神仙思想的第二个核心是来去自由。神仙一般都神通广大，擅长腾云驾雾，无羁无绊。近年来发掘的大量仙女飞翔的壁画以及民间流传的仙女下凡婚配的故事就反映了神仙的这个特征。《西游记》中就连猪八戒这样的笨鸟都能驾云，更不用说孙悟空一个筋斗十万八千里了。这些神仙们不存在距离上的困难，想到哪里就到哪里。这种超常性反映了我们古人步履维艰的现实生活和无法摆脱的尘世束缚。现实中的苦难在当下不能解决的情况下往往诉诸想象。从某种意义上说，幻想也是人们生活的动力。

神仙可分为三种：天仙、地仙和散仙。天仙一般是指在天宫任职的各路神仙，六丁六甲、五方揭谛、四值功曹、一十八位护教伽蓝、二十八宿、九曜星官等都属此类。他们就像古代在京城做官的朝臣，除了保驾护驾外，还协助皇帝处理各种事务。《西游记》中，当孙悟空大闹天宫时，天仙的这种使命体现了出来。先是派外交官太白金星前去斡旋、招安，再派李靖、哪吒父子带领天兵天将前去围剿，事情未成，又调地仙二郎神杨戬前去捉拿，直至最后请如来佛祖前来救驾。所谓地仙，顾名思义就是指在人间活动的神仙，他们就像古代的地方官，分散在各个地区，按照君王的旨意治理一方，行使自己的职权。地仙的范围较广，不仅包括陆地上的神仙，如镇元大仙等，还包括十洲三岛的海中神仙，如蓬莱仙岛的寿星、福星、禄星。散仙是指编制外的神仙，这类神仙没有组织关系，没有名分，不拿俸禄也不做事，居无定所，无牵无挂。

根据神仙所处的空间位置，仙界大体上分为三类，即天上仙宫、凡间仙窟和海中仙岛。从南北朝的《魏书·释老志》所载的三十六天宫到北宋《云笈七签》的三十六天之说，我国关于天上仙宫的设想可谓五花八门。而在民间信仰中，人们更喜欢以人间帝王的宫廷为原型，然后发挥想象予以美化，或移入美妙的自然景物，或添上一些云雾缭绕的背景，最后放置在高不可攀的太空中。《西游记》第四回展现出来的天宫就是这样的：富丽堂皇的建筑，威严有序的设置，妙不可言的风景，虚无缥缈的气氛，除了使这个仙界增添几份庄严的神圣感外，更多的是浓厚的富贵气息。天上仙宫是天仙生活的地方，玉帝、太上老君、太白金星等就居住在这里。凡间仙窟主要是陆地上神仙居住的地方，大多在名山之中。《山海经·海内西经》载昆仑乃“百神之所在”的神山[4]。秦汉时期的《五岳真形图》已经把五岳设定为神仙的住所了。后世兴起的道教在这种思想的影响下，纷纷把道观建在高山幽谷之中，除了著名的五岳之外，武当、峨眉、青城、终南等，都是道教徒们所津津乐道的“洞天福地”，所谓的十大洞天、三十六小洞天、七十二福地都是由此演化而来的。这些风景秀丽、云雾缭绕的“洞天福地”，不仅满足了道教徒修炼的需要，也暗合了华夏民众的家居心理。《西游记》中，荡魔天尊的武当山、至胜金刚的峨眉山清凉洞、泼法金刚的五台山秘魔岩无不景色秀丽。海中仙岛是十洲三岛的神仙居住的地方，一般在大海之上或滨海之地，就像海市蜃楼一样，若隐若现，似真似幻。这类仙境虽然比不上天宫的富丽，也比不上凡间仙窟的峻拔，却有海中仙岛的别样风情。《西游记》第二十六回，孙悟空因损坏镇元大仙的人参果树而去三岛（蓬莱、方丈、瀛洲）寻求医术良方时看到的海中仙境是这样的：“大地仙乡列圣曹，蓬莱分合镇波涛。瑶台影蘸天心冷，巨阙光浮海面高。五色烟霞含玉籁．九霄星月射金鳌。”[5]少了一份威严和秀丽，多了一份清幽和雄阔。福星、寿星、禄星、帝君、九老等诸位神仙就在这里修行。

神仙的生活是什么样的呢？神仙生活最大的特点是清闲，其魅力在此，其令人难以忍受也是因为此。所有凡人需要劳碌的事情，在仙人那里都不存在。他们做得最多的事情就是下棋。《西游记》第二十六回，孙悟空访蓬莱时，“正然走处，见白云洞外，松阴之下，有三个老儿围棋：观局者是寿星，对局者是福星、禄星”[6]。到瀛洲时，“只见那丹崖珠树下，有几个皓发皤髯之辈，童颜鹤鬓之仙，在那里着棋饮酒，谈笑讴歌”[7]。这里，下棋的主要功能是消磨时间。即便是那些司守着重要职位的神仙们，事实上也很清闲，比如龙王，除了需要下雨时忙活几下之外，其余的时间就是待在龙宫里无所事事。

任何自由都是在一定的规则范围之内的。神仙们虽然悠闲自在，但触犯了仙界的清规戒律一样要受到惩罚。二十八宿中四木禽星所说的“我等不奉旨意，谁敢擅离”（第九十二回）[8]是对上述事实的最好注释。卷帘大将沙僧只因在蟠桃会上失手打碎了玻璃盏，就被玉帝打了八百下并贬到下界。天蓬元帅更是不知深浅，居然借酒调戏嫦娥，结果被罚两千锤，贬下凡尘，成了猪八戒。如果说，玉帝对沙僧的惩罚过于严厉的话，那么对猪八戒的处置则并不过分，甚至显得轻了一些。因为，猪八戒犯了神仙的大戒——色戒。这一点对于神仙来说罪不可赦。猪八戒心里也清楚，不然他不会对开脱他死罪的太白金星毕恭毕敬的。《西游记》第三十一回，二十八宿之一的奎木狼欲与披香殿传香的玉女私通，他们深知仙界的规矩，不敢在天宫交欢，只好下凡到人间做夫妻。事情败露后，玉帝只是贬他为太上老君烧火炼丹。从这一点来看，奎木狼确实比猪八戒聪明得多。猪八戒不但没吃到腥，反而惹了一身骚，“猪”与“狼”在智商上的确不能等量齐观。

《西游记》所展示出来的仙界，高低有序，井然排列，金字塔式的结构岿然不动，俨然就是神仙谱系的《西游》版；但一介花果山的美猴王就足以让玉帝狼狈不堪，这样的图景又迥异于道教的神仙想象。也就是说，《西游记》对仙界的描写，是融入了作者个人的人生体验和文化理念的。不过，这里必须注意，《西游记》的作者不是一个总想着传达个人人生体验和文化理念的人，如果《西游记》中确有传达个人人生体验和文化理念的意味，那也是妙手偶得，并非刻意为之。明白了这一点，我们就可以确信，把《西游记》当作严峻、辛辣的政治批评来读是一个重大失误。比如李希凡认为："从孙悟空的求师访道，到闹龙宫、闹阴司、闹天宫，到被压在五行山下，很像一个英雄的传奇。在这个神话的英雄传奇里，映照着极强烈的现实生活的色调。人们仿佛看见了这样的社会关系，一支英雄的农民起义军，像水浒义军一样，起而反抗封建统治者，所向无敌，几次招安，几次反叛，但是，终于又在封建势力的包围下失败了。尽管'刀砍斧剁'，'枪刺剑刳'，'放火煨烧'，'雷屑钉打'，都莫想伤及其身(因为人民的反抗意志是消灭不了的，《西游记》这样描写孙悟空被捉后的形象，正是有意无意对于人民反抗力量的热情颂歌)，终究还是被压在封建大山的下面了。"[9] 这就不免牵强附会了。由这样一种牵强附会出发，热心于为各种仙、妖、佛划分阶级成分，一一与现实生活中的阶级关系、阶层关系对应，更是系统、全面的误解。在这一方面，胡适的处理是较为妥当的。在《〈西游记〉考证》一文中，一方面，他明确指出，《西游记》确实表达了作者的不平之意，另一方面，他又特别强调，《西游记》的魅力在于"滑稽"、"玩世"，意思是不必过于拘泥地对作者的意图做政治性解读。他说：

> ……美猴王的天宫革命，虽然失败，究竟这是一个"虽败犹荣"的英雄！
>
> 我要请问一切读者：如果著者没有一肚子牢骚，他为什么把玉帝写成那样一个大饭桶？为什么把天上写成那样黑暗，腐败，无人？为什么教一个猴子去把天宫闹的那样稀糟？[10]

这显然是把《西游记》与作者意图联系起来了。与此同时，胡适又说：

> 但是这七回的好处全在他的滑稽。著者一定是一个满肚牢骚的人，但他又是一个玩世不恭的人，故这几回虽是骂人，却不是板着面孔骂人。他骂了你，你还觉得这是一篇极滑稽，极有趣，无论谁看了都要大笑的神话小说。[11]

胡适这样讲，意在提醒读者，《西游记》表达个人人生体验和文化理念，乃是出于一种游戏心态。

孙悟空大闹天宫一例表明，《西游记》的仙界一方面以民间文化图像为依据，否则就会出现接受障碍，另一方面又融入了作者个人的人生体验和文化理念，否则就不会如此精彩。把约定俗成的民间文化图像与作者富于个性的想象融为一体，这正是《西游记》取得巨大成功的前提之一。

二、《西游记》中的鬼

我们的先人在构造了令人神往的仙界的同时，还设想了一个内容并不单调的鬼界。从大量六朝志怪看得出来，先人们所设计的阴间，确实不以恐怖和万籁俱寂的真空笼罩一切，而是浓重地涂抹了几笔令人心向往之的亮色。首先，人死了，并不是到一个我们所不知道的地方去，并不是没有知觉地在阴寒潮湿的泥土中发霉腐烂，并不是彻底地消失，鬼有自己的并不寂寞的世界——阴间。其二，鬼的生活也有丰富多彩之处。志怪作者经常采取旁敲侧击的手法即经由写鬼与人的交往来暗示鬼世界的情形。比如，蔡伯喈之鬼与王瑗之谈诗，“揆知古今，靡所不谙”[12]；王弼之鬼与陆机谈玄，“妙得玄微”[13]；荀氏《灵鬼志》中那个教嵇康演奏《广陵散》的鬼，雍容大度，文辞清辨。这使我们感到死者照样具有生时的风采、智慧。鬼其至还有一些人所不具的禀赋，能为漂泊人世的亲友提供切切实实的帮助：例如王彪之母能前知，帮助儿子避免了“奇厄”[14]；梁清图某郡、先以访鬼，鬼云“所规必谐。‘某月某日除出。’果然”[15]；鬼还能变形，可以向人托梦，等等。

神仙与鬼在诞生之初，并没有善恶之别。但是，在长期的流传中，人们出于对死亡的恐惧和对生命的渴望，特别是佛教传入中国，带来了罗刹鬼一类的形象后，神仙与鬼逐渐分道扬镳。神仙增加的是真善美的成分，引导人们飞向长生不老、逍遥自在的仙界；鬼则强化了假恶丑的一面，常常与妖怪一道，兴风作浪，为害一方。仙界到处是祥光瑞草，鬼界则处处阴气逼人。《西游记》第十回这样写道：“那里山也有，峰也有，岭也有，洞也有，涧也有；只是山不生草，峰不插天，岭不行客，洞不纳云，涧不流水。”[16]可见幽冥世界的确是死气沉沉、毫无生气。所以，人们喜欢神仙而憎恶鬼怪。但这只是一种总体的观念趋向。“若从人与具体的神、具体的鬼的关系上来看，人与鬼的关系要近得多。”[17]《西游记》第十回，崔珏活着的时候与魏征是好朋友，死后，在冥司当了酆都判官，两人还是好朋友，甚至帮助魏征徇私舞弊，给唐太宗增加了二十年的阳寿，可谓交情甚笃。有时人与鬼或者鬼与鬼的关系也可能非常紧张。比如活着的时候两人结下了梁子，鬼当然要伺机报复。《西游记》第十回，当唐太宗走进“幽冥地府鬼门关”时，“建成、元吉就来揪打索命”，幸亏崔判官在场，唐太宗才得以脱身。这让我们想起历史上的玄武门之变。李世民在玄武门布下重兵，杀死了哥哥李建成、弟弟李元吉，夺得皇位。《西游记》有建成、元吉阴间索命的说法，就是本于这一史实。唐朝建国的时候，李世民南征北战，平定了各路义军。这才有了《西游记》第十回“六十四处烟尘，七十二处草寇，众王子、众头目的鬼魂”要唐太宗还命的故事[18]。

人间有人间的法律制度，鬼界有鬼界的审判程序。从勾魂鬼、崔钰等判官、阎罗王等十代冥王到幽冥教主地藏王菩萨，从鬼门关、森罗殿、奈何桥、枉死城、十八层地狱到六道轮回之所，《西游记》向我们展示了一个秩序井然、等级森严的幽冥世界。

生死簿是记录包括人在内的一切生物寿命的册子。《西游记》第三回，孙悟空大闹幽冥界，吓得十代冥王赶忙取出生死簿，但“裸虫、毛虫、羽虫、昆虫、鳞介之属，俱无他（孙悟空）名”[19]，最后在猴类动物中方才找到。生死簿有点像现在的户口簿，只要你阳寿已尽，立刻注销，方法是把你的魂从身上取走。

谁来执行勾魂的使命呢？勾魂鬼是也。《西游记》中的两个勾魂鬼最惨，奉命去勾孙悟空的魂，结果被打成“肉浆”，以身殉职。勾魂鬼也有眼花的时候，《西游记》第三回，十代冥王为自己辩护时说：“普天下同名同姓者多，敢是那勾死人（勾魂鬼）错走了也？”[20]这虽然是十代冥王在孙悟空金箍棒威胁下的推托之辞，但至少说明勾魂鬼以前犯过类似的错误。总之，在阴森可怖的幽冥界，他算得上是个出镜率很高的小鬼。

森罗殿是阴间的法庭，来到阴间的鬼魂都在这里接受审判，鬼魂有什么冤屈也可在这里申诉、告状。《西游记》第十回，泾河龙王就是在这里状告唐太宗“许救反诛”之罪，后来唐太宗到阴间“三曹对案”也在这里，崔判官对唐太宗的阳寿进行核对也在这里。阴间法庭大大小小的事情都管，权力在手，如果缺少必要的监督，就有可能出现徇私舞弊的情形。《西游记》第十回，崔判官倚仗职权偷偷为唐太宗增加二十年阳寿，就是一例。据民间传说，阎罗王是世间某位品格高尚的公卿死后变成的，幽冥界的官员们也都是人间的品格优良之人死后转世的。《西游记》中崔珏之所以当上阴间判官，也是因为在世时是个仁义道德之士。只是，阎罗王、崔珏不是都徇私枉法过吗？

法庭宣判后，判决执行，即进入六道轮回之所：“行善的，升化仙道；尽忠的，超生贵道；行孝的，再生福道；公平的，还生人道；积德的，转生富道；恶毒的，沉沦鬼道。”（第十一回）[21]所谓“六道轮回”，其实就是惩恶扬善原则的具体实施，也就是“恶有恶报，善有善报”。活着流毒社会、恶贯满盈的不良分子，死后坠入鬼道，就得打入“十八层地狱”，饱受种种酷刑的折磨。吊筋、车崩、剥皮、油锅、刀山、抽肠——凡是人们想得出的酷刑，都放到了地狱中，其残忍恐怖程度令人毛骨悚然。“受尽种种刑罚后，分别善恶，核定等级，发往四大部洲投生。凡作孽的恶鬼，再叫他改头换面，变作畜类，继续受种种苦。——非得罪满之后，方能转入人道，但也只能投胎‘蛮夷之地’。”[22]

谈到鬼界，不能不说一说鬼界的最高领导人的问题。根据《西游记》的说法，鬼界的最高领导人是地藏王菩萨。这与民间信仰中的说法有些出入，在老百姓心目中，地位最高的肯定是阎罗王，他们不大知道所谓地藏王菩萨。“阎王”是一个外来词，又称阎摩罗王或阎罗王，印度古神之一，原意为“地狱的统治者”或“幽冥界之王”。他能判人生前之罪，加以赏罚。根据记载，最初掌管中国幽冥界的是泰山府君，后来伴随着佛教传入中国并逐渐盛行，阎罗王慢慢走红，最终取代了泰山府君。《西游记》坚持鬼界的最高领导人是地藏王菩萨，不知与作者个人的宗教信仰是否有关。材料有限，不便作出明确结论。

三、《西游记》中的怪

司马迁曾说：“学者多言无鬼神，然言有物。”[23]所谓“物”，不是指今天人们常说的与“精神”相对应的物质，而是指由动物、植物、器物等幻化而成的物怪或怪物。物质世界的动植物或无生命之物伴随着年岁的增大被人们赋予了某种特殊的能力，也就是人们常说的“老而成精”、“老而成魔”，所以，物怪或怪物又被称为妖怪或妖精。《抱朴子·登涉》：“万物之老者，其精悉能假托人形，以眩惑人目而常试人。”[24]《论衡·订鬼》：“鬼者，老物精也。夫物之老者，其精为人；亦有未老，性能变化，象人之形。”[25]《说文》九上鬼部：“魅，老物精也。”[26]这里的鬼、魅和物都是后世习称的妖精或妖怪。《西游记》中的牛魔王、青毛狮怪、虎力大仙，《聊斋志异》中的花妖鬼魅等都属此类。

按照原型的差异，妖怪可分为动物怪、植物怪和器物怪。在实际生活中，器物不具有生命力；植物虽具有生命力而无法自由活动；只有动物，其生命层次最高，在动物中又根据动物的食物链高低有别。这就决定了各种动物神通的大小。一般说来，动物怪胜于植物怪，植物怪胜于器物怪。而在动物怪中，大动物怪通常比小动物怪难对付一些。当然，这只是一般情况，可以有个别例外。

《西游记》为了突出“九九八十一难”的艰辛和孙悟空神通的广大，在西天路上安排了众多神通较大的动物怪。其中主要作案的妖怪除了白骨精、松树精、柏树精、桧树精、竹子精、杏树精、枫树精外，基本上都是动物怪。其中包括双叉岭老虎精、野牛精、熊罴精，黑风山熊黑怪（被观音菩萨收去做了守山大神），黄风岭黄风怪（佛祖灵山脚下的老鼠精），乌鸡国青毛狮怪（文殊菩萨的坐骑），枯松涧火云洞红孩儿（后做了观音菩萨的善财童子），黑水河龟精（东海龙王的外甥），车迟国鹿力大仙（鹿）、羊力大仙（羚羊）、虎力大仙（虎），通天河金鱼怪（观音菩萨莲花池里的金鱼），金兜山青牛怪（太上老君的坐骑），毒敌山琵琶洞蝎子精，六耳猕猴，积雷山摩云洞牛魔王（大白牛），九头鸟（乱石山碧波潭万圣龙王的女婿），黄眉怪（如来司磬的黄眉童儿），七绝山红鳞大蟒，朱紫国金毛犼（观音菩萨的坐骑），盘丝洞蜘蛛精与黄花观多目怪（蜈蚣精，后做了毗蓝菩萨的门人），狮驼岭青狮（文殊菩萨的坐骑）、白象（普贤菩萨的坐骑）、大鹏（如来的舅舅），比丘国鹿怪（寿星的坐骑）、白面狐狸，陷空山无底洞金鼻白毛老鼠精（托塔天王的干女儿），隐雾山连环洞豹子精，豹头山九曲盘桓洞九头狮子（太乙救苦天尊的坐骑），青龙山玄英洞犀牛精，天竺国玉兔精（太阴星君的玉兔），通天河龟精。与动物怪相比，松树精、柏树精、桧树精、竹子精、杏树精、枫树精等植物怪相对容易对付一些，只需猪八戒“一顿钉耙，三五长嘴，连拱带筑”（第六十四回）[27]就铲除了。这些植物怪不像动物怪那样动不动要吃唐僧肉，只是把唐僧劫走说诗谈禅，并劝说唐僧与杏仙成婚，没有用强的意思，最后被孙悟空、猪八戒发现后也没有任何反抗。可见他们的神通着实不高。然而，动物怪就厉害多了，神通远在植物怪之上。在《西游记》中，犀牛、象、虎、狮子、熊等属于体壮力猛的动物，这些妖怪生猛异常、极难对付，孙悟空在他们身上讨不到太多的便宜，一般都是某位神仙（多为妖怪的主人）伸手相助，方才降伏。相比之下，鹿力大仙（鹿）、羊力大仙（羚羊）、金鱼怪、九头鸟等好对付得多，凭借孙悟空的神通就可顺当扫除了。有时，神仙虽来相助，但多半是为了保护妖怪的性命，唯恐孙悟空下手太重，帮助孙悟空只是个顺水人情，实则没有必要。

在通常情况下，妖怪代表的是邪恶势力，而人和神仙则代表了正面力量。根据华夏民族“邪不压正”的理念，人、神在与妖怪的较量中往往占据上风。不管什么样的妖怪都有一个命门所在，要么是生理上的，要么是心理上的，而人、神总有办法找到妖怪的命门，并富有实效地发起攻击，从而降伏他们。《西游记》第七十三回，孙悟空在蜈蚣精面前一败涂地，但毗蓝婆菩萨一到，蜈蚣精立刻缴械投降，何也？毗蓝婆菩萨乃母鸡修炼而成，蜈蚣的克星就是鸡，可谓一物降一物。第五十五回，敢于螫如来佛的蝎子，在昴日星君（公鸡）面前，立刻现出原形。鸡正是蝎子的克星。心理上的命门也是存在的，在《西游记》中主要表现为奴才怕主子。不管奴才多么凶恶、多么飞扬跋扈，只要一见到主子，立刻就蔫了。金毛犼本是观音菩萨的脚力，偷偷下凡做了妖怪，挡住唐僧师徒四人的去路，连孙悟空也奈他不何，但观音菩萨一露面，他便现出原形，乖乖听从。青毛狮怪、金鱼怪等都是如此。

《西游记》格外引人注目的一个事实是：这部小说虽然赞赏西游路上降妖服怪的孙悟空，却又对曾经是妖怪的孙悟空充满了欣赏之意。悟空本人，即时常以当年的妖怪生涯自豪。第十七回他那首叙述早年身世的自传诗，最后两句是："你去乾坤四海问一问，我是历代驰名第一妖。"[28]西行途中，悟空常对人炫耀的也是他大闹天宫做妖精的经历。他在八戒面前摆谱：

> "你是也不知。老孙因为闹天宫，偷了仙丹，盗了蟠桃，窃了御酒，被小圣二郎擒住，押在斗牛宫前，众天神把老孙斧剁锤敲，刀砍剑刺，火烧雷打，也不曾损动分毫。又被那太上老君拿了我去，放在八卦炉中，将神火煅炼，炼做个火眼金睛，铜头铁臂。不信，你再筑几下，看看疼与不疼？"（第十九回）[29]

他在红孩儿面前摆谱：

> "你是不知。我乃五百年前大闹天宫的齐天大圣孙悟空是也。……"（第四十一回）[30]

他在太白金星幻化的老头面前摆谱：

> "实不瞒你说。我小和尚祖居傲来国花果山水帘洞，姓孙，名悟空。当年也曾做过妖精，干过大事。……"（第七十四回）[31]

甚至西天路上的妖魔也把大闹天宫当成悟空最辉煌的事业。如第五十回：

> 八戒闻言，即开口称扬道："我师兄乃五百年前大闹天宫齐天大圣孙悟空也。"那妖魔听说是齐天大圣孙悟空，老大有些悚惧，口内不言，心中暗想道："久闻那厮神通广大，如今不期而会。"[32]

第八十九回：

> 妖精道："祖爷知他是谁？"老妖道："那长嘴大耳者，乃猪八戒；晦气色脸者，乃沙和尚；这两个犹可。那毛脸雷公嘴者，叫做孙行者。这个人其实神通广

大：五百年前曾大闹天宫，十万天兵也不曾拿得住。他专意寻人的。他便就是个搜山揭海，破洞攻城，闯祸的个都头！你怎么惹他？……”[33]

这一系列的例证表明，《西游记》对孙悟空的妖怪生涯，或者说，对曾经身为妖怪的孙悟空，不只是容忍，而且是欣赏，有时几乎是情不自禁地为之喝彩。其背后的原因是什么？这里有何耐人寻味之处？答案可以有很多，但有一点是人们都认同的，那就是：《西游记》对大闹天宫的孙悟空的欣赏，集中传达了作者个人的人生体验和文化理念。对这一事实加以强调和深入阐释，是把握《西游记》这部名著不可或缺的一环。

四、《西游记》中的佛

西天，又称西方，也称西方极乐世界。佛教净土宗主张，人通过修行，死后可以转生到净土，即佛居住的地方。净土即极乐世界。阿弥陀佛（如来佛）是西天极乐世界的教主。老百姓可能不知道何谓净土，也可能不知道阿弥陀佛是何许人，但他们对西方极乐世界却很清楚。一提起佛教，立刻就会想起西方极乐世界。在他们心目中，现实中的种种苦难在西方极乐世界是没有的，那里无忧无虑，快乐自由。

对于西方极乐世界的描述，来源于佛教典籍。《无量寿庄严清净平等觉经》描写极乐世界的情形说：生在极乐世界的人，形貌端严，福德无量，智慧明了，神通自在；受用种种，一切丰足；宫殿、服饰、香花、幡盖，庄严之具，随意所需，悉皆如念。若欲食时，百味盈满，虽有此食，实无食者。但见色闻香，以意为食。身心柔软，无所味著，事已化去，时至复现。复有众宝妙衣、冠带、璎珞，无量光明，百千妙色，悉皆具足，自然在身。所居舍宅，称其形色——楼观栏楯，堂宇房阁，广狭方圆，或大或小，或在虚空，或在平地。清净安稳，微妙快乐。应念现前，无不具足。与这极乐世界相比，我们人间这片“秽土”当然是令人失望的。《西游记》关于西方极乐世界的描绘基本上也是这些。《西游记》第九十八回写如来居住的雷音古刹，别说是老百姓羡慕，恐怕连古代帝王看了都会自叹不如。

和道教的天宫一样，西方极乐世界也是一个秩序井然的世界。佛、菩萨、罗汉、金刚等有序排列着。佛是这个世界的至尊。佛是佛陀的简称，在梵文里它是“知觉的人”的意思。所谓知觉包含三层含义：自觉（自我觉悟）、他觉（使众生觉悟）、觉行圆满（佛教的最高境界）。佛的这三层含义是佛教由低到高的三个境界。佛教认为，凡夫俗子缺乏这三种知觉，只有佛才能达到佛教的最高境界，即觉行圆满。在大乘佛教中，佛一般用于对释迦牟尼的尊称。在小乘佛教中，佛除了是对释迦牟尼的尊称外，还泛指一切觉行圆满者。这是佛教的说法。在普通老百姓眼里，事情没有这么复杂，佛就是指如来佛祖（老百姓也许不知道释迦牟尼是谁）。《西游记》就比较典型地表达了民间的这种想法。在《西游记》中，那个整天对着各位菩萨、罗汉、金刚等讲经说法的如来就是西天世界中的佛祖、至高者。第七十七回，如来自述身世。鸿蒙开始，万物皆生，如来在雪山顶上修成“丈六金身”，不小心被孔雀吸入肚内，后从孔雀脊背跳出，跨上灵山。从此，在灵山修行至今。多么富有传奇色彩！难怪如来如此了得。如来的才干主要体现在以下几个方面：一是过去、未来之事、天下万事万物，无所不知，无所不晓。《西游记》第五十八回，连法力广大的观音菩萨都辨认不出真假美猴王，如来笑道："汝等法力广大，只能普阅周天之事，不能追识周天之物，亦不能广会周天之种类也。"[34]然后轻而易举地指出假猴王的真实身份。二是神力超群。孙悟空大闹天宫，一大堆神仙都奈何不了他，玉皇大帝只得请如来出面，结果一个筋斗十万八千里的孙悟空被他手掌一翻压在了五行山下。三是掌管着"度亡脱苦，寿身无坏"（第十二回）[35]的大乘佛法，掌握着芸芸众生的命运。如来的这些法力、神通使他处理事情游刃有余、轻松自如。

菩萨是指还没有达到觉行圆满的修行者，但经过修炼将来可以修成佛果。菩萨的地位仅次于佛。"菩萨的职责是帮助佛，用佛教的宗旨、教义解救在'苦海'中苦苦挣扎的芸芸众生，将他们'度'到极乐世界中去，了却一切烦恼。"[36]比如，观音菩萨东去大唐为佛祖寻找取经人，帮助教化南赡部洲。我国民间有四大菩萨之说，即文殊、普贤、观世音和地藏菩萨。《西游记》中除了这四大菩萨外，还有帮助孙悟空除掉黄风山妖怪的灵吉菩萨、帮助降伏多目怪的毗蓝婆菩萨以及黎山老姆。《西游记》中还有"八菩萨"的说法，不知道这八位菩萨中的另四位菩萨是谁。菩萨的神通虽然比不上如来，但也非同小可。这些菩萨中尤以观音菩萨最为慈悲可亲。唐僧取经路上遇到的很多妖怪都是菩萨帮助降伏的。菩萨帮助孙悟空降魔除怪实际上也是帮助佛祖教化众生，是代表佛祖惩恶扬善。

根据净土宗的描述，西天极乐世界似乎很美、很自由，但推想起来未必如此。《西游记》第七回，孙悟空大闹天宫，玉帝请如来救驾，如来临走时对众菩萨说："汝等在此稳坐法堂，休得乱了禅位，待我炼魔救驾去来。"[37]即使如来有事外出，众菩萨也不得擅离职守，极乐世界并非想象中那么自由，如来佛也非想象中那么崇高。《西游记》对这一层面的描写颇为充分，而最为经典的描写是在小说接近尾声之处，作者别具匠心的安排了一个戏谑性的结尾，成功地消解了佛教的神圣性。

第九十八回，"功成行满见真如"，如来理所当然地强调了佛经的神圣性。他对三藏说：

> 你那东土乃南赡部州。只因天高地厚，物广人稠，多贪多杀，多淫多诳，多欺多诈；不遵佛教，不向善缘，不敬三光，不重五谷；不忠不孝，不义不仁，瞒心昧己，大斗小秤，害命杀牲。造下无边之孽，罪盈恶满，致有地狱之灾：所以永堕幽冥，受那许多碓捣磨舂之苦，变化畜类。有那许多披毛顶角之形，将身还债，将肉伺人。其永堕阿鼻，不得超升者，皆此之故也。虽有孔氏在彼立下仁义礼智之教，帝王相继，治有徒流绞斩之刑，其如愚昧不明，放纵无忌之辈何耶！我今有经三藏，可以超脱苦恼，解释灾愆。……[38]

照如来的说法，既然佛经功用如此巨大，唐僧师徒万里迢迢来西天走一趟也值得。但是，悟空的看法也未尝不对：如来"若果有心劝善，理当送上东土，却不是个万古流传？只是舍不得送去，却教我等来取"（第七十七回）[39]，有什么必要？更加耐人寻味的是，接下来我们看到的是足以摧毁佛经神圣性的情节。负责检授经卷的阿傩、伽叶向唐僧需索人事未果，遂公然行骗，以无字之经授之。行者恼怒，对如来嚷道："如来！我师徒们受了万蜇千魔，千辛万苦，自东土拜到此处，蒙如来吩咐传经，被阿傩、伽叶掯财不遂，通同作弊，故意将无字的白纸本儿教我们拿去，我们拿他去何用？望如来敕治！"[40]可是如来非但未责罚阿傩、迦叶，反而嬉皮笑脸地辩护道："你且休嚷，他两个问你要人事之情，我已知矣。但只是经不可轻传，亦不可以空取。向时众比丘圣僧下山，曾将此经在舍卫国赵长者家与他诵了一遍，保他家生者安全，亡者超脱，只讨得他三斗三升米粒黄金回来，我还说他们忒卖贱了，教后代儿孙没钱使用。你如今空手来取，是以传了白本。白本者，乃无字真经，倒也是好的。因你那东土众生，愚迷不悟，只可以此传之耳。"[41]如来佛祖就这样失去了其神圣性。佛祖尚且像个为儿孙经营家业、铜臭气十足的家长，源于他的佛经当然也不具有神圣性。

戏谑性的情节至此仍未结束。阿傩、伽叶遵从如来的指示，将那有字的真经，每部中各捡了几卷给唐僧。东归途中，在通天河遭遇风、雾、雷、闪，经卷被水湿透，只得"移经于高崖上，开包晾晒"[42]；"不期石上把《佛本行经》沾住了几卷，遂将经尾沾破了，所以至今《本行经》不全"[43]。面对这件扫兴的事，行者却笑道："盖天地不全。这经原是全全的，今沾破了，乃是应不全之奥妙也。"[44]插科打诨，一派轻松气氛，把取经的严肃性和庄重性给有效地消解了。

《西游记》何以要消解取经的严肃性和庄重性？我们至少可以体会到这样一层用意：《西游记》虽然以求取佛经作为情节线索，但作者的宗旨并非宣传佛教。作者另有更深的用意蕴含在文本中，并期待读者认真加以思索。《西游记》消解佛经的神圣性，乃是为了强化作者个人的人生体验和文化理念，并以其人生体验和文化理念来启发读者。

综上所述，可以看出：《西游记》这部小说，一方面展示了丰富多彩的民间文化图像，另一方面也融入了作者个人的人生体验和文化理念。丰富多彩的民间文化图像与其成书过程密切相关，而作者个人的人生体验和文化理念则赋予了小说诙谐风格和深刻意涵。在《西游记》解读中，民俗学视角与作者视角缺一不可，尤须把握好解读的分寸。过于拔高其"批判力度"或社会批判功能，未必是明智之举。

注释：

[1]（明）吴承恩：《西游记》，北京：人民文学出版社，2006年，第76页。

[2]（明）吴承恩：《西游记》，北京：人民文学出版社，2006年，第51页。

[3]（明）吴承恩：《西游记》，北京：人民文学出版社，2006年，第288页。

[4] 袁珂：《山海经校注》，上海：上海古籍出版社，1980年，第294页。

[5]（明）吴承恩：《西游记》，北京：人民文学出版社，2006年，第312页。

[6]（明）吴承恩：《西游记》，北京：人民文学出版社，2006年，第313页。

[7]（明）吴承恩：《西游记》，北京：人民文学出版社，2006年，第318页。

[8]（明）吴承恩：《西游记》，北京：人民文学出版社，2006年，第1105页。

[9] 李希凡：《〈西游记〉的主题和孙悟空的形象》，《论中国古典小说的艺术形象》，上海：上海文艺

出版社，1961年，第308页。

[10] 胡适：《中国章回小说考证》，合肥：安徽教育出版社，2006年，第244页。

[11] 胡适：《中国章回小说考证》，合肥：安徽教育出版社，2006年，第244～245页。

[12] （宋）李昉，等编：《太平广记》卷三二一《王瑗之》，北京：中华书局，1961年，第2543页。

[13] （宋）李昉，等编：《太平广记》卷三一八《陆机》，北京：中华书局，1961年，第2514页。

[14] （宋）李昉，等编：《太平广记》卷三二〇《王彪之》，北京：中华书局，1961年，第2538页。

[15] （宋）李昉，等编：《太平广记》卷三二三《梁清》，北京：中华书局，1961年，第2562页。

[16] （明）吴承恩：《西游记》，北京：人民文学出版社，2006年，第125页。

[17] 王景琳：《鬼神的魅力》，北京：生活·读书·新知三联书店，1992年，第154页。

[18] （明）吴承恩：《西游记》，北京：人民文学出版社，2006年，第127页。

[19] （明）吴承恩：《西游记》，北京：人民文学出版社，2006年，第35页。

[20] （明）吴承恩：《西游记》，北京：人民文学出版社，2006年，第35页。

[21] （明）吴承恩：《西游记》，北京：人民文学出版社，2006年，第129页。

[22] 龚斌：《鬼神奇境》，沈阳：辽宁教育出版社，1996年，第188页。

[23] （汉）司马迁：《史记》卷五十五《留侯世家》，北京：中华书局，1963年，第2049页。

[24] 王明：《抱朴子内篇校释》，北京：中华书局，1985年，第300页。

[25] （东汉）王充著，张宗祥校注：《论衡校注》，上海：上海古籍出版社，2010年，第449页。

[26] （东汉）许慎：《说文解字》，北京：中华书局，1963年，第188页。

[27] （明）吴承恩：《西游记》，北京：人民文学出版社，2006年，第782页。

[28] （明）吴承恩：《西游记》，北京：人民文学出版社，2006年，第206页。

[29] （明）吴承恩：《西游记》，北京：人民文学出版社，2006年，第231页。

[30] （明）吴承恩：《西游记》，北京：人民文学出版社，2006年，第496页。

[31] （明）吴承恩：《西游记》，北京：人民文学出版社，2006年，第895页。

[32] （明）吴承恩：《西游记》，北京：人民文学出版社，2006年，第614页。

[33] （明）吴承恩：《西游记》，北京：人民文学出版社，2006年，第1076页。

[34] （明）吴承恩：《西游记》，北京：人民文学出版社，2006年，第709页。

[35] （明）吴承恩：《西游记》，北京：人民文学出版社，2006年，第148页。

[36] 黄夏年主编：《佛教三百题》，上海：上海古籍出版社，2000年，第431页。

[37] （明）吴承恩：《西游记》，北京：人民文学出版社，2006年，第75页。

[38] （明）吴承恩：《西游记》，北京：人民文学出版社，2006年，第1171页。

[39] （明）吴承恩：《西游记》，北京：人民文学出版社，2006年，第937～938页。

[40] （明）吴承恩：《西游记》，北京：人民文学出版社，2006年，第1175页。

[41] （明）吴承恩：《西游记》，北京：人民文学出版社，2006年，第1175～1176页。

[42] （明）吴承恩：《西游记》，北京：人民文学出版社，2006年，第1185页。

[43] （明）吴承恩：《西游记》，北京：人民文学出版社，2006年，第1186页。

[44] （明）吴承恩：《西游记》，北京：人民文学出版社，2006年，第1186页。

晚清留洋群体“旧小说”批判

黄　曼

（华中师范大学文学院，湖北武汉，430079）

内容摘要：晚清留洋人士作为最先领受异域文化与文学影响的中国知识分子，对小说表现出空前强烈的干预意识。本文将要讨论的是这一群体对中国古典小说遗产的态度问题。论述分三层：第一，基于正在更新中的小说观念并通过与日本及西方诸国的比较，留洋群体表达对中国小说历史境遇的不满。第二，留洋群体对“旧小说”思想主旨的批判成为核心内容和关键所在。第三，在批判旧小说成为主流话语的同时，留学界仍然有一些声音在为旧小说做客观辩护和切实研究。

关键词：晚清；留洋群体；“旧小说”批判

晚清最后十多年小说文类迎来前所未有巨变：自其范畴、性质、趣尚，以至统序、地位、走向都在经历深刻调整。晚清留洋人士作为最先领受异域文化影响之知识分子对小说文类表现出空前强烈的干预意识，或倾力于体制创新，或倾力于文本著译，或倾力于理论述评。本文将要讨论的即是这一群体对中国古典小说遗产的理解与批判，以时人之言论概括即为“旧小说”批判。论述分三层：第一，基于正在更新中的小说观念并通过与日本及西方诸国的比较，留洋群体表达对中国小说历史境遇的不满。第二，留洋群体着力在“旧小说”之外建设一种“新小说”，并寄望以此文学手段实现超文学之抱负，因此对“旧小说”思想主旨的批判成为核心和关键。概言之，“旧小说”无法为国家振兴与国民培育提供道德及智力支持。第三，留洋知识分子群作为一种身份类型是以极其松散和充满歧义的形式存在的。在批判旧小说成为主流话语的同时，留学界仍然有一些声音在为旧小说做客观辩护和切实研究。

一

史至晚清，“小说”文体意涵在事实上发生深刻转换。晚清以前，“小说”主要还是指异闻、杂事、琐话等与士大夫文人案头写作传统和生活趣尚密切相关的笔记体，它紧承正史、子部而来，是在传统目录学中具有正式地位的重要文类，因此并无被轻视一说可言。而到晚清由于近代知识分子对大众启蒙的戮力推崇，再加上西来小说观念影响，小说之成其为小说的意涵开始变得不一样：从遗留下来的资料看，以留洋人士而言，他们拿来罗列和引证并视之为中国小说范本的，绝大多数都是过去所谓章回、演义、弹词甚而戏曲之类。而这些类型在旧的文学秩序和文化体系中毫无疑问只能处于无法入流的边缘地位。这便是晚清人论述“小说”之历史境遇的基本起点，即由于他们先行将“小说”的所指主要限定在了章回、演义等正史不入的通俗名类上，继而得出了小说在中国文学传统中长期遭到鄙薄的结论。

这种感受是强烈的，特别是当西方文明进入他们的视野之后。留日的杨度在1902年已经接触到日本汉学者有关中国小说的研究，他引用笹川种郎的话来说明儒教势力打压了中国小说戏曲：“日本笹川种郎之言曰：‘欧洲及我国历史，无不有小说戏曲之记载，而支那史独否，自宋以前并无完美之书，至元时始有特异之精彩，其前此之寂寥者，何哉？盖以此方思想纯在儒教势力范围之中，自儒者观之，以为文章者经国之伟事，小说戏曲败坏风俗，何足算也。’”[1]比较小说在中西两种文统中的境遇，留洋者明显体会到中国小说生态之恶劣。狄葆贤1903年（此时他在横滨）《论文学上小说之位置》中说：“吾昔见东西各国之论文学家者，必以小说家居第一，吾骇焉。吾昔见日人有著《世界百杰传》者，以施耐庵与释迦、孔子、华盛顿、拿破仑并列，吾骇焉。吾昔见日本诸学校之文学科，有所谓《水浒传》讲义、《西厢记》讲义者，吾益骇焉。”[2]使狄葆贤大受刺激的一方面在于日本及西方诸国对于小说文体的推崇和重视，另一方面更在于被中国人自己弃如敝屣的中国古典小说和小说家，却在域外拥有他们的知音并被充分采用。对日本学校里的中国小说讲义保有深刻印象的留洋者还不只狄葆贤一人。这样一个典型案例，日本学校里的中国小说讲义，后来又被南洋海归黄小配兄弟反复提及，其意图非常明显，即是以此来证实小说在那些先进国家和国民心中的重要位置，同时反衬中国人对于自己这笔可贵财富的无知无识。1907年黄小配发表《学堂宜推广以小说为教科书》，他强调中国数千年的文学家只知道将自己与后生束缚于圣经贤传，徒慕功名科第，因此不可能产生出对小说价值的明见，而近来新学堂兴起，但囿于成见，仍无小说一门学科：

> 今之所侈言维新者……要之而士夫扭于旧习，动以保全国粹之说。则除寻常地理、天文、体操、音乐、洋文、国语外，总不外讲求经史。是去昔日之锢习，犹未远也。故其进步之程度，亦因之而有限。[3]

黄小配提出的问题有很强的针对性。新学成就虽大，但其实局限于格致应用学科，意识领域仍为旧的经史统辖，真正能够触及一国之文化与民心的教育资源并未得到发掘，这其中最典型的便是小说，因此黄小配号召学堂以小说为教科书，“学堂而不求进步则已，学堂而欲求进步，又势不能不课习小说”[4]。

这样，中国小说举足轻重的地位和影响力便成了留洋群体反复强调并意图论证的对象。严复（留英）、夏曾佑（访日、欧）试图在中国经史子集的文学秩序之外另理出一条小说的脉络来。他们认为小说（所列举为《三国》、《水浒》、《西厢》、“临川四梦”）其影响和营构人心的能力、“入人之深、行世之远”都是经史无法企及的，因此把小说视为“正史之根”[5]。狄葆贤则从文章性质来论小说的伟大：“凡文章常有两种对峙之性质，苟得其一而善用之，则皆可以成佳文。何谓对峙之性质？一曰简与繁对峙，二曰古与今对峙，三曰蓄与泄对峙，四曰雅与俗对峙，五日实与虚对峙。……故取天下古今种种文体而中分之，小说占其位置之一半，自余诸种，仅合占其位置之一半。伟哉小说！”[6]狄葆贤将小说家抬高到比史家、诗家更显赫的地位，“吾以为今日中国之文界，得百司马子长、班孟坚，不如得一施耐庵、金圣叹；得百李太白、杜少陵，不如得一汤临川、孔云亭”。黄氏兄弟也说：“即施耐庵、罗贯中、蒲松龄、曹雪芹之辈之名誉，必不让孔孟之徒。”[7]他们还反复引用金圣叹的推论，在金圣叹的推论里大约两百年后世界将变成为一小说的世界：“昔金人瑞当明末清初，逆料二百年后，将无书可读，而变成浑一小说世界。”[8]而那所谓二百年后即是晚清留洋群体所处的时代了。

对旧小说在社会生活中影响力的渲染，无论归功的还是归罪的，都变得频繁起来。1897年严复、夏曾佑《本馆附印说部缘起》：“《三国演义》者，志兵谋也，而世之言兵者有取焉。《水浒传》者，志盗也，而萑蒲狐父之豪，往往标之以为宗旨。《西厢记》、‘临川四梦’，言情也，则更为专一之士、怀春之女所涵泳寻绎。”[9]1901年邱炜萲（南洋华侨）《小说与民智关系》：“自《西厢记》出，而世慕为偷情私合之才子佳人多；自《水浒传》出，而世慕为杀人寻仇之英雄好汉多；自《三国演义》出，而世慕为拜盟歃血之兄弟，斩木揭竿之军机多。”[10]1902年梁启超在横滨发表那篇有名的《论小说与群治之关系》，他说：“吾中国之状元宰相之思想何自来乎？小说也。吾中国人佳人才子之思想何自来乎？小说也。吾中国人江湖盗贼之思想何自来乎？小说也。吾中国人妖巫狐鬼之思想何自来乎？小说也。”[11]像这样将某几部有名旧小说与中国社会情势乃至政治动向硬生生绑定的排比句于是在晚清文论中散布开去，留洋群体正为领起风气者。

当然，针对这种论调当时人以及后世评论家颇有不以为然者，他们觉得梁启超诸人的小说观念是将本末倒置了。梁自己的弟弟梁启勋（他在美国哥伦比亚大学研习经济学）就说：“今之痛祖国社会之腐败者，每归罪于吾国无佳小说，其果今之恶社会为劣小说之果乎，抑劣社会为恶小说之因乎？”[12]站在客观立场来看，则当然梁启勋持论要更符合于文学的实际，这是没有问题的。但若从历史的现场情境考虑，前者那些或为颠倒本末的言论才是最有可能在它的时代有效作用和干预到社会生活与文学之实践的。要之，它为小说此一事物突破其几千年境遇寻找到契机。

二

旧小说之被称为“旧”，一方面当然指它在时间上是过去了的小说；另一方面，也是更重要的方面，则指它在思想的水准和内涵上是落后的，是不合于以留洋群体为代表的晚清知识分子对于现代国家与文明社会的诉求的。不破不立，因而当这一批人着力在“旧小说”之外建设一种“新小说”，并寄望以此文学手段而实现超文学之抱负时，对思想主旨的不满便成为他们旧小说批判的主要内容，也是其关键所在。

较早的批评来自于严复诸人。严复、夏曾佑1897年《本馆附印说部缘起》中有“天下不胜其说部之毒”的句子，讲到旧小说给社会带来的负面影响。到1898年，变法失败而逃亡日本的梁启超接触到了西方政治小说，在他随后发表的《译印政治小说序》中，问题被更尖锐地提出来。该序总结：“中土小说，虽列之于九流，然虞初以来，佳制盖鲜。述英雄则规画《水浒》，道男女则步武《红楼》，综其大较，不出诲盗诲淫两端，陈陈相因，涂涂递附，故大方之家，每不屑道焉。”[13]梁启超欣羡于他臆想中西方小说与国家政治议论的联姻，而把中国小说遗产全盘否定为英雄男女二题材的诲盗诲淫[14]。他的态度比严、夏更为激烈。

1900年以后更有一种对旧小说的批判观点认为，最近发生的义和团之乱也与旧小说脱不了干系。1901年邱炜萲就批评《西游记》、《封神榜》等神怪小说造成了庚子祸乱：“若今年庚子五、六月拳党之事，牵动国政，及于外交，其始举国骚然，神怪之说，支离莫究，尤《西游记》、《封神传》绝大隐力之发见矣。而其弊足以毒害吾国家，可不慎哉！”[15]庚子拳变是晚清一次极为复杂的政治事件，而《西游记》、《封神榜》被牵连进来实在是因为这些小说对于文化的承载力太强。可深怀忧虑的邱炜萲不会顾及这些，他由眼前经验得出结论，认为《西游记》、《封神榜》之类的神怪作品是于国有害的。1902年梁启超在《论小说与群治之关系》中也是持着与邱炜萲相似的观点，他把哥老会、大刀会还有义和拳等归因于旧小说的陷溺人群。他说：“今我国民绿林豪杰，遍地皆是，日日有桃园之拜，处处为梁山之盟，所谓‘大碗肉，大块肉，分秤称金银，论套穿衣服’等思想，充塞于下等社会之脑中，遂成为哥老、大刀等会，卒至有如义和拳者起，沦陷京国，启召外戎，曰惟小说之故。”[16]如上言论，庚子之乱遂成为旧小说误国害民的一大证据和典型。

在留日学生群中，特别是在那些急切地希望以小说来达到强国新民目的的青年中间，旧小说思想遭到更为激烈和集中的批判。西方小说据称是莫不益国利民的，而中国小说自来却不与这两项事业相关，中国小说要么才子佳人，要么神仙鬼怪，要么表现一点不关系国家民族的小仁小义。“杞人”为冯自由《女子救国美谈》作序：“日本三十年前，其国势进步，多赖小说。……吾国人之竞竞于小仁小义，说部之功亦为最多焉。然旧籍陈腐，所谓小康界之义理者，皆足为现世公理之大敌，何足取也。”[17]明权社（这是留学界在上海投资创办的一家书局）1903年为留学生“独立苍茫子”的政治小说《游侠风云录》作广告：“中国小说，半才子佳人之臭谭，民俗浇薄，由此可见。”[18]“逸人后裔”在读了日本的杂史故事之后，对中国小说更加看不起，他说：“吾之初游海外，与日本人士相接，无不以国家自任，各尽其国民之义务者……余心讶之，及读日本之杂史，始恍然其致此之故。盖亦有然。因深慨夫吾支那之稗官野史，不为怪谬荒诞之言，则记污秽邪淫之事，何其相悬也。”[19]“逸人后裔”认为日本国民的国家民族意识与他们所接受的小说熏陶颇为相关，而中国的落后、中国人的麻木愚昧也与中国小说立意的俗陋低下不无联系。赵必振给郑贯公《瑞士建国志》作序时对中国小说也持鄙弃的态度。他说：“中国之有小说，由来已久，绝无善本。而家弦户诵者，非《西游》、《封神》之荒唐，则《红楼》、《品花》之淫艳。而所谓《七侠五义》之类，词既鄙俚，事亦荒谬。或谓《水浒》一书，稍有国家思想，亦凤毛麟角矣。”没有国家思想，这便是这一批留洋学生对旧小说最大的不满。据此留学生们提出了写作新小说，特别是写作那种如他们意念中的西方小说那样饱含了政治憧憬与洞见的小说的计划。如赵必振所言："吾中国忧时之士，有鉴于此，敛其惊才绝学，俯而就之，一洗旧日之习，以震动国民之脑筋为宗旨。《佳人奇遇》、《经国美谈》、《累卵东洋》之类，接踵而起。小说之宗派，为之一变。"[20]《经国美谈》为日本东京高等大同学校留学生周宏业翻译，《佳人奇遇》由梁启超翻译，这是晚清最有名气的两部政治小说。《经国美谈》的广告说："能读是书，其所得之结果必能养其国家上之思想，世界上之感情，吾中国小说界中所未有。"[21]《佳人奇遇》广告则说："吾国小说，大半托词于才子佳人，于政治上一无关系，适以靡民气而毒社会耳。是书亦以巾帼须眉对照合写，然纯系国家大事，绝无我国旧小说俗套。"[22]

现代社会与国家又需要的是无论精神或智识都达到了现代要求的除魅的国民，因而旧小说思想中那些与现代文明的种种不吻合因素比如宗教迷信、因果报应、鬼神邪术也为留洋者所批判。宋教仁逃亡日本之后，受当时风气影响，颇瞩目于小说，他读《红楼梦》是那个时代留学界的典型读法。宋教仁批评《红楼梦》有宗教迷信之嫌："观《石头记》第二十五卷，有宗教迷信之言杂之。"又说："其作小说之法，亦曲尽人情，但多参入神话，为足惜也。"[23]同样地，陈景韩（留日海归，1904年后担任上海《时报》主笔）比较他自己创作的《新西游记》和明代"旧"《西游记》的不同："《新西游记》虽借《西游记》中人名事物以反演，然《西游记》皆虚构，而《新西游记》皆实事。以实事解释虚构，作者实略寓祛人迷信之意。"[24]在这里陈景韩把《西游记》的虚构等同于迷信，认为还是自己的《新西游记》有写实的精神，更加高出一筹。陶祐曾（留日）说《封神榜》、《捉鬼传》、《西洋记》、《开辟演义》、《隋唐演义》"荒唐不足信"，"看了也无大益处"[25]。1903年周树人在日本留学，他翻译科学小说《月界旅行》时说："我国说部，若言情谈故刺时志怪者，架栋汗牛，而独于科学小说，乃如麟角。智识荒隘，此实一端。"[26]黄伯耀讲到冒险情节在中西小说中的不同处理办法，他认为我国小说中也是包含有冒险因素的："然或谓《山海经》也，《齐谐记》也，亦一搜奇志怪之旧小说也。其他如《三国演义》也，《水浒传》也，与夫一般之《封神演义》、《西游记》，种种之出现于旧日社会上者，其内容纪述，何尝无最险之事、冒险之人？"但是中国社会中却没有培育出勇敢的精神来，其原因就在于中国小说总是用神灵邪术等无根蒂的事来化解险境，而从无实事求是的探索传统和科学方法："群书糟粕，笔墨之间架，每遇险处，非假神灵之呵护，即托邪术之转旋。非有哥仑觅地之实迹也。非有华生包探之妙悟也。作者既不能为读者开厥情钥，彼读者又安有感作者之电力，而悠然生其勇敢之慧力哉？"[27]至于旧小说对因果的过分强调和依赖此时就遭到更严厉批评。

与连篇累牍的批判几乎同时，我们又看到有诸多旧小说代表作品被留洋人士夸张地解释，或被不恰当地拔高了思想高度。这两者看起来似乎互为冲突，但其实质仍是一样的——在对某些旧小说文本刻意渲染的背后，隐藏的依旧是这些人从他们的阅读期待出发而生出的对旧小说整体思想内涵的不满。所以这些解释和拔高，比如他们把某部作品比附为时下流行的某种主义，便只是旧小说批判的另一侧面而已。

杨度给湖南留日学生杂志《游学译编》作序，他对旧小说在未来国民中的作用充满信心，不禁设问："国民乎？其有以《西游记》活泼不羁之自由主义、《水浒》慷慨义侠之平等主义，而为《三国演义》竞争剧烈之独立主义者乎？”[28]狄葆贤解释《红楼梦》系“愤满人之作”，焦大作为一个汉人出身的大清朝开国元勋，他骂宁国府的一帮人，那是排满反满的言论[29]。黄伯耀说《三国演义》的阴符游说反映了科学的源流，《说岳》和《杨家将》表现的是武士之风。黄小配视施耐庵为“民族主义之大家”，认为宋江等人寄托于水泊梁山正如田横羁身海盗，伯夷叔齐采薇于首阳，“史称宋江三十六人，而张叔夜可以降之，而施耐庵之于梁山宋江等百单八人独不能以降终者，夫亦曰笔写宋事，神注元代。盖深知宋江在宋可以降而在元断不可以称降也”[30]。黄小配的这一段解读固然别扭，但意思是明白的，就是要将施耐庵附会为一个以文字实践而排元（这也是一个异族政权）的民族英雄，正如同黄与他的诸多同仁以小说而在晚清戮力排满一样。

三

当然，在批判旧小说思想成为留学界主流话语的同时，仍然有一些声音在为旧小说作切实的辩护。留洋知识分子群体作为一个身份类型，我们既需要视其为具备某种或某些趋同性的整体，同时也要不忘他们的差异。即如在其内部完全可能同时并存着中国那时最保守与最先进的人、最仇外与最媚外的人。留洋群体即便是一个整体那也是以极其松散和充满歧义的形式存在的。以批旧小说颇不遗余力的黄伯耀而论，他就又主张论小说者不能太过崇洋媚外：“虽然，论小说者，每举法之福禄特尔，俄之托尔斯泰，英之昔士比亚，德之卑斯墨，日之柴四郎，交口称道，许为天神，而反于吾国之施耐庵、曹雪芹、蒲松龄，诸小说家，若无所置其可否。是又媚外之过，未为通论也。”[31]陶祐曾则以更加昂扬的笔调来历陈中国小说思想的广博与内容的丰赡：“以言科学，无如《镜花缘》之渊博。以言哲理，无如《西游记》之幽深。以言滑稽，无如《笑林广记》之新奇。以言怪异，无如《聊斋志异》之典瞻。”[32]梁启勋在1904年坦言自己以往对于中国小说颇多鄙薄，但是后来他改变了想法：“吾祖国之政治法律，虽多不如人，至于文学与理想，吾雅不欲以彼族加吾华胄也。”[33]梁启勋留意到与西方小说重视现实书写不同，中国小说重视的是历史书写，因而两者才会在时人心中造成一种似乎截然不同的印象，但中国小说其实有自己独特的思想意涵和价值。

另外，又有少数几篇文章的作者采用与众人完全不同的思路去分析旧小说思想，那些西方时髦的政治哲学，所谓主义或者某种文明，或者这些主义与文明背后对于现代新式社会与国民的想象，都不是他们的依据与重点。1902年王国维归国协助罗振玉主编《教育杂志》。1904年《教育杂志》发表王国维的《红楼梦评论》。该文借鉴德国叔本华悲剧哲学思想，把《红楼梦》解析为探讨人生之欲望、苦痛以及解脱之道的书，关于《红楼梦评论》的意义、价值后世论者颇夥，此不赘述。蓝公武（东京帝国大学哲学系留学生）在留日学生刊物《教育》上也发表过一篇《红楼梦评论》，他主要用佛理来解释小说，如其论《红楼梦引子》数句：“‘开辟鸿蒙，谁为情种。都只为风月情浓。奈何天，伤怀日，寂寥时，试遣愚衷，因此上演出这悲金悼玉的《红楼梦》。’首二句言泰初一步本无事也。下数句言无明熏染而起因缘。因缘起而有烦恼。因者因于心也，缘者缘于境也。风月情浓，内因也。‘奈何天’三句外缘也。因缘相构，自有悲金悼玉的《红楼梦》来矣。”[34]在此之前蓝公武曾经阅读过王国维的论文。他对王的独具卓见印象深刻，但同时也惋惜其“见理一端”，于是才有了《教育杂志》上《红楼梦评论》的发表。叔本华哲学与东方佛学本不乏相通之处，因此王、蓝二人的论述细读起来也颇多若合符节处。只不过在形式上两人一西一中，王写的是规范严肃的西方论文，而蓝公武继承中国古典式评点。

至此，我们可以给这众多言论做出一点总结。该怎样理解留洋群体的批判？这可能是一个更有意义的话题。首先，批判的启发因素来自于两个方面，一是西方，二是传统。当留洋群体拿言语去指责旧小说如何不利于文明时，他们总在同时抬出一个作为参照和鞭策者的西方来，而无论此西方是源于现实还是出于想象。这一点留日的政治小说派最具代表性，在写作之前编织一个西方政治小说强国救民的神话，这是他们最惯常的发言策略。同时，传统社会里固有的批判言论也影响了论述者，比如小说诲淫诲盗的观念，它不过是成见的再申说。不同点在于古人讲诲淫诲盗主要出于对伦理秩序的忧虑，而梁启超们这样讲则立足于现代文明社会建设。其次，如最初所述，留洋群体不满的关键在于站在他们的立场认为旧小说有碍于文明，也更提供不了建设现代国家的精神与智力支持。这里他们的立场就显得格外重要。简言之，他们的批判是针对当下而作出的关于过去的批判，如果他们不是缺乏起码也是刻意回避了历史地看问题的眼光，而不把旧小说还原到它自己的语境中去，一切的评估都很难具有客观性和学理性。这就是为什么在今天看来无论他们的全盘否定还是简单比附都稍嫌轻率和浅薄的原因。在此立场的背后又还体现着他们并不恰当的小说观念，即之所以会拿着改造社会的要求去评判旧小说，是因为他们对于小说这样一种文体的预期不尽合理。因为太看重小说的社会承担使命，所以苛责难免太过。当然也应承认，从一定程度上来说这种现实感极强的批评确实又体现了晚清鲜明的时代特色。它也许并不足够严谨或公允，但在其时代语境里却是绝对有效的。我们看到无论是在晚清小说创作界，还是理论批评界，又或者哪怕是最实务层面的市场运作中，有关旧小说的批判都声势浩大、影响深远。

＊本文系国家社科基金项目“民初小说编年史”【14CZW047】阶段性成果。

注释：

[1] 杨度：《游学译编·叙》，东京：《游学译编》1902年11月14日第1期。

[2] 楚卿（狄葆贤）：《论文学上小说之位置》，横滨：《新小说》1903年9月6日第7号。

[3] 老棣（黄小配）：《学堂宜推广以小说为教书》，香港：《绘图中外小说林》1907年1月28日第18期。

[4] 香港：《绘图中外小说林》1907年1月28日第18期。

[5] 几道、别士（严复、夏曾佑）：《本馆附印说部缘起》，天津：《国闻报》1897年第1期。

[6] 楚卿（狄葆贤）：《论文学上小说之位置》，横滨：《新小说》1903年9月6日第7号。

[7] 老棣（黄小配）：《学堂宜推广以小说为教书》，香港：《绘图中外小说林》1907年1月28日第18期。

[8] 耀公（黄伯耀）：《探险小说最足为中国现象社会增进勇敢之慧力》，香港：《中外小说林》1907年

10 月 7 日第 12 期。

[9]几道、别士(严复、夏曾佑):《本馆附印说部缘起》,天津:《国闻报》1897 年第 1 期。

[10] 陈平原、夏晓虹编:《二十世纪中国小说理论资料·第一卷(1897－1916)》,北京:北京大学出版社,1989 年,第 152 页。

[11] 梁启超:《论小说与群治之关系》,横滨:《新小说》1902 年 11 月 14 日第 1 号。

[12]《小说丛话》,横滨:《新小说》1905 年 2 月第 1 号。

[13] 任公(梁启超):《译印政治小说序》,横滨:《清议报》1898 年 12 月 23 日第 1 册。

[14] 当然晚清海归中又不乏对中国小说中某些作品并非诲淫诲盗作辩护的,比如黄小配认为《金瓶梅》并非淫书,而是戒淫书。黄伯耀引用金圣叹的话以维护《西厢记》:“贞者见之谓之贞,淫者见之谓之淫。”

[15] 邱炜萲:《小说与民智关系》,陈平原、夏晓虹编:《二十世纪中国小说理论资料·第一卷(1897－1916)》,北京:北京大学出版社,1989 年,第 320 页。

[16] 梁启超:《论小说与群治之关系》,横滨:《新小说》1902 年 11 月 14 日第 1 号。

[17] 杞人:《女子救国美谈·序》,《女子救国美谈》,即《贞德传》,新民社,1902 年。

[18]“新开出洋学生图书杂志总发行所出书广告”之“政治小说《游侠风云录》”,上海:《中外日报》1903 年 7 月 22 日。

[19] 逸人后裔:《日本维新英雄儿女奇遇记·自序》,日本长田偶得著,中国逸人后裔译:《日本维新英雄儿女奇遇记》,原名《维新豪杰情事》,上海:广智书局,1901 年。

[20] 赵必振:《政治小说瑞士建国志序》,郑贯公著:《瑞士建国志》,香港:华洋书局,1902 年。

[21]《经国美谈前后编》广告,上海:《中外日报》1902 年 11 月 20 日。

[22]“商务印书馆五月份三次出版新书”广告,上海:《新闻报》1903 年 6 月 19 日。

[23] 宋教仁:《宋教仁日记》,1906 年 9 月 12 日,长沙:湖南人民出版社,1980 年,第 98 页。

[24] 陈景韩:《新西游记·弁言》,上海:《时报》1906 年 3 月 8 日。

[25] 报癖(陶祐曾):《论看〈月月小说〉的益处》,上海:《月月小说》1908 年第 1 期。

[26] 周树人:《月界旅行·辨言》,陈平原、夏晓虹编:《二十世纪中国小说理论资料·第一卷(1897－1916)》,北京:北京大学出版社,1989 年,第 202 页。

[27] 耀公(黄伯耀):《探险小说最足为中国现象社会增进勇敢之慧力》,香港:《中外小说林》1907 年 10 月 7 日第 12 期。

[28] 杨度:《游学译编叙》,东京:《游学译编》1902 年 11 月 14 日。

[29]《小说丛话》,横滨:《新小说》1904 年 8 月 6 日第 9 号。

[30] 世次郎(黄小配):《〈水浒传〉于转移社会之能力及施耐庵对于社会之关系》,广州:《粤东小说林》1906 年 11 月 5 日第 3 期。

[31] 翟公(黄伯耀):《今日中国小说家当由因果主义而进以智慧思想》,香港:《中外小说林》1907 年 1 月 18 日第 17 期。

[32] 报癖(陶祐曾):《小说丛谭》之《中国小说之优点》,武汉:《扬子江小说报》。

[33] 曼殊(麦仲华):《小说丛话》,横滨:《新小说》1904 年 10 月 23 日第 11 号。

[34] 蓝公武:《红楼梦评论》,东京:《教育》第 1 期“杂俎”栏。

越南汉文小说中的民族意识

——以两种冯兴故事为中心的考察

朱　力

（华中师范大学国际文化交流学院，湖北武汉，430079）

内容摘要：越南汉文小说中的冯兴故事源自民间传说，不仅反映了古代越南的民间信仰，还体现了强烈的民族意识。本文以《布盖孚祐彰信崇义大王》和《唐林冯王记》为研究对象，从叙事学的角度，比较和分析这两篇冯兴故事在故事的表层结构和深层结构、人物的角色功能等方面的叙事性差异，探究冯兴故事蕴含的民族意识。

关键词：越南汉文小说；冯兴故事；叙事性；民族意识

冯兴故事是“生名将死名神”类越南汉文小说的代表。这类越南汉文小说都以民间流传的福神传说为题材，表现了越南河山不容外敌侵扰的主题，是研究古代越南民族意识的重要资料。“生名将死名神”指的是小说中的福神都是由越南历史上有名的民族英雄在死后升格而成，这些民族英雄因其排拒外敌的英勇事迹受到民众的崇奉，被立祠封神。“生名将死名神”类越南汉文小说叙述了福神生前追求民族独立或守卫越南河山的英勇事迹和死后福国佑民的显灵异事，具有高度类同的情节结构。本文以冯兴故事为例，通过分析冯兴故事的情节结构来把握“生名将死名神”类汉文小说蕴含的民族意识。

据《大越史记全书》所载，冯兴本为土酋郎官，率众反抗中国唐朝起义，逐走唐都护高正平，入主都护府治事，死后被立祠封神，号布盖大王。越南古代称父为“布”，称母为“盖”，从冯兴受封的神号可见其在越南人民心中的地位，民间口传的冯兴事迹也成为越南文人反复创作的题材。《布盖孚祐彰信崇义大王》是《越甸幽灵集》中的冯兴故事，以冯兴受封的神号为篇名，以“按赵公《交州记》”为篇首，先简述冯兴生前如何领导起义，再介绍冯兴死后的显灵事迹，以越南陈朝对冯兴的敕封结尾。该篇行文简略，注重文本的纪实性，表现出历史撰作的特点。越南后黎朝礼部主簿诸葛氏在《布盖孚祐彰信崇义大王》的基础上，敷演情节、增设人物、讲究文辞，重新创作了一篇《唐林冯王记》。冯兴故事从《布盖孚祐彰信崇义大王》到《唐林冯王记》的衍变轨迹，是本文研究冯兴故事的切入点，通过比较《唐林冯王记》和《布盖孚祐彰信崇义大王》在故事的表层结构、深层结构和人物的角色功能等方面的叙事性差异，来探究冯兴故事中的民族意识。

一、核心事件与卫星事件的排列、增补

结构主义叙述学认为"故事"作为划分叙事作品层次的概念，是"从作品中得到的且按其自然顺序排列出来的被叙述的事件"[1]，前后有序的事件共同推动情节的发展。按照事件所承担的叙事功能，可将事件分为两类："核心"即以提供一个新的选择的方法推动情节发展的事件，"卫星"即扩展、详述、维持或延缓原有情节的事件[2]。核心事件是故事的关键点或转折点，卫星事件则是补充性质，使故事更加丰富完整[3]。核心事件和卫星事件的组合关系展示了故事表层结构的发展逻辑。以下将分别厘定《布盖孚祐彰信崇义大王》和《唐林冯王记》中的核心事件与卫星事件，比较两篇冯兴故事在事件功能的组合关系上的差异。

先以图示说明《布盖孚祐彰信崇义大王》中事件功能的组合关系：

(⇨核心事件；⟶卫星事件)
唐林州夷长冯兴与弟冯骇皆有勇力
⇩⟶ 1. 兴能搏虎 2. 骇能负千斤石行十余里 3. 诸獠皆畏其名
唐代宗大历中安南都护府军作乱
⇩
冯兴率众收服邻邑
⇩⟶ 兴改名区老，称都君；骇改名巨力，称都保
冯兴用杜英翰之计以兵袭唐林州
⇩⟶ 威名大振
安南都护高十平久攻不克而死
⇩
冯兴入主安南都护府
⇩⟶ 垂衣而治，七年薨
冯兴死后子冯安继
⇩⟶ 1. 众将欲立冯骇 2. 大将蒲破勤率众拒冯骇 3. 冯骇后迁入朱岩
4. 冯安尊父为布盖大王，夷俗呼父曰布、母曰盖
唐朝又遣赵昌为安南都护
⇩
冯安接受唐朝都护赵昌招安，诸冯散去
⇩
冯兴死后显灵，众人立庙祀之
⇩⟶ 凡有奸盗及疑狱，诣庙前盟。即见显应，香火日盛
吴先主时遭北兵入寇
⇩⟶ 吴主忧之
吴先主夜梦冯兴来助
⇩⟶ 吴主异之，遂进兵
白藤之役果胜
⇩
吴先主重修庙宇

由上图可见，《布盖孚祐彰信崇义大王》的故事事件较为简略，是具有推动情节发展功能的核心事件的组合，较少具有扩展情节功能的卫星事件。由于卫星事件的作用在于丰富、补充和扩展核心事件，因此，《布盖孚祐彰信崇义大王》中卫星事件的简省影响了核心事件的指意功能。例如，核心事件“冯兴率众收服邻邑”没有卫星事件使其丰满和具体，无法表现冯兴起兵后安南各地一呼即应的反唐热情。同样，也因为缺乏卫星事件的补充，无法明确核心事件“冯兴用杜英翰之计以兵袭唐林州”中冯兴出兵的对象和目的。另外，卫星事件的简省使核心事件之间的接续不够紧密，不能展现事件结合的时间顺序和因果关系。如唐朝安南都护府军作乱到冯兴收服邻邑之间没有任何卫星事件，无法肯定唐朝府军作乱就是冯兴起兵的直接原因；再如，赵昌成为新的安南都护以后，紧接着就是冯安接受招安，没有交代赵昌怎样招安和冯安因何接受招安，消解了冯兴率众驱逐唐朝都护体现出的抗争精神。总的来看，只有“吴先主时遭北兵入寇”和“吴先主夜梦冯兴来助”这两个核心事件直接表现了本土神祇庇佑河山、不容外敌侵扰的民族意识。

再将《唐林冯王记》中事件功能的组合关系列图如下：

（⇨核心事件；⟶卫星事件）

冯氏先祖冯智戴世袭唐林土酋

⇩⟶ 1. 冯智戴侍高祖宴，有胡越一家之赞
2. 冯智戴颁回原籍，世系唐林州庯史
3. 智戴卒后，庯史位传五代，阖卿嗣

冯阖卿归田置产

⇩⟶ 1. 冯阖卿从梅黑帝起义，事觉失官，退归田里
2. 阖卿抱闷不乐，冯妻相劝
3. 阖卿极力田园，数年之间，大致殷富，门下常数千人

冯阖卿夜醉斩妖

⇩⟶ 1. 冯阖卿带醉夜归，途中逢一黑汉
2. 阖卿乘醉，拔剑斩之，其妖从此顿绝

三神人托生为冯阖卿子

⇩⟶ 1. 阖卿午寝，梦三神将
2. 神将告阖卿，上帝称奖阖卿除黑汉之功，故遣我就庭
3. 阖卿大喜而觉，然不知所谓
4. 是月冯妻得孕，怀妊十四月而生，一乳三子，状貌殊常

冯氏三子皆有勇力

⇩⟶ 兄弟三人能排牛捽马，能施仁造德，布义施恩，资助西南州郡

唐大历时安南都护军乱

⇩⟶ 1. 唐大历丁未间，州城有昆仑阇婆之役，经略张伯仪撄城待援
2. 武定尉高正平救破之，代张伯仪，擅作威柄，吏民皆苦之
3. 高正平鸩杀新的唐经略张应继

冯兴以兵助唐将举事

⇩⟶ 1. 唐经略张应继左右吕元庆、胡怀义逃匿于兴，谋举事
2. 兴佐之以兵，使攻郡邑

唐节度使李复率兵平唐将之乱
⇩——→ 1. 高正平告急于唐，唐帝以李复为节度使，将兵讨吕元庆、胡怀义
2. 怀义元庆皆为李复所杀
3. 李复宣谕唐军威德，引兵北还
冯兴率众据守唐林
⇩——→ 1. 兴与骇颖谋据唐林，有众数万，相率服诸旁邑
2. 兄弟三人各守险要，储粮蓄兵，正平患之，率师攻剿，终不能拔
3. 凡二十余年，两相守拒，未决胜负
冯兴与众将商议攻守之策
⇩——→ 1. 唐贞元辛未间，正平为政重敛，百姓不堪其扰，群情汹汹
2. 兴大会诸将，商议攻守之策
3. 婆娑将军阿家自请带师直到龙城，杀高正平
4. 杜英输献计，其他帐下文武皆应声请战
冯兴率军攻打高正平
⇩——→ 1. 冯骇引兵直抵龙肚北岸，断唐人救兵
2. 冯颖引兵直抵大罗南面，绝唐人粮道
3. 蒲破轫引兵直抵苏渠东界，以塞唐人走路
4. 杜英输为仇盗所杀，持首级以献唐
5. 杜英伦劝冯兴急进，冯兴率兵直抵州治，大战七日
6. 唐人士卒死者无算，正平败走入城，坚壁自守
7. 兴与诸将八面合围攻城，正平忧愤发病而死
冯兴据州府台称制
⇩
冯兴薨子冯安继
⇩——→ 1. 冯兴得暴病卒
2. 诸将皆立兴子安为嗣，率众以拒骇
3. 骇叹骨肉相残非吉兆，与弟颖弃其兵仗，隐居朱岩洞
4. 冯安追尊冯兴为布盖大王
冯安降于唐都护赵昌
⇩——→ 1. 是年五月，唐以赵昌为都护，赵昌率众南下，兵声大振
2. 赵昌遣使谕以祸福，冯安恐惧，率众迎降
3. 诸冯将校皆散，国统复绝
冯兴死后有灵
⇩——→ 1. 王薨后，能显灵应，众人以为神，立祠奉祀
2. 凡有偷窃不明之事，就祠盟誓，立见吉凶，故香火不绝
冯兴阴助吴先主退南汉兵
⇩——→ 1. 吴先主创业开国，南汉兵入寇，先主颇以为忧
2. （吴先主）夜梦冯兴，自言将助一臂之力
3. 贼平
吴先主重修冯兴祠庙

《唐林冯王记》与《布盖孚祐彰信崇义大王》相比，增加了很多核心事件，在时间和空间上延展了原来的冯兴故事。首先，故事时间从冯兴起事提前到冯氏先祖侍高祖宴，从冯兴一人的义举扩充为冯氏一门几代追求民族独立的家史。其次，事件发生的范围不再限于冯兴所在的唐林州，还包括冯阖卿从梅黑帝起义的地点和冯兴手下众将兵分几路讨伐唐朝军队的行进路线，强化了追求独立的安南和统治安南的中国之间的矛盾。在《唐林冯王记》中，世袭唐林州庸史的冯氏是安南本土势力，跟随冯兴起事的谋臣志士是安南民众的代表，从《布盖孚祐彰信崇义大王》中简略的英雄传记转变为整个民族追求独立的光荣历史。

《唐林冯王记》中丰富的卫星事件增强了核心事件的指意功能，明确并突出了冯兴故事蕴含的民族意识和奋勇抗争的民族精神。如，围绕核心事件"冯阖卿归田置产"，一系列的卫星事件展现了冯阖卿的性格、志气，酝酿出一个叙事情境，为后面冯氏三兄弟带兵反唐作了铺垫。"冯阖卿大致殷富、广纳门客"也是冯兴及其兄弟能与唐朝经略高正平相抗衡的基础。又如，对冯氏兄弟仁德施恩的叙述丰富并补充了核心事件"冯氏三子皆有勇力"，为冯氏兄弟能率服邻邑作了铺垫。有的卫星事件加强了核心事件间的联系，如唐大历时安南都护军乱，是因为武定尉高正平鸩杀唐经略张应继，致使张应继的左右大将逃奔冯兴，给冯兴以兵助两位唐将反高正平提供了具体原因，也使"唐大历时安南都护军乱"和"冯兴以兵助唐将举事"这两个核心事件间有了紧密的因果关系。

《布盖孚祐彰信崇义大王》中事件的安排侧重时间性，表现出拟史的客观性和真实性，但没有突出安南民众对唐朝统治的不满和冯兴起义之间的因果关系。《唐林冯王记》中事件的安排除考虑时间之外，也侧重因果的逻辑关系。既强调了乱自上作和中国统治者的贪酷暴虐是冯兴率众起义的根本原因，也表现了安南民众一呼即应的反唐热情，反映了追求独立的民族意识。

二、二元对立的深层结构

法国结构主义人类学家列维-斯特劳斯在研究神话故事的基本结构时提出，故事的深层结构反映出原始人的思维逻辑[4]。结构主义叙述学家格雷马斯也注重故事深层结构中的逻辑关系，认为二元对立是产生意义的最基本的结构[5]。冯兴故事的深层结构就是追求独立的安南同实施统治的中国之间的矛盾，在这种二元对立中表现民族英雄奋勇抗争、守卫越南河山的主题。如《布盖孚祐彰信崇义大王》的前半部分叙述冯兴率众对抗唐朝都护，以唐朝都护忧闷成疾而死、冯兴入主都护府结束，后半部分叙述冯兴死后显灵助吴先主打败入寇南国的北兵，通过冯兴生前和死后两次对抗外敌的事件安排（能指）建立意义（所指），表现了民族英雄排拒外敌的抗争精神。

《唐林冯王记》中的二元对立表现得更为周全而明晰。开头讲述冯阖卿有拯救本土民众之志气，结尾叙述冯兴死后能护国佑民，故事在一连串古代安南民众追求独立、反抗外敌的事件中展开，如新增的"冯阖卿跟随梅黑帝起义反唐"即是一组对抗。《唐林冯王记》中的对抗和冲突表现为：（1）冯阖卿反唐；（2）冯阖卿醉斩黑汉；（3）冯兴派兵助胡怀义吕元庆反唐；（4）冯兴及兄弟据守唐林州相拒唐朝都护；

(5) 冯兴率众攻打唐朝都护；(6) 冯安接受唐朝招安后，冯兴之将杜英伦等不受唐朝都护赵昌之命；(7) 冯兴显灵平了入寇的南汉军队。即便是“冯阖卿醉斩黑汉”也指向了冯阖卿为民除害的深层意涵：黑汉乃百毒害人之妖，此妖无所忌惮，百姓多被其酷，地方牧守也无可奈何，而冯阖卿能解民之难。《唐林冯王记》通过相关事件的层层推进，点明了安南民众追求民族独立的主题，突出了他们奋勇抗争、反抗中国统治的民族精神。在这些对抗中，人物的所思所想也指明了事件的意义，如冯阖卿与妻子的对话体现了冯阖卿有兼济天下的雄心，冯兴的大将在提议攻打高正平时指出“今唐人内骄外纵，绳法苛求，上失天心，下乖民望”[6]，这反映了当时的安南民众对唐朝统治的不满，冯兴手下文臣武将誓愿戮力抗敌表现了古代越南民众反抗唐朝统治的决心，这些使《唐林冯王记》指涉的意涵比《布盖孚祐彰信崇义大王》更加清晰和深刻。

除了从事件的组合关系这一角度来分析故事中的核心事件和卫星事件，还可以从事件的聚合关系上来检视故事中事件的组织。事件的聚合关系指的是故事结构中事件如何被安置和替换[7]。在《布盖孚祐彰信崇义大王》中，冯兴率众驱逐唐朝都护是事件的安置，冯兴入主都护府治事是此一事件的移置，而冯兴子冯安接受唐朝招安自然就是事件的置换，形成了故事的聚合关系。从冯兴生前反唐到冯安接受唐朝招安，再到冯兴死后显灵退北兵，故事形成了一种推动又抑制的关系，这种推动和抑制成为事件建立意义的条件。但由于故事只有这一重抑制和推动关系，也就只表现了冯兴一人死生相续的抗争精神。在《唐林冯王记》中，故事形成了多层推动与抑制的关系：冯家世袭唐林州庯史、冯阖卿归田置产、冯阖卿夜斩黑妖、冯兴以兵助唐将、冯兴据守唐林、冯兴率众攻打高正平都是在组合关系上对故事发展的推动；而冯阖卿随梅黑帝反唐失败、胡怀义吕元庆谋反失败被杀、冯安接受唐朝招安都是在聚合关系上对故事发展的抑制。《唐林冯王记》在一重重的推动和抑制关系中建构了丰富的文本意涵。小说交代了反唐起义爆发的背景和原因：唐朝都护府军作乱在前，才有冯兴出兵襄助唐将；唐都护为政重敛，才有百姓不堪其扰、群情汹汹。小说中的英雄人物也不限于冯兴，而扩充为由神将托生的冯氏三子和跟随冯兴起事的谋臣将士。在冯兴率众反唐之前，有冯阖卿跟随梅黑帝起义，虽然冯阖卿失败归田，仍胸怀大志，斩除黑妖。总之，《唐林冯王记》叙写了几次安南民众的反抗斗争，在反抗、失败、再反抗的故事发展中，突出了古代越南民众追求民族独立、不畏艰险的抗争精神。

经由上述分析可知，《布盖孚祐彰信崇义大王》与《唐林冯王记》的深层结构都是古代越南民众与中国统治者的对抗，而《唐林冯王记》为事件建立意义提供了更为精确的条件，事件间清楚地形成同质的二元对立，叙事文本发展出较为全面的聚合关系结构。既然冯兴故事的深层结构是两类人物间的对抗，那么人物的塑造，特别是越南本土英雄形象的塑造就关系到故事意涵的建立和主题的表现。人物作为行动的媒介和执行者[8]，在故事中产生了种种功能，叙事学强调人物与动作的关系，强调人物对事件的从属性，分析人物的方法是“用人物参加一个行动范围来说明人物的特征”[9]。人物在故事中的角色功能，最基本最重要的是主体——实施行动的媒介和客体——行动的目的和对象。此外，还有“发送者”——推动或阻碍主体实现其目标的一种力量，它可以是人形的，也可以是抽象物，“接受者”是“发送者”的对象，也可以由主体承担，以及通过具体支持去帮助主体实现目标的“帮助者”和作为主体进行挑战和破坏的“敌对者”[10]。

现对《布盖孚祐彰信崇义大王》和《唐林冯王记》中人物的角色功能进行分析。由于《布盖孚祐彰信崇义大王》以冯兴生前领兵反唐和死后显灵助阵为核心事件，人物所担任的角色动能并不多，在这两个核心事件中行动的主体都是冯兴，行动的目的有两个：一是攻打唐朝都护，二是驱逐入寇的北兵。因此，这则冯兴故事中行动的客体可以归结为排拒侵扰南国的外敌。同样，行动的接受者也有两个：一是不敌冯兴、忧愤而死的唐都护高正平，二是冯兴显灵助佑的吴先主。这两个人物都有注明事件效果的功能。若将《唐林冯王记》的故事细分为不同的序列进行分析，就会有多个“主体—客体”，如在冯阖卿失官归田、冯阖卿夜斩黑汉的事件中冯阖卿是行动的主体。不仅如此，《唐林冯王记》中同一人物在不同的行动中有不同的角色功能，如在冯阖卿夜斩黑妖的事件中冯阖卿是行动的主体，而在三神人托生为冯氏兄弟的事件中冯阖卿成了神人入梦和神人托生的“接受者”。因此，为了论述的方便和突出冯兴故事指向的主题，此处主要比较冯兴参与的事件。《唐林冯王记》中冯兴以兵助唐将举事、冯兴率众据守唐林、冯兴与众将商议攻守之策、冯兴率军攻打高正平、冯兴据州府台称制、冯安降于唐都护赵昌、冯兴死后有灵、冯兴阴助吴先主退南汉兵都是冯兴参与行动的事件，冯兴除了在以兵助唐将举事的事件中是“帮助者”，在其他事件中都是行动的主体。在冯兴率众反唐的一系列事件中，唐人骄纵、失去民望是冯兴反唐行动的“发送者”，冯兴的两位兄弟和手下的谋士武将不仅是冯兴反唐行动的“帮助者”，也因为他们参与了反抗唐朝统治的具体斗争，和冯兴一样成为行动的主体。原来在《布盖孚祐彰信崇义大王》中冯兴反唐行动的“接受者”只有唐都护高正平，在《唐林冯王记》中冯兴反唐行动的“接受者”是高正平和当时的安南百姓。如此看来，《唐林冯王记》的人物角色功能比《布盖孚祐彰信崇义大王》的更为丰富，出现了一个人物具有多重功能和同一功能由不同人物完成的情形。

三、主题的延续与强化

以上是从叙事学的角度，通过比较两篇冯兴故事的叙事性差异来分析作品呈现的意蕴，接下来将从创作意识的角度来分析《布盖孚祐彰信崇义大王》和《唐林冯王记》在主题上的承衍关系。《布盖孚祐彰信崇义大王》和《唐林冯王记》分别是《粤甸幽灵集录》和《新订较评越甸幽灵集》中的冯兴故事，从《粤甸幽灵集录》目录后的序言可知，陈朝人李济川创作此书是为了彰显越南本土人物英灵和山川精粹的神迹，《新订较评越甸幽灵集》的编撰者诸葛氏认为以前的《越甸幽灵集》存在“第俚说野记之未精，谚语俗辞之未晓”[11]的问题，以“发明其领”、“要使其旨周流，首尾相贯，脉络接续，以便耳目之间”[12]的编写原则，对这些“俗传口话语之著述”[13]进行了重写和重编。诸葛氏在重编《新订较评越甸幽灵集》时，以突出越南历史上追求民族独立、反抗中国统治的历史事件和英雄人物为导向，选取了多位历史上反抗中国统治的民族英雄，为之立传，共有八篇英雄传记被列入“历代人君”类。除《社稷帝君》外，有一位率兵反抗三国时期吴国的统治，两位率兵反抗中国唐朝的统治，还有四位都是反抗梁朝统治的民族英雄。其中，丽海婆王赵贞和香览枚帝枚叔鸾是诸葛氏新增的两位民族英雄，《越甸幽灵集》其他本子中都没有这两位英雄的事迹。此外，讲述李贲起义事迹的《万春国帝记》也是新创。李贲事迹仅在《赵越王、李南帝》[14]的篇首出现过，但《赵越王、李南帝》不是以李贲而是以赵光复和李佛子为主要人物，讲述他们反抗中国梁朝的起义故事。诸葛氏将《赵越王、李南帝》中李贲反抗梁朝、建立万春国的简略叙述敷演成一篇首尾完整、情节丰富的《万春国帝记》。从编撰者诸葛氏对"历代人君"的选择和重写可以看出，他十分重视推动民族独立进程的英雄人物。

在这种创作意识的驱动下，《唐林冯王记》表现出比《布盖孚祐彰信崇义大王》更鲜明的民族意识。《唐林冯王记》中，为冯兴出谋划策的是冯兴的同乡杜英轮之弟杜英输，而杜英输之名从未出现在其他的冯兴故事中：

> 王用唐林人杜英翰之计，以吴兵袭唐林州。[15]
> 用唐林人杜英伦计议。[16]
> 兴相拒数年，后用乡人杜英翰计，率众围正平。[17]

冯兴事亦见于唐史，无论是旧唐书还是新唐书，都将这场起义的领导者称为杜英轮。《唐林冯王记》称为冯兴筹谋划策并助其打败高正平的是杜英输，这个名字不应是冯兴故事在流传过程出现的误写，而应是编撰者诸葛氏有意为之。"杜英输"是"不应输"的谐音，诸葛氏借此名来暗示这场驱逐唐朝统治者的战争必胜，安南民众反抗唐朝的起义必胜。

诸葛氏十分看重冯兴起事在民族独立进程中的地位和意义，为进一步表现《唐林冯王记》追求独立、奋勇抗争的主题，他还为冯兴的坐骑——一头大象——立传，在《新订较评越甸幽灵集》中增补了一篇他本所不见的《明洞象王谱》。《明洞象王谱》以冯兴征战时所驱之象为叙述主体，以象精为线串起两百多年交趾不断爆发的反唐起义。这头被冯兴赐名为开山郡公的神象，最先跟着冯兴征讨唐朝军队，百十年后又为洪州曲公效力，随其举兵反唐，成为民族精神的化身，具有十分强烈的象征意味。

在《明洞象王谱》中，象精首先是南天伟气的代表，是南国神应的体现。故事开篇写道："神本雄象之精，南天伟气也。……而那象者，乃冯王亲幸也，身高二丈，躯宏百围，红颡黄牙，猿蹄乌尾；有脚力，日行数千里；草料日食数千斤；其喊如雷，威震百兽，其鼻如铁，力压万钟。然性禀聪俊，粗识纲常，机智行藏，靡所不备。又能包涵率物，雅量持权，一举一动，俱合规格。"[18]象为南国所特有，这里对象的描绘夸耀了南国灵物的不同凡响，并通过"唐人畏慄，一举大定纲纪"[19]的描述来强化其神异的形象。其次，诸葛氏以拟人化的手法，使象精具有忠孝节义的道德观念和价值判断。通过冯兴死后象精流涕数日不食来表现它对主人的忠诚，通过象精不愿随冯安降唐、不为唐都护赵昌所用来表现它也懂得民族大义。故事还以内聚焦的方式，从唐都护赵昌的视角介绍了象精这一形象代表的寓意：

象之为物大矣，猪头蛇鼻，羊睛牛背，蛭唇犀齿，蝶耳蛇足，麟腹虎腰，狮毛骡尾，兼此十二相，故能克知人道，有仁义廉耻之节。况又其母孕六年而始产，六十岁而方满骨肉。肉有十二次，分配十二时，胆不藏于五脏，而居于四肢；肾不留于下腋，而临于上额；头短而能伸缩，足无指而有蹄；牙光白而预隶于珠科，骨气坚而得权乎石部。含蓄天地之英华，诚为天下之大宝也。至若担当兵务，横镇颓流，锁钥江山，纵横疆宇，有雄才智勇之风也。以此论之，象之为物，其大矣乎！[20]

由此可知，诸葛氏在塑造象精形象时主要表现其所代表的道德意涵，将象精视作南国的山川精粹，是民族形象的另类体现。而在象精代表的仁义廉耻等道德观念中，诸葛氏强调的是象精具有的民族大义，通过象精两次跟随起义领袖参加反抗唐朝的斗争，象精跟从大将王曷西征，象精归顺爱州吴公后破姜贼于龙城、诛汉兵于海口等事件来表现象精护卫南国河山的决心和勇力，同时又以象精不愿降唐，象精不愿跟随谋逆篡位的杨郎等事件来强化象精择良主而从、为大义而生的形象特质。从《明洞象王谱》中的象精形象可以看出诸葛氏塑造越南民族形象的创作目的。同时，诸葛氏还通过这一新的题材来表达对北属中国的不满，突出渴望独立的民族意识："昔我国属于汉唐，历年最久，北来牧守，率多贪残苛虐，万民困苦，无所依投。虽有枚帝称戈，冯王割据，然乍起乍灭，无大统纪。"[21]这里不仅回应了《唐林冯王记》所叙的冯兴起事，还回顾了北属时期越南民众追求独立的历史事件。

动物成精本是古代小说中常见的内容，诸葛氏创作的象精故事没有以大象成精后具有的变化灵力为中心，而是用拟人化的手法将象精作为越南的民族英雄来表现，所述事件都围绕着象精如何跟随不同的英雄人物四处征战，展现了越南民族独立的进程。在《新订较评越甸幽灵集》中，象精故事是冯兴故事的延续，《明洞象王谱》和《唐林冯王记》共同突出了追求独立、奋勇抗争的民族意识。同时，也反映了冯兴故事在传播的过程中被注入不同时代的社会意涵以及不同传播者的心理意识，体现了冯兴故事如何不断穿凿附会、扩大传说内容、神化故事情节的具体过程。

结　语

冯兴从一个率众反唐的土酋郎官，经过不断改造成为越南民间信仰中的神祇，平凡的人物被神化，单纯的人物事迹经由传播与再传播的反复进行，从民间口头流传的俚说野记成为越南文人创作的汉文小说。《布盖孚祐彰信崇义大王》是越南汉文小说中冯兴故事的原始面貌，塑造了一位保卫乡土的民族英雄，一定程度上反映了追求独立的民族意识。《唐林冯王记》以《布盖孚祐彰信崇义大王》为底本，继承并发展了民族英雄奋勇抗争、守卫越南河山的主题，在故事的表层结构和深层结构以及人物的角色功能等方面对原有的故事进行扩充。这种扩充不只是量的问题，还有质的变化。

从叙述效果来看，《唐林冯王记》更为婉曲详尽，远胜于《布盖孚祐彰信崇义大王》的概述迂阔之辞。《布盖孚祐彰信崇义大王》和《唐林冯王记》的深层结构都是追求独立的安南民众和中国统治者之间的对立，不过《唐林冯王记》中大量增加的事件从时间和空间两个方面延展了《布盖孚祐彰信崇义大王》，并通过多组冲突和对抗建立了事件的意义。《唐林冯王记》中的人物功能更为丰富，跟随冯兴起事的谋臣志士和冯兴一起成为民族形象的代表，共同表现了古代越南民众追求独立、奋勇抗争的民族精神，《唐林冯王记》不再满足于对一人一神的称颂，而是要为北属时期的起义英雄刻画群像。《唐林冯王记》所增加的神将托生为冯氏三子的情节进一步神化了民族英雄，以满足广大民众的民族心理和信仰需求。

注释：

[1] 申丹：《叙事学与小说文体学研究》，北京：北京大学出版社，1998 年，第 31 页。申丹回顾了叙事理论中对叙事作品划分层次的不同概念：法国结构主义叙述学家托多罗夫于 1996 年提出了“故事”与“话语”两个概念来区分叙事作品的素材与表达形式。法国结构主义叙述学家热奈特于 1972 年将“话语”进一步区分为“话语”与“产生它的行为”这两个不同的层次，提出“故事”，即被叙述的内容，“叙事活动”或“叙述话语”，即用于叙述故事的口头或笔头的话语，在文学中，也就是读者所读到的文本，“叙述行为”，即产生话语的行为和过程。

[2] 参见[以]里蒙-凯南：《叙事虚构作品》，北京：生活·读书·新知三联书店，1989 年，第 28 页。事件的核心功能和催化功能由巴尔特在 1966 年提出。

[3] 参见罗纲：《叙事学导论》，昆明：云南人民出版社，1995 年，83～84 页。“在故事中，‘核心’是不能省略的：一旦被省略，就会破坏基本的叙事逻辑，而‘卫星’事件却没有这种重要性，它即使省略也不会破坏故事的逻辑，它可以重新布局，甚至由另一个‘卫星’事件替代，它不涉及故事发展中的基本选择，它的任务是补充、丰富、完成核心事件，使之丰满和具体。”

[4] 参见申丹：《叙事学与小说文体学研究》，北京：北京大学出版社，1998 年，第 36 页。列维-斯特劳斯对神话逻辑的研究对叙述学的形成产生了较大影响，他总结出来的基本结构就是故事的“深层结构”。

[5] 申丹：《叙事学与小说文体学研究》，北京：北京大学出版社，1998 年，第 37 页。

[6]《唐林冯王记》，孙逊、郑克孟、陈益源主编：《越南汉文小说集成》第 2 册，上海：上海古籍出版社 2010 年，第 250 页。

[7] 参见 Steven Cohan，Linda Shries 著：《讲故事——对叙事虚构作品的理论分析》，张方译，台北：骆驼出版社，1997 年，第 70 页。故事的开头和结局是相似性的聚合关系静止点，故事的组合段是根据相邻性原则在时间里推进事件，是故在聚合关系上引发的，是对一个在序列中标明某一个开端的事件的“安置”。故事在组合关系上，是以诸多可能性事件的序列进行，作为开头和结尾事件的“移置”。结束一个故事的，是用另一个标明结尾的事件对最初事件的“置换”。

[8] [以]里蒙-凯南：《叙事虚构作品》，北京：生活·读书·新知三联书店，1989 年，第 61 页。

[9] 胡亚敏：《叙事学》，武汉：华中师范大学出版社，2004 年，第 146 页。

[10] 胡亚敏：《叙事学》，武汉：华中师范大学出版社，2004 年，第 148 页。

[11]《新订较评越甸幽灵集》序引，孙逊、郑克孟、陈益源主编：《越南汉文小说集成》第 2 册，上海：上海古籍出版社 2010 年，第 218 页。

[12]《新订较评越甸幽灵集》序引，孙逊、郑克孟、陈益源主编：《越南汉文小说集成》第 2 册，上海：上海古籍出版社 2010 年，第 218 页。

[13]《新订较评越甸幽灵集》序引，孙逊、郑克孟、陈益源主编：《越南汉文小说集成》第 2 册，上海：上海古籍出版社 2010 年，第 218 页。

[14] 孙逊、郑克孟、陈益源主编：《越南汉文小说集成》第 2 册，上海：上海古籍出版社 2010 年，第

150页。

[15]《粤甸幽灵集录》中的《布盖孚祐彰信崇义大王》。孙逊、郑克孟、陈益源主编:《越南汉文小说集成》第2册,上海:上海古籍出版社2010年,第9页。

[16]《粤甸幽灵集录》中的《布盖孚祐彰信崇义大王》。孙逊、郑克孟、陈益源主编:《越南汉文小说集成》第2册,上海:上海古籍出版社2010年,第148页。

[17]《西兴王》,孙逊、郑克孟、陈益源主编:《越南汉文小说集成》第1册,上海:上海古籍出版社2010年,第260页。

[18]《明洞象王谱》,孙逊、郑克孟、陈益源主编:《越南汉文小说集成》第2册,上海:上海古籍出版社2010年,第346页。

[19]《明洞象王谱》,孙逊、郑克孟、陈益源主编:《越南汉文小说集成》第2册,上海:上海古籍出版社2010年,第346页。

[20]《明洞象王谱》,孙逊、郑克孟、陈益源主编:《越南汉文小说集成》第2册,上海:上海古籍出版社2010年,第346页。

[21]《明洞象王谱》,孙逊、郑克孟、陈益源主编:《越南汉文小说集成》第2册,上海:上海古籍出版社2010年,第346页。

当代文学研究

近年乡土诗的伦理变迁与道德取向

王　珂

（东南大学现代汉诗研究所/东南大学道德发展智库，江苏南京，211189）

内容摘要： 改革开放让神州大地出现了“消灭农村”的人口大迁徙，离乡背井成了中国农民的生活常态，乡愁成了当下国人的普遍性情感。这种情感在乡村诗人，尤其是生活在城乡接合部的乡村文人的写作中具有明显的意识形态性。近年乡土诗的伦理变迁与道德取向并不正确，具有明显的保守特征，与中国的现代化进程并不同步。乡土诗本来是现代汉诗的重要组成部分，可以承担培养出现代国人和打造出现代乡村的重任，却不配称为现代乡土诗，很多乡土诗人都不配称现代文人，乡土诗成了一种保守的文体，受到诗坛，特别是理论界的轻视。这种保守文体在中国新诗乃至中国国家的激进的现代性建设中也有积极作用，有利于现代性批判。

关键词： 乡土诗；乡村文人；乡愁；伦理；道义

文学是人学，反映的是人的生活，抒发的是人的情感。文以载道，文学作品不但折射出社会的伦理变迁与作家的道德取向，还参与了社会的伦理建设。中国的诗教传统已有两千多年的历史，科举制度采用以诗取士的方式也有上千年的历史了。“启蒙文学”作为20世纪新文学的代名词，百年新诗有启蒙、抒情和治疗三大功能，启蒙功能是主要功能，新诗是与中国政治文化的现代性建设同步发展的先锋性文体，很多新诗诗人的写作理想是通过新诗来倡导新精神和建立新道德，培养现代公民和建立现代国家。为了祝贺郭沫若50生辰，宗白华在1941年11月10日《时事新报》发表了《欢欣的回忆和祝贺》，他一语道破了白话诗运动参与新伦理建设的实质：“白话诗运动不只是代表一个文学技术上的改变，实是象征着一个新世界观，新生命情调，新生活意识寻找它的新的表现方式。……白话诗是新文学运动中最大胆，最冒险，最缺乏凭籍，最艰难的工作。”[1]新诗又名现代诗，更应该称为现代汉诗——用现代汉语和现代诗体，抒写现代情感和现代生活，具有现代意识和现代精神的语言艺术。新诗现代性建设的主要任务是培养现代国人和打造现代国家。在不同时空，都存在以诗歌文体建设为主的审美现代性建设和以诗歌精神建设为主的启蒙现代性建设。在乡村，乡村文人的代表——乡村诗人更重视后者，写出了与城市诗人风格迥异的乡土诗，以诗来重塑乡村形象，重建乡村伦理，重造乡村精神。由于中国乡村幅员广阔，社会、经济发展程度不一，在现代化大潮冲击下，乡村的功能也产生了分化，如以传统农耕为主业的乡村和以旅游休闲（农家乐）为主业的乡村的生活方式甚至伦理观念都有很大的差距。所以乡村写作也呈现出前所未有的多元性，同质化写作并不十分严重。新诗现代性建设的远期目标是让新诗成为名副其实的现代汉诗。今日新诗处理与时代的关系时，既要采用激进方式，又需要采用保守方式，有时又要与时俱进紧跟国家现代性的步伐，有时还要利用新诗特有的批判精神来产生反现代性的力量，反思国家现代化进程中的弱点，尤其是工业化、城市化和商业化对精神文明和道德情操的负面作用。它们会打乱已有的伦理秩序，如过去在家庭权力分配上强调长幼有序，是长者说了算，现在是有钱者最有话语权。过去讲究的是君子爱财，取之有道，现在是挣钱不择手段。有的地方甚至出现了“乡村的沦陷”——自然村落与伦理村落的消失，让人感叹“人心不古，世风日下”。福柯的话语理论总结出现代社会运作的通行方式：“起源于三个宽阔的领域：控制事物的关系，对他者产生作用的关系，与自己的关系。这并不意味着三者中的任何一组对其他都是完全无关的……但是我们有三个特殊的轴心：知识轴心、权力轴心和伦理轴心，有必要分析它们之间相互作用的关系。”[2]乡土诗从写作到传播的运作仍然具有这样的通行方式，也有知识轴心、权力轴心和伦理轴心，它是三者相互作用的结果，主要是文学轴心与伦理轴心相互作用的产物。乡土诗作品承载着诗人的诗歌理想和道德诉求，呈现出现实的伦理与想象的伦理、保守的伦理与激进的伦理等多种伦理形态，乡土诗人常常在社会生活中扮演乡村的道德守望者角色。

乡土诗人的生态决定乡土诗的功能

“现代乡土诗创作也留下了许多无法逆转的缺憾。……不少乡土诗只是农民恋土意识的翻版，或只陶醉于传统的清新梦幻里，流露出优越的本土观念，这样就偏离了现代乡土古朴而悲凉的灵魂内核，优美乐观得令人难以置信，因为真正的人间烟火是残酷与优美的交错。另外大量诗作手法陈旧想象泥实，对通感、变形与象征等现代艺术手段借鉴不够……”[3]

半个多世纪过去了，写乡土诗的诗人成分发生了较大变化，既有侨寓都市的农民浪子，如城市里的农民工，还有从乡村移居都市的新城市人，也有去乡村自费旅游住在农家乐和受作家协会等组织安排去地方挂职的伪乡下人。世纪之交的乡土诗写作仍然存在 20 世纪上半叶的现代乡土诗写作的主要弱点：内容上过分美化乡村，形式上和技法上过分传统，即在写什么上缺乏现代意识和现代精神，在怎么写上缺乏现代文体和现代技巧。有些乡土诗人还以生存或地域为借口，极端重视现实主义，坚决抵制现代主义。2015 年 7 月 15 日，83 岁的高平在兰州家中接受王珂的采访时也说出了与罗振亚相同的观点：“诗人写生养自己的土地无可厚非，但是不能过分迷信地域写作，那句名言‘越是民族的越是世界的’害了很多诗人，导致他们过分迷信‘越是地方的就越是全国的’。甘肃诗坛的一大问题是诗人如何开放自己，走出地域诗歌的限制。”[4]高平写了一辈子的诗，在 20 世纪 90 年代担任甘肃省作协主席 10 年，非常熟悉甘肃诗坛，这段话实际上是对甘肃的乡土诗人的忠告。

由于在诗歌创作、伦理规范、经济运动、政治改革、文化建设等多个方面，近年中国乡土诗人几乎都处在城（现代）乡（传统）接合部状态，所以在乡村伦理建设上，身为乡村文人的乡土诗人扮演着旧伦理的维护者、新伦理的开创者等多种角色，有时候是旧文明的代言人，有时候是新文明的倡导者，在更多时候是处在传统与现代的对抗而不是和解中，卫道士的身份常常多于革命者的身份，因此乡土诗创作缺乏世界现代诗的现代精神和中国新诗的时代意识，受到了现代读者的抵制。这是乡土诗在农耕文明为主的中国却无法繁荣的重要原因。

乡土诗在20世纪80年代初中期比较受重视，《诗刊》有意识地倡导过乡土诗，推出了梅绍静等著名的乡土诗人。乡土诗也受到民间的重视，1987年江堤、彭国梁、陈惠芳等湖南诗人还发起了新乡土诗派，提出了“新乡土”概念，主张乡土诗创作要试图处理好城市与乡村的矛盾，要采用现代艺术精神和现代艺术手法。陈所巨、华万里等都写出了一些优秀诗歌，如《星星》诗刊在1986年一次性发表了重庆诗人华万里写红土地的诗数十首，在全国造成了巨大影响。1986年成立了中国乡土诗人协会，这个协会出版了《世纪末的田园》、《家园守望者》、《新乡土诗派作品选》等乡土诗作品集，还创办了会刊《中国乡土诗人》，先后由国际炎黄文化出版社、武汉出版社出版，臧克家、李瑛、苗得雨、刘章、张永健等先后担任主编，编委包括王燕生、木斧、阿红、吴开晋等数十名知名诗人。这个刊物还在出版，已出版了60多期，发表了大量乡土诗，为乡土诗的发展作出了巨大贡献。但是随着中国改革开放的深入，城市化进程的加速，城市诗的迅速崛起，这个刊物在诗界的影响越来越小，近年没有推出一位有影响的乡土诗人，也没有产生有影响的乡土诗作品，更没有刊发在新诗理论界有较大反响的研究乡土诗的理论文章。中国乡土诗人协会及《中国乡土诗人》在诗坛与读者中的影响力减弱，与整个乡土诗不受重视有关。新诗理论界有数十位新诗理论家，没有一位专门致力于乡土诗研究；新诗创作界也没有一位诗人像80年代那样公开打出乡土诗人或新乡土诗人的旗号，没有一位诗人的乡土诗创作产生了全国性的影响。

世纪之交是中国政治、经济和文化大转型时期，极左的、“左”的、极右的、右的、激进的、保守的、现代的、封建的等各种思潮蜂拥而来，甚至还出现新旧思潮此起彼伏、各领风骚三两天的局面。社会伦理和大众道德的观念也随之变迁，有人感叹“人心不古”，旧伦理在崩溃；有人主张核心价值观，新道德在建立。2005年余光中在《种瓜得瓜，请尝甘苦——读詹澈的两本诗集》中说：“和一切艺术家一样，每个诗人都有其所属的社会背景，甚至更代表了不同的意识或价值。”[5]余光中用“种瓜得瓜”来描述台湾著名乡土诗人詹澈的乡土诗写作十分准确。1998年，詹澈在台湾台东给自己的诗集《西瓜寮诗辑》写序时说：“至九零年代的大陆，大改革开放后，从社会主义醮溶资本主义（有中国特色的）城乡变迁中，应该也会再出现大气魄的诗人和诗作（新中国在抗战、内战、“文革”及最近的改革开放，都有着人口的大迁移，都应该有大诗人和诗作），现在是难得的时机。我在许多大陆诗刊中，这两年才读到一部分有关‘打工仔’的作品，觉得还不够好，大概是‘后现代诗’过早的出现，而成为一道烟障吧！我这样说并非完全否定后现代诗的价值与地位，只觉得它有点像早产儿，还必须有特殊的环境加以呵护。”[6]

在社会文化大转型、社会伦理大变迁的时代，文学作品确实会成为时代伦理变迁的晴雨表，作家都热衷成为重建社会道德的急先锋。近年中国受到经济全球化和政治一体化的巨大影响，中国乡村更是受到城市化大潮的无情冲击，无数村落消失，城市出现了大量的城中村，农村出现村庄空壳化和家庭空巢化，大量农民进城务工，青壮劳力大量流失，只有“993861部队”留守。这个部队代号来自九九重阳节、三八妇女节和六一儿童节，形象地说明了当前农村只剩下了老人、妇女和儿童。八九十年代的外出打工潮（民工潮），近年“工业开发区”建设导致的撤乡并镇、进城上楼的移民潮（城镇化）等都让乡村快速消失，尤其是古村落大量消失。尽管近年政府大力倡导“新农村建设”，也取得了较大的成就，但是无需讳言，今日农村，尤其是在西部、内地等经济条件相对落后的乡村，正呈现前所未有的萧条。一些人真正沦为了那个成语所说的“丧家之犬”，他们愁绪万千；另一些人尽管用那句名言“何处黄土不埋人”来自我安慰，但是仍然摆脱不了浓浓的乡愁。

从历史/文化文体学来考察乡村诗，尤其是采用文学生态研究及文学功能研究及两者的关系研究来考察当下的乡土诗创作，就可以达到通过考察文体的复杂结构来呈现社会的复杂结构，发现社会政治生活和文化习俗的形态的研究目的。即可以从当下乡土诗作品的伦理变迁和道德的取向中发现今日乡村的伦理变迁和乡村文人的道德取向。如果仔细辨析文学与人学、文学与伦理学的复杂关系，从体裁学和题材学角度研究某种文体，不难发现这种文体写作的意识形态性及伦理性，作家的文学思想中含有丰富的伦理思想，尤其是在直接关注社会生活的文学创作中和在那些采用现实主义手法创作出来的文学作品中，可以清楚地考察出作者的伦理观和社会的道德观，从诗歌运动及文学思潮中呈现出伦理运动及社会思潮。

中国近年的乡土诗就是这样一种文体。“人的突出特征，人与众不同的标志，既不是他的形而上学本性，也不是他的物理本性，而是人的劳作。正是这种劳作，正是这种人类活动的体系，规定和划定了‘人性’的圆周。……因此，一种‘人的哲学’一定是这样一种哲学：它能使我们洞见这些人类活动各自的基本结构，同时又能使我们把这些活动理解为一个有机整体。”[7]通过考察乡土诗，可以洞见人类活动的各自的基本结构，尤其是伦理道德的基本结构。如果采用现代性理论与功能文体学理论，在现代性视野下考察乡土诗，把它视为一种现代性文体，透析出乡土诗的写作伦理，揭示乡土诗呈现的当下中国乡村的伦理变迁和道德取向，反思乡土诗在打造现代中国乡村人及建设现代中国乡村方面的经验和教训，不难发现乡土诗创作还有很多需要改进的地方，很多乡土诗人的伦理观还需要调整，他们的道德观还需要更新。他们更应该成为乡村中的现代人，完全可以通过乡土诗创作，提供构建富有现代意义的伦理道德的策略和方法，为中国新诗、中国农民及中国国家的现代性建设作出更大的贡献。

乡土诗继承了中国古典诗歌和现代诗歌重视诗的社会功能及诗的严肃性的传统。“帝曰：夔！命女典乐，教胄子：直而温，宽而栗，刚而无虐，简而无傲。诗言志，歌永言，声依永，律和声。八音克谐，无相夺伦，神人以和。夔曰：于！予击石拊石，百兽率舞。"[8] "诗者，志之所之也，在心为志，发言为诗。情动于中而形于言，言之不足故嗟叹之，嗟叹之不足故永歌之，永歌之不足，不知手之舞之，足之蹈之也。"[9]诗言志说和兴观群怨说成为古代汉诗创作的金科玉律，在诗言志说的强大压制下，诗缘情强调的也并非是自然性情感，而是伦理化情感。所以刘勰提出了让诗人的自然情感社会化和伦理化的创作手法："人禀七情，应物斯感，感物吟志，莫非自然。"[10]今日很多乡土诗人采用的正是感物吟志的创作方式，选取乡村的某种物象，寄情于物，寄情于景，托物言志。这种伦理化写作方式通常把自然情感升华成了社会情感，甚至把生物性情感"纯洁"成了心理性情感甚至道德情感。所以在乡土诗中很少见到城市诗中的情色诗和颓废诗，乡土诗人更重视思无邪、止乎礼的诗教传统。

很多诗人都是因为对乡村现代化的焦虑而写作，反思现代性后产生了不满。生于农村的白麟长期在陕西太白县文化馆工作，后来成为《宝鸡日报》的记者，记者职业带来的新闻的敏感性使他更有能力和条件反思中国乡土社会在现代化进程中的复杂命运，他写了《麦熟季节》、《吉祥村庄》等乡土诗。他的眼中的乡村现状如他的组诗《边缘地带》中的《寂寞村庄》所用的题目所言，乡村是寂寞的，处在边缘地带。尽管乡村新一代进城打工，却没有成为城市人，始终是边缘人。《寂寞村庄》全诗如下："村里的姑娘小伙儿一进城/全都泥牛入海/打工哪有那么简单呢/被骗的血汗钱处女膜/让小老乡们破罐子破摔/决心与城市背水一战//留守村庄的/就剩了些老弱病残/他们靠房租过上小康/那些流亡的艺术家同居的大学生/造假的黑窝点拾破烂的河南担/还有小偷逃犯暗娼什么的/像见了腥的蝇群那阵势/似乎要将整个村庄围歼//陌生人多起来/村子也就生分了/大白天的有人竟在路边撒尿/有人敢在村口操刀撒野/最讨厌的是那些/不知从哪里来的丐帮/成大道着在这只停两分钟的火车//跟这些年撂荒的耕地一样/村庄成了个日渐荒芜的渡口/偶尔把几个暴发户/风风光光送进城去//村庄的寂寞/或许只有路边的地磅知道/整车整车的肉菜油煤/从这里运进城市/吐出来的就是这些/堆满废料的垃圾场/大风一吹/村子就全身挂彩"。

很多优秀的乡土诗都出自像白麟这样的生于乡村却在城市工作的记者之手，早年的乡村生活经历使他们对乡村有种天然的认同感和亲近感，后来在城市的生活又使他们产生了空间感。"从各方面看，我确信，我们时代的焦虑与空间有着根本的关系，比之与时间的关系更甚。时间对我们而言，可能只是许多个元素散步在空间中的不同分配运作之一。"[11] "而当今的时代或许应是空间的纪元。"[12]错位的空间使他们更有能力去反思今日中国城乡的巨大差异，尤其是城市文明与乡村文明的差异，让他们产生严重的时代的焦虑，这种焦虑让他们产生更严重的乡愁。

"思乡病是一种忧郁的情感。一个人之所以体验到思乡病，是因为他住在远离他所说的'家'的地方。如果一个人仅仅是住在那个他所熟悉的地方，而不是在这个陌生的、相异的世界，他将会充满快乐和幸福。如果一个人感到待在家里不舒服，这也是一种忧郁的情感。他之所以不舒服，是因为在遥远的、不熟悉的、未经探索的地方有着快乐和幸福的希望。在这两种情形中，人们都感到一种缺乏，一种内在的空虚；失去了某种东西——失去了最重要的东西，生活变得空虚。"[13]这种背井离乡产生的浓浓乡愁，让他们故土难忘，更愿意写乡土诗，即使在写城市诗时，也会不由自主地关注来自乡村的人和事。如生活在福州的新华社记者谢宜兴在灯红酒绿的生活中遇到了进城挣钱的乡村女孩，便关注起这个特殊群体的命运，写了《我一眼就认出那些葡萄》。全诗如下："我一眼就认出那些葡萄/那些甜得就要胀裂的乳房/水晶一样荡漾在乡村枝头//在城市的夜幕下剥去薄薄的/羞涩，体内清凛凛的甘/转眼就流出了深红的血色//城市最低级的作坊囤积了/乡村最抢眼的骄傲有如/薄胎的瓷器在悬崖边上拥挤//青春的灯盏你要放慢脚步/是谁这样一遍遍提醒/我听见了这声音里的众多声音//但我不敢肯定在被榨干甜蜜/改名干红之后，这含泪的火/是不是也感到内心的黯淡"。这首诗也被称为优秀的城市诗，实际上写的是乡村在城市化和商业化为代表的现代化进程中的命运，中国的现代化有可能是以牺牲乡村为代价的。改革开放后，在曾以有贞节牌坊为自豪的乡村，一些旧伦理被动摇，拜金主义思潮盛行，甚至出现了"笑贫不笑娼"的说法，一些乡村女孩进城后为了生存不得不选择色情职业，有的甚至自甘堕落。这首诗是这些伦理变迁的深刻又无奈的反思。

谢宜兴发表于《东南快报》9月24日34版的《让诗歌记住乡愁》说出了今日很多生活在城市的诗人为何有浓郁的"乡愁"，也说出了移居城市的乡村游子写作乡土诗的原因："'日暮乡关何处是，烟波江上使人愁。'每次读到这两句诗，那种乡关何处的犹豫与彷徨，那份烟波茫茫无枝可栖的愁绪，便从诗中悄然移植心上，勾起浓浓的乡愁。……诗人的故乡永远是一半在记忆里，一半在想象中。唯二者融合才是诗人的心灵家园或者说精神故乡。如今，出生地是回不去了，而心灵家园或精神故乡又该安放何处？身在城市，哪怕只要求'望得见山、看得见水、记得住乡愁'也已是奢侈。只有诗歌，永远是一个诗人的安身立命之所。也只有诗歌，可以教我们拒绝遗忘，带我们返回童年，让我们记住乡愁！"[14]

工业化和城市化可以毁灭地理上的乡村，却不能剥夺心理上的乡村。写作乡土诗的过程是诗人文化还乡和伦理还乡的过程，可以通过抒发乡愁还原诗人心理上的乡村，是诗人拒绝遗忘寻找家园的有效手段。如在电视台工作，生活在浙江湖州的李浔笔下的乡土风土人情十分优美。他2010年1月16日写了《家乡的女人》："喜欢水的女人总是无辜/走在沼泽喜欢的地方/远处没有要等的男人/没有山只有低头吃草的光景//有水的地方可以捏一些泥巴/重塑心目中的人可以/让宁静的村庄不再宁静/让后院的枫杨树哗哗作响//灶沿上擦得干干净净/火在灶膛更在心里/把等待烧得沸热又有好看的热气/喜欢水的女人总是干净/连寂寞也这样干干净净"。2012年11月3日写了《素》："这些日子他和自己的影子较劲/比谁坐得正比谁更不会说大红大绿的话/他很瘦梦是瘦的回家的路是瘦的/那株已经不会开花的老树也是瘦的/树下没人乘凉只有/那只飞不远的鸟还在腼腆地唱着//回家沿着这条回乡路/他把路走得越来越细/生怕会踩着了路边的野菜/是的离乡越近青菜越绿/现在终于见到了乡下的月光了/他开始清白他更相信/明天会有一个小白菜一样清爽的早晨"。两首诗都写于他的不惑之年，江浙一带是中国现代化进程较快的地区，即使在湖州有南浔古镇，也因为旅游开发失去了当年乡村的静谧与闲适。他笔下的乡村是想象的乡村，乡村的诗意是他的诗笔复原的。所以他的诗歌写作的理想方法是："把诗写得冷静，回到内心，把诗写得凝练，回到诗的本质，把诗写得实在，让诗回到良心。轻松写诗，随心所欲写诗，把诗写得轻松，把诗写得干净，把诗写得清爽，回到诗经时代。”[15]诗经时代才是真正的乡村时代。

乡土诗的创作繁荣往往与地区的经济富裕成反比，甘肃是经济落后地区，在各个省区中却是乡土诗最繁荣的地区。很多甘肃诗人都如通渭县第一中学的历史老师牛昌庆的《一支牡丹留下的比喻》所言：“一支牡丹　一颗倦怠的头颅/安放在覆尘的书桌/寒凉的季节　我以胸中的热气/轻轻呵开她紧闭的心灵/这近似幻象的美丽/像一双经年默视的愁目/牡丹　你住在寒伧的小屋/就像我穷愁的手中高洁的诗歌/凋落的花瓣就像一声声惊心的啜泣/就像咯血的散乱的纸页/我茫然中写下的惜悼的文字/在长夜的风中凝成了不散的泪珠”。在甘肃每个地区，甚至每个县都有自己的乡土诗人，如西和县有十多位诗人写乡土诗，陇上犁是乡村警察，河苇岸是县中学的老师，波眠是文化局的干部，都写了几十年的乡土诗，波眠甚至还被称为乡村之子。2010 年 10 月 30 日，波眠接受孙文涛的采访时说：“我是个乡下人，走的地方不多，眼界不开，我不知道另外的世界是否好一些？但我在诗歌中表达的忧郁和焦灼是真实的，也许这是一个认识和视野的问题，在一次我的诗集发行会上，陇南诗人毛树林也表达了类似的问题，但是我不是一个思辨的诗人，我只相信我的眼睛，我所在的县城二十年前有一条穿城而过的能听得见涛声的漾水河，现在县城内盖了差不多到处都能看得见的白楼。这个 GDP 再高，那个官员再有‘政绩’，我想也是没有办法的。发展没错，但现实中有序发展的官员较少，都不惜一切代价搞‘政绩’，‘政绩’是什么，就是官位地位。”[16]他的《写给一位乡长》曾在诗坛产生了较大影响。全诗如下：“在交给你的一片庄稼中/要看清恶草背后的势力/正确使用你手中的锄/待谷禾以土的温暖/待秧苗以水的潮润/关注百姓门外的泥沙/关注牛羊干渴的嘴唇/让池塘的蝌蚪安闲退掉尾巴/让多嘴的麻雀享有吵闹的自由//像一块秤砣/敢把一车卓说轻”。诗人于贵峰曾为甘肃诗歌的地方性和民间性，尤其是乡土性辩护：“相对来说，甘肃还是农耕为主。更多的诗歌写作者，聚居于一个个村庄和小镇、县城，他们的生活就在此，他们的写作也必然落脚在此，其中大多数的写作者，都写到了社会变革带来的农村生活方式的变化，以及这种变化带给人内心的巨大落差和影响，是的，那些曾经在他们心中留下美好记忆的事物渐次或突然间一夜消失，失落、痛苦是必然的；他们直面这种痛苦并表达出来，这本身就是一种现代化的反思意识。……值得警惕的，是我们要确实判断，对美好事物的渴望，只是一种姿态，还是真实的；我们原本就是如此，还是由于‘写作’意识太强以致具有个人表演性质。真诚和真实，依然是准则。”[17]

“失去的才是美好的，何况乡村本身就是美好的，更何况这种失去是被迫的，并不是正常的现代化建设，而是类似原始资本主义积累时期才有的‘掠夺式开发’的结果，当然会让诗人们以乡村守护神和村民代言人的身份，痛心疾首地抨击时政，甚至会用诗笔放大乡村在城市化、工业化和商业化进程中的种种问题。”[18]这类诗人常常对现代化有偏见，甚至带着复仇心理写乡土诗，对工业化、商业化和城市化的仇视心态使他们会极端地渲染乡村的古朴和纯真，抵制现代文明对乡村的侵蚀。“很多从乡村进入城市的诗人在工业化、城市化为代表的现代化大潮中都出现困惑与无助。他们是‘两栖人’，常常是身在城市心在农村。乡村文明在他们身上打下了深深的烙印，城市文明又带给了他们无情的冲击。由于无法明确自己是城市人还是农村人，他们的创作总是游移在城市诗与乡土诗之间，身份的合法性危机导致了诗歌的合法性危机，身份的混乱更导致了创作的混乱，乡村文明使他们保守，城市文明使他们激进，他们始终是在非常态的生态中写诗，很难以现代人的身份写出名副其实的现代诗。尤其当他们目睹到乡村文明被商业文明和工业文明无情破坏时，他们总是为失去的家园悲哀，不由自主地悲歌一曲。”[19]这种农村人与城市人的两重身份纠缠不清的人生状态导致了乡土诗创作的非理性，这种非理性不利于通过乡土诗来构建乡村新伦理，尤其不利于通过重视诗歌精神重建的启蒙现代性建设和重视诗体重建的审美现代性建设，来完成现代伦理的精神重建和现代道德的秩序重建。

同为乡村，中国各地的经济社会发展极不平衡，东部沿海的现代化程度远远比西部内陆高，在东部发达地区，如珠江三角洲和长江三角洲，甚至出现了城乡一体的局面，有的乡村甚至比城市还富裕，如江苏的华西村。但是来自落后地区的诗人无法融入城市生活，一些来自发达地区的诗人在城市生活多年也无力写城市诗。福建诗人杨雪帆总结说：“我对南日岛的审视和思考就用了30年。……一个人的写作总是打上了他的出生地、他的童年的深深烙印，可以说，一个人的地理原乡往往就是他的精神原乡。”[20]绝大部分中国诗人都不是“纯粹的城里人”，如果过分强调“一个人的地理原乡往往就是他的精神原乡”，这里的“原乡”就如同经济生活中的“原罪”，会严重影响以后的生活及发展。遗憾的是，很多诗人却以此为荣。2015年6月27日，琼吉在拉萨宾馆召开的《诗歌的空间和地方性》研讨会上强调民族性和地域性：“作为一名藏族本土诗人，我自己在诗歌创作中一直坚持，我可以用一句话概括：究其不离本。”[21]陈人杰也强调诗人生活环境及生存空间的改变并不能改变诗人的写作习惯及写作对象：“江非到海南，郑小琼到广东，还有雷平阳的云南大理等等，严格地说他们写的不是地域性，而是他们熟悉的生活，是他们生命里面流淌出来的东西。我根本没有离开我的家乡，西藏本来就是我的家，是我血液里流淌的东西，是流淌并倾注着我生命的空间，是从心里不断挖掘并扩大的空间。”[22]

“徐泽是江苏海安人，是从乡村走向城市的诗人。新的生活，如都市、机器、霓虹、舞厅、酒杯，都以奇异的目光，向他发出诱惑，他也为新生活唱出许多豪迈的、热忱的歌；并曾以多少有些新奇或怪异的形式，试探着为新的场景歌唱：‘夏天吊死在椅子上’、‘椅子在跳舞’；但这些声音多少有些陌生，也有些胆怯和干涩。因为在他的灵魂里，回响着一种执着的声音，却是来自故乡，来自远离的田园。这是他永生不能忘记的歌，是刻进灵魂里的歌。”[23]雷抒雁总结出的“徐泽现象”是今日诗坛的普遍现象，正是因为今日中国诗坛有大量徐泽这样的诗人，有很多雷抒雁这样的过分倡导写田园牧歌的新诗官员，才会严重缺乏现代乡土诗和现代城市诗。雷抒雁曾任中国诗歌学会会长、鲁迅文学院常务副院长和《诗刊》副主编，还任过中国作家协会第五、六、七届全委会委员。雷抒雁1942年出生于陕西泾阳，1967年毕业于西北大学中文系，后来一直在北京工作生活。他不是纯粹的城市人，又有诗歌官员身份，所以对乡村情有独钟，极端重视现实主义诗歌，强调主题先行式的体验生活型写作。2014年11月1日，在北京香山饭店举行的“如何现代，怎样新诗——中国诗歌现代性问题学术研讨会”上，80年代朦胧诗的重要理论家钟文感叹说，现代诗的创始人波德莱尔的阳光还没有普照到中国新诗的大地上。这个结论是尖锐而深刻的，当今诗坛，乡土诗有过多的粉饰太平的田园性，城市诗有过多的自我逃避的乡土性，当然会导致整个新诗的现代性减弱。

10 年前谢冕就认为乡土诗无法适应现代生活："乡土显然已经不足以描述我们这个时代的特点，同样，民间性也不足以描述我们这个社会的特点，本土和传统仅是需要转化的潜能。"[24] 他甚至不愿意读乡土诗或新乡土诗。他说："感谢《诗刊》给我一个机会会见姚学礼，并品读他的诗歌。……我非常注意姚学礼和他的生活本来样子的联系，姚学礼有非常深厚的古典文学的根基，他读了很多书，很多典籍，他是一个学者型的诗人，仅仅说他有乡村生活是不够的。由此我想到现在一些年轻诗人，很聪明很有才情，但缺乏与土地的联系，缺乏和他生活的本来样子的联系。缺少与大高原，大湖泊，大平原，这样一些与大中国绵延不断的土地的联系。另一个缺陷是他们对中国传统文化了解很少，这往往使他们从一个概念出发敷衍成诗，读了不动人。"[25] 这段话代表了新诗理论家，尤其是学院派理论家对乡土诗的强烈不满。

乡土诗的文体保守有利于现代性批判

"艺术品是将情感（指广义的情感，亦即人所能感受到的一切）呈现出来供人欣赏的，是由情感转化成的可见的或可听的形式。它是运用符号的方式或是一种诉诸推理能力的东西，而不是一种征兆性的东西。艺术形式与我们的感觉、理智和情感生活所具有的动态形式是同构的形式，正如亨利·詹姆斯所说的，艺术品就是'情感生活'在空间、时间或诗中的投影，因此，艺术品也就是情感的形式或是能够将内在情感系统地呈现出来以供我们识认的形式。"[26] 乡土诗写作是文学轴心与伦理轴心相互作用的结果，生活在乡土的诗人的"在场写作"写的常常是传统的素朴的诗，呈现的通常是现实的真实与现实的道德；生活在都市的诗人的离场写作写的常常是现代的感伤的诗，呈现的通常是想象的真实与想象的道德。

艺术具有自主性，诗作为一种抒情文体，更强调诗人的主体性，乡土诗的祖宗是中国古代田园诗，更具有强烈的独立性，常常与政治生活中的诗教传统格格不入，是中国古代文人逃避政治的艺术方式。"故人具鸡黍，邀我至田家。绿树村边合，青山郭外斜。开轩面场圃，把酒话桑麻。待到重阳日，还来就菊花。"无论采取怎样的泛意识形态化解读方式，都不可能从孟浩然的这首《过故人庄》里读出政治性和伦理性。"政治生活并不就是公共的人类存在的唯一形式。在人类历史中，国家的现有形式乃是文明进程中一个较晚的产物。早在人发现国家这种社会组织形式之前，人就已经作过其他一些尝试去组织他的情感、愿望和思想。这样一些组织化和系统化的工作包含在语言、神话、宗教以及艺术之中。如果我们想要发展人的理论，就必须采纳这种更为宽广的基础。国家无论怎样重要，并不是一切。它不可能表达或囊括人的所有其他活动。诚然，这些活动在其历史进展中是与国家的发展密切相关的，在许多方面它们是依赖于政治生活的形式的。但是，尽管它们并不具有独立的历史存在，却仍然具有它们自己的目的和价值。"[27] 诗歌生态决定诗歌功能，诗歌功能决定诗歌文体。近年很多乡村都出现了环境污染、水土流失、人员外出、土地抛荒、道德沦丧、文明缺失等问题，在今天这样的乡村生态下，乡土诗人不可能远离尘嚣，不谙世事地继承古代的田园诗或山水诗传统，很多人认为这样的不关注乡村命运的写作是不道德的。他们格外重视写作伦理，乡土诗的伦理性受到前所未有的重视。

“我们承担着介入到世界之中的政治责任，而这种介入不是通过沉默，而是通过真正地说出我们的生活经验，所以我们必须成为艺术家，成为歌唱我们生活和我们世界的艺术家。”[28]生活在太原市的山西诗人王立世的《向于坚和韩东致敬》说出了很多诗人身处边缘还要逆境求生，关注现实生活介入世界的写作理想及政治责任：“狗日的，这世界乱七八糟/诗人却不在乎边缘，不在乎卑微/甚至不在乎嘲笑和打压/秉持自己骨子里的高贵/在生活的低处自由抒情。”这种写作的力量来自于对乡村的眷恋与热爱，如他在《故乡之一》中说：“我不怕孤独，因为我越孤独，故乡离我越近。”《故乡之二》更是道出了那些生长于乡村，却在城市生活的“乡村游子”对乡村家园的依恋：“而今，故乡变成我的孩子，我把故乡天天背在背上。”《小麦如是说》发出了很多都市诗人找不到乡村家园的无奈喟叹，他写到麦子在“成熟的季节，告别了土地/被剥去皮，磨成面/搀进水，反复揉搓/今生，我不再是我自己”。我不再是我自己，乡村也不再是那个山清水秀、民风纯洁的素朴的乡村。尽管他在《怀乡篇》中强调乡村家园的重要性：“不只是一个热词，更不是一个虚幻之地，是我生命的源头，更是我灵魂的归宿……若干年后，我要魂归故里。”但是他也清醒地意识到危机来临：“我只是担心，从小生活在城里的儿女，能否找到回家的路/在他们新版的词典里，有没有故乡的位置”。

很多由乡村移居城市的乡村城市人都有王立世这样的危机感。人往高处走，水往低处流，尽管城市生活比乡村生活更方便和更丰富，城市文明比乡村文明更现代和更实用。但是很多人迁居城市多年都没有找到归宿感，都没有真正融入城市。原因是中国人是世界上最具有乡愁的族群，“背井离乡”、“落叶归根”、“父母在，不远游”等成语或俗语加重了中国人的乡愁感。如云鹤 1942 年 4 月生于菲律宾马尼拉，在菲律宾生长和接受教育，他的《野生植物》这样为华侨命名：“有叶/却没有茎//有茎/却没有根//有根/却没有泥土//那是一种野生植物/名字叫/华侨”。这首诗说明中国人具有根深蒂固的乡土意识和家国情怀。正是这样的乡土意识和家国情怀保证了中国伦理变迁的稳定性和道德取向的一元性，使中国诗人很容易写田园牧歌式的乡土诗，乡土诗的创作与阅读又强化了诗人的乡土中国伦理，让农耕意识挥之不去，乡土诗人成为现代化进程的阻碍者。这正是百年新诗史上缺少著名的乡土诗人的重要原因。新诗百年的历史与中国的现代化建设的历史同步，过去百年是中国高速现代化的百年，现代是社会发展的主旋律，所以有“现代中国”、“现代新诗”、“现代诗歌”等称谓，新诗一问世就成为推动中国现代化进程的重要文体，打造现代中国人的启蒙功能成为新诗的主要功能。乡土中国常常成为与现代中国对立的语汇，乡土诗常常成为与中国现代文明建设对立甚至对抗的保守文体。

乡土诗的文体保守性在新诗的现代性建设、中国的现代性建设乃至中国人的现代性建设中也有一定的积极作用。很多诗人写乡土诗并不只是出于对乡土的热爱而敝帚自珍地歌颂，当“歌德派”，而是有深刻的反思和严厉的批判，当“缺德派”。王立世的危机感实质上是现代人，尤其是现代都市人的焦虑，这种焦虑来自时间，更来自空间。空间会使故乡在城市化大潮中出现物理性消失，在地图上没有了位置，时间更会让从小生活在城里的儿女们出现心理性遗忘。现代人背井离乡后真正成了“丧家之犬”，丢失的不仅是物理的家园，更是心理的家园和情感的家园，失去后者才是更可怕的事情。“在中国，被国家宗教所认可和控制的对祖宗的这种崇拜，被看成是人民可以有的唯一宗教。……中国是标准的祖先崇拜的国家，在那里我们可以研究祖先崇拜的一切基本特征和一切特殊含义。然而，那产生祖先崇拜的普遍宗教动机并不依赖于特殊的文化或社会条件，在完全不同的文化环境中我们都可以发现它们。”[29]王立世笔下的从小生活在城市的儿女越来越淡忘了祖先的重要性，过去百年，中国的祖先崇拜传统正在消失，主要受到了三次大的冲击，一是五四新文化运动的砸掉“孔家店”，二是“文化大革命”的“破四旧”，三是改革开放的城市化运动及资本运动。过去中国家庭普遍立有写有“天地君亲师位”六个大字的香火牌位，对“亲”的供奉就是祖先崇拜的具体形式。现在不仅城市家庭没有这样的香火牌位，很多市民立的牌位供奉的不是祖先，而是财神，让人不得不感叹资本的力量及金钱的万能。在乡村，也很少有家庭设有供奉“天地君亲师”的香火牌位。王立世对故乡的眷恋，反映出现代都市人的现代伦理观深受中国传统的“落叶归根”等恋乡怀旧的伦理观的巨大影响。不能把这种伦理观视为保守，它也是今日中国现代性建设，包括乡村的现代性建设的重要资源，甚至可以说是现代性的动力。“现代性的动力首先是在一个拥有传统和固定信念的世界里开始动摇传统和信念的。”[30]“现代的精神气质始终像妄自尊大一样是自我泄气的，而且总是两者同时兼有。”[31]今日中国的现代性建设必须要坚持祖先崇拜这样的传统，甚至要推崇孝道。但是如果过分推崇，又会影响中国的改革开放，甚至是思想解放。所以乡土诗人中出现了一味地维护传统的保守派和极端地破坏传统的激进派。

一些诗人并不一味地迷恋乡土，他们会把乡土情感和人类情感结合。如冯雷所言：“江非早期的诗人致以其家乡‘平墩湖’为中心和重心，‘平墩湖’经由江非成了一个具有地标意义的文化符号。江非通过‘平墩湖’发出自己的声音。凸显自己的存在，并以之为据点而与世界、与社会、与历史对话，写出了现代处境之下关于乡村社会、乡土文明的怀恋、不甘、忧戚、背弃等种种复杂情状。”[32]“以家乡为原型，通过想象或实地构筑一个乌托邦式的村庄，这是当前诗歌、小说创作中常见的一种策略。或许是出于概括文学现象的需要，‘平墩湖’之于江非也曾是许多评论者集中讨论的话题之一。……江非则谈到：很多朋友是误解了我和‘平墩湖’的关系。……无论是在主观上还是在诗歌实践中，我都一点儿没想沦陷到某个具象的村庄里去。虽然说到它时，不管是对它的自然概念、地理概念还是文化概念，我都饱含深情，但是这些深情还是来源于那个更大的人类社会在内心全盘关注的‘情怀’。”[33]

一些学者型诗人的乡土诗写作并不极端，他们会与时俱进地修正自己。伊甸任教于嘉兴学院，1979 年开始发表作品，生活工作在江南小城，既写乡土诗也写城市诗，出版过《红帆船》、《在生存的悬崖上》等多部诗集。沈健与伊甸有同样的职业，都在江南小城的大学任教，对乡土有相同的感情。他认为伊甸的新诗创作，尤其是乡土诗创作上有一个变化，并揭示出这种变化的原因。"'劳动者又从黎明出发了/歧路上已派乌鸦驻守/喜鹊的歌唱代替了知了的聒噪/指引一条没有陷阱的道路/每一颗心都是一曲英雄交响乐/有着黄河般肤色的人群/命运注定了黄河般曲折的经历/命运注定了奔向大海的使命'——《开桔花的土地》这是1981年诗人参加浙江'桔花诗会'的一首诗片段……到了写作《喧闹的正午》的时候，伊甸明显地有了'口吃''失语'的症状。……上个世纪九十年代初，海子之死与女儿伊水的出生，以及身边亲朋文友生离死别的惨遇，驱使着伊甸对过往的天真进行触及骨髓的反思与批判，大量的阅读与对话让他获取了一种'一个人走进黑暗'的能力。'新千禧年'前后，伊甸'替'人'行道''说出'的语速明显慢了下来，语调也趋于低沉、凝重，像'赤裸着身子的河流，被北风卡住了喉咙'（《羊群和老人》）。'用沉默说话，用唯一的黑色概括生命'（《树殇》）。"[34]

浙江乡村市场经济的发达程度居于全国之首，30年前山清水秀，民风淳朴。改革开放30年后，"喧闹的是钢铁，是钱币"，"遗忘"和"衰老"的是源远流长、千年不变的乡村伦理。30年前，哪位写乡土诗的诗人不是雄心勃勃地想当替天行道的英雄好汉？都有指点江山激扬文字的豪迈与自信。那是理想主义盛行的时代，好多诗人都推崇罗曼·罗兰的观点："为何要企图掩盖这弱点呢？难道脆弱的东西就不值得关爱？相反，它更值得关爱，因为它更加需要关爱……我痛恨胆怯的理想主义，它无视生活中的苦难和灵魂的脆弱之处。……世界上只有一种英雄主义：依照世界的原样来审视它，来爱它。"[35]一些诗人和诗论家还采用了启蒙主义大师蒙田的在社会礼义允许的范围内把事情的真相告诉给大家的写作原则。这些正是80年代乡土诗繁荣一时的重要原因，很多诗人都是怀着写更现代的乡土诗，建立更现代的乡土文明的英雄梦走上诗坛的。

沧海桑田，世事难料，30年后的中国，尤其是中国乡村发生了天翻地覆的变化，人们只好喟叹在没有英雄的时代只想做一个凡人，很多乡土诗人都像伊甸那样，"替人行道""说出"的语速明显慢了下来。"在现代性中有一个共同的指涉物，也就是，共有的生活经验以及对这些经验的共同元素的描述与反思——我们通常称为'社会现实'。"[36]"现代的生活，已经变得如此常规化，对它自身来说也难以理解，以至于现在要呼唤一种全新的创造性活动。"[37]现代性社会中的社会现实及现代生活的常规化折断了乡土诗人理想主义的翅膀。这种理想主义的缺失导致乡土诗人想通过实现诗歌理想来完成伦理建设的计划落空，造成乡土诗人道德观念上的保守和乡土诗呈现的伦理理念上的落后。

＊本文系东南大学"中央高校基本科研业务费专项资金资助"项目"当前中国文学作品中的伦理变迁与道德取向"【2242016S30066】阶段性成果，东南大学道德发展智库成果。

注释：

[1] 宗白华：《艺境》，北京：北京大学出版社，1987年，第142～143页。

[2] John McGowan, *Postmodernism and Critics*, New York: Cornell University Press, 1991, p. 134.

[3] 罗振亚:《中国现代乡土诗凝视》,《淮北煤炭师范学院学报》2000年第1期,第10页。

[4] 王珂采访高平录音文字稿,未刊。

[5] 余光中:《种瓜得瓜,请尝甘苦——读詹澈的两本诗集》,詹澈:《詹澈诗选》,福州:台海出版社,2005年,第339～340页。

[6] 詹澈:《堡垒与梦土》,詹澈:《西瓜寮诗辑》,台北:秀威资讯科技,2011年,第102页。

[7] [德]恩斯特·卡西尔:《人论》,甘阳译,上海:上海译文出版社,1985年,第87页。

[8]《尚书·尧典》,郭绍虞:《中国历代文论选》,上海:上海古籍出版社,1979年,第1页。

[9]《毛诗序》,郭绍虞:《中国历代文论选》,上海:上海古籍出版社,1979年,第30页。

[10] (梁)刘勰:《文心雕龙·明诗》,周振甫:《文心雕龙今译》,北京:中华书局,1998年,第56页。

[11] 福柯:《不同空间的正文与上下文》,包亚明:《后现代性与地理学的政治》,上海:上海教育出版社,2001年,第20页。

[12] 福柯:《不同空间的正文与上下文》,包亚明:《后现代性与地理学的政治》,上海:上海教育出版社,2001年,第20页。

[13] [匈]阿格尼丝·赫勒:《现代性理论》,李瑞华译,北京:商务印书馆,2005年,第268页。

[14] 谢宜兴:《让诗歌记住乡愁》,《东南快报》2015年9月24日第34版。http://blog.sina.com.cn/s/blog_484c787d0102v82o.html.

[15] 李浔:《五年:李浔自选诗二十首》。http://blog.sina.com.cn/u/1280116182.

[16] 孙文涛:《现代乡村诗、道德与土地——波眠访谈》。http://blog.sina.com.cn/s/blog_5e384c8b0100ok8f.html.

[17] 于贵峰:《甘肃诗事:真实而温暖》,西北师范大学文学院、兰州敦煌诗歌研究会、甘肃省社会科学院文化研究所:《敦煌》2014年卷,呼和浩特:内蒙古人民出版社,2014年,第172页。

[18] 王珂:《新诗现代性建设研究》,南京:东南大学出版社,2015年,第380页。

[19] 王珂:《新诗现代性建设研究》,南京:东南大学出版社,2015年,第379页。

[20] 杨雪帆:《独木成林与集体命名:杨雪帆、黎晗对话"莆田诗群"——关于莆田诗歌群体的一次对话》。http://blog.tianya.cn/blogger/post_read.asp? BlogID=314211&PostID=22156569.

[21] 耿占春、罗振亚、霍俊明,等:《诗歌的空间和地方性》,《扬子江诗刊》2015年第5期,第83页。

[22] 耿占春、罗振亚、霍俊明,等:《诗歌的空间和地方性》,《扬子江诗刊》2015年第5期,第89页。

[23] 雷抒雁:《梦在田园——徐泽诗选序》,徐泽:《徐泽诗选》,北京:大众文艺出版社,2010年,第1页。

[24] 谢冕:《认识姚学礼》,《诗刊》上半月刊,2005年第9期,第61页。

[25] 谢冕:《认识姚学礼》,《诗刊》上半月刊,2005年第9期,第60～61页。

[26] [美]苏珊·朗格:《艺术问题》,滕守尧、朱疆源译,北京:中国社会科学出版,1980年,第24页。

[27] [德]恩斯特·卡西尔:《人论》,甘阳译,上海:上海译文出版社,1985年,第81～82页。

[28] [美]丹尼尔·托马斯·普里莫兹克:《梅洛-庞蒂》,关群德译,北京:中华书局,2003年,第89页。

[29] [德]恩斯特·卡西尔:《人论》,甘阳译,上海:上海译文出版社,1985年,第108～109页。

[30] [匈]阿格尼丝·赫勒:《现代性理论》,李瑞华译,北京:商务印书馆,2005年,第69页。

[31] [美]罗伯特·皮平:《作为哲学问题的现代主义——论对欧洲高雅文化的不满》,阎嘉译,北京:商务印书馆,2007年,第265页。

[32] 冯雷:《作为"小诗人"的江非》,海南省作家协会诗歌创作委员会主编:《海拔》第20期,第146页。

[33] 冯雷:《作为"小诗人"的江非》,海南省作家协会诗歌创作委员会主编:《海拔》第20期,第148页。

[34] 沈健:《"我说出","我看出","我抓住"——诗人伊甸精神肖像人》,《诗江南》2015年第2期,第94页。

[35] [法]罗曼·罗兰著:《名人传》,郭昌京,等译,南宁:广西师范大学出版社,2008年,第68页。

[36] [匈]阿格尼丝·赫勒:《现代性理论》,李瑞华译,北京:商务印书馆,2005年,第1页。

[37] [美]罗伯特·皮平:《作为哲学问题的现代主义——论对欧洲高雅文化的不满》,阎嘉译,北京:商务印书馆,2007年,第61页。

论格非“江南三部曲”的乌托邦叙事

颜　敏

（江西师范大学文学院/江西师范大学叙事学研究中心，江西南昌，330022）

内容摘要：格非的“江南三部曲”是新世纪中国文学的重要收获。特别值得注意的是，这三部系列长篇小说围绕着乌托邦这个中心展开的历史想象与现实思索，为我们提供了一个弥足珍贵的辨析、思考和阐释乌托邦得失的文学空间。乌托邦的冲动想象和自信抱负植根人性深处，倘若我们从人性角度切入“江南三部曲”中的乌托邦叙事，对人类这种想象和抱负以及助燃它的种种激情理解得越多，我们就越能更好地理解我们曾经经历的历史世界和我们所处的这个时代的精神诉求。

关键词：格非；“江南三部曲”；乌托邦；后乌托邦；人性

新世纪以来，当代文学一方面在社会现实中逐渐边缘化，另一方面文学创作的数量却在悄然增长。由于长篇小说涌现的原因并非文学本身繁荣的结果，而很大程度上是得益于社会经济的发展、印刷技术的革新和文化教育的提升，因而出类拔萃的精品并不多。在汗牛充栋的新世纪长篇小说中格非的“江南三部曲”脱颖而出，被公认为新世纪中国文学的重要收获[1]。

在我看来，“江南三部曲”不仅文本形态差异较大，而且思想和艺术质量也不太均衡。就思想艺术质量而言，这三部作品恰似一支离弦箭矢的运行轨迹。《人面桃花》宛如脱弦利箭，元气充沛。它以辛亥革命为背景，书写社会革命的乌托邦，对人性与革命关系的剖析游刃有余，而且意境凄迷，语言典雅。《山河入梦》就像一支运行途中的箭矢，平稳有度，充满睿智。小说以新中国“大跃进”运动为背景，描述社会建设的乌托邦，将人性思索融入理想与现实的矛盾关系之中。《春尽江南》则像接近靶心的箭矢，目标明确，贴近现实。小说聚焦世纪末我们身置其中的后乌托邦时代的社会现实，尽管它准确表现出这个无序社会的浮躁之气，深度切中我们时代的精神疼痛，但在情感价值上似乎过于沾滞现实，而在穿透现实的力度上显得有些力不从心。也许，文学叙事越是贴近现实越是难以超越现实，因而“江南三部曲”创作主体的思想力度和想象张力，总体上似乎与历史距离成正比。

尽管如此，我还是认为，整体而言“江南三部曲”在书写百年中国历史现实的厚度、人性思考的深度和艺术表现的审美高度上，格非的长篇创作实现了一次全面性的自我超越，达到了一个新的艺术峰值；而且毫不夸张地说，迄今为止的新世纪中国长篇小说，也难出其右。特别值得强调的是，它围绕着乌托邦这个中心展开的历史梳理与现实思索，为我们提供了一个弥足珍贵的辨析、思考和阐释乌托邦得失的文学空间。因为乌托邦的冲动想象和自信抱负植根人性深处，“我们对那一抱负及助燃它的种种激情理解得越多，我们就越能更好地理解我们所处的时代和这个时代的需要，无论我们身处哪个国家、哪种文化”[2]。

一、格非的乌托邦叙事及其文化意义

作为系列长篇小说，“江南三部曲”的叙事特点，是将一个家族三代人的命运故事，巧妙地镶嵌在复杂而深邃的现代中国百年历史现实的地形图中。这三部小说中的主人公不仅血缘相承，更主要的是他们的乌托邦情结成为这个家族的精神遗传。纵观现代中国的百年历史和现实，不难发现，现代中国社会一直是个天然的革命温床，太多的历史和现实因素，轻而易举地激活我们现代革命的记忆、思考和想象，因而在这种历史背景与现实语境下讲述这个家族三代人的悲剧性命运，也是创作主体勘探现代中国历史现实及其乌托邦问题的一次艰难的精神跋涉。这种历史勘察和精神探寻既是一个世纪难题，也是现代中国文学知识分子义不容辞的责任和使命。

对于具有经典意识的作家来说，写作始终是与作家命运密切相关的志业。从这个角度讲，与其说是格非选择了现代中国的乌托邦这个世纪难题，毋宁说这个难题选择了格非，因为在表现和思考这个世纪难题上，格非具有独特的创作优势。这种优势一方面体现在格非的现代历史叙事的创作经验及其创作个性上。格非原本就是携带着现代历史叙事的《迷舟》（1987年）步入当代文坛的，他创作生涯的开端便显现出书写现代历史的偏爱。同时代的先锋作家固然也在书写现代历史，但鲜有像他这样执着的。特别是20世纪90年代初期，他以旺盛的创造力集中书写现代历史叙事，如《大年》（1992年）、《风琴》（1992年）、《青黄》（1992年），以及长篇小说《敌人》（1991年）等。似乎他在以这种历史叙事的书写方式，告别黄金时代的新时期文学。尽管现代中国历史在格非的小说中往往只是一个独特的想象空间，他所关注的焦点多是个体在特定历史情境中的命运及其存在问题，但是现代中国的历史叙事毕竟是他先锋小说的精神标识。同时，他还是一个对现实社会精神现象异常敏感的学院派作家，《欲望的旗帜》（1995年）表现出他对当代知识分子精神溃败的忧虑思绪及其形而上的探索。因此，从整体上表现和思索现代中国百年历史现实及其乌托邦精神问题，格非拥有其他作家难以取代的创作优势。

另一方面，格非作为“60后”作家，在现代历史的情感价值上表现出这一代创作群体的某些家族相似性。“60后”作家群体与现代中国革命形成一种特殊的生命联系，他们对现代社会革命还具有一种难以割舍的心理情结。可以说，社会革命的记忆和想象业已融入他们的血液，不管他们是否愿意承认，革命的记忆和想象都像他们的身影一样难以摆脱，也像梦魇一样纠缠不休。因为在“文革”中成长的他们，毕竟处于这样一个生命季节与社会环境：任何理想价值的种子播撒进蛮荒却肥沃的精神处女地，都能蓬勃地生根发芽，而现代社会的革命记忆和浪漫想象则是当时唯一合法的精神价值。而且需要说明的是，“60后”作家群体关于现代社会革命的情感价值和理性判断，与上一代作家相比，存在着较为明显的差异，因为他们毕竟没有上一代人那种曾经身陷其中而后又身受其害的刻骨铭心的生命落差体验。知青一代的文学关于现代历史及其社会革命的记忆与想象，多是《古船》、《白鹿原》、《陆犯焉识》式的苦难与罪感的责任记忆，超我的道德主要指向黑暗的过去；而“60后”一代作家多是理性审视与情感纠缠的想象记忆，超我道德则主要指向自由的未来。也就是说，“60后”作家没有感同身受的创伤性生命记忆，这就决定了他们对革命和建设乌托邦若即若离的精神状态，因而他们对现代历史及其社会革命的审视和勘探，相对来说祛除了个体记忆的偏见和极端的情绪，从而显得相对理性而客观，也更加富有深邃的历史纵深感和思想启迪性。不过，由于情感维度的牵系和现实生活的刺激，致使他们的思考因为犹豫而显得艰辛，也使他们的想象常常隐含难言的伤感。因此，他们“寻父”、“审父”和“弑父”过程显得漫长而艰难，流溢出一种沉重而伤感的暧昧情绪。

我们必须承认，中国进入现代社会以来，一直是个天然的革命乌托邦的温床。从社会形态学的角度讲，我们可以把它分为三种形态：一是新中国建立前的社会革命乌托邦。中国作为后起的现代化国家历经周折，选择了一条社会革命的现代化途径，这是各种复杂社会因素与历史文化交互作用的结果。二是新中国的社会建设乌托邦。应该说，这很大程度上是人为追求的历史结果。三是新世纪后乌托邦时代的想象乌托邦。社会现实与主流意识形态的特殊对应关系，激发了大众社会对革命乌托邦的记忆与想象，同时也导致了现代社会价值观念的撕裂。因此，现代中国的百年历史现实构成了一个连续的乌托邦想象和践行过程，导致整个现代中国的社会现实与文化语境，甚至几代人的思维方式和社会心理，都与乌托邦紧密相关。

从新世纪社会现实的角度讲，一方面革命理念依然是合法性的主流话语，或者说主流意识形态的革命话语仍然主宰与掌控20世纪现代中国的历史叙事和社会现实。另一方面，我们业已置身计划经济向市场经济艰难转型的过程之中，社会各个阶层和不同群体的利益格局悄然变化，贫富差距日渐拉大，并且显现出阶层固化的趋势；因为市场转型引发的各种社会不平等现象也突显出来，主流形态的革命话语难以有效地阐释我们置身其中的社会改革实践。尽管我们现在还无法预测，这种主流话语与改革实践之间的显豁矛盾将会导致怎样的社会后果，但是有一点却是较为明确的，这就是以平等和正义为内核的革命乌托邦话语，作为一种合法性的思想资源和集体无意识，不但为现代历史，也为潜藏民间社会的混沌的革命乌托邦冲动，提供了批判现实甚至抵制社会改革的合理性。我们只要关注网络上频繁出现的批判现实和发泄对社会不满情绪的文字，特别是自诩为社会代言人的激进主义的社会批评（这些言论常常貌似公正并且极具煽情意味），就不难发现这一点。从这种意义上讲，革命乌托邦并没有远逝，依然存活于我们的生活土壤之中：显形的是主流话语，隐形的则是一种混沌的社会心理冲动，此外还有播撒在各种社会思潮与文学思想的断片之中。

然而，当我们真正试图贴近革命和建设的乌托邦，无论是革命和建设乌托邦的历史真相还是革命和建设乌托邦的理论话语，却发现它比我们想象的更为模糊、更为复杂也更为遥远，有时真如鲁迅先生所说："你不说我倒还明白，你越说我越糊涂。"[3]当然，造成这种结果的缘由十分复杂，也难以道清，但有一个重要原因倒是十分清楚的，这就是随着知识分子思想同一性的瓦解，即使是文化界在百年革命的历史认识上都存在着较大分歧，更不用说价值多元的大众社会了。这种思想分化导致对于同一种革命乌托邦或者建设乌托邦，往往因为审视主体思想立场和现实诉求的差异，呈现出不同的文本特质。

总之，从格非现代历史叙事的创作个性、"60后"作家群体的思想特征，以及新世纪社会现实与文化语境的分析中可以发现，革命和建设的乌托邦根深蒂固地存在于现代中国的历史与现实生活的想象之中，但其面目模糊并且真相复杂，显得暧昧甚至诡秘。正因为如此，我们更应贴近乌托邦革命、乌托邦建设和乌托邦想象的本相，探究其深层缘由，理解不同历史条件、社会背景和文化语境下的不同形态的乌托邦；也更应理性地梳理乌托邦的精神脉络，淘洗出具有真正价值意义的现代思想资源。格非作为"60后"作家群体的代表作家，关于现代历史与当下现实的沉重而感伤的记忆想象和审视批判，对于我们民族在历史记忆和现实想象上形成普遍的价值共识，对于我们把握确切的现代性前景，以回应当下现实的乌托邦想象冲动，具有不可忽视的思想文化意义。

二、乌托邦的历史辨析与人性探寻

尽管"江南三部曲"讲述的是一个家族三代人的命运史，但我还是将它视为格非站在新世纪的门槛上，对刚刚逝去的20世纪中国历史现实的一次漫长而艰辛的深情回眸和深入思辨。他从纷繁复杂的20世纪中国历史现实中大胆地抽出一条醒目的乌托邦想象和实践的红线，进行反复端详、细致梳理和悉心书写；以举重若轻的方式，完成了一次雄心勃勃并心智深邃的文学探险。我知道，在一个后乌托邦文化语境下论述乌托邦叙事，可能是吃力不讨好的精神劳作，就像"江南三部曲"讲述20世纪中国历史无法避免乌托邦想象和实践这个世纪重大精神遗产一样，我们阐述"江南三部曲"也无法回避它的乌托邦叙事。

首先，我们必须清理积淀在乌托邦这个术语上的教条式政治话语的污垢。其实，无论是英国16世纪托马斯·莫尔的《乌托邦》，还是中国魏晋时期陶渊明的《桃花源记》，它们面世都有一个相似的社会历史背景，这就是剧烈的社会动荡与维系社会行为规范的传统文化价值纽带出现醒目的裂痕。不同凡响的是，它们并没有停留在一般的社会批判与自我痛苦的表现层面，而是试图穿越社会与个人的苦难表层，从社会维度追寻造成这种历史震荡与人生痛苦的终极根源，想象并建构一种一劳永逸地彻底解决这种人生苦难的社会理想蓝图。它们超越历史时空的思想价值，显然不仅仅是作品中想象和描述的和谐社会与安逸人生的理想王国，而且是隐含在理想具象后面的暗合人类内心深处的乌托邦情结及其愿望：历史进程将在社会的大灾变中发生转折，理想王国终将在人间社会实现。尽管这种既体现人类美好理想而又表现现实社会诉求的乌托邦想象，在客观的现实世界中从来没有真正实现，成为名副其实的乌有之乡。然而，正是在这种绝望与希望并存的历史现实情境中，人类的乌托邦想象和冲动一次又一次重现。

20 世纪中国以现代革命和建设的方式，仓促地应验了李鸿章“三千年未有之大变局”的预言。这种前所未有的现代革命和社会建设的汹涌波涛，无情地席卷和淹没了太多本应无法忘却的东西及其沉痛代价背后的经验教训；也许只有文学，才会沉潜到社会的汹涌波涛之下，勘探激流底层坚硬的人性河床。“江南三部曲”深入发掘和思索的问题，就是隐含在 20 世纪现代中国革命与建设中的人类乌托邦的想象冲动。《人面桃花》中的花家舍，就是革命乌托邦的社会缩影。花家舍原本是长江水域中的一个与世隔绝的湖心小岛。清末年间士大夫王观澄中年好道，遂生隐逸之念，在寻访隐士遗迹的途中发现了这个湖心小岛。他为了实现自己内心的理想王国，聚集了一帮江湖上的亡命之徒，苦心孤诣近二十年，建成了这个匠心独具的人间桃花源。小说通过王观澄的视角描述他的理想王国：

> 桑竹美池，涉步成趣；黄发垂髫，怡然自乐；春阳召我以烟景，秋霜遗我以菊蟹。舟摇轻，风飘吹衣，天地圆融，四时无碍。夜不闭户，路不拾遗，洵然有尧舜之风。就连家家户户所晒到的阳光都一样多。每当春和景明，细雨如酥，桃李争艳之时，连蜜蜂都会迷了路。[4]

就连被土匪强掳到花家舍的青年女子陆秀米也惊讶地发现，父亲疯狂的桃花源设想竟然在一个土匪窝里成为现实。这里的社会平等和谐，人们幸福安康，至少从表面上看像个人人向往的大同世界。然而，王观澄苦心经营二十载的花家舍，却因土匪头目被暗杀进而相互残杀而毁于一旦，精美的人间天堂很快就成为一堆废墟瓦砾。恰如陆秀米感觉的那样：“王观澄、表哥张季元，还有那个不知下落的父亲似乎是同一个人。他们和各自的梦想都属于那些在天上飘动的云和烟，风一吹，就散了，不知所终。”[5]

当花家舍的土匪头目们陷入诡秘的谋杀和相互残杀时，不祥的恐怖笼罩着花家舍。这些先后死去的土匪头目，临死都不知谁是真正的敌人，以致人人自危，一个人间天国很快变成了一个残忍的屠场，那些精美的屋宇化成一缕缕青烟，如画的景色也荒草丛生。然而，亲手制造这场人间惨剧的人物，却是一个谁也想不到的卑微的年轻人，五爷的马弁，而且驱动他痛下杀手的不过是贪婪的人性欲望——美女和金钱。当然，真正使贪婪欲望支配下的卑微人物激发出超人的勇力背叛主人，并最终彻底摧毁花家舍的幕后指使者，却是被称为小驴子的革命党蜩蛄会成员周怡春。他为了聚集革命力量而劝说花家舍的土匪，遭到拒绝后便采用收买的手段劝说和诱惑五爷的马弁，亲自策划并导演了这场摧毁花家舍的惨剧。也就是说，花家舍乌托邦的终结，源自人性的欲望和人义。

人类很早以前就开始对人性问题进行思索，宗教将负面人性视为与生俱来的“原罪”，是从伊甸园里带出来的生命行李。这就是说，道德沉沦普遍地潜存于每个人身上，而不以人的地位高低和权力大小而有例外，就罪性而言可谓人人平等。五爷的马弁是个卑微得连姓名都没有的小人物，但他第一次看见秀米就暗中迷恋，见到金灿灿的元宝就心花怒放。可是为了获得女色与金钱，他必须争到总揽把的位子，于是他斗胆投身一场以生命为赌注的人生豪赌，铤而走险地谋杀土匪头目。人性不仅具有生命与权力的粗陋欲望，而且有残忍的攻击本能。六爷庆生为了独占花家舍，杀了五爷庆寿一家 13 人。他还指使手下当着庆寿的面折磨和羞辱其心爱的姨太太，并且残忍地用泥巴活活憋死庆寿。至于庆生本人，同样死于非命。

如果说人性中的自私欲望基本上属于残留在人类身上的生物性的自然属性，那么人义的激情则甚为复杂，因为它同时包含人的自我属性和社会属性。《人面桃花》并没有讲述王观澄怎样由一个文质彬彬的士大夫变成占岛为王的土匪头目，但却讲述了小驴子以革命名义颠覆花家舍的残酷过程：先以权力、金钱和美色诱惑小马弁，再通过小马弁分别收买各位土匪头目身边的下人做内应，最后针对各位头目的个性特点和生活特性制定相应的谋杀方案，或暗杀或下毒或施反间计。总之，为了达到目的可以不择手段。从表面上看，小驴子是为了吞并花家舍的土匪队伍和物质资源以壮大革命实力，但内心深处则潜藏着复杂的生命激情和复仇愿望。当初他独自上岛游说王观澄，不但没有成功，反而被土匪们羞辱一番。这种结局无疑激怒了自信的小驴子，于是他以革命的名义痛下杀手以施报复，而且谋杀的方式是无所不用其极。然而，后人却用各种方式颂扬他的成功结果，无人追究他的必然或者相应的道德责任。小驴子这种非理性的激情，正是借用人们对正义与天堂的信仰释放人性中的残忍，似乎信仰忠诚的人可以拥有无恶不作的特权。其实，这种超我的激情很大一部分来自个体人性中的本我，用霍布斯的话说，是骄傲或者虚荣的人性："就是一种追求卓越的激情，一种要在众目睽睽之下赢得生活竞赛的欲望。骄傲的人对自己的能力抱有过分自信。"[6]对于霍布斯而言，这是人性中一种追求荣耀的虚荣心，一种凌驾他人之上的权力欲望。问题的关键在于，他们不仅要获得成功，还要别人失败；而且为了达到成功的目的，不惜采用任何卑鄙的手段。因此，这种激情便飘浮在升华与沉沦之间，既可能帮助我们提升自我，也"可能将我们的灵魂输送到卑微而痛苦的生活中，并连累他人一起经受磨难"[7]。因此，为了达到目的而不择手段的成功之道是条人性的不归之路，无论"目的"多么高尚，最终都可能会被"不择手段"反噬。因为我们如何对待他人，他人就会如何对待我们，这就可能引发社会的冲突和战争，造成人间的暴行循环，这也是《人面桃花》中的坚定革命者少有善终的根本缘由。

这种人性的激情在《山河入梦》中则以另一种形态的两种方式呈现出来。如果说革命乌托邦形态的激情可能滋生残忍的暴行，那么建设乌托邦形态的激情则可能导致偏执的愚蠢甚至专断的暴政。一种方式是谭功达式偏执愚钝的人生激情。陆秀米的儿子谭功达新中国成立后回到家乡梅县担任县长，凭借狂热的激情和自信的抱负实施大规模的农村建设：凿运河、造大坝、修公路、建工厂、建造沼气池，同时息商贾、兴公社，试图带领家乡人们跑步进入共产主义社会。然而，这种狂热理想的超我之中，同样混杂着好大喜功的幽暗人性。他的致命失误在于被激情冲昏了头脑，忘记了基本的社会常识——任何理想蓝图的实现，必须建立在切实可靠的历史前提条件和现实基础上。可是，即使是梅城社会民穷财尽与怨声载道，甚至路有饿殍的悲惨现实，也无法消解谭功达的偏执激情，制止他的一意孤行。他根本没有意识到，意识形态理论并不是现实中唯一正确的真理，精神世界的实践理性不能僭越或者替代自然世界的纯粹理性；即便是人类自信的知性也是有限的，我们只能在既有的认知基础和现有条件下利用自然。因而他的建设乌托邦实践，具有马克思主义者称之为空想的特质，失败是必然的。因为自然是无情的。我们如何对待自然，也就是如何对待自己，因为我们身处自然之中。正当谭功达沉醉在他的乌托邦建设迷梦之中，特大的暴雨形成真正的洪水猛兽，不仅冲溃了普济水库大坝，淹没了大量农田，而且卷走了两个村庄，天灾最终酿成人祸。谭功达直到被撤职下放后，才对自己的无知无畏与急躁鲁莽若有所思。

一种方式是郭从年式强权暴的人生激情。如果说谭功达还只是社会建设的思想偏执，那么花家舍人民公社社长郭从年则是社会政治的专制独裁。《山河入梦》中的花家舍变成了一个形态特异的人民公社。从表面上看，它与县长谭功达曾经无数次设想的平等的桃花源一样：

> 一律的粉墙黛瓦，一式的木门花窗，家家户户的门前都有一个竹篱围成的庭院，篱笆上爬满了藤蔓植物……连庭院的大小和格局都一模一样。一条砖木结构的风雨长廊不沿着山坡往上延伸，通往山顶的一座高大的烟囱。[8]

然而，真正深入花家舍人民公社生活的谭功达却发现，这里的村民个个都神情呆板，不苟言笑，完全丧失了人的个性与精神，透露出一种只有生活在封闭社会才有的忧虑和恐惧。村民的这种人格特征和精神状态，显然源自花家舍人民公社的社会治理方式。军人出身的公社社长郭从年从残酷的战争法则中总结出一套自鸣得意的人治社会法则：一方面以严格禁欲的方式控制人类社会。他深知人的欲望根植于人性，追求个人欲望的竞争可能导致整个社会的失序，因此他决定：“我们必须进行严格的控制。我们宁要不公正，不要无秩序；宁要正而不足，不要邪而有余。”[9]也就是说，这个统治者为了政治权力的稳定，不惜剥夺人们追求幸福的权利，甚至强行扼杀人的天性。

另一方面采用奖励告密的方式强行钳制村民的思想，甚至肆意干预个人的隐私。他在公社的每个交通要道都设立举报信箱，每个人都可以检举揭发他人的过失、错误及至罪行。他认为人是最为凶残的动物：“他们只会做一件事，就是相互撕咬。这些信件将人性的阴暗、自私、凶残、卑鄙、无耻，全部暴露在光天化日之下。”[10]也就是说，这个貌似乌托邦社会的每个人身心，都处在无所不在的组织的严密监控下。人们小心翼翼地控制自己的言行，压抑自己的欲望，甚至彻底泯灭自由人性，以符合这个社会的要求和规范。尤其值得注意的是，这里的人们主动地窥视他人并迫不及待地出卖他人，以逃避和转嫁生命的恐惧。告密行为盛行，固然有利于统治者主宰社会，但却在毒害和瓦解社会的聚集力和人与人之间的基本道德规范，最终使这个社会人人自危，相互伤害。这一切表明，花家舍的社会统治是名副其实的现代极权主义暴政，它不是带领人们通往理想的乌托邦社会，而是走上奴役之路的专制主义社会。

人类社会曾经迫于残酷的现实，以理想主义的名义迫不及待地发明乌托邦，但迄今也没有实现能够根除人性幽暗的乌托邦社会。因为所有的乌托邦思想家都在人性认知上误入歧途。他们将人仅仅界定为社会动物，认为人的缺陷只是社会环境造成的，只要清除了社会的罪恶制度，便可消除幽暗的人性，人都可以成圣人和贤人。然而，所有的乌托邦实践证明，被强行压制的人性很可能逸出自我的阀限而潜入超我，并以神圣的名义与正义的激情大张恶行。历史世界中的失败乌托邦经验教训，足以警醒人们，如果个体的道德自我与理性自我不能控制自身的负面人性，那么幽暗人性就可能侵蚀主体而畸变为堕落的精神；如果社会提供了释放幽暗人性的环境条件，那么负面人性就可能形成有害的社会激情，进而演化成严重的社会政治问题，从而导致灭绝人性的人道主义灾难。

当然，这并不是说人类对于幽暗人性就束手无策且无能为力。尽管人类社会不能拔除自身的生物劣根性，因而迄今无力实现根除幽暗人性的乌托邦社会，但是独立人格、自由思想、市场经济、法治社会、民主政治等等文明社会制度及其价值理念，都有效地制衡和疏导幽暗的人性，并且成为公认的防止负面人性演化为严重社会灾难的制度与精神防线。

三、后乌托邦时代的精神诉求

毋庸讳言，乌托邦思想是导致社会主义诞生的一个不可或缺的因素，因此关于乌托邦的讨论始终伴随着意识形态的论争。这种争论贯穿整个20世纪，在世界各地此起彼伏，直至90年代初期才在“意识形态终结论”的喧哗声中落下帷幕。从此，西方世界“激进主义以及作为其支撑的乌托邦精神已经不再是主要的政治力量，甚至也不再是主要的精神力量”，就连久负盛名的英国左派学者霍布斯鲍姆都宣称，“对所有的一切说再见”[11]。从宽泛的意义讲，西方世界步入后乌托邦时代的精神标志，就是“相信未来能够超越现在的这种观念，已经消失了”[12]。

然而，乌托邦思想在新时期以来的中国社会，却有与西方社会不太相同的命运遭遇。乌托邦作为乌有之乡，原本就具有鲜明的两面性：正面是和谐、美好和理想的社会；负面是空想、虚构和无法实现的社会。新时期文学更多的是反思20世纪中国乌托邦革命和建设的负面性，如同格非的《人面桃花》和《山河入梦》，渗透着创作主体对乌托邦理想的幻灭感和悲观情绪，因为20世纪中国毕竟灾难深重。然而，一旦90年代中国社会真正发生历史转型，人们蓦然发现自己业已身处陌生的市场社会，心理的严重不适使我们有种难以言状的沮丧：曾经满怀激情地拥抱未来，最终发现两手空空。因此，新世纪文学开始将关注的焦点转向现实，审视剧烈变动的社会生活及茫然失措的社会心理，而且伴随着强烈的社会批判意识与改善社会的愿望。

应该说格非是较早感应因市场经济转型而引发的社会心理严重失衡的敏感作家，他的《欲望的旗帜》（1995年）表现了世纪末知识分子普遍的人格分裂：知性与信仰的分裂、理想与现实的分裂、话语与实践的分裂，并且大胆预言，在精神废墟上展现的将是一面“欲望的旗帜”。果不其然，新世纪的知识分子叙事，涌现一大批描述知识分子精神堤坝溃决后人欲横流的世纪末景象的作品，似乎应验了格非当年的预感和判断。尽管《春尽江南》接续《欲望的旗帜》，描述90年代以来急剧变化的中国社会，但作为乌托邦叙事的三部曲之一，它不仅多层面与多视角地表现了新世纪尖锐的社会矛盾与难以遏制的道德溃败，而且深刻揭示出后乌托邦时代的精神诉求。

花家舍是贯穿整个“江南三部曲”的一个江南水乡，也是承载晚清以来国人寄予现代转型乌托邦理想的一个寓体。《春尽江南》中的花家舍发生了天翻地覆的变化，已经变成一个灯红酒绿的富贵温柔之乡。关于如何建设花家舍，两个开发商一开始就存在着激烈的争论，谭端午的异父同母兄弟王元庆具有乌托邦的精神遗传，希望重建花家舍人民公社以“大庇天下寒士”，企图重续现代社会的乌托邦理想；而张有德却主张在花家舍开发娱乐业，试图利用人的贪婪欲望把花家舍变成他个人的摇钱树。结果是张有德竞争成功，并借用黑白两道的力量将王元庆投入监狱，然后将其逐出投资者行列，终于把这个江南水乡建成一个合法而隐蔽的销金窟。乌托邦的践行者王元庆作为竞争的失败者，只好将个人资金投向慈善事业，建造一个现代的精神疗养院。可是，他自己却成了精神病患者，成为这个精神疗养院的第一个顾客，在这里继续思索“浊其源而欲清其流，可得乎？腐其根而欲繁其枝，可得乎？”[13]而且，就是这个精神疗养院也无法与世隔绝，最终被无孔不入的资本逐出日渐繁华的地段，王元庆无处逃遁，只能重新回归家庭。显然，《春尽江南》中的世纪末花家舍实质上是个反讽式隐喻：被称为“伊甸园”的花家舍作为摩登时代的销金窟，其实是一个极端版的物欲横流社会的缩影。理想践行者王元庆被铜墙铁壁的现实社会迫害成精神病患者，则是一种价值的反转：病态社会把清醒者视为不正常的人。因此，这个世界变得越来越诡异与陌生：“资本家在读马克思，黑社会的老大感慨中国没有法律……被酒色掏空的一个人，却在呼吁重建社会道德，滑稽不滑稽？”[14]

倘若从乌托邦思想的角度切入《春尽江南》，那么最值得深入分析和阐释的人物形象，无疑是小说中的主人公谭端午及其妻子李秀蓉。这两个具有 80 年代大学生人生背景的知识分子的生存状态与思想蜕变，充分而深刻地表现出这个粗粝时代的功利主义特质。毕竟乌托邦理想的命运是同知识分子的命运紧密结合在一起的，最起码也是直接相关的，“如果没有知识分子，或者知识分子角色发生了转变，乌托邦就会逐渐消失”[15]。这里知识分子概念，并没有自命不凡的社会精英含义，而是说真正意义上的知识分子往往与社会保有一定精神距离，具有相对独立的清醒的思想能力，因而他们对自己所处的时代较为敏感，并拥有一定的洞察力。

先说谭端午。虽然他不由自主地成为体制知识分子，即地方政府方志办公室的普通职员，但一直是个业余诗人，自我逃避地沉醉在欧阳修的《新五代史》里。虽然他清醒意识到自己是这个乱世“多余的人”，主动地自我放逐，心甘情愿做个百无一用的书生；因为在这种特殊的生活情境中，只有先做一个无用的人，才有可能维护本真的自我。从这种意义上讲，他多少有些愿意追随卡夫卡笔下的边缘人：“在生活中不能生气勃勃地对付生活的那种人，需要用一只手把他的绝望稍稍挡在命运之上——这将是远远不够的，但他用另一只手可以将他在废墟下之所见记录下来，因为他之所以见异于并多于他人。他毕竟在有生之年已是死了的啊，而同时又是幸存者。这里的先决条件是，他不需要将双手和超过他所拥有的力量全部用来同绝望作斗争。”[16]

但是，荒诞甚至邪恶的现实社会对这个自甘边缘的人却步步紧逼，他几乎运用全部的力量来与绝望作斗争。“他家在唐宁湾的房子被人占。……其严重程度却足以颠覆他四十年来全部的人生经验。他像水母一样软弱无力。同时，他也悲哀地感觉到，自己与这个社会疏离到了什么地步。”[17]他并不认同世俗社会顶礼膜拜的金钱和权力，但在现实世界的金钱和权力却拥有宰制社会及其人际关系，甚至是操纵人的行为动机的魔力；在铜墙铁壁一般的社会现实面前，他们深感个人的无力、无能和无奈。当然，更为严重的是，世俗社会的功利主义以水银泻地的方式渗透进个人生活核心地带的家庭，他妻子由崇拜他变成鄙视他；连正在读小学的孩子都无从逃避功利主义污染的社会生活。社会竞争的压力转换成家庭生活的纷争和暴戾，让人窒息又无法逃遁："它像粉末和迷雾一样弥漫于所有的空间，让人窒息，可又无法视而不见。"[18]在这种极端的现实情境下，即使是甘居边缘的洁身自好这样消极意义的人生选择，都被视为无能和失败的人生表征；即使仅想维持一种简单而朴素的生活，也得付出沉重的人生代价。

再说李秀蓉。她是个争强好胜并追求完美的现代女性，这种个性似乎天生适应这个竞争的时代。大学毕业后她改名庞家玉，毅然放弃船舶工业专业而投身市场社会，随波逐流。这意味她彻底告别自己的过去，义无反顾地追求全新的生活。经过种种历练，她最终选择了律师职业，凭借自己的精明强干在这个行业中大放异彩，成为新世纪社会的成功人士，也使她的家庭跻身社会的中产阶级行列。这里值得深思的关键问题是，庞家玉成为一个与传统意义上的现代知识分子完全不同的"新人"。传统的现代知识分子甘守清贫也屈从苦难，仿佛社会的情感净化和道德维系，注定要以他们苦难与牺牲的付出来实现。诚如鲍曼所说，只有认同磨难、净化和执着的命运，才能体现知识分子角色的社会合法性[19]。可是，"新人"不同，一方面他们在磨难人生中体验到的不再是充实的自我确证，而是激愤和焦虑的负面情绪，因而理直气壮地关注自身的生存情境，并试图通过世俗人生价值的追求来体现自我价值。因而为了摆脱压抑的清贫人生困境，维系个人与社会的有机联系，他们宁愿屈服世俗的市场和体制。另一方面，他们朝着功利主义人生道路奔跑的同时，弃置终极关怀，搁置道德理性和可能的诗性生活。庞家玉把人分为两类：活人与死人，或者成功者与失败者。因此他们"朝不及夕，相时射利。这种人格，发展到最高境界，甚至会在毫不利己前提下，干出专门害人的勾当。对于这样的'新人'来说，再好的制度，再好的法律，也是形同虚设"[20]。

然而，人毕竟都是血肉之躯，在功利人生道路上奔跑的庞家玉由于生命的过度透支而身患绝症。她得知真相后选择了离家出走，为了维护最后的生命尊严，在医院上吊自杀。值得欣慰的是，她在生命的尽头终于意识到自我，也领悟到了生命真谛：

> 我曾经想把自己变成另一个人，陌生人。把隐身衣换成刀枪不入的盔甲。一心要走到自己的对立面，去追赶别人的步调。除了生孩子，我所做的每一件事，都是自己厌恶的。……渐渐地就上了瘾。自以为融入了这个社会。每天提醒自己不要掉队，一步都不落下。直到有一天，医院的化验单温柔地通知你出局。所有的人都会掉队。不是吗？不过是时间早晚而已。[21]

从小说的文本角度讲，庞家玉的诉说固然是带有浓厚存在主义意味的人物内心独白。在海德格尔看来，人类往往会在自己的世界中迷失自我并遗忘死亡。人在平庸的生活世界随波逐流，就是为了避免个体基本的存在问题及其责任。只有"真诚的向死而生"的极限生命情境，才能召唤迷失在他者世界中的自我，"还能召唤我们要做回我们自己：不要自欺欺人地、完全地承担起我们作为有限的人的责任”[22]。当然，笔者之所以牵文拘字地引述作品中人物的这段话，是因为这里的叙述者声音既是一种可靠叙事，也与隐含作者在本书中的价值理念基本一致。或者说，庞家玉的自我忏悔多少有些暗示，隐约地表达出创作主体对现代知识分子“新人”恶俗一面的清醒认识与严峻批判。

当代西方后乌托邦时代知识分子的忧虑，是单向度思维的社会可能会丧失推动社会改进的异质性价值参照，以及由此生发的关于社会进步的精神动力。诚如雅各比所说：“随着左派向理想的投降，自由主义也就迷失了方向；它变得软弱无力、摇摆不定。”[23]然而，当代中国乌托邦思想消逝的精神代价，却远远超过西方世界，因为当代中国曾经长期过度压抑的物质和精神的欲望，很可能异化为所罗门瓶子中的魔鬼，一旦逸出便因心态扭曲而忘恩负义。曼海姆曾经忧虑地指出：“乌托邦的消失带来事物的静态，在静态中，人本身变成了不过是物。于是我们将面临可以想象的最大的自相矛盾的状态，即：达到了理性支配存在的最高程度的人已没有任何理想，变成了不过是有冲动的生物而已。”[24]生物冲动仅仅是追求自在目的的满足。如果人类像自在的生物一样不加节制地盲目追求本能欲望，并且由此上瘾而贪婪无度，那么其后果就不仅是乌托邦精神被摒弃，“人便可能丧失其塑造历史的意志，从而丧失其理解历史的能力”[25]，而可能是社会道德文明堤坝的溃决。

当然，本文限于篇幅，仅仅是涉及《春尽江南》中表现的乌托邦思想丧失的精神代价，如果再考虑到作品中社会现实与乌托邦思想的反常关系，问题可能更为复杂也更为严峻。从这部作品中描述的民营企业家陈守仁被暗害，以及各种振振有词的仇富言行就不难发现这一点。从这种意义上讲，我们现实中丧失的是正面的乌托邦精神，而社会心理中残存的恰恰是负面的乌托邦思想。负面的空想乌托邦思想，很可能成为一些居心叵测的人目无法纪和践踏法治的暴戾行为和歇斯底里发作的托词。我们应该有勇气承认，当下意识形态的主流话语与社会现实严重脱节，以平等公正为名义的教条式主流话语，作为一种合法性的思想资源和集体无意识，不但为历史世界也为潜藏于社会现实的混沌冲动，提供拒绝反思历史教训与抵制社会改革的合理性。

1799年英国诗人柯勒律治曾向好友华兹华斯提出如下的建议：“我希望你能够用素体给如下这些人写一首诗，由于对法国大革命的完全失望，他们已经抛弃了对人类改良的一切希望，正在堕入一种差不多是享乐主义的自私之中，在对家庭的依恋和对想象性哲学的蔑视这种软弱的名号之下，掩盖了同样的享乐主义的自私。”[26]两百年过去了，柯勒律治的忧虑和建议在新世纪中国并没有完全过时。倘若从乌托邦的想象冲动角度讲，那么格非的《春尽江南》关于后乌托邦时代社会现实和精神现象的书写和思考，有力地回应了新世纪关于未来希望的精神诉求。

＊本文系国家社科基金项目“近二十年知识分子叙事研究”【13BZW127】阶段性成果。

注释：

[1] 格非的“江南三部曲”指格非新世纪以来创作的三部系列长篇小说《人面桃花》(2004年)、《山河入梦》(2007年)和《春尽江南》(2011年)，共计87万余字。2015年荣获第九届茅盾文学奖。

[2] [美]马克·里拉：《当知识分子遇到政治》，邓晓菁、王笑红译，北京：新星出版社，2005年，第2页。

[3] 鲁迅：《文学和出汗》，《鲁迅全集》三，北京：人民文学出版社，1981年，第57页。

[4] 格非：《人面桃花》，《当代》2005年第1期，第117页。

[5] 格非：《人面桃花》，《当代》2005年第1期，第124页。

[6] 转引自[美]史蒂芬·B. 斯密什：《政治哲学》，北京：北京联合出版社，2015年，第174页。

[7] [美]马克·里拉：《当知识分子遭到政治》，邓晓菁、王笑红译，北京：新星出版社，2005年，第4页。

[8] 格非：《山河入梦》，《长篇小说选刊》2007年第2期，第97页。

[9] 格非：《山河入梦》，《长篇小说选刊》2007年第2期，第119～120页。

[10] 格非：《山河入梦》，《长篇小说选刊》2007年第2期，第118页。

[11] [美]拉塞尔·雅各比：《乌托邦之死：冷漠时代的政治与文化》，姚建彬译，北京：新星出版社，2007年，第13页。

[12] [美]拉塞尔·雅各比：《乌托邦之死：冷漠时代的政治与文化》，姚建彬译，北京：新星出版社，2007年，第1页。

[13] 格非：《春尽江南》，上海：上海文艺出版社，2011年，第176页。

[14] 格非：《春尽江南》，上海：上海文艺出版社，2011年，第236页。

[15] [美]拉塞尔·雅各比：《乌托邦之死：冷漠时代的政治与文化》，姚建彬译，北京：新星出版社，2007年，第158页。

[16] [奥]弗兰茨·卡夫卡：《卡夫卡随笔集》，叶廷芳编，黎奇，等译，深圳：海天出版社，1993年，第260页。

[17] 格非：《春尽江南》，上海：上海文艺出版社，2011年，第9页。

[18] 格非：《春尽江南》，上海：上海文艺出版社，2011年，第239页。

[19] [英]齐格蒙·鲍曼：《立法者与阐释者》，洪涛译，上海：上海人民出版社，2000年，第16页。

[20] 格非：《春尽江南》，上海：上海文艺出版社，2011年，第200页。

[21] 格非：《春尽江南》，上海：上海文艺出版社，2011年，第343页。

[22] [美]马克·里拉：《当知识分子遇到政治》，邓晓菁、王笑红译，北京：新星出版社，2005年，第25页。

[23] [美]拉塞尔·雅各比：《乌托邦之死：冷漠时代的政治与文化》，姚建彬译，北京：新星出版社，2007年，第13页。

[24] [德]卡尔·曼海姆：《意识形态与乌托邦》，黎鸣、李书崇译，北京：商务印书馆，2000年，第268页。

[25] [德]卡尔·曼海姆：《意识形态与乌托邦》，黎鸣、李书崇译，北京：商务印书馆，2000年，第268页。

[26] 转引自[美]拉塞尔·雅各比：《乌托邦之死：冷漠时代的政治与文化》，姚建彬译，北京：新星出版社，2007年，第3页。

中国微电影研究的态势及其文化意义阐释

李建强

（上海交通大学，上海，200240）

内容摘要： 新世纪十多年以来，随着微电影创作和生产的异军突起，对微电影的研究也如影随形，出现了一股热潮。特别是近年来，微电影发展中的诸多重要问题都在研究中得以爬梳和深化。其中对微电影的本体辨析、对微电影审美特征的认知，都有了新的开拓，展现出更有力度的阐述，既拓展了微电影研究的范畴，也呈现了理论批评界的眼界和胸襟。同时当下中国微电影的创作和研究中也存在一些应该追问的问题，对其未来发展的展望和其文化视阈、文化品格和文化价值的阐释，折射出中国电影理论批评新的历史方位和微电影发展与研究的重要文化意义。

关键词： 微电影；本体辨析；审美认知；文化意义

新世纪十多年以来，随着微电影创作和生产的异军突起，对微电影的研究也如影随形，出现了一股热潮。现今，每年生产的微电影作品已经破万，每年发表的研究文章亦有数百篇之多。但在很长一段时间里，理论批评圈参与及其对之投入的精力不多，更多的研讨出自各行各业的草根作者和媒体从业人员，关注的重点集中在传播渠道、媒体特性、发展现状、兴起原因等外显层面，对于微电影更为本质的美学风格、文化表征、叙事模式、形象创造、生产方式、传播机制以及评价体制等则少有触及。这种状况在近年有了改观。先是在 2015 年年初，中国电影评论学会微电影研究会成立。继而在年中，中国电影家协会微电影工作委员会成立，标示着理论批评界对于微电影的幡然眷注。与之相连，投入的精力与日俱增，研究的范围不断拓宽，研讨的深度也得到增强。

鉴于国际上对于短片的理论研究历来属于冷门，微电影的概念更由中国电影理论批评界首创，并在实践中不断深化理性认知、建构理论形态，这一研究也便有了开拓的意义。

一、我国微电影研究的现实态势解析

当下，我国微电影研究的重点主要集中在如下四个方面：

（一）关于微电影的本体辨析

长期以来，对于本体论的研究一直是我国电影研究的一个薄弱环节，微电影的研究同样如此。而作为哲学层面的本体论，恰恰是电影立身存命的根本。可以说，当下关于微电影的种种观念冲突，无不与本体论的缺失相联系；微电影创作中出现的各种问题，无不与本体论的混沌相关联。因此厘清微电影的内涵本质意义重大。为此，周星提出，微电影区别于大电影，是一种独立的艺术形式，“不能轻易用传统审美观念，来简单评价这一将具有标志性意义的重要时代文化表现对象”[1]。章柏青、张思涛、饶曙光、王一川等一批专家学者也在不同场合发出同样的呼吁。当然，重要的不是一般号召，而是探究的进抵、理论的把握。对于本体的透辟界说，既有赖理性与实证的有机结合，也取决传承与出新的切当匹配，并将决定我们对于微电影的心领意会和通体把握。徐莹据此认为，微电影是为互联网、智能手机等新媒体平台特地创作的、具有完整故事情节和较好观赏性的、适合在移动状态或短时休闲状态下观看的、能够给人以瞬间触动的类电影短片，旨在满足人们碎片化的观赏需求[2]。百度百科则认为：“微电影即微型电影，又称微影。它是指能够通过互联网新媒体平台传播30分钟之内的影片，适合在移动状态和短时休闲状态下观看，具有完整故事情节的‘微（超短）时’（8～15分钟）放映、‘微（超短）周期制作（1～7天或数周）’和‘微（超小）规模投资（几千—数千/万元每部）’的视频（“类”电影）短片，内容融合了幽默搞怪、时尚潮流、公益教育、商业定制等主题，可以单独成篇，也可系列成剧。2016年微电影行业慢慢转向‘微电影＋’的新形态、新业态，即网络大电影，又称新媒体电影。时长超过60分钟，通过互联网平台进行发行，进行付费点播的影片。”[3]如果说，上述的目光还较多胶着于微电影光亮的外表特性，那么，当下的研究则更多关注微电影的内在特征和规律，力求穿透新媒体的杂糅困扰，直抵微电影的本质属性。如拍摄过颇具影响的11分钟微电影《车四十四》的香港导演伍仕贤认为：“‘微电影’的关键是电影，应该具有诸如主题、情节、人物等各种电影的元素。那些拿着机器随意记录的一些碎片视频，或一些制作粗疏，内容轻佻的搞笑短片，根本不能叫做‘微电影’。”[4]徐杰提出：“当电影摆脱银幕、胶片的束缚，进入数字化和网络化以后，关于‘什么是电影’的思考必然会发生变化。所以，媒介刺激下生成的新媒体电影，必然具有与传统电影不同的内涵和气质。”[5]李建强进而认为，微电影既是电影，又不是电影。说它是电影，是因为它的来源和外在表征；说它不是电影，是因为它的本性和内在特征。无论从“审美把握”的认知方式，还是从“审美创造”的生产方式以及从传播、观看的方式考察，微电影与传统电影都有着很大差异。如果我们不能在微电影内在的品质特点上下功夫，不能透过表征抓住内里，就不能获得关于微电影的“真知识”，就不能弘扬和展示微电影本真的魅力，甚至也不能使微电影从传统电影中解放出来获得自己的生命[6]。

这当然并非闲言妄语，电影的疆域正在不断被微电影的实践发掘拓宽，影像的基本元素尚在，但构造法则已经发生突变了。笔者以为，寓居于新媒介的微电影之于今日的意义，就在于它给电影这种艺术形式以及电影工业体系带来了双重冲击，它必然要求我们改变之前对于影像的感受模式、认知模式和思维模式，必然要求电影观念、电影类型、电影生态和电影创作-消费方式，乃至电影理论形态的更新。长期以来，我们习惯于传承式的电影研究（微电影研究亦如此），要么试图“解读”影片的文本，关注单个作品（或单个微电影节）的故事内容和主旨；要么企图借用传统电影的标尺，来注解、裁剪簇新的影像创造，却很少聚焦这一艺术本身的发展变化，聚焦因这"形式"而来的特有的审美创造和体验。或者可以说，我们的心理同化机制如此强大，以致总是沉溺于将新的影像组合纳入机体已有的图示或结构之中，乃至遮蔽了新生事物本来的品貌与特性。由此出发，我们对于微电影本体的研究不是多了，而是少了；不是超前了，而是滞后了。这里，或许正用得上马克思说过的名言："不是从观念出发来解释实践，而是从物质实践出发来解释观念的形成。"他还主张："历史从哪里开始，思想进程也应当从哪里开始，而思想进程的每一步发展不过是历史进程在抽象的、理论上前后一贯的形式上的反映。"[7]尽管微电影面世的时间还不长，对它本性的认知尚停留在众说纷纭、莫衷一是的阶段，但它的内在成因、介质要素、美学边界、创造规律、鉴赏特性都正在日渐清晰起来，我们理当及时地对它的"思想进程"、对它的本相性质作出更加完整清晰的确认。历史已经提出了这样的要求，关键在于我们有没有这样的意识，有没有这样的自觉和决断。凡此，均需要理论批评界作出更大的努力。

（二）关于微电影审美特征的认知

应当指出，无论我们对微电影形而上的思考多么哲理化，对微电影的本质认知，最终还要落实到对于它作为影像艺术的审美特征的把握上。恰如钱穆先生所说："哲学可以凌空讨论，而历史与文化之讨论，则必有凭有据，步步踏实。"[8]以往我们对于微电影的美学特征，一般习惯以"主题通俗化"、"叙事碎片化"、"效应互动性"、"效果陌生性"[9]，或者以"具有草根性、广谱性、参与性和互动性的低门槛特征"[10]来概括之。不能说这样的认知概括没有意义，缺憾在于看似面面俱到、无所不包，实际只是在外围行走，大而化之，浅尝辄止，没有触及微电影更为内在的审美本质。近年研究之长进正在于着力切入内层，力图通过贴身切近的具象观照，使微电影的美学内涵和外延进一步得到确证。从方法论的选择上说，也有了新的掘进，主要体现在以下几个方面：

一是由此及彼、由表及里。微电影作为一种新的影像生态，必然具备自身特质与症候。这些新的特征，既不可避免地拖带传统电影的基因，又理所当然地伴有新生的介质，并以新的仪态挑战电影原先的制作模式，体现互联网时代新媒体的美学内涵和架构，极大地丰富电影语言的表达手段。对它的提炼和概括，除了需要对传统电影理论的娴熟了然，还需要一定的新媒体理论准备，并考验理论批评家的艺术想象力和创造力。求索微电影的审美症结，曾招引许多人的目光，对它的解说也就枝叶横生、纷然杂陈。王一川在过滤了诸多说项之后，将其扼要地概括为"微、反、深、思"之四字秘诀："'微'即微电影，虽然规模小，但容量可以十分丰富，在短小的篇幅里能集中大量的审美概括；'反'即微电影可以更自由地进行反常规的刻画，更多地关注反常人物的日常生存状态；'深'即对现实生活进行深度探索，把握生活的真相；'思'即微电影可以更多地倾向唤起观众的理性思考，而不仅仅追求娱乐至上的效果。"[11]笔者大致赞同这一概括，并主张在四字秘诀之外，还应加上巧、活、简三个特质：所谓"巧"，即微电影无须恪守大电影起承转合的叙事模式，可以单刀直入，可以藏头露尾，甚至可以反其道而行之，在结构形式上别出心裁。所谓"活"，即微电影灵敏自由，可以而且应该嵌入生活底部，对现实生活进行深度探索，体现思想创意。所谓

“简”，即要求微电影在极有限的时空条件下完成创意，剔除各种繁文缛节，直逼故事的主旨意趣。这种艺术能量，足以抵挡累牍连篇，彰显微电影特有的魅力[12]。据统计，近年此类专题研究探讨的文章已超过了百位数。应该说，微电影的审美特征经由这样由表及里、持续恒久的内视角的审视和解析，已经日趋渐近它的审美形态本相。

二是条分缕析、巨细必究。微电影审美特征研究之所以吸引众多批评家的持续关注，是由它多维和开放的场域决定的。因为多维、杂糅的品格兼具，开放、混沌的特质俱备，使我们对其本相的把握产生了一定的迷惑与困窘。可喜的是，批评家们并不满足只对它进行形而上的类的阐释，更力求探照它的体的经纬与脉络。于是，分项分类的研究便被提上日程。杨晓林等撰写的《微电影艺术导论》是国内第一部全面研讨微电影的著作，作者将微电影分为广告微电影、宣教微电影、艺术微电影、恶搞微电影、科普微电影、校园微电影，并对各自的审美特征进行了分门别类的界说，虽然作者的观点尚存许多可以商榷之处，但其先导和启示价值则是不容置疑的[13]。王静则基于微电影投资与创作主体不同，依据创作目的的区别将微电影划分为三大类型：营销类、独立类和宣教类，强调类不同而形有异[14]。其后，杨琪、王军从微电影的造型手段、微电影的画面造型手段、微电影的声音造型手段、微电影的叙事手段和人物塑造等四个方面切入[15]，初云玲从后现代的叙事结构、个性化的叙事风格、多样化的叙事主题三个角度着手[16]，汤亚、李依柔从叙事时间形态分析、叙事空间形态分析两个层面展开[17]，用不同视点颇为详尽地阐述了微电影不同于传统大电影的审美特征。值得提出的是梁天明、史枢的《试论微电影的叙事艺术》，文章围绕微电影时间叙事的命题，从时间顺序、时距变形、时间频率着手，将实证与理论结合，共性和个性融汇，通过推论、考查、论证、归纳、演绎与证明，深入细致地解析和诠释了微电影之为微电影的叙事特质，也在传统大电影和微电影之间画出了一条可触可摸的审美界线，给人诸多启迪[18]。如果说，过往解析微电影审美特征大多看重宏观和整体，试图一揽子找到所有微电影的共有属性，那么近年的研讨则更加注重中观和微观，更多着眼细分和具象，重视现象和常规的经验把握，排斥本质主义和形而上学传统，形影相随，细大不捐，力求通过分解性的研究，准确捕捉它的美的介质。这一视角的转移，目光的变易，不仅使微电影的研究更加自觉地紧扣创作实际，也把研究实实在在地引向了具体和深入。

其实，作为一门正在成长中的艺术形式，微电影的艺术特质没有必要也不可能定于一尊，求成心切、急于事功对于微电影理论的生长只会弊大于利。正如曼纽尔·卡斯特所述，“网络构成了我们社会新的社会形态”。传统的时空体验在网络社会中被重构了，在网络社会中“空间是结晶化的时间”，成为“流动的空间”[19]。微电影几乎天然是这种互联网时代历时性与共时性独特融合建构的产物，它本质上是流动的、变幻的，博采众长，融会贯通，发乎情，不止乎礼，寓传承于创新，在同质中融入异质。明乎此，我们就不会为一时的发现而津津乐道，也不会因为暂时无法穷尽它的全部奥秘而垂头丧气。

（三）关于当下微电影创研中存在问题的追问

我国微电影发展五年多来，成绩巨大，问题多多。看不到成绩，我们将对这一标志网络时代大众文化的重要形态估计不足，甚至失之交臂；但如果看不到问题所在，我们将可能固步自封，沉醉在表面的潮汐而不能自省。欣喜的是，理论批评界对存在的问题一直具有清醒的认识，比如对于创作，童加勃提出，用历史眼光审视，当前的微电影应该是处于“五四时期”：创意喷薄，流派纷呈，泥沙俱下，表面红火，体内贫血，没有形成稳定成熟的产业[20]。卢伟、张昆指出，由于作品良莠不齐，市场管理不规范，盈利模式过于单一，严重依赖于广告投资等因素，制约了微电影发展[21]。对于微电影研究，杨晓林直指问题要害：因不能把握全局，研究者常会“只见树木，难见森林”；或者盲人摸象，以偏概全；或者画地为牢、作茧自缚等，尽管研究者得出的结论自以为高，但在创作者看来却不得要领[22]。李建强指出，微电影研究落后于微电影生产的现象是全方位的：一是理论研究的滞后，二是系统研究的匮乏，三是前瞻研究的欠缺。缺少认真细致、精准到位、牵引导向的研究，已经成为制约其发展的短板[23]。更有谷光伟等论者，认为时下微电影正处于全面混乱状态：一是创作之乱，二是制作之乱，三是表演之乱，四是播出之乱，五是活动之乱[24]。话说得很重，但指认的现象大都还是客观的。由此看来，微电影创作和研究的现状着实难以令人满意。

概括起来，微电影目前存在之问题，既有表层显现的各种乱象，也有深处潜藏的发展危机。对于前者，人们有目共睹，感同身受；对于后者，业界议论有加，判然不同。不过在笔者看来，实际问题可能还不止上述书院式的目力所及；更为重要、更为根本的是，时至今日，微电影还像是一个没有户口的野孩子，生于荒野，授受不亲，谁都可以招它惹它，谁都可以拿它来说事，但是，谁来呵护？谁来投资？谁来推动？现今基本上可以用“三无”来加以形容，即无相关机制，无责任主体，无专门渠道。如果说，开始几年还有广告商青睐，还有政府公益宣传投资，还有社会热心人士推重，那么发展到今天，微电影的商业回报难遂人意，政府的宣传投资有减无增，社会热心人士逐渐退场，孤立无援、无所依托的微电影怎么发展？退一步说，就是能萧规曹随、维持现状，单单依靠数量有限，并且大都伴有附加条件的广告投资和公益投入，真的能够保证微电影持续发展，并能够开辟微电影大的发展前景吗？答案是不言自明的。微电影的发展必须建立在产业发展的地基（要素）之上。没有源头，何来活水；皮之不存，毛将焉附？因此我以为，只有跳出微电影看微电影，从传承历史文化传统，丰富人民精神生活角度考量，我们才会有大维度、大视野、大决断，进而破解制约微电影发展的体制机制问题，有效整合政府、社会、行业、个体的力量；只有把发展微电影提高到讲好中国故事，塑造好中国形象，传播好中国声音，培养和造就中国电影人才宏大队伍，重振中国电影雄风的高度来认识，我们才会有紧迫感和责任感。微电影生产的批量化和品质化，不仅在电影的发展史上具有革命意义，对于整个人类艺术史的发展也许亦不乏启迪意义。微电影（短片）创作从电影面世之时便有（之后也一直与电影的发展相伴相生），但是把电影从少数艺术家手中解放出来，将其根植于民间，这是中国的创造。因此可以说，对微电影的关心，其实是对民生民权民意和民间创造力的关心；对微电影的支持，其实是对电影新力量的支持；对微电影的投资，其实是对中国电影文化未来的投资！为什么像法国、德国、韩国等诸多国家，在国家层面每年都有扶持微电影（短片）的可观基金，国家通过公开、公平、透明的制度安排（制度安排非常重要，用美国著名经济学家诺斯的话来说，制度通过向人们提供一个日常生活的结构来减少不确定性。制度是人们发生相互关系的指南，制度确定和限制了人们的选择集合），多方位、持续性地支持青年微电影创作者，坐而言，起而行，扶上马，送一程。那么，正雄心勃勃，立志从电影大国向电影强国迈进的中国，为什么不能有所借鉴和参照呢？总之笔者以为，相对于林林总总的具体问题，何处安身的问题更为紧要。古人说：名不正，则言不顺；言不顺，则事不成。立身才能存命，持恒才有拓展。特别是在当下这个特定的成长阶段，不在国家和产业层面解决微电影赖以生存发展的根本问题（投资机制、生产体制、销售渠道、播放平台等），微电影的发展就很难有大的起色。

（四）关于微电影未来发展的展望

微电影发展方兴未艾，解析过往，是为了更好地指向未来。理论批评界显然对此了然于心。周星认为，时代到了需要关注大电影，也关注微电影发展及其影响力的时候了[25]。舒克提出，对于未来发展有三个方面尤其重要：一是精品意识的确立，做到“微”而不弱；二是精英文化的介入，达到“微”而不单；三是精益求精的行动，确保“微”而不涣。希望广大从业者能够从精品意识确立、精英文化介入、精益求精行动等方向作出努力[26]。陈瑜、龚金平在详尽分析了诸多微电影现实内容构成后，提出三点建议，即：突破“爱情”与“怀旧”两大主题，对生活进行更为多元和独特的审视；微电影所表达的“感悟”不仅应具有一定的哲理性，更要从人物和情节中自然流露出来；随着社会化媒体和移动互联网两大潮流的深入互动，微电影正朝向一种独立的电影样式演变，但必须在艺术和广告的岔路口作出自己的选择[27]。王舒紧扣“四微”特征下的微电影产业，有针对性地提出：分众势在必行，定位至关重要，品牌引领，内容为王[28]。

对于以上的意见和建议我都是十分赞同的，笔者在这里还想特别强调：

一是建立国家奖励机制。据不完全统计，2012 年，全国举办的微电影赛事约 50 项，2013 年这一数字已高达 130 多项，之后两年，每年均在 100 项以上。可以说，各种类型的微电影节和微电影征集活动如雨后春笋般涌现。这当然不是一件坏事。但过多过滥的赛事活动，非但起不到表彰和激励作用，反而在一定程度上降低了微电影的声誉和艺术质量，所谓贪多嚼不烂，还造成了不必要的浪费。一方面，微电影创作、拍摄的经费非常拮据，另一方面，没有效用的赛事活动又挤占了大量资源，犹同天女散花，一旦时过境迁便风流云散，几乎不留什么痕迹。我一直认为，在管控各种节庆和奖项的同时，应该在国家层面建立微电影的奖励机制，它不仅是一种标准、一个平台，更是一种导向、一种引领，是对微电影生产切实有效的扶持（与上述创设国家微电影创作基金同等重要）。有时候，榜样的力量是无穷的。《论语》有云“道之以德，齐之以礼，有耻且格”，说的就是这个道理。而要做到这一点实际上并不难，在现行体制下，最可行的做法是，在华表奖、金鸡奖、百花奖名下增设微电影奖，为微电影的品评选优开设一个口子，把微电影评选正式纳入国家奖励体系。运用国家的力量，来助推品牌，促进微电影产业的发展。有时候我们缺失的不是资源，而是高远的谋划；缺少的不是注意力，而是精准的举措。戛纳、柏林、威尼斯等国际著名电影节都设有最佳短片（微电影）奖，我们为什么不能见贤思齐、有所学习和借鉴呢？

二是维系宽松自由的成长空间。从创作的题材上看，微电影鲜有“高大上”的选配，涉及的大都是生活中的一些凡人琐事，表达的是百姓的喜怒哀乐，反映的是民众的生活理想和人生追求。绝大多数作品中的主人公，都是生活在我们身边的“小人物”。这一方面当然是由于微电影容量有限，一般开口较小，难于容纳宏大叙事和英雄伟人（平头百姓自然当仁不让、领头担纲）；另一方面也是和小屏幕播放平台（多为计算机、手机终端）、碎片化收视联系在一起的。草民创作，百姓使用，游走民间，这一现实态势规定了微电影的价值取向，要求在生活底部奔走，尽现生活真谛。而传统的电影生产，由于受资本逻辑和票房市场的支配，一面欲求不断扩大生产规模，占领更多更大的未来市场；一面又拼命地迁就迎合当下观众市场的趣味，谋取眼前最大的票房回报。毋庸避讳，以好莱坞为代表的电影资本扩张逻辑已经弥漫到整个世界，并主导了当下中国电影生产的轴心，资本的奴役无处不在，短期内看不到解构之道。而微电影生产因为所需资金有限，加之公益机构和民间资本的大量参与，可以不受或少受商业资本的支配。因此常常可以更自由、便捷地表现生活，更敏锐、更深刻地表达思想，观照民生风情，直面社会焦虑，展播世道人心，将现实主义的客观、冷静、精确、细腻推向极致。所以，微电影的创意不但体现在内容的深度宽度、形式的开疆拓土上，也包括创造、维系自由生长的空间，源源不断地为大电影和其他艺术形式提供新的观照角度和艺术可能。而且，后者之于前者可能更有意义和更为重要。因此，在舆论一致强化“收紧严管”的当下，我以为，对于微电影生产的管理不能简单仿照传统大电影的方法和尺度，既要防范“一放就乱”，也要防止“一管就死”，只要不违背基本道德规范（包括政治、社会、伦理），都应当允许存在，并受到鼓励，为微电影发展留出充足的空域，为思想的磨砺和精神的在场，为草根的介入和民间智慧的挥洒张扬，为艺术的推陈出新创造更好的条件。

三是重视互联网语境下的逆向生长。微电影的主要播放平台当然是网络和手机终端，但也不必囿于一隅。八一电影制片厂的赵谷提出微电影逆生长的概念，颇具有启迪意义。他认为，“随着微电影的发展、品质的提高，实体微影院的建立应是顺应体验经济时代发展需求的”，“实现微电影的逆生长，从线上走到线下，将使人们更加真实地感受到文化快消品带来的快感与思考”[29]。实际上，早在2012年，深圳时代华纳设备有限公司就推出了投资额在10万～20万的“微影院”商业模式，向三四线城市的电影爱好者提供个性化、优惠低廉且有别于传统影院的特色观影服务，使人们在观赏微电影故事的同时享受到额外的体验。金祯国际短片电影节组委会执行主席关尔先生透露，他们除了在陕西韩城创办了国际微电影节，还正在建设一批微电影影院，举办微电影创作学习班，为提升草根微电影创作者素养发力。青年学者徐莹的一个调研证实：有53.96%的被调研者愿意花钱买票到影院去看微电影。我罗列这些，当然不是只对微电影影院情有独钟，而是通过这些有说服力的实证，说明微电影线下影院存在的可能性和必要性。艺术最忌讳定于一尊，脱胎于多媒体时代的微电影更是如此。线上和线下资源结合，网络和实体影院共生，文化走向与公众空间相互渗透，公共话语与思想市场交相辉映，将使微电影摆脱单一向度，获得新的生存场域。这当然不只是时距空间的开拓，更是一种思想的变化、理念的更新。逆向思维要求我们善于对司空见惯的似乎已成定论的事物或观点反过来进行思考，敢于反其道而思之，打破路径依赖或者锁定。巴拉兹早就说过：电影是一种具有“无限可能性的媒体”。他认为："人类精神的发展是一个辩证的过程。人类精神的发展促进了它的表现手段的发展，而发展了的表现手段又反过来促进和加速了人类精神的发展。"[30]无疑，互联网语境下的逆向思维，可以给微电影发展带来新的生机和蓬勃活力。新的可能性层出不穷，多重交叉孕育新的契机，我们为什么非要作茧自缚呢？《国语》里说："和生实物，同则不继。"只有杂多和对立的事物才能相济相成、拾遗补阙。在电影跨行业融资、跨媒介叙事、参与式营销已经成为常态的当下，我们实在应该多想一想，对于微电影的未来发展，还有没有什么人为的禁忌戒条需要扬弃和破除？还有没有什么其他的平台阵地可以开拓和垦殖？我把问题提出来，期待引发更多发散性的思考。

二、我国微电影及其研究的文化意义阐释

由于复杂的历史和现实原因，长期以来，中国电影理论批评的目光始终被西方的理论形态所牵制，对自身的电影传统、自身的理论批评发展缺少足够的关注和研究，始终没有建立起适合中国国情发展、中国电影实际的话语体系（用罗艺军先生的话说：话语资源体系是西方的）。随着中国国家地位的不断提升和电影产业的快速发展，是到了改变这种状况的时候了。可以说，中国的理论创新、话语创新，从来没有面临过现在这样的机遇，也从来没有像今天这样迫切。在中华民族伟大复兴的事业中，以电影为龙头的文化产业扮演着非常重要的角色，它要求思想和行动比翼双飞、理论和创作齐头并进。具体到微电影，不仅它的概念是由国人创造的，而且它近年的主要发展也在中国；尤其是在它生长发展中的诸多重要理论和实践问题，都在中国电影理论批评界近年的研究中得以爬梳和深化。这些或新的开拓，或更有力度的阐述，既拓展了微电影研究的范畴，也呈现了中国理论批评界的眼界和胸襟。而它的文化意义也正在这种探讨中愈益彰显出来。

首先是电影文化视阈的开拓。

众所周知，微电影的流行得益于网络和科技的发展，从制作看，只要有创意，拿起数码影像机就可以拍；从观赏看，只要有网络、有电脑、有手机的地方都可以看——由是，门槛低，成本小，灵敏度高，参与性强，成为其无可替代的优势。这一系列优势，有的在传统电影视野之内，有的已超越传统电影的边界。也就是说，研究微电影，单单研究电影或艺术是不够的，还要和科技的进步、和互联网的普及渗透联系起来。虽然微电影本质上还是电影，仍然必须遵循电影艺术的基本规律，具备电影艺术的基本语言和修辞手法，但由于审美把握的认知方式、审美创造的生产方式以及传播和观看方式的不同，微电影又有其自身独特的创作规律。这些规律奠定了微电影赖以立身存命的基础，也重塑和开拓了影像艺术的疆域，是微电影艺术创造的潜力所在。因此研究微电影不能就电影谈微电影，必须跳出电影才能看清微电影。比如微电影的思维方式、微电影的创意叙事、微电影的表达策略、微电影的技术支撑、微电影的媒介属性、微电影的传播平台、微电影的品牌渠道、微电影的公益价值，以及由此引申出来的微电影与大众文化的关系、与当下社会的关系、与网络观众的关系，等等，都应纳入我们的视野。以前，我们研究电影的视野比较局限于银幕和影像，现在需要我们把目光投向整个变化了的新的社会，面对新科技革命带来的各种机遇和挑战。微电影的这种类似转基因的艺术特质，决定了它必须挣脱约定俗成的电影话语体系，而更多地使用属于自己个性创造的微语言。这种语言，既要摄取传统电影的生物

基因，又要有效突破传统电影业已形成的种种范畴，重组视频影像和新旧媒介的各种可能，发挥制播兼容与主客一体的综合优势。由是，微电影与传统电影的对列，构成一个开放系统；微电影自身各要素的关联组合构成另一个开放的系统。作为一门整合度很高很强的艺术，开放、杂糅、混搭、新媒体和成像技术、影像艺术的紧密结合成为微电影的重要特征。这又在很大程度上满足电影艺术自身提升的需要，推动电影艺术新的发展。如果把微电影的传播流布比作联通四海，传统电影的发行放映充其量只能看作奔走江河（在我国，一部传统电影的观众充其量为几百万人次，一部优秀微电影的观众人次可以达到几千万，甚至过亿）。更为重要的是，"在媒介融合的背景下，微电影的传播渠道不但提供了传播途径，同时也影响着微电影的形态"[31]。也就是说，传播渠道、传播方式的开放性、多样性和大众性，为微电影带来了传播内容创意性和革命性的变化。一次思想的碰撞，一个独特的感悟，一段生活的场景，一番自我的省察，一种哲学的探究，一次人生的思考，一些被遮蔽的人物，一种文化精神的建构，都可以纳入微电影的视野，都可以转化为微电影的视像。由此，我们从微电影中看到了许多传统电影无法或无意表达的思想和生活内容，思接千载、视通万里，而收看的灵活性、自主性和随意性（微时长和碎片化），又带来大众审美角度的变化和审美经验的更新，反过来促进内容的扩张和形式的进化，使得电影的疆域在有形、无形中得到极大延伸，开拓出新的森罗万象的天地。

其次是电影文化品格的塑造。

无须避讳，从其形成的历史来看，微电影直接起源于广告与视频短片。我国第一部公认的微电影《一触即发》，本身就是一部凯迪拉克公司的广告片。实际上，近年来除了少量艺术同仁的微电影，大多数的微电影均是由地方政府、企业或社会资金支持、资助的，他们投拍微电影的目的在很大程度上是获取名分或商业利益。从这一点看来，微电影的商业性几乎是天然的。但"电影作品除了是一种实体商品之外，也是一种符号性的创作产物，包含了艺术性以及文化的原创性和唯一性，它的核心价值是需要消费者通过体验而获得的象征价值。因此，各种文化意涵以及社会价值的传递是电影价值链中不可或缺的价值增点"[32]。可以这样说，没有经济价值，微电影将釜底抽薪，难以为继；没有文化品格，微电影会失去灵魂，行之不远。如是，平衡商业与艺术、经济与文化的问题，对于微电影发展及其研究来讲尤为重要。

对于微电影，文化品格之所以不可或缺，一是因为微电影作为一种介质将文化与社会联系起来，借此也使微电影从商品转化为文化产品，获得了第二重生命。二是因为文化意涵的生成与表达直接影响到微电影产品的质地与水准。在新媒体条件下，电影的创造、生产、传播与消费不再是一个简单的线性过程，生产和传播互为关联，创作与消费相互影响。创造并非只是出于个人本能的真实需求，而且受到社会外在力量的影响和支配；而消费不仅受生产的制约，它还具有文化创造的意义。精神生产在本质上就是人的思想、观念和意识的生产，它是人类文化生产的重要组成部分。特别是，借助移动终端或视频网站这一平台，微电影可以"同时完成一部作品的创造与消费，文化的创作者和消费者则可以是同一个人"[33]。正如《第三次工业革命》的作者里夫金所指出的，数以亿计的年轻人都在生产和分享创造，"他们自己录制短片放在You Tube上，自己写新闻、书籍发布在社交媒体上，甚至以接近零边际成本来制作自己的电子书。人们变成了产销者”[34]。这一转变，对于电影乃至整个文化产业发展的意义是十分重大的。可以毫不夸张地说，微电影生产极大地解放了电影艺术生产力。在微电影出现之前，传统电影创作受到的制约条件很多（在传统的七大艺术中，电影可以说是受限最多的艺术形式），从前制的创意到剧本创作，从筹拍经费到租赁设备，从确定导演到成立剧组，从寻觅基地到前期拍摄，从后期制作到发行放映，环节众多，手续繁复，因而能够有条件从事电影创作的人数极为有限，电影艺术的创造力被局限在有限的资质范围内。微电影打破了这一定式格局，以特有的自由、自主、灵活和便捷，颠覆了传统电影的思维方式和生产方式，拓展了电影文化的生存空间和发展空间，创造出社会成员、草根网民对于艺术世界的普遍占有，使电影真正从少数人的专利中解放出来，还原了人类艺术的本真。对于电影这一以创作和创造为核心的产业来说，各种人力资源的整合和各种价值环节的结合，各种思想的碰撞和各种智慧的衔接，不仅将增强电影产业的竞争力，实现电影的价值增值，并且将有效地促进文化艺术潜移默化走进草根民间，成为人民日常精神生活的一部分，成为时代进步的一种表征。人是我们建设物质文明和精神文明的目的，也应是艺术生产和消费的目的。在中国现当代影像史上，从来没有一种样式，与人民的关系如此广泛地紧密相连；从来没有一种变化，与民生、民主、民权的发展进步如此相生相随。根植于民间的微电影，与基层普通劳动者有着千丝万缕的联系，必然要求尊重人民的主体地位，聚焦人民的实践创造，表现人民的精神情怀。它的成长变革，生生不息，将使电影艺术始终保持旺盛的生命力，并通过人们对世界切近的艺术观照，最终推进和实现全体人的“自由而全面的发展”。

再次是文化价值的延伸。

众所周知，消费也是生产，因为消费生产出新的生产需要和生产动机。电影的再生产就是依靠成千上万的观众消费来维系的。现代电影观赏大都是在豪华电影院或特定的放映场地完成的，需要支付一定的货币，需要相对完整的时间，伴有一种集体仪式感和归宿感。这就容易造成错觉，好像人们只有在这种群体消费中才能得到社会的体认和心理上的满足。而微电影的观赏显然更加自由开放，只要有碎片化的时间，在家庭、餐厅、车间、教室、宿舍，甚至田间、地头都可以进行，加上无须付费和结伴，消费更多地成为闲暇时间的一种自娱自乐、随心所欲的去功利化行为。与之相联系，消费强制逻辑在这里也失灵了，人们无须再被有形或无形的社交消费、话题消费、面子消费等所绑架。剔除了各种虚假的符号价值，真实的消费需要成为首选。照理说，电影消费本当是一种有文化的、有意味的、有情趣的精神活动，但是在很长一段时间里，电影消费主要成为人们无名欲望的宣泄和窥视心理的展览。只要看一看《小时代》系列的门庭若市和《百鸟朝凤》等艺术电影的门可罗雀，我们便会略知一二。对此，生产者当然不想承担责任，消费者也是大喊冤枉。其实，需要包括历史地自行产生的需要和社会要求的需要。从某种意义上说，正是生产与消费的“合谋”，酿就当下电影的多重尴尬和严重困窘（一方面，电影内容越来越低俗化；另一方面，电影观众越来越低龄化）。微电影的出现，有助于解构这一“生产的幽灵”（鲍德里亚语）。随着电影消费过程的愈益自主和自由，必然呼唤新的更高品质的电影消费生产和消费文化，必然打破眼下这种轻电影、IP电影一统天下的局面。也许，这一良性局面的呈现尚待时日。但是，创造角色与消费角色的合二而一，物质消费与精神创造的融会贯通，更加自主的创作激发，更加自由的观赏阅览，更高品位的消费生产，必将给正在创造新生活的人们带来新的欲求和新的期盼。

其实，电影从影戏走向影像，从呆滞走向灵动，从生涩走向成熟，一个重要标志就是对于时空关系的处理更加自如，影像造型更加富有创意，也就是从单纯的物理关系里解放出来，从程式化的影戏束缚中挣脱出来，获得艺术的、创造的自由。微电影起步和成长于电影相对成熟与发达的时代，自然超越了对于时空认识、影像造型的青涩和混沌，直接进入了时空要素错综交织，声光色相辅相成的电影自由王国，而且因为后发和容量的规制，微电影的镜头内涵往往更加丰富，画面组合常常更加自如，时空关联往往更加凝练，新的创意层现迭出，新的表征异彩纷呈，显现出独特的文化价值。这种价值并非电影与生俱来的标配，而是百多年积铢累寸之后合乎规律的创造性的发轫。我们看到，在微电影面世以来时间不算长的快速发展中，创作队伍愈益集聚和壮大，有的微电影创作者本身就是屡有建树的电影工作者，对电影的各种艺术手法驾轻就熟；有的微电影创作者出身草根、白手起家，正在努力熟悉和了解电影的各种表现手段，使微电影生产水平持续得到提高。更难能可贵的是，无论是名人微电影还是草根微电影，都已不再满足于已有的电影经验与手法，而在新的创意和表达上作出了巨大的、不懈的努力。电影的发展既和科学技术的进步紧密相连，也和人们认识世界的方式环环相扣，随着思想和技术的不断发展，特别是互联网技术的突飞猛进，新的手段、新的表现方法层出不穷，新兴的微电影在此过程中创造和积累的新的思想技法（包括内容创意、表征方式、传播手段、运作模式、平台渗透等）将大大丰富电影艺术思想方法技术的宝库，进而带动整个审美把握和审美创造方式发生革命性的变化，开创人类影像认知和影像艺术生产的新生面。

总之，探讨微电影的创作特征，研究微电影的发展规律像是一个窗棂，折射出中国电影理论批评新的历史方位：文化视阈的发掘——开疆拓土，文化品格的塑造——返璞归真，文化价值的延伸——跨越时空。据此可以预期，微电影的发展与探索正未有穷期。而在这个过程中，中国电影理论批评完全可以引领潮头，为世界电影文化的发展作出自己的贡献。

注释：

[1] 周星：《当下微电影发展的考察与思辨》，《艺术百家》2015 年第 2 期，第 61 页。

[2] 徐莹：《微电影的起源、发展和分类》，邱昌员、焦中明，等编：《认知传播学》，南昌：江西高校出版社，2015 年，第 57～58 页。

[3] 百科百度：微电影。http://baike.baidu.com/view/4342291.htm.

[4] 转引自王樽：《微电影，内核仍是“电影”》。[2012 年 7 月 13 日] http://www.sznews.com/culture/content/2012-07/13/content_6941326.htm.

[5] 徐杰：《大数据时代下的新媒体电影的呈现与问题》，《影视艺术》2015 年第 1 期，第 18～19 页。

[6] 李建强：《微电影本体论之辨析》，《电影新作》2016 年第 1 期，第 50～52 页。

[7]《马克思恩格斯选集》第 2 卷，北京：人民出版社，1995 年，第 43 页。

[8] 钱穆：《中国历史研究法》，北京：生活 · 读书 · 新知三联书店，2001 年，第 134 页。

[9] 徐亚茜:《微电影的美学特征》,《新闻研究导刊》2015年第1期,第33～34页。

[10] 杜雄、赵威:《南充文化产业航母》,《南充日报》2013年12月12日,第4版。

[11] 转引自李简瑗:《微电影的特殊美学》,《西南交通大学学报》2014年第2期,第51页。

[12] 李建强:《微电影生产四重奏》,《电影新作》2015年第5期,第24页。

[13] 参见杨晓林等:《微电影艺术导论》,北京:中国电影出版社,2015年。

[14] 王静:《自媒体微电影的叙事特征论略》,《北京电影学院学报》2016年第1期,第49页。

[15] 杨琪、王军:《新媒体语境下微电影的艺术手段研究》,《传媒》2016年第6期,第92页。

[16] 初云玲:《叙事学视角下微电影的审美特征》,《电影文学》2016年第2期,第15～16页。

[17] 汤亚、李依柔:《中国微电影叙事时间及空间研究》,《视听》2016年第1期,第31～32页。

[18] 梁天明、史枢:《试论微电影的叙事艺术》。参见《微电影的本体探究、研究现状、创作方向——中国微电影发展学术研讨会综述》。http://www.ahyswh.com/List/1209.html.

[19] 参见[美]曼纽尔·卡斯特:《网络社会的崛起》,夏铸九、王志弘,等译,北京:社会科学文献出版社,2001年。

[20] 童加勃:《微电影如何走向成熟和壮大》,《观察与思考》2014年第6期,第26页。

[21] 卢伟、张昆:《中国微电影发展困境及出路》,《今传媒》2015年第7期,第54页。

[22] 杨晓林:《微电影的同特征、分类及传播》,《民族艺术研究》2015年第4期,第28～30页。

[23] 李建强:《微电影研究有愧于微电影生产》,《电影新作》2005年第3期,第37页。

[24] 谷光伟:《 微电影乱象之下的对策》,《视听界》2016年第1期,第111～112页。

[25] 周星:《当下微电影发展的考察与思辨》,《艺术百家》2015年第2期,第61页。

[26] 舒克:《微电影·微时代·审美把握》。http://i.mtime.com/shuke/blog/7928417/.

[27] 陈瑜、龚金平:《中国微电影创作的现状及发展方向》。参见《微电影的本体探究、研究现状、创作方向——中国微电影发展学术研讨会综述》。http://www.ahyswh.com/List/1209.html.

[28] 王舒:《论微电影"四微"特征下的内容策略》。参见《微电影的本体探究、研究现状、创作方向——中国微电影发展学术研讨会综述》。http://www.ahyswh.com/List/1209.html.

[29] 赵谷:《微电影在创新发展中需要解决的三个根本性问题》,《大众文艺》2016年第1期,第217～218页。

[30] [匈]贝拉·巴拉兹:《电影美学》,何力译,北京:中国电影出版社,1982年,第28页。

[31] 冯丹阳:《媒介融合背景下微电影传播渠道探析》,《当代电影》2015年第7期,第192～194页。

[32] 杨柳:《电影业国际竞争力评价研究》,上海交通大学博士学位论文,2013年,第59页。

[33] 杨柳:《电影业国际竞争力评价研究》,上海交通大学博士学位论文,2013年,第60页。

[34] 转引自张军:《走进边际成本为零的社会》,《文汇报》2015年8月14日,第T13版。

中国当代黑色幽默电影风格的类别与叙事特征

修　倜

（华中师范大学文学院/湖北文学理论与批评研究中心，湖北武汉，430079）

内容摘要： 黑色幽默是喜剧美学中一个较为另类的概念和范畴，它打破了传统喜剧"无害性"的戒律，将极端荒谬背理的黑色基因注入喜剧，造成了恐怖与滑稽交融的双重美学效果。中国当代黑色幽默电影在总体风格上与欧美同类电影相近，但又呈现出不同的个性特色，大体上可区分为三种具有不同叙事特征的风格类别：写实体直面生活的本真面目，以种种修辞手法引发思考，在啼笑皆非乃至悲喜泯灭中营造震惊之后的沉思和内省；戏谑体以假定性和游戏化见长，在玩世不恭的外表下透发出辛辣的反讽；隐喻体表现性特色鲜明，以象征性的审美意象激发受众联想和想象，造成多元化和多义性的审美效果。

关键词： 中国当代；黑色幽默电影；风格类别；叙事特征

从西方喜剧美学的源头来看，早在古希腊时期，柏拉图就曾谈到，苏格拉底认为"滑稽可笑在大体上是一种缺陷"，亦即"简直不认识自己"的"无知"，他特别强调"没有势力者的无知就是滑稽可笑的"，而"强有力者的无知，无论是实在的还是伪装的，有伤害旁人的危险"，因而人们不敢耻笑[1]。其后，他的学生亚里士多德更明确地将滑稽定位于丑的一种，认为"滑稽的事物是某种错误或丑陋，不致引起痛苦或伤害，现成的例子如滑稽面具，它又丑又怪，但不使人感到痛苦"[2]。于是，喜剧对象的"无害性"一锤定音，规范和影响了其后两千多年的喜剧美学观念和喜剧创作。因此，传统喜剧大都在"无害性"的范围内讽刺和嘲笑人物性格、行为的丑陋，即使是笑中含泪的喜剧，最终也毫无例外地走向"大团圆"的结局。中国传统喜剧无论是肯定性还是否定性的，也大都呈现出类似的特征。直到黑色幽默的出现，才打破了传统喜剧"无害性"的戒律，喜剧艺术的表现领域、人性深度和叙事风格也因此而得以拓展和深化。

黑色幽默将极端荒谬背理的黑色因素注入喜剧，由此引起了喜剧基因的变异：喜剧对象由"无害的丑"畸变为异化现实中"有害的恶"；在荒谬生存环境的压抑下，喜剧人物的性格缺陷走向极端的偏执和怪异；本可在理性范围内化解的背反性矛盾被推向不可理喻的悖论；喜剧的审美效果也由轻松或略带苦味的幽默质变为恐怖与滑稽的交融。这些不可逆转的变异基因渗透在各个艺术门类中，与不同的媒介特性和艺术手段结合起来，形成了一种以黑色幽默为标识的另类美学风格。联系电影艺术的创作实践来看，英国导演斯坦利·库布里克1964年执导的《奇爱博士》可谓黑色幽默电影的开山之作，之后欧美的同类电影诸如《低俗小说》、《两杆大烟枪》等，大都体现出上述恐怖与滑稽交融的叙事特征和风格倾向。中国当代黑色幽默电影的出现晚于欧美二十余年，影片的数量不多，在总体风格和叙事特征上与欧美电影既大体接近，又不尽相同。大体而言，中式风格的黑色幽默电影大多不像欧美电影那么写实，由此产生的恐怖感和焦虑感也有所弱化。

美学风格是一个高概念，用以指称作品内容与形式高度统一中所体现出来的代表性特点。风格说到底是作者创作成熟的标志，是作者创作个性和才能的体现。不同的创作个性和才能的发挥形成了多样化的创作风格，一方面，风格可以因人而异，在其一系列作品中体现出某种具有代表性的特点，此为作者风格；另一方面，同一个作者也可以创作出不同风格的作品，作者不同而风格相近的作品聚合在一起，则形成了某种类别风格。可见黑色幽默电影绝非铁板一块，还可以区分出不同的风格类别，而风格类别的划分也不是绝对的，每一种风格类别的影片都带有自然的色调和色差。风格类别通过影片具体的叙事内容和叙事手法体现出来。构成风格的因素是多方面的，风格的类别只能就其主导的审美倾向大而划之。由此出发，本文主要在作品风格而非作者风格的层面上，大体上将中国黑色幽默电影风格区分为写实体、戏谑体和隐喻体三种类别，并结合具体的文本分析，深入探究和把握它们各具特色的风格类别和叙事特征。

一、凝重深沉的写实体风格

在中国当代，写实体的黑色幽默电影主要有：黄建新的《黑炮事件》（1986）、张艺谋的《活着》（1994）、姜文的《鬼子来了》（1998）、陆川的《寻枪》（2002）、宁浩的《疯狂的石头》（2006）、管虎的《斗牛》（2009）等。这类电影的叙事内容贴近生活的本真面目，敢于直面现实的残酷和人的劣根性，表现手法注重写实，叙事风格凝重、深沉，最能体现黑色幽默的真髓，往往使人在恐惧、焦虑而又滑稽可笑的复杂感受中洞见事物的荒谬本质。

从叙事内容来看，写实体的黑色幽默电影所选择的叙事对象大都是异化现实中造成严重伤害的事物，这些事物的深层都蕴含着极端荒谬背理的因素，其“伤害性”使人心生恐惧和焦虑，感到无比的压抑和沉重，而理性无法穿透的荒谬性又使人觉得荒唐可笑。恐惧与滑稽的交融令人啼笑皆非，乃至悲喜泯灭，由此而产生震惊之后的沉思和内省。

《鬼子来了》堪称此类电影的典型。影片讲述了抗日战争末期，鬼子于投降前后残忍屠杀挂甲村全体村民的惨剧。地处偏远的挂甲村原本没有介入战争，而临近过年之际，村民马大三夜晚偷情时突然被敲门声惊醒，蒙面人用枪顶着他的脑门儿留下了日本兵和翻译官两个俘虏，要求代管、代审，留话几天后取人，此后便杳无音讯。由于事关全村人安危，马大三和村民好吃好喝喂养着两个俘虏，丝毫不敢怠慢。日子久了，如何处决两个俘虏成为难题。马大三生性怯懦，哭着不愿下手，费尽周章请来的枪手和刀客也故意失手，反说俘虏命不该绝。半年之后，巧舌如簧的翻译官和日本兵提出以俘虏换粮食的招数并引诱村民上钩，马大三和村民居然深信不疑，爽快地签订了交换合约并签名按了手印。日俘花屋小三郎被俘半年却没有自裁，反而活着归队，这让日军小队长及下属大为震怒。卑鄙的翻译官为自保而建议爽约，小队长却不动声色，不仅下令按和约执行，还额外奖励挂甲村四车粮食，并特别交代粮食送到挂甲村后日军要邀请全体村民大联欢，村民一个人都不能少。联欢会开场后看似一派欢乐，实则暗藏杀机，而浑然不觉的挂甲村村民却信以为真，开怀畅饮，老迈的族长五舅姥爷和年近花甲的八婶先后唱小曲助兴。日军小队长询问马大三为何没来，村长毫无防范，竟拍着小队长的肩膀笑着向他解释，还安慰他不要害怕。小队长却陡然变脸，以怀疑马大三有可能为八路军送信偷袭日军为借口而下令大开杀戒，一个不留。刹那间，整个挂甲村生灵涂炭，一片火海，那场面残暴至极，惨绝人寰！而此时的马大三还在接鱼儿回村分粮的小船上，他眼睁睁看着这场灾难而无比震惊。随后是一场闹剧上演，日军投降后国军接管了战俘，马大三以卖香烟作掩护冲进日军战俘营砍杀鬼子时被国军抓捕，国民党军官宣判马大三死刑并立即砍头示众，而行刑的刀手竟然是马大三为其治伤喂饭达半年之久的鬼子花屋小三郎。随着花屋手起刀落，银幕上一片血红，马大三滚落在地的人头眨了几下眼睛才最终闭上……

如此惨烈的灾难性事件何以平生出黑色幽默的意味呢？这显然与影片的叙事手法密不可分：即以写实性的镜语为主，运用某种修辞手法造成间离性审美效果而引发思考，借以揭露荒谬事物的内在矛盾及其与主体审美观念相背反的非理性特征。康德曾谈道："在一切活泼的撼动人的大笑里必须有某种荒谬背理的东西存在着。"[3] 所谓"荒谬背理"其实包含着双重的背反性矛盾：一是事物自身的内在背反性，二是审美客体与审美主体之间的背反性，这双重背反性矛盾的叠加，构成了喜剧性的核心骨架，也是滋生黑色幽默滑稽感的内在动因。《鬼子来了》正是运用以下几种手法，来达到黑色幽默的喜剧效果：

（1）重复蒙太奇。影片开场便是"鬼子来了"的片名和字幕叠印在随风抖动的太阳旗上，之后的镜头是：鬼子队伍踏着军乐节奏迈着整齐步伐路过挂甲村，骑在马上的队长停下来，故作亲昵地向路旁的孩子发糖、套近乎，而转过头来便凶相毕露，恶狠狠地呵斥匆匆赶来的村长，还比画着手势说，再晚来就打你的脸，瞬间便是两副面孔。该镜头以重复蒙太奇的方式间隔性地多次出现，其意何为？究其实，这一看似漫不经心的场面结构，正是通过重复蒙太奇手法的运用，而转换为带有游戏色彩的警示符号。意在提醒国人警惕鬼子伪善中包藏的祸心。结尾处的大联欢和血淋淋的大屠杀则使此前这种不断重复的游戏化警示，上升成为一种深刻的黑色幽默的审视。再就是，影片反复出现疯子七爷的镜头，每当马大三和村民对如何处置两个俘虏无法决断时，卧病在床的七爷就会激愤地用手比画着喊叫："一手一个捏死俩刨坑埋了！"这也是重复蒙太奇的妙用。其实疯子不疯，他比挂甲村所有的村民都清醒，反抗性也最强。最终，他的预言成真，愚善果真"要了全村人的命"。当全村人惨遭屠杀时，只有疯子艰难地从床上爬起来，摸到枪，向鬼子射出了愤怒的子弹。正常人眼中的疯子最清醒，自以为是的正常人反而最愚蠢。这种颠倒常态，不合逻辑的重复蒙太奇运用，使影片的黑色幽默来得痛苦而深刻。

（2）幻构修辞。最初刚被马大三关在地窖里的花屋小三郎大喊大叫，一心求死，这时影片插入了一个幻觉镜头：马大三和一众村民身穿日式棉袍手持日本军刀慢动作飘飘然杀将过来。由此揭示出花屋小三郎色厉内荏的真实心理：他认定自己必被处死而惊恐万状，所以用虚张声势来掩盖和缓解内心的恐惧和紧张。而真实的境况却是：马大三等竭尽全力在善待他，每天给他喂吃喝、端屎尿、治伤换药，还绑上厚厚的棉被，谨防他受冻、自伤。而且马大三生性怯懦，他压根儿就不愿也不敢去杀人；他的相好鱼儿还怀着身孕，也生怕因马大三杀人而生下鬼胎。运用幻构镜头，揭示人物内在与外在的矛盾背反，使观众对人物的可笑性有了别开生面的认识，同样产生出较好的黑色幽默效果。同时，也与影片揭示的鬼子们伪善与残暴的嘴脸形成相对应的另一面，即外强中干、贪生怕死的嘴脸。此外，在翻译官的误导下，花屋小三郎恶狠狠地叫喊着爷爷奶奶过年好，试图用最恶毒的咒骂激怒马大三，其语气和语义自相矛盾，令马大三和鱼儿一脸的困惑。这也可以看作一种“非幻构”的幻构，人物相互之间由于语言的隔膜而形成的误识和错位，构成了互为“假象”的双重的背反性矛盾，黑色幽默的滑稽感即由此而生。

（3）间离效果。影片中有三处明显的插入镜头，这里分析其一：马大山和几个村民驾着驴车将两个俘虏护送至日军据点，鬼子小队长猝不及防而恼羞成怒，他隐忍着怒火与同僚和下属商量如何应对。此时此刻，挂甲村驾车的驴子突然发情，扬起前蹄就干上了鬼子的战马，马大三等慌忙去拉驴，为自家驴子的冒犯和失礼而连声道歉。这个信手拈来的插入镜头简直是神来之笔，由此造成的间离效果是引发观众的联想和思考。它使人联想到鬼子受辱的心态。日本文化是一种“耻感”文化，日本人最看重“名誉”，并执着于“武士道”的精神信仰，不惜为名誉受损而残忍报复或付出生命的代价。按照鬼子的思维逻辑，日本兵在中国应以杀害“支那猪”效忠天皇为荣，花屋小三郎被俘而名誉受损，理应秉持武士道精神而自裁，可是他不仅活得好好的，还与中国人签订了以人换粮的合约，这岂非奇耻大辱！而中国人没有处决花屋小三郎，反而把他送了回来，这不仅是有意羞辱日本人，还可能另有所图。鬼子如此荒谬的思维逻辑明显与马大三们以己度人的愚善和天真的幻想构成错位和背反，也昭示着事态的恶性发展，让人深感滑稽而又恐怖。

（4）色彩偏重。影片的基调是黑白色，全片基本上运用黑白镜头，唯有在马大三人头滚落的一刹那银幕变成了血红色。这浓墨重彩的一笔使马大三从一个愚善的懦夫质变为一个顶天立地的孤胆英雄，一个有正义感、有血性的大写的人，他那凛然的正气和蔑视的眼神完全压倒了高举屠刀的花屋小三郎，也令周围鬼子们无不胆战心惊。如此震撼的结尾让人久久难以释怀，它最终抛向观众的是一个何谓人性和正义的思考：按照正常的思维逻辑，鬼子的暴行震惊并激起了马大三的血性，复仇正是他人性觉醒的正义之举，而宣判他死刑的国军军官却不仅指责马大三“毫无人性”，还把行刑权交给了刚刚屠杀过中国人的日本鬼子，致使被授权的花屋小三郎再次举起屠刀砍向中国人。由此构成一个悖论性的矛盾：血债累累灭绝人性的日本罪犯反而被授权以正义的名义砍杀中国国民，而授权者竟然是混淆是非、颠倒黑白的所谓“国军”！这一通过红色来加以强化的彩色镜头，实际上是一个修辞性隐喻，它蕴含着两个层面的内在含义：一方面突出了国民党、“国军”祸国殃民的罪恶行径，另一方面则喻示了中国老百姓从最初的愚昧无知、善良忍让到认清敌我、奋起抗争的历史进程，尽管这一进程打上了浓郁的黑色效果，令人因强烈的荒诞感而心酸而心寒，但它仍不失为对历史面目的一种别样揭示和深刻思考。

其他与《鬼子来了》同类的黑色幽默电影，所叙之事也都存在着或多或少的“伤害性”和“荒谬背理性”，同时影片的叙事方式也在总体的写实基调中，因融入某种个性化手法而呈现出不尽相同的个色。如《黑炮事件》，就是一部融入了表现主义色调的写实体黑色幽默电影。影片讲述了某现代化工厂的总工程师赵书信因一颗小小的棋子引起政工部门怀疑而被立案审查，最终导致刚引进的大型设备报废，给国家造成了重大的经济损失。其荒谬之处在于，虽然历史的脚步已经跨入改革开放的 20 世纪 80 年代，而某些陈旧的思想观念仍在按惯性运转时时掣肘。那些“恪尽职守”的政工干部们依然紧绷着阶级斗争的弦，以灵敏的政治嗅觉从赵书信“寻找黑炮”的电文中发现了阶级斗争的新动向，并出于对赵工政治上的关心将其调离重要工作岗位。对于由此造成的重大经济损失，政工干部们却并不承担任何责任，因为他们全然是一片好心且极其认真负责，所以你谁也怪罪不得。而这份所谓的“好心”实质上是莫须有的加害，是对人的尊严的亵渎和对人的权利的剥夺。影片在写实的基础上吸取了种种表现主义手法，如夸张变形的空间造型（两次会议的场景），非平衡构图（画面信息呈对角线分布的足球场），强烈的色彩对比（不同色调的红、黄色的运用），以及非情节性的穿插场面（流行歌曲、舞蹈表演），等等。影片在写实与表现之间过渡自然，由此烘托出一种危机潜藏的焦虑氛围，凸显了新的时代气息与陈旧观念之间的对比冲突，强化了黑炮事件的荒诞感。结尾处看似多余的表意性蒙太奇段落（“多米诺骨牌”），更是留下了凝重而又意味深长的思索空间。

影片《活着》的故事时间跨度很长，人物命运大起大落，颇为戏剧化，但是其叙事基调却是平实的、不动声色的。主人公福贵是个出身富贵人家的败家子，他输光家产，气死老父，沦落底层，却又因祸得福保全了性命。他诚惶诚恐地感恩新社会，唯恐落后于人，家庭却接连遭难，一对儿女先后惨死。儿子有庆死于大炼钢铁的年代，他强送睡眠不足的儿子去上学，儿子却躲在学校围墙根睡觉被活活砸死。女儿凤霞小时发烧致哑，“文革”中捧着红宝书在毛主席像前出嫁，生孩子时大出血急需抢救，而医院当权的红卫兵护士却手足无措，从牛棚里偷领出来接生的教授也因连吃几个馒头喝水后被撑晕动弹不得，福贵和家珍只能痛不欲生地眼睁睁看着女儿死去。在那个多灾多难的年代里，数不清的人间悲剧在上演，所有不该发生的事都顺理成章地发生了，仿佛一切都命中注定。而当走出那个年代再回头看的时候，你才会发现那悲剧的荒谬和滑稽，才能领略到它那从骨子里渗透出来的黑色幽默的意味。所以，《活着》既不追求镜像话语的花样翻新，也不刻意煽情，而是冷眼旁观、客观写实，娓娓道来，收放自如，凭借事物本身的荒谬背理性，自然而然地显示出黑色幽默的效果。

比较而言，在同为写实体的黑色幽默和同样的凝重深沉的前提下，如果说《鬼子来了》的黑色幽默带有某种凌空超拔的英雄主义色彩，《黑炮事件》带有某种表现主义的时尚意味，《活着》则带有返璞归真的平静和超脱，由此而自然呈现出个性鲜明的风格色调。其他影片亦如是：《寻枪》运用一系列的主观镜头来刻画马山焦虑不堪的心理现实，因此而营造出一种悬疑的色彩和氛围；《疯狂的石头》因一块来自厕所墙根的翡翠而引来了三拨窃贼（内贼、土贼和洋贼），人物之间纯属巧合的偶遇、误识和误杀，为影片带来了某种搞笑和狂欢的后现代特色；《斗牛》中的牛二是全村人遭日本鬼子血洗后唯一的幸存者，他为守护一头“八路牛”而陷入险象环生、死里逃生的生存境遇。较之于《活着》的平静和超脱，《斗牛》体现出更为顽强执着的抗争性生存意识。如此各具特色的风格色调为影片打上了不同的个性标识，同时也丰富了写实体黑色幽默电影的风格内涵。

二、玩世不恭的戏谑体风格

戏谑体风格的黑色幽默电影带有明显的假定性和游戏性。较之于写实体风格，同样是面对死亡和重大伤害，前者更为冷静和超脱，往往能够从精神和气势上压倒丑陋与邪恶；而戏谑体风格的黑色幽默则选择了玩世不恭的叙事态度，以游戏化的方式与死亡共舞，以调侃、嘲弄的手法造成对丑陋和邪恶的辛辣反讽，因而在审美效果上，戏谑体风格的黑色幽默玩笑性增强，而黑色的成分则有所淡化。冯小刚的《大腕》(2001)、彭浩翔的《买凶拍人》(2001) 是这类风格的代表。前者拿名人葬礼开玩笑，后者视杀人为儿戏，旨在同死亡做游戏，因而它们的幽默在实质上都是黑色的。

从叙事内容上看，此类影片同样具有深刻的社会批判性，然而面对生活中的丑陋与邪恶，它不是一本正经的批判和揭露，而是装疯卖傻、故弄玄虚，嬉笑怒骂、冷嘲热讽，由此建构设置的故事情节大都呈现为假定性和游戏化的表现形态，令人难以置信的荒诞怪异，匪夷所思。先看《大腕》，影片以戏中戏的方式讲述了中国下岗摄影师尤优为美国大腕级导演泰勒操办喜剧葬礼的荒唐事，整个故事的起因建立在“泰勒必死无疑”的假定性推断上。泰勒在中国重拍《末世皇帝》时遭遇创作危机而停拍，转而他便凭自己对中国文化的一知半解（佛教的转世说）突发奇想，委托他的中国雇员，即电影制片厂的下岗摄影师尤优为他操办一个喜剧的葬礼。然而这不过是泰勒心脏病突发前连口头合约都未来得及敲定的一句戏言，随后他就被送进医院抢救，重症监护起来。泰勒生死未卜之际，尤优便极其认真地忙活起来，他联络同学王小柱的公司承办，引荐泰勒的私人秘书露茜合作，绞尽脑汁开始了喜剧葬礼的创作构想，为泰勒死后转世投胎变成黄种人、黑种人还是白种人而争论得不可开交……而到真正需要资金投入的时候，尤优才得知泰勒根本没钱，于是他决定利用葬礼广告筹集资金，致使这场闹剧升级加码，愈演愈烈。那些闻风而来的广告商群丑毕至，各显奇招，上演了一场你争我夺的广告大战。全方位的广告插入铺天盖地，密不透风。整个葬礼的所有程序、泰勒尸体模型的每个部位都被广告商瓜分。重金请来的名演员为广告走场时抚尸痛哭，声泪俱下地诉说着泰勒因缺钙而致死的教训，提请人一定要购买某品牌的钙片；黑帮广告商更是明目张胆地打上门来，竟然强迫低沉缓慢的哀乐提速两倍变为欢快的节奏，为的是配合播出乐哈哈矿泉水的广告，让伪劣商品得以畅销。葬礼的行程也设定绕城几圈，以充分发挥广告效应。轰轰烈烈的葬礼筹备渐近尾声，而让人意想不到的是，泰勒早已从昏迷中醒来，他非常赞赏尤优的创意，由此激发出新的创作冲动。忍无可忍的露茜终于揭穿真相，王小柱和尤优一起进了精神病院，但是疗效不佳，改用电击疗法后尤优被迫说出实情：他因躲避广告商追债而装病，王小柱是真的疯了，所以很享受电击。戏中戏至此结束。镜头悄然转入泰勒新片，场景是宽敞的精神病病房，大幅世界名画的背景墙下插满了万国旗，不同国籍的精神病人在相互切磋，尤其活跃的是几个走火入魔的中国商界精英，喋喋不休地传授着精于算计的生意经。尤优也成为泰勒新片中的主角，并最终与露茜结为剧中情侣。泰勒拍完最后一个镜头后突然昏厥引来一片慌乱，原来这是他开的一个玩笑。随后影片再次推出末代小皇帝手持非常可乐的广告，之后才慢慢关上叠印着宝马车广告的大红门，留下了一个自我解构意味的玩笑式结尾。全片的假定性和游戏性昭然若揭，为影片带来了更为超脱的叙事自由，同时也留下了无尽的思考。影片虽然放在贺岁档期上映，但显然不只是为了喜庆和娱乐，剧情看似荒诞滑稽，实则直指当今消费社会中随处可见的异化现实和被金钱扭曲的人性。影片中那些滚滚而来的虚假广告，那些寡廉鲜耻、唯利是图的不法商人，那些相互利用沆瀣一气的关系户，借葬礼炒作情人演员名气的电视大鳄，得知泰勒复活而恨不能马上杀了他的葬礼承办人，威胁尤优为露茜收尸的黑势力，如此等等，无不是当今社会的真实写照，其道德沦丧和人性泯灭已经到了无以复加的地步，能不让人感到压抑和沉痛吗？可见其反讽现实的强度和力度。

再看《买凶拍人》，其假定性和游戏性也很突出。主人公 Bart 是个职业杀手，在全球金融危机的影响下，他杀了人却拿不到尾款，雇主也因投资破产而跳楼自杀。好不容易找到的新雇主是个奇葩，她不仅买凶杀人，还要求拍下杀人过程来欣赏以解心头之恨。Bart 使尽浑身解数拍下的视频效果不佳，而后碰到一个不得志的年轻人，这个毕业于纽约电影学院导演系的高才生，当了 5 年副导演却常常拿不到尾款而被逼卖毒，俩人一拍即合，很快成为最佳拍档。当上杀人导演的全哥像拍艺术片似的讲求专业效果，一丝不苟地做后期，因而深受雇主青睐。俩人配合默契，一手交货一手收钱，生意红火，一发而不可收。而出乎意料的是，他们最后接手的一桩黑道生意却横生波折。黑帮老大被阿雄出卖，临死前留下杀叛徒报仇的遗言，阿标被推举杀掉阿雄后当帮主。于是，阿标重金雇用 Bart 和全哥，要他们在阿雄生日宴会上干掉他，既要拍下杀人画面，还要录下“是标哥派我来杀你的”一句证言，借以确立阿标的帮主地位。然而实拍时现场发生意外，另一个枪手捷足先登突然将阿雄击毙，Bart 随即打死了这个枪手，全哥只拍到画面，却没能录到那关键的一句话。随后阿全大费周折请演员补拍，阿标也鬼使神差来到现场，对补拍提出种种想入非非的要求。最后阿标为了表现自己，竟然换上杀手的服装，真的开枪打死了扮演阿雄的演员，碰巧赶到现场的警察人赃俱获。最终，阿标被判刑入狱 33 年；而侥幸逃出的全哥如愿以偿成为独立电影的导演，他最擅长拍杀人类的影片，还获得了金像奖的最佳导演；Bart 依旧当杀手，不过不是在现实中，而是在全哥的电影里。买凶杀人在现实生活中确实存在，但凡正常人都会认定这是一种恶性犯罪，但是在影片中，雇主不仅买凶还要拍人，不仅自己欣赏，还在朋友中炫耀；而且杀手也被看作一种投入少（一颗子弹值不了几个钱）而收入丰厚的职业，所以全哥拍杀人像拍电影一样认真，Bart 的妻子催他多杀人补贴家用，岳母因为一点过节就让女婿去杀掉自己的牌友，岳父为遮掩自己的外遇竟然让女婿去杀岳母。可见影片的故事及其人物关系完全建立在假定性和游戏性的基础上，在表现形态上是非现实的，然而这个山寨版的杀人故事又异常深刻地折射出当今社会的异化现实和扭曲人性，造成强烈的反讽。

从叙事手法来看，这类影片主要以戏仿来制造滑稽感。戏仿以稍加歪曲的方式进行滑稽模仿，在原本与仿本之间构成一种背反性矛盾而引发喜剧效果。如《大腕》中尤优在讲述喜剧葬礼的构想时，就以动画方式插入了臧天朔弹唱《朋友》，泰勒转世后先后变为黄种人、黑种人和白种人的过程，使现实版的歌星和大腕导演与稚拙的动画形象之间构成了一种喜剧性的对比。泰勒的尸体也是以塑料模型展示的，满身都是见缝插针的广告。只见他身着标驴运动短装，左脚是标驴运动鞋，右脚是铁车尼皮鞋；手带梅地亚手表，脖子上挂一条杜十娘金项链；两只眼睛一睁一闭，带着一副杀手牌太阳镜，睁开的右眼去掉太阳镜片换上了硕士伦；嘴角则露出大清神茶的标签；头上的假发左边一半是用过的菲斯牌洗发水的，右边一半没用的则带有头皮屑……还有，影片中现场气氛近乎疯狂的广告竞拍、全车贴满广告的运尸车，666 牌香烟等大型广告的排练、两倍速加快哀乐节奏推出的乐哈哈矿泉水、报丧鸟广告等，显然都是对当今无孔不入的电视广告的戏仿。精神病院中那些不择手段赚钱发疯满口生意经的商界大款，精神病人选楼长的管理体制，等等，无不以戏仿的手法造成一种不伦不类、啼笑皆非的荒诞感和滑稽感。再如《买凶拍人》，开场中雇主破产跳楼自杀的镜头、人头滚落的抽象化符号作为杀人标志，均以动画和图形来演示，以此造成间离效果而淡化血淋淋的场面。影片中的杀人场面大都是玩笑式的戏仿，最后那场杀人戏尤其突出：为了达到最佳拍摄效果，整个杀人的过程多次补拍走场，还把两只深色的鸽子染成白色在拍摄中放飞，这既是对真实杀人行为的戏仿，也是对吴宇森暴力美学的戏仿。戏仿手法以及最终的大团圆结局，旨在增加喜感而淡化黑色，但是并未削弱其强烈的社会批判性。表面看来影片是玩世不恭的，然而它戏谑有度，骨子里是深刻的社会批判及辛辣的挖苦和嘲讽。

三、意味深长的隐喻体风格

隐喻体风格的黑色幽默电影明显带有某种表现性的特征，它往往通过具有象征性的审美意象的建构来激发受众的联想和想象，从而造成多元化的读解和多义性的效果。《让子弹飞》（2010）、管虎的《杀生》（2012）就是这种类型风格的代表。

从叙事内容上看，隐喻体风格的黑色幽默影片选取的多是造成重大伤害的题材，但它并不仅仅停留在伤害的表层，而是力图抓住某种带有规律性的特点和表征进行艺术化的夸张和强调，旨在刺激受众的审美想象而引发多种思考和理解。如 2010 年火爆银幕的《让子弹飞》，讲述了北洋军阀时期落草为寇的革命者张牧之冒充鹅城县长与当地恶霸黄四郎斗智斗勇的故事。影片开场就是打劫，张牧之和几个弟兄打翻了前来上任的县长马邦德的马拉火车，之后赴鹅城冒名上任，迎接他的不只有花姐的鼓阵，更有黄四郎的礼帽。接下来好戏连台：黄府团练教头武举人踢打下人以身试法，张某秉公断案；黄指使胡万激怒六子“剖腹验粉”夺人一命，张强忍杀子之痛赴鸿门宴见机行事；黄手下夜半出击打死夫人再夺一命，张反守为攻巧借葬礼抓捕黄替身和胡万；张扮筒子发钱给穷人，黄暗中调查并扮麻匪以假乱真，张识破诡计击毙胡万等6人；黄、张假意联手灭麻匪，激战中二哥被害，汤师爷被炸；张再回鹅城决战黄四郎，他发钱、发枪、打烂黄府铁门、砍下黄替身人头，最终带领民众攻下黄氏碉楼并迫使他自杀。这一连串惊心动魄的死战和硬仗都以快节奏的高清银幕形象活灵活现地展现出来，无不鲜血淋漓，惨不忍睹，带有浓重的“黑色”因素，而闪烁其间的巧问妙答和假师爷、真县长马邦德的插科打诨又在某种程度上淡化了黑色而惹人发笑，从而营造出一种带有姜氏风味的黑色幽默的审美效果。

影片的背景是民国，然而由于历史惊人的相似性，更由于影片颇为给力的暗示（“彼时彼刻恰如此时此刻”；“这叫比喻!”），自然引发了当下受众对各种政治隐喻的猜想和创造。影片被看作中国百年革命史的浓缩，张牧之曾经追随蔡锷，是一个具有坚定信念的彻底的革命者，一心追求公平正义，信奉以枪杆子打天下；黄四郎也曾混迹辛亥革命，返乡后便成为贩卖烟土无恶不作有钱有势的大恶霸，是革命者必须铲除的死对头；马邦德假冒的汤师爷则是卑躬屈膝寡廉鲜耻跪着挣钱的大骗子，他们之间的你死我活的争斗自然让人联想到当今社会反腐斗争中的改革派、以权谋私的既得利益者和见风使舵的两面派，并由此发掘出影片中各种突出的意象和喻义。姜文在访谈中坦言，观众对影片的各种解释都不叫过度，但是仅仅局限于政治隐喻就有些狭窄，“想象力太单一”，他认为“民国和当下都是道具”，影片主要是自己的“精神自传”。从创作角度而言，电影是诉诸视听感官的艺术，拍电影首先要讲好一个有观赏性的故事，然而姜文作为一个有思想、有情怀、有个性的导演，他会讲故事但又决不仅仅满足于讲故事，而总是有意无意地在故事的讲述中融入个人的思考、体悟和情怀，由此带来了影片个性鲜明的表现特色，也为受众留下了再创造和再思考的想像空间和精神空间。姜文说：“唯一在拍之前我们就知道的是：你只要刺激到，让他（观众）足够兴奋，他（观众）就可以想得各种没边没沿。”[4]可见，姜文的《让子弹飞》是很讲求如何“刺激到”观众并引发其审美想像的叙事技巧和手法的，这主要表现为以下两点：

（一）以重复手法建构象征性的审美意象而引发多重隐喻的思考和联想。(1)“一只苍鹰碧空盘旋”的空镜头在开头和结尾两次出现，分别隐喻着革命者的凌云壮志和不被理解的孤独和寂寞。(2) 马拉火车的镜头在影片的开头和结尾两次出现，使之成为中国新旧交替时代的象征，隐喻落后无脑的生产力与现代化技术和理念之间的不协调；此外，结尾处驶向上海——浦东的火车尾部，出现了貌似黄四郎和假汤师爷合体的身影，隐喻着历史的重演。(3) 帽子的隐喻。开头黄四郎迎接张牧之的是一顶坐轿而来的帽子，结尾处黄四郎覆灭前从碉楼上扔下的同样是一顶帽子。中国是一个官本位的社会，帽子的意象无疑是官位的象征，隐喻官场中人以官位定等级，以求同流合污，所以其眼里只有帽子。从黄、张二人的交谈也可看出，黄以帽子相迎，还许诺更好的帽子，实则试探、拉拢张，意在结党营私，瓜分权与利。(4) 肥胖笨拙、摇摇晃晃、盲目跟从的鹅的镜头多次出现，将“鹅城”民众的抽象概念化为生动形象的镜像，以此隐喻民众的愚昧和盲从。（5）枪和让子弹飞的意象成为姜氏暴力美学的表征。所谓“枪在手，跟我走”，“枪杆子里面出政权”是其坚定不移的信念；“让子弹飞一会儿”体现出持枪的革命者从容不迫的气度和自信。“枪击铁门”打出了革命者无坚不摧的信心和怒气，而那缺了一点的感叹号和问号，或许蕴含着革命者与民众沟通的困惑以及获胜后孤独前行的无奈与落寞。（6）花姐等恭迎县长上任的鼓阵，以激情澎湃的节奏对应着张牧之即将投入战斗的心情，也预示着前景的险恶；而后花姐等杀四郎的鼓阵和呐喊的镜头又两次出现，以欢快的节奏表明了战斗的决心和必胜的信念。（7）以机位和角度相同的镜头分别表现四哥、五哥、七弟、三哥、师爷、大哥轮流在六子墓前宣誓报仇的心愿，以拍摄时间的延续尽情宣泄压抑不住的愤懑和怒火，其后墓前高举“六”字手势的拳头造型先后出现了三次，使这个意象成为此仇必报的标志和象征。（8）一轮圆月下“万民伞倾倒”的镜头三次出现，隐喻着民众对任何充当保护伞的官府或领袖的绝望和不信任。（9）重要的事情重复说：“公平、公平，还是TMD公平”；“这叫比喻！比喻！比喻！比喻！”以重复突出重点，或成为点睛之笔。

（二）以大写意的笔法造势，触发观众领略姜氏黑色幽默的喻义和快感。张牧之和弟兄们扮麻匪往窗内扔钱，渲染劫富济贫的快感和喜悦；白银泻地彰显施惠于民的善意和诚意；满大街的枪支意在试探并唤起民众复仇的怒火和反抗的决心；结尾处蜂拥而至的民众持枪冲破黄府铁门奔向碉楼，那清一色的光膀子造型，旨在表现被武装起来的“衣”无所有的底层大众具有翻天覆地、冲决一切的气势和能量。

全片几乎句句设喻，六子剖腹验粉令人联想到当今现实中的开胸验肺；收税到“90年”以后，1920直通2010，隐喻历史和现实一样荒诞，那些搜刮民财、残害民众、鱼肉百姓的贪腐官员总是代代相传，阴魂不散，不绝如缕；站着挣钱和跪着挣钱的隐喻，也令人联想到当今市场中商业利益与人性品格的尖锐对立及其价值观念与赚钱手段的冲突。还有，十八星旗的巨幅背景墙下，张、黄、马三巨头和两大家族次第登场，为出征麻匪造势，令人想起巨幅星条旗下巴顿将军的出场，以土匪与恶霸之争类比于美国战神，可见其恶搞、反讽和嘲弄的喻义。

管虎的《杀生》在总体风格上也可归属隐喻体的黑色幽默。影片讲述了中国某长寿镇一个叫牛结实的外来户之子以恶作剧骚扰乡民而被全镇人合谋杀害的故事。从外在的故事层面上看，牛结实持续不断的恶作剧扰得小镇鸡犬不宁，他小偷小摸、占人便宜、引逗濒死的老寿星喝酒、迫使倒插门女婿改回自己的姓氏、偷窥他人家事甚至夫妻床事、在圣水泉洗澡甚至投放催情粉致使全镇人本性和情欲大裸露而无法自制，因此激起公愤，更有人利用这公愤而最终逼迫牛结实以谢罪服药致死来换取了儿子的新生。以个体生命死亡为代价的恶作剧成就了影片的黑色幽默，而故事的深层喻义则赋予影片意味深长的隐喻体风格。

从隐喻的角度来看，如果说《让子弹飞》浓缩了中国百年革命，《杀生》中的长寿镇则是中国封建专制社会的缩影。这个地处荒野群岭之间的建筑群，内部四通八达，自成一体，长流不息的泉水穿镇而过，左邻右舍彼此勾连，声息相通，长幼尊卑有序，构成了一个超稳定的封闭社会，然而它沉闷乃至僵化，缺乏自我更新的生机与活力，只能被动地延续寿命，以长命百岁为终极追求。牛结实作为外姓闯入者马三炮的后代，既是一个异类，也是自由天性的化身；哑女隐喻着专制社会中备受男权压制、被剥夺了话语权的女性，他们的自由结合则隐喻着人类生生不已、自我更新的生命力。牛结实随心所欲的恶作剧其实是人类自由活泼天性的自然流露，他从水中救出为长寿老人陪葬的哑女并使她受孕产子，正是其生殖力的证明，而被他戏耍调笑的一对无力于房事的小镇夫妻则反衬出人类自我更新的生殖力的可贵。专制社会讲求秩序和安定，因而小镇统治者视牛结实的自由天性为眼中钉，贪图安稳平静的居民也恨透了这个不安分的异类，于是全镇人结成了集体谋害牛结实的同盟。早就心怀宿怨的牛医生则被赋予了杀害牛结实的权力，他公报私仇，策划并实施了这场合谋杀人的闹剧，执意斩草除根。在逼死牛结实的同时，牛医生也因误食毒肉而口鼻流血，隐喻着害人者必害己的报应。另一外来医生则隐喻着现代科学理性，他以澄明的理性思维和逻辑推断揭开了牛结实冤死的真相。最终，在外来医生的帮助下，哑女迎着朝阳带儿子走出长寿镇；而不足百岁的长寿镇长患癌症去世，出殡时山崩地裂……隐喻着专制社会的瓦解和人的新生。

比较而言，《让子弹飞》隐喻是发散性的，大大小小依附于意象的隐喻随处可见，各个意象及隐喻既相对独立，又彼此连通，它们共同发力，构成了一幅散点透视的隐喻图谱；而《杀生》的隐喻则是整体性的，其核心的意象和隐喻作为特定的语境，赋予影片中人物及行为以特定的喻义，因而其隐喻之间的联系更为紧密，犹如环柱而生彼此相依的同胞兄弟。同为隐喻体的黑色幽默之作，《让子弹飞》打上了飞扬跋扈的个人英雄主义标记，尽显“人门下马气如虹”的气场和生猛不羁的创造力；《杀生》则因牛结实的违心悔罪和放弃生命，而在逐步低沉的回声中萦绕着一丝挥之不去的寒意。

注释：

[1]［古希腊］柏拉图：《柏拉图文艺对话集》，朱光潜译，北京：商务印书馆，2014 年，第 269～270 页。

[2]［古希腊］亚里士多德：《诗学》，罗念生译，北京：人民文学出版社，1962 年，第 16 页。

[3]［德］康德：《判断力批判》上卷，宗白华译，北京：商务印书馆，1985 年，第 180 页。

[4] 参见《姜文谈〈让子弹飞〉：世界就是长在误读的营养上》。[2011 年 9 月 28 日]http://ent.163.com/11/0928/15/7F23UN4G000300B1.html.

语言学研究

医患门诊交际中诊断的会话分析研究

牛　利

（信阳师范学院文学院，河南信阳，464000）

内容摘要：诊断是医疗互动实践的重心，是医患会话整体结构的重要组成部分，是患者期待的决定性时刻。本阶段中患者参与程度低，医生权威性体现明显。准确的诊断能很好地解释患者疾病的原因，对诊断一致性意见的达成又是合理治疗建议给出的前提。文章基于真实医患语料，以会话分析为理论框架，考察诊断阶段的位置特征、互动方式以及医生不同诊断类型对患者回应的影响等。文章发现，诊断任务不是由医生单独完成，其需要患者的互动回应与配合。医生对简单告知式的高频使用会导致患者对非扩展型回应的高频使用。本研究可为促进医患互动实践提供语言学实证支持。

关键词：医患；诊断；会话；分析

一、引　言

诊断是医院门诊中医生在病史询问、信息搜集完成的基础上，依据特定数据和专业知识对患者疾病所作的特定结论[1]。它处于医患会话整体结构的第四个阶段，是互动过程的重心，在医患交际中起着不可或缺的作用。准确的诊断能很好地解释患者的疾病原因，同时也是合理治疗建议给出的前提，而且具有预测功能[2]。

诊断的研究成果主要在国外。Byrne and Long 最早对社区基层医疗机构中的诊断进行了经典性研究。其以 2000 多个医疗采访案例为数据基础，考察了医生诊断风格以及患者在诊断过程中的参与程度[3]。也有学者探究了诊断中的医患互动、患者如何拒绝诊断、诊断的合理性，以及权威和责任的平衡等内容，取得了显著成果。总体来讲，国外对诊断的研究涉及语言学、社会学、心理学、医学等多个学科，研究成果全面且深入。相比而言，国内对诊断交际的研究相对薄弱，学界对该问题的关注度还不是很高，亟待对其交际细节及互动特征等内容进行考察。

医患互动交际中诊断处于怎样的位置？其特征如何？医生诊断类型有哪些？患者

如何对医生诊断进行回应？医生诊断类型对患者回应会产生哪些影响？本文拟对这些问题进行考察，尝试以真实医患语料为基础，以会话分析为理论框架，细致分析医患双方于诊断阶段互动的细节特征和过程。语料源于某医院医患会话的实地录音转写，涉及内科、五官科、儿科等多个科室，形成了近十万字的书面语料。为研究之便，随机选取 70 个医患会话作为研究对象。语料转写采用 Heritage（2010）的转写系统[4]。

二、诊断的位置和特征

Heritage 认为，机构性会话不是杂乱无章、毫无次序的，其拥有完整的会话结构和有规律的序列组织，医患会话也不例外[5]。Byrne and Long 把医患会话整体结构分为六个组成部分：开头、病情陈述、病史询问、诊断、治疗建议和结束[6]。诊断处于整体结构的第四个阶段，在病情陈述和病史询问之后。医生依据前面搜集的信息和数据，对患者疾病作出专业判断，即给出相应诊断结论，诊断的确定又为下一步治疗建议的协商奠定了基础。因此，诊断在医患互动任务完成过程中起着承上启下的衔接作用。

医患会话不同于日常会话，其属于典型的机构性话语。机构性会话是以特定机构背景作基础的、由共享相同价值体系的个人代表组织实施的一种行为，其有独特的话语特征。医患会话整体结构六个组成部分在互动中出现的顺序不同、地位不同、作用不同、可缺省的情况也不同。诊断序列一般出现在会话后半部分，但也有出现于会话开头的案例，例如皮肤科疾病，患者某些症状表现在面部、手部等比较明显的部位，因此医生没有询问病史，而是直接对该症状进行观察，然后给出推断性结论。这时，诊断就处于会话结构的开头，这体现了科室间会话结构的差异性特征。机构性会话的另一个重要特征就是其有特定的机构性任务需要完成，医患会话的机构性任务就是发掘患者疾病原因，给出合理治疗建议，使患者得以康复。医患交际过程中，开头、病情陈述、病史询问和结束等序列结构都可依特定场景而省略，而诊断作为医患互动实践的重心，在任何医患会话结构中都是必不可少的。诊断不确定或不能达成一致性意见等情况，都会导致会话的延长或不流畅等交际问题，进而影响医患会话过程向治疗建议阶段的推进，医患互动的机构性任务就不能顺利完成。因此，诊断这一阶段性任务的完成，既可对患者疾病原因进行解释，又可为治疗建议的协商奠定基础。

三、医生诊断类型

诊断是医生就患者疾病给出肯定或否定结论，或者对患者疾病进行命名。医生有时在观察、询问疾病症状后，立即给出诊断结果；有时需在患者身体检查之后，依特定数据和化验报告再给出诊断结论。医患交际中，医生任何话语都会对患者产生重要影响。诊断信息的告知对患者来说是决定性时刻，其直接决定了患者疾病的状况、性质或程度等。因此，医生在给出诊断信息时不是随心所欲、无所顾忌的，他们会谨慎考虑诊断信息给出的时间节点、位置、词语的选择和话语方式等诸多问题。医生给患者疾病命名时，已经在诊断结论和事实依据的推理之间建立了合理的联系。经考察大量语料后，通过梳理归纳发现医生主要采用三种诊断方式告知信息：简单告知式、隐含推理式和附带解释式[7]。

（一）简单告知式

简单告知的诊断方式是医生直接对患者疾病进行命名，给出一个确定的疾病名称。医生采用的这种诊断方式一般不解释诊断的推理过程，也不给患者阐释诊断结论和疾病症状之间的关联。因此，该方式具有简洁省事、节约时间的特点。所以颇受医生的青睐，在医患互动中比较普遍。例如：

(1)（背景：男性、三十多岁、玫瑰糠疹患者）
1 患者：这是啥病啊？
2 医生：玫瑰糠疹。
3 患者：是不是:湿热引起的？
4 医生：病毒感染引起哩。(YHHH-204)

例（1）中，在患者询问下，医生给出专业诊断名称“玫瑰糠疹”（第2行），但没有涉及其他的任何解释、推理及说明。患者可能对该类型疾病不太了解，因此对疾病原因进行询问（第3行）。这时医生才告知是由病毒感染引起的。这种类型的诊断信息传递方式就是简单告知式。医生采用这种诊断方式似乎暗示，诊断推理是其独有的知识或权利，没必要对外行的患者进行解释或分享，并且认为自己的知识和诊断绝对没有问题，不需要质疑。Byrne and Long 在20世纪70年代的调查发现，英国医生经常使用两秒钟左右的诊断信息传递方式，而且医生很少会参与到向患者解释疾病的活动中去[8]。这种诊断方式常使用“（这是）×”、“你这是×”等话语模式。

（二）隐含推理式

隐含推理的诊断方式是医生在给出诊断结果的同时，对疾病症状特征也进行了说明。这种诊断方式暗示，医生把患者的症状信息输入了自己的医学专业知识系统，经过对比梳理后确定了诊断结果。但是，医生并没有对其推理过程的细节作详细解释。其运用的推理过程是内在的、隐含的，具有不可观察、不可解的特征。例如：

(2)（背景：女性、二十多岁、皮炎患者）
1 患者：我这脸上两边也长了很多包。
2 医生：你这个呀（.），好像是皮炎。
3 患者：皮炎呀？
4 医生：发红（.）的是皮炎，长包的是痤疮。你这是两种病。(YHHH-138)

例（2）中患者陈述疾病症状后，医生立即给出了诊断结论（第2行），且其诊断言论中的“好像”一词说明医生有一个内在的推理过程。第4行，医生对患者的疾病症状进行了说明，“发红的是皮炎”“长包的是痤疮”。但是，症状和结论之间的推理过程医生并没有阐明。这种信息给出的方式就是隐含推理的诊断方式。这种诊断方式常用“好像”、“可能”、“应该”等表示判断、估计或推理的词语。

（三）附带解释式

附带解释的诊断方式是指医生不仅给出诊断结果，而且对其所依据的事实进行解释说明。有时医生先分析症状或数据等疾病信息，然后给出诊断结论。有时医生在给出诊断结果之后，再用相关症状进行描述、补充或说明。医生对诊断结论的事实依据进行解释的行为，可使推理过程具有可观察性、可理解性的语用特征，能得到患者更多的支持和认可。例如：

(3)（背景：二十多岁、女性、疑似肾炎患者）
1 患者：医生，你看（.）我这情况怎么样？
2 医生：是这样的，你这个情况，尿检的情况不是特别好。主要在蛋白
3 尿。蛋白尿呢：怕有肾炎的可能。久站之后也会引起蛋白尿，
4 但是……到底是肾炎的原因，还是尿路感染，因为你这尿里有
5 轻微的感染，有蛋白尿两个加号，这个情况比较严重。我们建
6 议……你要知道肾炎在肾功能衰竭中占首位，反正我建议你住
院。跟家里人商量一下，好吧？
7 患者：那个：:，先开点药行不行？（YHHH-113）

例（3）中，医患交际进入诊断阶段，医生给出了可能性诊断结论肾炎或尿路感染（第 3、4 行），这是一个不太确定的诊断结论。这种性质的诊断结论如果没有解释就会影响医生的权威和患者对医生的信任度。因此，医生不仅详细分析了患者的症状（第 4、5 行），而且结合症状分析了该结论的推理过程和得出原因。这些解释性行为既让患者了解了自己的疾病，又充分体现了医生的耐心和责任心。因此，此例中医生行为得到了患者的理解和支持，其主动把会话过程推向下一阶段，询问相关治疗建议（第 7 行）。

门诊互动实践中，医生此三种诊断方式的使用频率存在差异性。对语料库中随机选取的 70 个医患会话样本进行统计、梳理和归纳之后，得出这样的结论：简单告知式使用频率最高，共 31 个，占 44 个百分点；隐含推理式使用频率最低，共 12 个，占 17 个百分点；附带解释式使用频率稍高，共有 27 个，占 39 个百分点。Peräkylä（1998）认为，简单告知式是医生给出诊断信息的默认模式[9]。这种诊断方式只需告知结论，无须解释说明，因此具有节约时间、提高坐诊效率的特征，颇受医生欢迎，故其使用频率也最高。隐含推理的诊断方式虽暗示其中包含了一个内在的推理过程，但它依然具有不可理解性，因此使用频率较低。附带解释式因医生对事实依据和推理过程进行了详细阐释或说明，这充分体现了医生的耐心、责任心和职业道德。医生并没有宣扬其和患者相处时的无条件权威性，而是体现了以患者为中心的定位倾向，因此该方式是患者最为期待的，但其使用频率不是很高，只有不到一半的比率。另需指出的是，简单告知结论的诊断方式如果紧跟在症状陈述之后，那么医生的推断距离就较短，这就使其依然具有可理解的特征，此时医生的权威和责任交织并存。此外，诊断方式形成诊断风格，我国医生的诊断风格仍然是以医生为中心，而不是以患者为中心。

四、患者回应方式

有学者认为，医患之间过大的专业知识差距，导致医生对诊断过程和治疗建议的决定有至高无上的权威性。他们拥有专业的技术和科学的知识，这赋予他们诊断疾病的权力以及给出治疗建议和实施手术的许可。因此，医生无须与患者商量，只用自我决定即可。也有一些学者指出，患者虽然没有专业知识，但他们对疾病的特征、来源及可能的补救措施都有自己的看法和见解。因此，诊断是一种协商行为，医生应将自己的看法和患者的见解进行交叉融合。虽然患者在诊断阶段的参与程度较低，但在实际互动中，诊断任务并不是由医生单独完成，它离不开患者的互动配合。从信息传递的角度来看，医生给出诊断结论就是向患者传递其推断的信息，下一个会话行为就是等待患者对该信息进行回应。总体来看，患者态度有接受和拒绝两种，而其采用的方式主要有沉默式、确认性符号式和扩展式回应等。

（一）沉默式

沉默是人们在言语交际中以时间的控制来传递信息的一种手段，是人类运用超语言力量的一种高级策略的转换方式[10]。会话中的沉默不等于说话者意志的消失或缺省，而是说话者有意识或潜意识地运用沉默这一手段传递更为丰富的思想内涵[11]。医患交际中，沉默能实现多种语用功能，如说话者拒绝态度的表达、流露不满的情绪、互动交流的逃避或者对交际话语的不理解等。诊断阶段，患者也会用沉默方式进行回应，用这种相对消极的无声言语方式可表达对医生诊断结论的默认。例如：

（4）（背景：男性、五十多岁、胆结石患者）
1 患者：我这是什么问题啊？
2 医生：胆结石并胆囊炎。
3 患者：((沉默))
4 医生：开点药吃吧？（YHHH-190）

例（4）中，医生给出诊断结论（第2行），之后患者用无话语的沉默方式进行回应（第3行）。这种方式使医生以为患者默认了其给出的结果，因此医生马上结束诊断，把会话进程推向治疗建议阶段（第4行）。沉默的含义比较丰富，有时患者的沉默可能是对医生诊断的无声反抗。有时患者的沉默可能是内心忧虑或极度低沉情绪的体现。会话中医患沉默虽时有发生，但在诊断阶段患者用沉默回应的频率不是很高。

（二）确认性符号式

诊断阶段是医患会话整体结构中最体现医生权威的阶段。由于专业知识的差异、患者对医生的信任以及特殊机构背景下权利的不对称等因素，患者一般不会对医生的诊断进行质疑。当患者基本肯定医生诊断结论时，除了用沉默方式表示默认外，也常用一些极小的确认性符号，如“嗯”、“哦”、“好”等。例如：

（5）（背景：女性、四岁、线状苔藓患者）
1 医生：其他地方有没有？

2 家属：身上也有。她这属于啥？
3 医生：=线状苔藓。
4 家属：哦。
5 医生：抹点药（.），啊。(YHHH-184)

例（5）中，医生给出诊断结论“线状苔藓”（第3行），患者对医生诊断结论没有异议，就用了极小的确认性符号“哦”进行回应（第4行）。医生收到确认性信息后把会话进程推向治疗建议阶段（第5行）。患者在使用这些确认性符号时一般音高较低，且多用降调，体现了患者较弱参与互动的特点。与沉默式相比，确认性符号式的表意和态度更加清晰。

（三）扩展式

患者对诊断言论的回应不只局限于沉默式和确认性符号式，他们有时也会设计一个较长的话轮，用较复杂的话语表达自己的态度，这种类型的回应模式就叫扩展式回应。扩展式回应依说话者态度的不同，可分为肯定型扩展式和否定型扩展式。两种类型的扩展回应分别有各自不同的方式，下面详细分析。

A 肯定型扩展。肯定型扩展指患者不仅赞同医生的诊断结论，而且采用比较积极的态度和医生进行互动。例如：患者或者主动推进会话进程，询问治疗建议；或者引用相关症状对医生给出的结论进行印证；或者询问疾病原因等。例如：

(6)（背景：女性、五十多岁、糖尿病患者）
1 患者：我这问题不大吧？
2 医生：你是糖尿病初期，问题不大。>饿哩快、吃哩多<，但体重会减轻。
3 患者：怪不得这段时间瘦了好几斤。
4 医生：先开点药吃吃吧。(YHHH-102)

例（6）中，医生给出了诊断结论“糖尿病”（第2行），并列举了该疾病的一些症状。患者对医生给出的诊断信息比较认可，并用自己目前的一些症状进行印证（第3行）。前文例（1）中，患者肯定医生诊断，于是用扩展型方式询问疾病原因（第3行）。例（3）中，医生详细解释诊断结论后，患者立即询问相关治疗建议。患者这些反应都属于积极性扩展回应。患者反应方式与医生的告知方式、医患双方性格及患者疾病性质、程度等因素都有密切关系。互动个体性格外向开朗，互动就相对积极；或者诊断结果是好消息，患者反应也相对积极。

B 否定型扩展。否定型扩展指患者不满意医生诊断结论，于是采用各种不同的扩展方式对其进行回应。例如：患者举出与诊断结论不吻合的当前症状；或者陈述患者曾经的相似疾病经验；或者给出过去其他医疗机构的诊断结果等。例如：

(7)（背景：疑似感冒发烧患者）
1 医生：感冒了。

2 家属：还：：是感冒了？

3 医生：吃点中药（.），吃点西药哩？

4 家属：（4.2）星期二就开始发烧。（YHHH-289）

例（7）中，对医生给出诊断结论（第1行），患者家属不太满意，因此用问句表示质疑。因为该名患者发烧多日，于乡村诊所求医无果后才到医院就医，但医生给出的诊断结论依然是感冒。因此，患者认为其可能没有找到疾病的真正根源，所以用扩展方式进行否定。此例中，医生忽视患者的质疑，没有对诊断依据的事实证据和推理过程进行解释和说明，依然将会话过程推向治疗建议阶段（第3行）。但是，患者并没有回答医生的问题，拒绝协商治疗建议，然后强调近期的疾病症状（第4行），希望医生慎重或重新考虑其诊断结论。由此可见，诊断能否达成一致意见直接影响下个阶段治疗建议的协商。

五、医生诊断类型对患者回应的影响

诊断行为主要是医生的行为，疾病信息及数据的搜集与梳理、与专业知识的对照及匹配、诊断结果的确定、方式的选择以及结论的告知等活动都是由医生来实施完成的。医生拥有全部诊断信息，患者对此所知甚少。所以，医患双方在本阶段对信息知识拥有程度上的差距较大，而且患者在本阶段的参与程度较低，医生的权威性特征体现得也更加明显。因此，这极大影响医患双方的沟通和交流，尤其是医生选择的告知行为方式会严重影响患者的反应。因此，两者之间的关联性是本部分着重探讨的问题。

随机选取70个医患会话语料作为研究对象，通过对诊断及回应类型的梳理归纳、记录统计，最后得出如下结论：简单告知诊断方式下，患者非扩展回应21个，扩展回应10个；隐含推理方式下，非扩展回应8个，扩展回应4个；解释事实方式下，非扩展回应9个，扩展回应18个。数据显示，患者反应类型中，扩展式回应（32个）略少于非扩展式（38个），即沉默式和符号确认式。沉默是无任何言语的回应方式，其在不同语境下蕴含内容的复杂性不利于与医生的沟通。确认性符号的回应方式一般非常短暂，仅有一两个音节，而且音高往往较低。因此，非扩展式回应是患者消极被动特点的表现。而扩展式反应是患者积极参与会话活动的表现，无论是肯定型扩展还是否定型扩展。患者积极参与会话，就能把自己的态度和内心深处的想法传递给医生，就能获得更详细的解释或者医患双方愉快的合作交流过程。因此，从某种意义上讲，患者参与程度与其满意度有着密切的关联。总体而言，扩展型回应方式的使用频率稍低。

从医生诊断类型与患者回应之间的关系来看，简单告知和隐含推理的诊断方式都容易引起患者的非扩展回应，非扩展回应数目是扩展回应的两倍。解释事实的诊断方式更能激发患者的扩展回应，因为该诊断方式能使患者获得较多的尊重感和激起更多的参与热情。但从总体来看，简单告知式的使用频率最高，隐含推理的使用频率最低，其次是附带解释的诊断方式。因此，为了提高患者的满意度、促进医患互动实践，建议医生转变诊断风格，尽量减少简单告知诊断方式的使用频率，较多使用附带解释的诊断方式。患者也应积极参与到诊断活动中来，熟悉诊断特征，配合医生工作，尽快就诊断达成一致意见，完成诊断任务。

六、结　语

医患关系紧张、矛盾冲突时有发生，这导致患者对医生的信任度缺失、满意度下降。究其原因，除制度等因素外，医患沟通不畅是重要原因之一。医患会话从开头到结束有一个完整的结构，整体结构中不同阶段都有其不同的特点，这些特点如能被医患所了解，便能为促进双方的互动和交流提供语言学实证支持。基于此研究意义，我们运用会话分析的研究方法探讨诊断的特征、医患互动方式过程以及诊断方式对患者回应的影响等重要问题。数据表明，患者在诊断阶段表现过于消极被动，多用沉默或确认性符号回应医生的诊断言论。这与医生高频率使用简单告知的诊断方式有密切关系。因此，为更多体现医生的耐心和责任感、让患者获得更多的尊重和满足感，建议医生尽量多使用附带解释的诊断方式，患者也应积极参与到诊断活动中来。

医生诊断方式和患者回应方式是否会因个体性格和性别的差异而不同，是否会因科室的差异而不同，是否会因城乡的差别而不同，如有差别，差别的原因是什么，有待下一步深入研究。

＊本文是河南省哲学社会科学规划项目“会话分析视角下医患沟通的结构模式、障碍及措施研究”【项目批准号：2015CYY008】、河南省教育厅人文社科项目“医患门诊会话的交际障碍及应对策略研究”【项目批准号：2015-QN-465】的阶段性成果。

注释：

［1］V. T. Gill, A. Pomerantz, P. Denvir, “Pre-emptive Resistance: Patients' Participation in Diagnostic Sense-making Activities”, *Sociology of Health & Illness*, 1, 2010, p. 1.

［2］H. H. Maung, “To What do Psychiatric Diagnoses Refer? A Two-dimensional Semantic Analysis of Diagnostic Terms”, *Studies in History and Philosophy of Biological and Biomedical Sciences*, 55, 2016, p. 1.

［3］Patric S. Byrne, Barrie E. L. Long, *Doctors Talking to Patients: A Study of the Verbal Behaviours of Doctors in the Consultation*, London: Her Majesty's Stationery Office, 1976, p. 106.

［4］参见 H. John and S. Clayman, *Talk in Action: Interactions, Identities, And Institutions*, West Sussex: Wiley-Blackwell, 2010, pp. 283-287. “(·)”表示停顿时间较短，不超过 0.2 秒；“(0.0)”表示停顿时间，以秒为单位；“—”下划线表明话语中的明显重音；“:”表明语音延长；“::”表明延长时间更长；“=”表示话轮之间连接较紧；“((…))”表示对事件的描述；“〉…〈”表示语速较快的话语。

［5］Heritage, John and Steven Clayman, *Talk in Action: Interactions, Identities, and Institutions*, West Sussex: Wiley-Blackwell, 2010, p. 9.

［6］Patric S. Byrne, Barrie E. L. Long, *Doctors Talking to Patients: A Study of the Verbal Behaviours of Doctors in the Consultation*, London: Her Majesty's Stationery Office, 1976, p. 85.

［7］Peräkylä Anssi, “Authority and Accountability: The Delivery of Diagnosis in Primary Health

Care", *Social Psychology Quarterly*, 4, 1998, p. 305.

[8] Patric S. Byrne, Barrie E. L. Long, *Doctors Talking to Patients: A Study of the Verbal Behaviours of Doctors in the Consultation*, London: Her Majesty's Stationery Office, 1976, p. 50.

[9] Peräkylä Anssi, "Authority and accountability: The Delivery of Diagnosis in Primary Health Care", *Social Psychology Quarterly*, 4, 1998, p. 309.

[10] 彭艳虹:《意义沉默的语用解读》,《外语与外语教学》2007年第9期,第26页。

[11] 范蕴华、李杰群:《实用体态语》,北京:北京出版社,1991年,第181页。

新建构主义汉字教学理论探索

牟玉华　谢旭慧

（上饶师范学院文学与新闻传播学院，江西上饶，334000；
上饶师范学院文学与新闻传播学院，江西上饶，334000）

内容摘要：传统汉字教学方式滞后信息媒体时代。新建构主义汉字教学理论适应时代需求，通过“零存整取”、“嫁接法”、“内读法”、“系联法”建立汉字三级知识结构，进而进行汉字知识的自嫁接信息处理，最终建构汉字三书教学体系，以达到加深汉字立体化认知、提升汉字运用能力的目的。

关键词：新建构主义；汉字教学模式；三书教学体系

一、传统汉字教学的时代困境

传统意义上的汉字学习，被认为是一种模仿活动，在学习活动进程中，学生通过大量重复的模仿而获得汉字认知。在传统汉字教学领域通常采用讲授式教、被动式学、重复式操练的模式，这种学习模式强调汉字知识绝对的客观性和科学性，学习主体被动接收汉字知识体系，鲜有汉字认知的建构。美国著名教育心理学家罗伯特·米尔斯·加涅按层次把学习分为信号学习、刺激反应学习、连锁学习、言语联结、辨别学习、概念学习、原理学习、解决问题学习八种方式[1]。传统汉字教学是典型的信号学习和刺激反应学习，是较为低级的学习方式，需要通过不断刺激形成习惯化记忆。习惯化本身是一种长时记忆，但它有两个缺点，一是习惯化依托的基础是反复刺激，反映在汉字学习中就是反复使用以不断刺激神经细胞之间的联结，以此来巩固记忆；二是习惯化会让学习主体不对无关刺激进行关注或作出反应，会忽视很多其他的神经联结，反映在汉字学习中就是它仅强调汉字字形因素，而让学习主体无意中忽略了汉字其他因素。在纸质手写印刷时代，传统汉字习得的这种模式，虽因耗时而被众人所诟病，但其教学效果却是毋庸置疑的。然而，在网络信息化的新媒体时代，汉字书写逐渐被汉字编码替代后，看似牢固的中小学汉字教学效果大打折扣，“提笔忘字”的尴尬困扰了大多数人。

从信息加工的层面上讲，记忆就是“人脑对外界输入的信息进行编码、存储和提取的过程”[2]。编码是记忆的第一个过程，“记忆是神经细胞之间联结的动态变化中得到编码的”[3]，编码过程需要注意参与，注意使同一信息的编码有不同的加工水平或采取不同的表现形式。传统汉字教学中的汉字记忆编码形式，注意汉字的字形结构，属于视觉代码；在数字网络时代，汉字的键盘输入改变了汉字记忆的编码形式，据统计数字时代汉字音码占总人数的98.89%，形码仅占1.11%[4]，由此可见在计算机中汉字记忆的编码已基本演变成声音代码。汉字教学的视觉代码与汉字输入的声音代码之间的矛盾不可避免地产生了。数字网络时代，汉字编码输入逐渐代替了汉字手法，改变了汉字书写的习惯，习惯一旦中止，脑神经细胞之间的联结也就中断了，字形记忆就失败了。与此同时，汉字单一的认知习惯也导致不能建立另外神经联结以调节记忆重组，这些正是数字时代“提笔忘字”现象频现的原因。究其问题根源，在于传统汉字教学将汉字知识平面化，过分强调从汉字规范的角度来讲述字形书写的科学标准，殊不知汉字知识从来不是平面的，它是立体丰富的，它具有较强的建构性。

二、新建构主义理论和汉字教学系联的现实理据

（一）新建构主义简介

新建构主义是在建构主义理论的基础上，充分考虑网络时代信息超载与知识碎片化的因素，从而产生的一种学习创新理论。提出该理论的王竹立教授认为：“知识的碎片化是由学习的碎片化造成的，解决之道是帮助学生自主建构个人的知识体系，而不是盲目跟从确定的学科知识体系。”[5]新建构主义作为网络时代的学习理论，不仅立足于建构主义理论中认知加工、内在建构的学习模式，强调客观知识结构通过个体与之交互作用而内化为认知结构；而且根据网络数字时代知识信息的特点，把网络中零散的知识集合起来，建构个人化的知识体系。

（二）新建构主义理论和汉字教学系联的现实理据

1. 产生的背景相同

新建构主义理论是在解决网络学习中信息超载和知识碎片化的问题过程中应运而生的；当前汉字教学改革针对的是汉字识记过程中碎片化问题，以及网络时代汉字编码输入导致的书写能力下降、提笔忘字等现象。二者产生的背景都是网络时代，拟解决的核心问题是知识不成体系的碎片状态。

2. 目标相通

新建构主义主张的核心思想是“应对网络时代的挑战，实现知识创新”[6]，其目标是根据个体需要，将零散化的网络知识加工整理，与原有的知识体系进行“嫁接”，建构成新的个人知识体系。当前汉字教学改革的目标，是把零散、无系统的众多汉字，在个体认知的基础上，挖掘隐性知识，进行多个汉字之间的“嫁接”联系，解决汉字认知的无序状态，建构汉字知识的文化创新。二者都是为了实现知识的巩固与创新，其目标是相通的。

3. 知识体系相似

网络时代，特别是自媒体时代，知识不再呈学科体系性，知识不仅由专家学者提

供，众多的网友也参与到知识建构的过程中。纷繁的知识供体使知识呈碎片化状态，网络中的知识不再完整、系统，而是零散、无序的。汉字本是有体系的，传统的“六书”理论、新兴的“三书说”都说明了汉字内部的系统性，但无论从起源、发展、传承、变异的角度来看，汉字都是以个体的面貌出现的，传统的汉字教学也注重汉字个体教学、忽视汉字的体系性，汉字教学处于零散无序状态。网络时代的知识体系与传统教学中的汉字体系都处于零散化、碎片化状态。

4. 策略相仿

新建构主义，采用两大学习策略：一是“零存整取”的学习策略。该策略将学习分为三个阶段：积件式写作阶段（积累素材）、个性化改写阶段（加工改造）、创造性重构阶段（更高层次的知识聚合）。二是隐性知识挖掘策略，提出了内读法与深读法。汉字教学改革后的汉字习得类似于“零存整取”，早期学习或阅读中所获的个体汉字，类似“零存”阶段，后期的使用相当于“整取”阶段，在教学中通过字理分析对已有汉字知识加以改造（字源分析其造字原理），然后系联常用字的字族，以增强汉字认知的系统性。汉字是文化的载体，汉字教学中不仅要挖掘汉字的理性意义，还要挖掘其文化内涵，将隐性的汉字知识变为显性知识，也是二者的相仿之处。

5. 汉字知识的可建构性

“客观与建构是知识的一个重要维度。”[7]知识的客观性强调知识对世界的客观、真实、科学的反映，它要求学习主体被动接收知识；知识的建构性强调学习主体对知识的个人理解以及信息组合建构，它反映了学习主体巨大的能动性。传统汉字教学中一般把汉字片面地当成纯客观的知识看待，把汉字知识静态地看成汉字规范领域中绝对的、客观的、纯科学的汉字字形、字音识记问题，忽略了世界的无限复杂性以及作为认识主体的人所具有的巨大能动性。然则，任何知识都是动态变化的，都是富有建构性的。莱斯利认为：“所有的建构主义，尤其是其中的激进建构主义宣称，知识是由认知主体积极建构的，建构是通过新旧经验的互动实现的；认知的功能是适应，它应有助于主体对经验世界的组织。”[8]汉字知识的建构性，是指汉字知识是动态发展的，不同时代汉字的科学观是不同的，在汉字的识记过程中，应从汉字的形音义三者关系、语言与汉字关系、汉字历时演变等诸多角度，全面、综合、系统地对汉字知识进行积极建构，学习主体对新旧经验进行互动交流，以达到认知不断深入的目的。格式塔心理学派认为学习是对理解的探索，汉字不是简单无意义的符号，我们对汉字的认知不能停留在外在字形要素。新建构主义汉字教学提倡在汉字简单习得的基础上，捕捉汉字隐性而复杂的信息，“零存整取”式地积累、加工、储存并建构学习主体的汉字认知。

三、新建构主义汉字教学理论体系

根据王竹立新建构主义理论模式[9]及汉字教学的特点，我们设计了新建构主义汉字教学的理论体系，如下图所示：

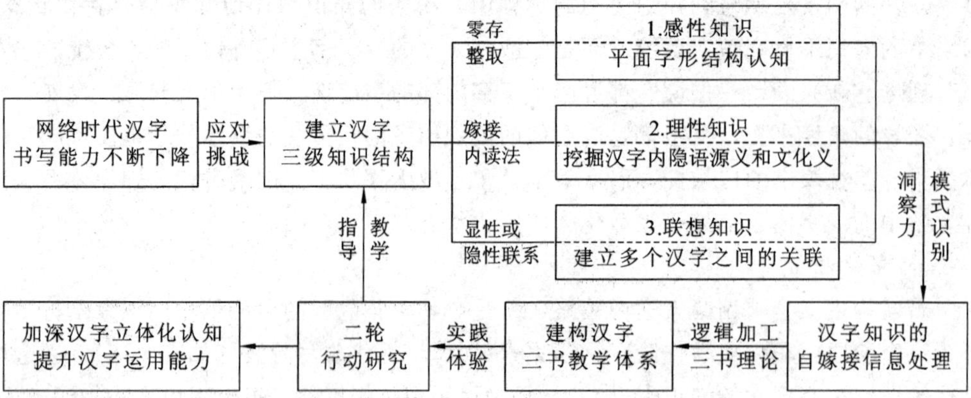

（一）建立汉字知识的三级结构

网络时代，汉字编码输入导致了人们的汉字书写能力不断下降，为摆脱该困境，新建构主义汉字教学建立汉字认知的三级结构。汉字系统是纷繁复杂的，一方面汉字数量庞大、笔画笔顺繁难；另一方面汉字是表意文字，其字形历经流变，字形意义大大减弱、构字理据深奥难觅。“根据知识的复杂性，知识是不可能以现成的、孤立的方式掌握的，掌握这种复杂知识就需要掌握组织成系统形式的知识的不同方面。”[10]传统汉字教学，无论是单字教学还是随文识字，都以孤立的方式进行，忽略汉字的系统形式。新建构主义汉字教学理论注重汉字知识的层级性和结构性，建构汉字知识的三级结构。

1. 感性知识——平面字形结构认知

人们获得知识都是从感性认识开始的，汉字的感性知识主要涉及视觉的平面字形结构及其字形所代表的标准语音和常用语义。本阶段汉字的形、音、义是紧密结合的单一整体，是单纯的书写符号，对汉字字形的识记主要以汉字正确书写为目的，一般停留在左右结构、上下结构、包围结构的浅层认知基础上；对汉字字音的识记，主要以推广普通话标准语音、消除方音差异为目标，强调读音的正确性；对汉字字义的理解，以汉字组词造句的使用为目的，一般都是汉字常用语义的感性认知，较少关注字义的理性意义以及字形与语义之间的内隐关系。

在汉字感性知识获得阶段，主要采取“零存整取”的教学策略。刘永昌认为：“学习即脑神经网络从弥散到收敛动态的降维过程。”[11]单个汉字在初识阶段，脑的激活水平很高，在汉字重复学习和练习过程中，记忆建构完成，相关脑区域的激活水平降低，从而腾出更多的脑区域来接收存贮新的汉字信息，新的弥散到收敛的动态循环不断地产生，汉字知识不断地丰富。当汉字知识积累到一定程度时，人们便开始对这些零散的汉字进行思考和总结，考虑不同汉字之间的字形联系、语音关联及语义发展流变，建构个人头脑中的汉字知识体系，使感性认知不断向理性认知靠拢。

2. 理性知识——挖掘汉字内隐语源义和文化义

“新建构主义高度关注对隐性知识的挖掘，认为隐性知识包含许多可能导致知识创新的成分。”[12]挖掘汉字背后的隐性知识，有助于我们了解历史文化视域的汉字现象，将汉字知识看成有生命、有底蕴、动态的、理性的、成系统的大家族。汉字的理性知识可分为两大块内容：一为语言产生之初的语源义，它是语言原始声音和意义的最初结合点，也是孳乳繁衍中声义系联点；二为汉字造字之初的构字理据，它承载着中华民族的文化内涵。

在汉语产生之初，音义结合带有偶然的约定俗成性，随着语言的逐渐丰富，由一个词语派生出多个词语具有源流关系，其音义之间的关系不再偶然，具有音近义通的同源关系。汉字不仅具有交际使用中的语言义，还具有原始声义结合的语源义，语源义是一组同源字词隐性共有的含义，如“句”字族的多含“弯曲”语源义。王力认为“因声求义是研究汉语史的坦途，对于研究古代汉语的词源、字源、词族，研究字义词义的引申与发展都极有价值”。汉字教学中要有意识地引入因声求义的方法，探源时应注意科学性和客观性。

汉字不仅是记录语言的书写符号，还是传承中华文化的载体，我们可以通过考察汉字的构字理据，探求汉字的文化义。文化视域下的汉字形体结构，不再是笔画或偏旁的简单拼接，而是“比类合谊，以见指撝”的意象塑造和历史文化的还原。例如“受”，据甲骨文字形“”，像两手中间有一只舟，表示传递东西。通过分析“受”的字形，我们可以知道早期人类有很长一段时间处于“施受同辞”阶段，语言是思维的反映，该字说明原始思维的混沌性，把施受双方动作看成同一整体。后来在“受”的基础上累增“手”变“授”，完成施受动作的分解，是人类思维不断精细的体现。甲骨文字形中的“舟”不仅有提示声音的作用，也有施受动作之间充当媒介的作用。随着礼制的发展，联系到人际交往礼仪“男女授受不亲，礼也”，更进一步感知古代礼教的习俗。

在汉字理性知识获得阶段，主要采取“知识嫁接”和“内读法”两种教学策略。“知识嫁接”是个宽泛的学习策略，它不仅指个体旧知与新知的嫁接融合，也指不同领域内知识的融会贯通。“内读法”是对知识的深度内省，是一种包容性的思考，体现为对知识的个体理解接收和创新。

3. 联想知识——建立多个汉字之间的关联

汉字零散地分布在众多语言材料中，汉字习得与专业学科知识的学习不同，不可能在系统理论知识领域中循序渐进地学习。新建构主义倡导“蜘蛛网形的知识结构”，适应汉字习得的特征，故汉字学习应从不同侧面找出不同汉字之间的联系，由少及多，系联汉字字群，引导汉字认知的不断深入。在系联汉字的过程中，学习主体处在与汉字文化背景不断互动的动态过程中，有较强的主观能动性，应积极地发挥共建构作用。汉字的联想知识建立在理性知识的基础上，通过形义联想和音义联想两种方式建构汉字之间的字族结构。

形义联想主要通过“构字模件”搭建多个汉字之间的桥梁。在笔画和颇为繁复的完整汉字之间，有一个不太复杂的中间层面“构字模件”，即汉字的构件或成分，它们反复出现，以不同的组合方式被用于不同的汉字之中。通过这些模件之间的关联，汉字系统呈现系统性的结构特征。如构字模件“戈”，是象形字“戌”、“戊”、“戉”的组成部件，这些字均表示有斧越之形的广刃兵器。构字模件“戈”同时也是会意字“戎”、“戍”、“伐”、“我”、“或”、“武”、“戒”等字的组成部件，“戎”，甲骨文作“”，从戈从十，“十”为甲、金文的“甲”字，“铠者，甲也”，“戎”侧重于军事装备；“戍”，甲骨文作“”，从人持戈，戍守边疆之义；“伐”，甲骨文作“”，从人从戈，以戈击杀人形，杀伐之义；“我”，甲骨文作“”，从手从戈，有持盾持戈之义，从敌我双方而后引申为第一人称代词；“或”，甲骨文作“”，从口从戈，口象城形，持戈守之，表示邦域的“域”；“武”，甲骨文作“”，从止从戈，“止”为脚趾的意思，表示拿着武器、远征攻打，有主动出击和讨伐的意味；而“戒”，甲骨文作“”，双手持戈，则表示警戒之意，有被动迎战的意思。通过构字模件“戈”建立起“戈字族”，可以看出构字模件是联想思维的基点，继而分清厘晰出该字族的语义区别特征，以便系统性掌握同一字族的形义区别，且可根据字形流变看出语言发展的历史演变。

建立在构字模件上的汉字关联是显性的，还有许多汉字之间的联系是隐性的音义联系。如“天，颠也，至高无上”，天的本义是头顶，如神话人物刑天，“天”与“颠”字形无联系，但二者声近义通，有隐性的语源关系。又如，“政，正也”，“正，是也”，“是，直也，从日，从正。以日为正则曰是”。政与正、正与是都具有语义间的隐性关系。语言符号的本质属性是音义结合，文字以视觉形体记录语言的音义成分。在剖析不同汉字之间的隐性关联时，应牢牢把握文字的音义关系，从古音与本义的角度找到不同文字之间的关联点，探清字族及其演变脉络。

（二）汉字知识的“自嫁接”信息处理

新建构主义认为，教育是一种知识“嫁接”过程，学习者的“自嫁接”比“被嫁接”更重要[13]。知识“嫁接”属于接受式教学，而“自嫁接”属于自主探究式学习，教师的“教”主要体现在如何教会学生进行知识的自嫁接过程。汉字知识呈碎片式状态，老师不可能把所有汉字知识“嫁接”到学习者的头脑中，所以在汉字习得过程中，教师教会学生“自嫁接”处理汉字知识显得尤为重要。汉字自嫁接的信息处理能力，是指学习者在处理汉字知识时，学会举一反三、触类旁通的能力。汉字知识的“自嫁接”信息处理，主要有“默会”和“内化”两种形式：

1. 汉字知识的默会

知识有明确知识和默会知识之分[14]，在传统汉字教学领域，常把汉字知识当成明确知识看待，目前教育心理学更提倡默会知识，探索明确知识与默会知识的互动和转化。汉字知识的默会性分两个类型，一是学习情境默会，另一种是规律知识的默会。“学习情境默会”指在汉字教学中教学者设计出知识默会的环境，即设计某种汉字习得的情境原则，利用人类内隐的行为模式和人类情感心理，使学习者在不自觉的情况下“偷窃”并领会汉字知识，例如小学阶段常用的基本字带字识字法、动画节目识字法，等等，这一方式主要运用在识字教学的初级阶段，属于汉字习得的感性认识阶段，属于汉字知识的短时记忆；另一种是教学者分析带有规律性质的汉字知识，有意识地引导学生学会以形索义、以声索义、挖掘汉字内隐知识的能力。例如学习“行”字，讲解甲骨文字形“”，像四通八达的道路之形。在“行”的基础上理解“彳”、“亍”二字的意思，进而默会理解“彳”字族均与行走义有关。这种纵深系联默会汉字知识的方式，主要运用在汉字习得的理性认识阶段，属于汉字知识的长时记忆。

2. 汉字知识的内化

在汉字教学中，我们常常注重汉字数量的积累，忽视汉字知识的质量和结构建构。学习是将外部所获知识内化为个人知识的过程。若只注重汉字外化知识的存贮，会导致汉字运用能力低下及汉字文化割裂断层现象。汉字知识的内化是汉字新知识与学习者原有知识结构相互作用形成新的汉字知识的过程。皮亚杰认为“同化”和“顺应”是发生认识论的基础概念，并在此基础上建立了知识内化机制的双向建构说[15]。在汉字知识的内化过程中，“同化”就是学习者用原有的认知结构来解释新知识，例如学习者已认识“森”字，联系古人以三为多的普遍规律，当遇到不认识的“淼”、“焱”、“犇”、“鑫”、“垚”、“龘”、“骉”、“劦”等品字结构的字时，学习者会根据同化原理来解释这些字，都指某类物品数量较多。“顺应”是对同化的补充，指学习者修改原有认知以适应新知识。学习者通过学习知道汉字字义并不是汉字组成成分的简单相加，汉字结构具有隐喻特征，通过隐喻联想以达到汉字知识的“顺应”效果。在汉字知识的同化和顺应互相补充的基础上，学习者将外显的汉字知识内化了，并创新了自我认识，建构了新的汉字认知结构。

汉字知识的默会和内化，都建立在学习主体用洞察力进行模式识别的基础上。汉字的模式识别是指进入人脑的被人感觉到的新汉字知识与先前掌握的旧知识进行匹配的过程，它是立体、非线性的认知方式。新旧知识匹配时不可能是全方面对接的，因此，要借助直觉、想象、类比等方式，自主地建构新知。例如：“小隹”为“雀”，联想到云雀、麻雀、黄雀都是短尾的，借直觉感知“隹”的本义为短尾鸟，而以“鸟”为形旁的字，如鹤、鹏、鹅、鹰等动物都是长尾的，继而感知“鸟”的本义为长尾禽类。为证明新知的正确性，将二字甲骨文字形“”、“”进行比较，并用《说文》的解释“隹，鸟之短尾总名也”，“鸟，长尾禽总名也”加以证明，完成汉字知识“自嫁接”的过程。

（三）建构汉字三书教学体系

无论是汉字三级知识结构，还是汉字知识自嫁接的信息处理，都强调不同汉字之间的联系，但汉字知识的复杂多样性使得这些汉字依然呈散状小众的联结状态，不成系统。为了增强汉字之间的系联度，为减轻汉字记忆负担，节省汉字习得的时间，在汉字知识自嫁接的基础上，进行逻辑加工提炼，从俯视的角度对汉字进行全貌的系列建构，梳理汉字纵向的字理联系，解决汉字教学的无序状态。

汉字之间有多重的隐性联系，搭建何种汉字知识理论框架才能真正做到触类旁通、一通百通？笔者在长期的汉字教学实践中发现，将裘锡圭先生的“三书”理论[16]、张积家先生的“形旁家族”、“声旁家族”理论[17]、传统的形训声训法结合起来，建构出“汉字三书教学体系”[18]可有效地解决汉字系统识字的问题。“汉字三书教学体系”将汉字分为形声、表意、假借三类，根据三类汉字不同的特征，分门别类地指导教学。形声字的教学分系联声类群、分析字族语源、区别同族字义三个步骤，例如“交”字声类群，即声旁为“交”的形声字较多，分析这些字发现有两个语源义，一为“交错”，如狡、绞、饺、较、校、咬、铰、筊、烄、茭、跤、洨、挍、鲛、珓等字；一为“美好”，如蛟、姣、佼、皎等字。然后将语源义与形符义联系起来，对两组语源字族中每个字的字义进行解释。如“狡”本义是两犬错身相斗，指斗犬比赛的优胜者，后逐渐引申有狡黠义。表意字主要根据古字形的视觉图像意义来教学，汉语独体字较少，掌握少量的独体表意字，就能基本掌握表意字的字理意思，同时要注意汉字构造的意象性特征。如共、弃、粪等带手的汉字，动作形象鲜明，形义联系紧密。假借字带有拼音文字的性质，因为使用频率较高且久借不归而导致谬误成真，这类字之所以能通用，与其大量反复使用有关，一般为常用字，虚词较多，如“之乎者也”都属于假借字，这类字只需讲明其借用身份，不需深探本字来源。“汉字三书教学体系”将零散庞大的汉字体系，通过少量的构字模件系联起来，辅之以造字原理，学习者可简单高效地建构个体汉字认知，以达到提高汉字书写能力、增强传统文化修养的目的。

*本文系江西省社会科学项目“语言符号学视野下新时期汉语发展轨迹研究”【11WX59】阶段性成果。

注释：

[1] W. S. Sahakian, *Psychology of Lear-ning*: *Systems Models and Theories*, Chicago: U. S. A. Markham Publishing Company, 1971, pp. 381-382.

[2] 史忠植：《认知科学》，北京：中国科学技术大学出版社，2008年，第184页。

[3] [美]艾肯鲍姆：《记忆的认知神经科学导论》，周仁来，等译，北京：北京师范大学出版集团，2008年，第2页。

[4] 牟玉华、叶冬莲：《数字时代大学生汉字书写危机的调查分析》，《现代大学教育》2012年第5期，第88～92页。

[5] 王竹立：《新建构主义——网络时代的学习理论》，《远程教育杂志》2011年第2期，第11～18页。

[6] 王竹立：《新建构主义的理论体系和创新实践》，《远程教育杂志》2012年第6期，第4页。

[7] [美]莱斯利·P.斯特弗、杰里·盖尔主编：《教育中的建构主义》，高文、徐斌燕、程可拉，等译，上海：华东师范大学出版社，2002年，第9页。

[8] [美]莱斯利·P.斯特弗、杰里·盖尔主编：《教育中的建构主义》，高文、徐斌燕、程可拉，等译，上海：华东师范大学出版社，2002年，第9页。

[9] 王竹立:《新建构主义的理论体系和创新实践》,《远程教育杂志》2012 年第 6 期,第 5 页。

[10] [美]莱斯利·P. 斯特弗、杰里·盖尔主编:《教育中的建构主义》,高文、徐斌燕、程可拉,等译,上海:华东师范大学出版社,2002 年,第 10 页。

[11] 刘永昌:《从弥散到收敛:一种学习与记忆的规律——神经思维科学研究Ⅱ》,《广西师范大学学报》(自然科学版),2002 年第 2 期,第 28～32 页。

[12] 王竹立:《新建构主义的理论体系和创新实践》,《远程教育杂志》2012 年第 6 期,第 6 页。

[13] 王竹立:《新建构主义与知识创新》,《远程教育杂志》2012 年第 2 期,第 38 页。

[14] [美]莱斯利·P. 斯特弗、杰里·盖尔主编:《教育中的建构主义》,高文、徐斌燕、程可拉,等译,上海:华东师范大学出版社,2002 年,第 11 页。

[15] [瑞士]皮亚杰:《儿童心理学》,吴福元译,北京:商务印书馆,1987 年,第 7 页。

[16] 裘锡圭:《文字学概要》,北京:商务印书馆,1988 年,第 107 页。

[17] 张积家、姜敏敏:《形旁家族、声旁家族和高频同声旁字对形声字识别的影响》,《心理学报》2008 年第 9 期,第 947～960 页。

[18] 牟玉华:《汉字书写危机下"高校汉字二次教学"的探讨》,《上饶师范学院学报》2013 年第 1 期,第 78～81 页。

汉语特征词跨域使用的类型和特点

刘　云

（华中师范大学文学院，湖北武汉，430079）

内容摘要： 特征词在分布上的最大特点就是分布的不均衡性。本文主要探讨特征词跨域使用的类型和特点，认为特征词的跨域使用可分为三种类型：一是引用型，二是固定型，三是修辞型。特征词的跨域使用具有领域的不均衡性、鲜明的时代性以及使用范围和搭配的扩大等特点。

关键词： 特征词；类型；特点

一、引　言

特征词是指能够反映文本特征、分布差异较大的词语，其在分布上的最大特点就是分布的不均衡性。假设有 k 个字数相当的文本，如果某个词语只在其中的 1 个文本中出现，在其他的 k-1 个文本中都没有出现，那么我们说这个词语是特征词。与此相反，如果某个词语在 k 个文本中都出现了，且出现的次数是一样的，那么我们说这个词语是非特征词。为了更好地观察特征词的属性，可以引入特征度的概念。特征度表示一个词语对分布特征的表达程度。词语越是分布不均衡，就越具有特征词的特点；词语的分布越是均衡，就越不具有特征词的特点。当然，大部分的情况是介于特征词和非特征词之间的过渡状态，从特征词到非特征词可分为强特征词、特征词、非特征词、强非特征词。

词语的分布可以从领域、地域、语体和年代等角度观察。如果从领域来看的话，强特征词只用于某个或某类领域，强非特征词能用于所有的领域；如果从地域来看的话，强特征词只用于某个或某些地域，强非特征词能用于所有地域；如果从语体来看的话，强特征词只用于某个或某类语体，强非特征词能用于所有语体；如果从年代来看的话，强特征词只用于某个或某类年代，强非特征词能用于各个年代。特征词和非特征词处于强特征词和强非特征词之间[1]。

特征词总是在一定的领域、地域、语体和年代中使用，但当语言使用者在实际语言生活中感到仅凭某个语域的词汇不足以表达自己的思想，或者为了追求一种生动、形象、独特的表达效果，往往会通过某种联想，借助事物、现象或过程之间的相互联系，用此语域的词汇去表达彼语域的内容，这就形成了特征词的跨域使用。本文主要探讨特征词跨域使用的类型和特点。

二、特征词跨域使用的类型

特征词的跨域使用主要分为三种类型：一是引用型，二是固定型，三是修辞型。

引用型的跨域使用是由于表达内容的需要而临时引用其他域的特征词。例如在新闻评论语体中，一篇有关航天科技的短评或社论，自然会引用一些航天科技的术语，而这些科学术语属于科技语体的特征词，但从整个言语成品来看，还是属于评论语体，不是两种语体的交叉或融合。由于这些临时引用的特征词主要是由于题旨和内容的需要，而对于语体的基本面没有大的变化，这些特征词的跨域使用所起的作用跟非特征词相近。例如：

(1)“逃逸塔分离”、“助推分离”、“一二级分离”、“抛整流罩”……遍布大漠的光学、雷达、遥测设备紧紧追踪着神舟十号的轨迹，不舍不离。(《人民日报》2013 年 6 月 12 日)

这里用了“逃逸塔分离”、“助推分离”、“一二级分离”、“抛整流罩”等航天术语，但整篇报道只是用来描述神舟十号飞船的发射飞行，不会把读者带到专业的科技语体氛围中去。

固定型的跨域使用指有些特征词在多个领域中均有固定的义项，用词汇学的术语说是个同形词，只不过它们在具体的语域中意义还是单一的；或者是个多义词，有个本义，还有相应的引申义和比喻义。比如“聚合”在化学上的含义是“单体结合成高分子化合物，结合时不产生副产品”；在语言学上指的含义是“在结构的某个位置上可以相互替代的成分之间的关系或者是共现的成分和非共现的成分之间的关系”；在证券期货行业的含义指“随着期货合约临近到期日，现货价格与期货价格趋于会同，即基差将趋于零”；在计算机领域的含义是“相关网站将互联网上的海量信息(如博客、论坛、影视、音乐、供求信息等)进行内容挑选、分析、归类，最后为网民提供优秀有用的更具针对性的信息”。有些固定型的跨域使用特征词的比喻义和引申意义已经固定下来，其本义、比喻义、引申义共同收录在通用词典中，例如“断层”、“流失”、“处方”、“输血”、“顽症”、“流行病”、“生长点”。还有些固定型的跨域使用特征词，在词典中一般只收录有该词的本义，其比喻义、引申义尚未收录其中，然而却大量使用其比喻义、引申义：例如“银行”指经营存款、贷款、汇兑、储蓄等业务的金融机构，但经常用于借指无形物的存储机构，久而久之，词典就会把其引申义作为一个单独的义项收录。其他如“细胞”、“内存”、“植根”、“恶性肿瘤”等[2]。

修辞型的跨域使用常常是由于表达者要增强语言的表现力和感染力而临时引进别的领域的特征词。这些跨域使用的特征词一般是临时跨域使用，其新的领域义尚未定型。例如：

（2）日前宋丹丹接受深圳卫视专访时，被问到初恋的话题，宋丹丹的心情多云转晴，首次谈及自己当年的初恋细节，青涩又美好。（《新快报》2014年8月19日）

（3）武汉的媒体讲了一件事情，十一长假，有个孩子跟爸妈说，七天长假能不能到游乐场玩一天，两夫妻思考一夜，终于决定带儿子玩一天。儿子玩了第一个游戏，兴高采烈的时候，妈妈问儿子好玩吗？孩子大声答好玩，妈妈说那可以写篇好作文了吗？儿子脸色晴转阴了，玩了第二个游戏，妈妈又问，可以写好作文了吧？孩子说，妈妈我不玩了。（《长沙晚报》2011年10月8日）

上面两个例子中的“多云转晴”、“晴转阴”本是气象学上的专业术语，这里临时用来修饰心情，但还没有形成固定的义项。但有些特征词最开始也只是临时的使用，用着用着就产生了新的义项。例如同是气象学术语的“大气候、小气候”，反复用来比喻人生活的不同范围内的人文环境和条件，最开始移用的时候还只是临时使用，随着移用频率的大幅上升，其语体色彩也随之变化，逐渐形成了新的义项。例如：

（4）从严治党是全党的共同任务，需要大气候，也需要小气候。各级党组织要主动思考、主动作为，通过营造良好小气候促进大气候进一步形成。（《人民日报》2014年12月15日）

类似的词语还不少，例如：“力度、平台、筛选、覆盖、开局、升温、叫板、把脉、曝光、登陆、小儿科、短平快、深层次、全天候、红眼病、透明度、冷处理、饱和点”等。这种语体色彩变化带来的语义变化，不仅在表达上有积极的作用，而且成为词义发展、词语增加的一个重要方面。一旦形成了新的词语或新的义项，就自然地成为新的语体专用成分了。例如有的体育特征词在跨域使用之后在新域中的使用频率与其在原域中的使用频率不相上下，甚至有的体育特征词的跨域使用频率还高于其原域使用的频率，如“起跑线”、“马拉松”、“冲刺”本是田径运动中的术语，但现在“起跑线”、“马拉松”、“冲刺”这几个词已经大量地跨域使用于各个领域，大有超越原域的趋势。

三、特征词跨域使用的特点

特征词的跨域使用现象较为普遍，数量大且分布范围广。特征词的跨域使用现象还有以下三个值得人们关注的特点：领域的不均衡性、鲜明的时代性、使用范围和搭配的扩大。

1. 领域的不均衡性

领域的不均衡性表现在人们较为熟悉的、感兴趣的领域的特征词跨域使用现象较多，而不感兴趣、不熟悉的领域的特征词跨域使用现象较少。目前，发生特征词跨域现象的学科领域主要有军事、体育、医学、生物学、文艺、经济、计算机等学科领域，特别是其中的军事、体育、医学特征词的跨域使用比比皆是。

语言的发展演变具有社会性。近代以来，我国经历了长期的反侵略战争和国内革命战争，民众接触并运用了大量军事词语，然后又将其中的一部分词语跨域到日常生活中去，使这一部分词语产生了新义。新中国成立以后，虽然国内军事战争已经基本停止，但在一段时期内，以阶级斗争为纲成为全党全国人民政治生活的重心，人们便把军事语言引入政治斗争之中，使军事语言渗透到人们的日常生活中。军事词汇跨域使用的对象主要在体育和商业经济中，人们常常把竞技体育比作战争，因为它们都有激烈的对抗性，所以体育比赛使用军事语言的频率也很高，如“参战”、“备战”、“出战”、“开战”、“征战”、“交战”、“阵容”、“退役”、“主力”、“出征”、“出击”、“主攻”、“军团”、“挑战”、“交火”、“缺阵”、“士气”、“对阵”、“强敌”、“劲敌”、“劲旅”、“拉练”、“挺进”、“斗志”、“练兵”、“收兵”、“征程”、“上阵”、“防线”、“老将”、“前锋”、“后卫”、“不敌”、“力克”、“力挫”、“完败”、“大捷”、“斩获”、“主力军”、“打硬仗”、“翻身仗”、“拉锯战”、“阵地战”，等等，这些军事词语在体育新闻中的使用相当常见。

近年来，随着我国体育事业的蓬勃发展，人们对体育的关注和了解程度逐渐加深，参与积极性也不断高涨，现代汉语中体育词语的使用频率越来越高。它的使用不仅在体育领域内部，而且逐渐扩大范围，跨域到社会生活的其他领域。当体育词语泛化以后往往会形成意想不到的表达效果，现在，我们常常可以在生活中用到诸如“红牌”、“黄牌”、“黑马”、“黑哨”、“收官”、“和局”、“冲刺”、“跳水”、“跳板”、“撞线”、“出局”、“越位”、“缺位”、“助跑”、“前卫”、“擦边球”、“二传手”、“乌龙球”、“踢皮球”、“守门员”、“短平快”、“马拉松”、“起跑线”、“俯卧撑”、“大满贯”，等等。这些词语跨域到体育以外的领域之后，收到了很多意想不到的效果，形象、生动，饶有趣味。

随着人们的生活水平日益提高，越来越注重身体健康，医学与人民群众日常生活的联系越来越紧密，人们对医学领域的特征词越来越熟悉。在经常性大量地接触医学特征词的情况下，某些医学领域的特征词在不知不觉中进入人们的语言交际，如“输血”、“造血”、“换血”、“血液”、“血管”、“心脏”、“脉搏”、“把脉”、“动脉”、“命脉”、“脉络”、“瘦身”、“虚胖”、“阵痛”、“流产”、“难产”、“根治”、“移植”、“免疫”、“透视”、“猛药”、“感染”、“软肋”、“脐带”、“喉舌”、“骨头”、“瘫痪”、“手腕”、“关节”、“骨干”、“脊梁”、“顽疾”、“症结”、“牛皮癣”、“肠梗阻”、“红眼病”、“软骨病”、“并发症”、“综合征”、“后遗症”、“定心丸”、“强心剂”、“万金油”、“小儿科”、“体外循环”、“免疫系统”、“新陈代谢”等现在都是一些常用词[3]。

相比较而言，天文、建筑、化工等领域的跨域使用现象则相对较少。以化工为例，一般人很难了解“硝酸钾、乙醇、氢氧化钠、硫酸铜、铂氰酸钡、饱和链烃、苯丙氨酸、丙醇、氮氧化物”等化工词汇的含义，这些词除了引用之外当然很难跨域使用。

2．鲜明的时代性

语言的发展与社会发展密切相关，在特征词跨域使用上表现为不同的历史时期特征词跨域使用的侧重范围有所不同。例如20世纪60年代末70年代初，以阶级斗争为纲，导致“文革”期间几乎时时有斗争，处处是战场，既然是战场，有斗争，那么就和打仗类似，加上“全国学解放军”口号的推波助澜，军事用语自然成为时髦，人们自然会把具有斗争性的军事语言引入日常生活中。又如从20世纪末开始，随着科技的迅猛发展，计算机、电子通信领域的特征词跨域使用现象也比较活跃。

近些年，随着经济的发展，股票用语越来越为大众所熟知，很多股票术语已经在日常交际中被人们广泛使用，包括股票类别、股票价格、股价修正、股票指数、股票发行、股票流通、炒股技术等词语，例如“开盘”、“收盘”、“牛市”、“熊市”、“上浮”、“看涨”、“走高”、“冲高”、“跌破”、“涨势”、“跌势”、“套牢”、“解套”、“大户”、“散户”、“利好”、“利空”、“利多”、“牛市”、“熊市”、“盘整”、“崩盘”、“贬值”、“保值”、“飘红”、“基本面”、“绩优股”、“强势股”、“原始股”、“垃圾股”、“高开低走”，等等。人们关注股市，全民炒股，股票用语越来越为大众所熟知，以至于很多股票术语已经在日常交际中被人们广泛使用。

总体而言，那些时代性强、社会价值高、关注度高的词语更容易占据人们语言中枢的兴奋点，因此它们发生跨域使用的可能性就比其他的词语大得多。例如在我国，由于排球和乒乓球运动深入人心，这些运动中的专业用语“二传手”、“短平快”、“主攻手”、“擦边球”等特征词跨域使用得相当广泛。

3．使用范围和搭配的扩大

以“移植”为例，用于医学领域时指“将自体或异体的正常细胞、组织或器官从它所在的位置植入到另一位置，是临床治疗多种终末期疾病的有效手段”；用于生物学领域时指“将一种经济生物从原栖息水域移放到另一个环境条件相似的水域繁殖生长”，跨域使用时只要是从一个地方搬到另一个地方生长、繁殖、发展的，都可叫移植，例如“模式移植”、“经验移植”、“装备移植”、“文化移植”、“法律移植”，等等。又如“脉搏”，用于医学领域时指“动脉的搏动，心脏收缩时由于输出血液冲击引起的动脉跳动”，跨域使用时只要是潜在的感情、意见或动向，都可以与脉搏搭配，例如“时代脉搏”、“人文脉搏”、“社会脉搏”、“思想脉搏”、“市场脉搏”、“股市脉搏”、“城市的脉搏”、“大地的脉搏”、“发展的脉搏”，等等。其他如“裂变”、“克隆”、“软件”、“硬件”、“扩容”、“板块”、“网络”、“效应”、“含量”、“工程”等词的跨域使用都是使用范围和搭配扩大了。随着适用范围的扩大，有些跨域使用的词语还会发生色彩变化，例如“小儿科”是指医院中治疗儿童各种疾病的一个科室，也可以细分为各个二级科室，如小儿呼吸科、小儿感染科、小儿口腔科等，跨域使用时常比喻价值不大、不值得重视的事情或被人瞧不起的行当等，具有明显的贬义色彩。又如“万金油”原指用薄荷脑、樟脑、桂皮油、桉叶油等加石蜡制成的膏状药物，用来治头疼、轻微烫伤等，有清凉缓解之效，亦称清凉油，其应用范围很广，但不能治大病，跨域使用时比喻什么都会一点点，但什么都不擅长的人，可做褒义词也可做贬义词，贬义用法居多。

四、结 语

特征词具有明确的语域功能，语言使用者在交际的过程中，有时为了达到生动、新奇等表达效果，往往会通过某种联想，借助事物、现象或过程之间的相互联系，用此语域的词汇去表达彼语域的内容，这就产生了特征词的跨域使用。

特征词的跨域使用实际上就是对常规语域的违反，打破了语域的预测性，达到新奇、生动、风趣等交际效果。特征词的跨域使用可分为三种类型：一是引用型的，二是固定型的，三是修辞型。特征词的跨域使用具有领域的不均衡性、鲜明的时代性以及使用范围和搭配的扩大等特点。

*本文系教育部人文社会科学研究规划基金项目“篇章视野下的汉语复句研究”【立项号：15YJA740029】的阶段性成果；系教育部人文社会科学重点研究基地重大项目“基于小句中枢理论的有标复句层次关系自动识别研究”【项目批准号：16JJD740013】阶段性成果。

注释：

[1] 刘云：《汉语特征词研究的缘起、意义和方法》，《华中学术》第八辑，武汉：华中师范大学出版社，2013年，第200～208页。

[2] 要说明的是，《现代汉语词典》对这些固定型的跨域使用也采取了不同的释义方式。第一种是释义中完全没有行业词义，直接说明跨域义，如“治标”、“治本”等；第二种是跨域义依附于行业词义，在解释行业词义后直接说明其跨域义，没有分开立项，如“基准”、“压轴戏”等；第三种是行业词义和跨域义分别立项，一般行业词义项在前，跨域义项在后，如“大本营”、“潜台词”等；第四种是释义中只有行业词义，但对跨域义举了例子，并使用了《现代汉语词典》表示比喻义的“◇”的符号加以标注，如“接轨”、“会师”等。可见，《现代汉语词典》的编写者也认为固定型的跨域使用也有不同的层级。

[3] 刘一梦：《医学术语语义泛化现象简析》，《修辞学习》2009年第6期，第30～39页。

大冶方言的“在里”和“过来”

汪国胜

（华中师范大学语言与语言教育研究中心，湖北武汉，430079）

内容摘要：“在里”和“过来”是大冶方言的两个高频词。“在里”既表处所，是一个介宾组合，也表体貌，表示进行或持续。“过来”作为动词，表示移动；作为名词，表示时间；作为标记，表示体貌。它们语义上由实到虚，经历了语法化的过程。

关键词：大冶方言；在里；过来；语法化

“在里”和“过来”是大冶方言的两个高频词。把它们放在一起来讨论，是因为它们都跟体貌有关：“在里”表示进行或持续[1]；“过来”表示经历。它们原先都是实词，分别表示处所和趋向，而且沿用至今；现在又表体貌，两种用法共存并用，中间经历了语法化的过程。

一、在　里

1.1　表示处所

“在里”表示处所，并不是凝固的词，而是一个组合的介宾结构，“在”是介词，“里”是代词，指代处所，表远指，相当于“那里/那儿”，跟表近指的“底”（这里/这儿）相对。例如：

你在里住一向儿，回来冇得么事（你在那里住一段时间，回来没有什么事儿）

明日起早你在里等我（明天早晨你在那里等我）

我在底等了一中时，渠在里徛了一下昼，都冇看倒渠个人影（我在这里等了一中午，他在那里站了一下午，都没看到他的人影）

例中“在里”都是表示实在的处所；第三例“底”和“里”对应使用。

1.2　表示体貌

“在里”表示体貌，已经凝固为词，虚化成一种体标记。也就是说，这是其词汇化后意义虚化而产生的一种用法。具体说来，包括两种情况。

其一，表示进行。例如：

渠那几个在里打抹牌（他们几个正在打牌）
殿㝔里在里唱戏（祠堂里正在唱戏）

有时在“在里”的前面用上“正”，强调“正在进行”的意思。

渠那正在里做生活（他们正在干活儿）
我伊正在里焐饭（我妈正在做饭）

其二，表示持续。例如：

我父在里困醒（我爸正在睡觉）
渠一个人在里生闷气（他一个人正在生气）

跟表“持续”的“在里”呼应，动词后边经常出现“倒”。例如：

渠在里等倒，你赶快去回（他在等着，你赶快回去）

有时还在“在里”的前面用上“还”，强调“正在持续”的意思。

渠还在里赖倒，红黑不肯走（他还在赖着，死活不肯走）

1.3 两种意义的形式对立

作为介宾组合、表示处所（实指）的“在里”和作为凝固单词、表示体貌（虚指）的“在里”，在形式上表现出一系列的对立。

首先，语音上，表处所的“在里”读本调［ts ‘a³³ lai⁵³］，不能合音；表体貌的“在里”后一音节弱化，读［ts ‘a³³ · lai］，通常情况下合音为［ts ‘ai⁵³］/［· ts ‘ai］。

其次，语法上，实指用法的限制较少，虚指用法的限制较严。比如，下面例子中的“在里”由于句法上的限制，都只能理解为处所成分：

渠在里一直不管事（他在那儿一直不管事）（“在里”和V之间插有状语）
我在里清好，明日跟你送来（我在那儿清理好，明天给你送来）（V带结果补语）
渠在里住了/过五年（他在那儿住了/过五年）
（V带体成分“了/过”和时量补语）
我在里栽了两棵树（我在那儿栽了两棵树）（V带“数量名”宾语）
在里做屋蛮好（在那儿做房子挺好）（“在里+V”作主语）

我热世界喜个在里乘凉（我夏天喜欢在那儿乘凉）　（“在里＋V”作宾语）

莫在里洗澡，里［uan^{35}］死了人个（别在那儿洗澡，那儿淹死了人的）　（祈使句）

我不在里过夜（我不在那儿吃晚饭）　（意愿性否定句）

我在底卖水果，渠在里卖衣裳（我在这儿卖水果，他在那儿卖衣服）　（前后对举）

我坐在底，渠坐在里（我坐在这里，他坐在那里）　（用在V后边）

渠在里不折用（他在那儿不顶用）　（“在里”与“不折用”构成连动项）

二、过　来

“过来”在大冶方言里有三个意思，三种词性。

2.1　过来$_1$

表示（空间位置的）移动，是动词。这跟普通话的意义和用法一样。例如：

a. 渠昨儿就过来了（他昨天就过来了）｜我已经过来几天了

b. 走过来｜搬过来｜翻过来

c. 忙不过来｜穿不过来｜看不过来

a组“过来”用作一般动词。b组“过来”用作动词补语，表示趋向。c组“V不过来”是一种“可能”式，这是一种带有夸张意味的说法（格式），“过来”也是做补语，但意义上已经有所虚化，不表趋向，“忙不过来”＝“忙不赢”，“穿不过来”＝“穿不赢”。这种说法普通话里也是存在的。从a到c，“过来”的意义由实到虚。

2.2　过来$_2$

表示时间，是名词。意义和用法相当于普通话的时间名词“过去”。例如：

a. 过来不兴打麻将（过去不时兴打麻将）

b. 过来个时候，老了人要做斋（过去的时候，死了人要做斋）

c. 要是在过来，女个喫饭是不能上桌子个（要是在过去，女的吃饭是不能上桌子的）

C组“过来”用在介词“在”的后边。

2.3　过来$_3$

表示体貌，是表示“经历”的体标记。

脚鱼我还冇喫过来（甲鱼我还没吃过）

北京我还冇去过来（北京我还没去过）

作为“经历”体标记的“过来”，一般用于这种“有V过来”的格式。大冶方言也说“冇去过”，但我们感觉这是后起的外来的说法，老辈人一般不说；“冇去过来”是本土的、地道的方言说法。而且，“过”作为体标记，用在动词后边，一般是表示“重新”，比如“文章写过”=“文章重新写”，“衣裳要洗过”=“衣裳要重新洗”。这是另外一个问题，这里不讨论。

三、“在里”和“过来”的语法化

3.1 “在里”的语法化

“在里”意义从实到虚、从一个介宾组合到一个凝固的体貌标记，既是一个词汇化的过程，也是一个语法化的过程。这一过程肯定不是一步完成的，但由于缺乏方言史料，我们难以追溯和还原这一过程，无法描述其演化的具体细节，我们现在所能看到的只是一种语法化的结果和事实。不过，“在里”虚实意义的共存并用蕴含着语法化的信息。而且，我们从语义上可以找到它语法化的理据。换句话说，“在里”的语法化有其内在的语义基础。从语义上讲，“在里”作为表处所的介宾短语用在谓语动词前面，主要是表示行为或事件发生的处所，但同时也赋予句子一种“进行/持续”的体意义。其实，状位“在+处所词”这种语义功能的双重性，在汉语里有着普遍的反映。(比如普通话：“他们在办公室讨论。”“在办公室”既表示“讨论”的处所，也表明“讨论”正在进行。)就“在里”而言，由于语境的作用，其双重语义在语用上有可能出现偏移，处所义变得模糊，体貌义得以突显，这样频繁使用的结果，使得“进行/持续”的标记意义稳固下来，“在里”也就由一个介宾结构虚化成一种进行体和持续体的标记成分。

吕叔湘先生曾经讨论过《释景德传灯录》中的“在里”[2]。据吕先生考察，“在里”原先有几分实义(a)，后来逐渐趋于空灵(b)：

a. 岂有虑君子太多，须留几个小人在里？

b. 他不是摆脱得开，只为立不住，便放却，忒早在里。

今天大冶方言的“在里”跟唐宋时期的“在里”是不是具有同源或者来源关系的语法成分？如果是，大冶方言的“在里”用在动词前边，唐宋时期的“在里”用在后边，这种位次的不同透露了一些什么样的信息？对这些问题，我们现在还没有来得及考察和思考。

3.2 “过来”的语法化

我们可以认定，大冶方言表示体貌的“过来$_3$”是表示移动的“过来$_1$”语法化的结果，中间还经过了表示时间的“过来$_2$”阶段，但同样因为缺乏方言史料，我们无法呈现其语法化的具体路径和过程细节。

“过来”和“在里”的语法化有一点是相同的，都是由空间概念向时间概念演化，都是通过隐喻来实现的。

四、余　论

大冶方言“在里”的语法化不是一个孤立现象，在南方方言中有着一定的普遍性。目前我们掌握的材料，就湖北方言来说西南官话的天门方言、江淮官话的英山方言对此都有反映。而且，在天门方言和英山方言里，跟“在里”相当的成分既可以出现在谓语动词前面，也可以出现在句子末尾，并且分工明确，用于动前表示“进行”，用于句末表示“持续”：

天门方言[3]：他在的吃饭（他在吃饭）

他站倒在的（他站着）

英山方言：他在那里洗手（他在洗手）

他吃在里，你就莫说了（他在吃饭，你就不要责备他了）

不光湖北，我们刚刚看到一份报告，江西赣语永新方言也有类似的表现[4]：

a. 我在格垱坐（我在这儿坐）

我坐在格垱（我坐在这儿）

b. 我在格垱想，唔要声（我正在想，别出声）

渠还唔喜欢在格垱（他还在不高兴）

“在格垱”在a组句子里是介宾组合，实指，表示处所；在b组句子里是凝固成分，虚指，表示体貌，用在动前表示“进行”，用在句末表示“持续”。

还值得注意的是，有的方言，“在里”不光可以出现在句末或者动前，还可以在句末和动前同现。比如英山方言：

操场上在那里放电影在里｜饭在那里煮在里

这种情况类似于武汉方言的“在”。“在”可同现于句末和动前：他在吃饭在。

相对于普通话，方言里的语法化现象更为丰富，值得我们重视，有待深入挖掘。这一工作，不光有助于汉语语法化词库的建设，还可以引发我们的很多思考，无论是对汉语共同语语法的研究，还是对汉语语法史的研究，都有着重要的意义。

［附记：本文为“语法化研究高层论坛暨语法化词库建设学术研讨会”（北京，2016年1月）上的发言稿，发表时略作修改。］

＊本文为教育部人文社会科学重点研究基地重大项目“湖北中西片语言问题研究”【2015JJD740012】的阶段性成果。

注释:

[1] 汪国胜:《湖北方言的“在”和“在里”》,《方言》1999年第2期,第104页。

[2] 吕叔湘:《释景德传灯录中在、著二助词》,《汉语语法论文集》(增订本),北京:商务印书馆,1984年,第58~64页。

[3] 邵则遂:《天门方言研究》,武汉:华中师范大学出版社,1991年,第157页。

[4] 龙安隆:《赣语永新方言的体标记“在+指示代词”》,第二届赣鄱语言学博士论坛(江西宜春,2015年11月)。

汉语方言中“可VP”及相关问句的句法分析

田　源　徐　杰

（武汉大学文学院/中国语情与社会发展研究中心，湖北武汉，430072；武汉大学文学院，湖北武汉，430072/澳门大学中文系，澳门）

内容摘要：“可VP”问句是汉语方言中重要的疑问范畴表达句式，具有独特的句法特征。“可VP”问句通过在句中谓头位置添加“可”类成分来核查疑问特征、表达疑问范畴。某些方言中“可VP”和其他疑问表达式合用形成“可VP＋语气词”和“可VP不VP”等表面上包含两种疑问表达手段的句式，这些混合句式中疑问范畴的表达实则主要由其中一种疑问表达手段承担，而另一种则会成为羡余成分。而最终谁主谁次则取决于其在层级句法结构中的位置等因素。

关键词：“可VP”；谓头位置；句法；句子敏感位置

朱德熙（1985）在研究汉语方言里的反复问句时提出，在吴语、西南官话和下江官话许多方言中存在的“可VP”问句，与在北方官话、西南官话、粤语、闽语和多数吴语地区广泛使用的“VP不VP”问句，是汉语方言中的两种反复问句[1]。自此之后，“可VP”问句逐渐成为汉语方言疑问句研究的热点之一，其中尤其是“可VP”问句的性质与归属问题引发了广泛的争论，同时某些方言中“可VP”与“VP不VP”“VP吗”等其他疑问格式的合用现象也开始进入到学者们的视野中。

“可VP”问句主要指的是在吴语、西南官话、下江官话等汉语方言中所使用的在动词短语前面加用疑问副词的疑问句式，一般用“可VP”（或“KVP”）问句来统称。不同方言中所具体使用的疑问副词不完全一致，比如明清白话小说用“可”、合肥方言用“克”、阜阳方言用“可”、苏州方言用“阿”、昆明话用“格”、汕头方言用“岂”[2]。更重要的是，朱德熙（1985）已经开始注意到某些方言中存在“可VP不VP”类的合用现象，认为是“可VP”与“VP不VP”两种句式糅合在一起形成的混合形式，之后很多学者通过对更多汉语事实的考察发现，“可VP”不仅可以与“VP不VP”混合使用，还可以与“VP吗”和特指问等合用[3]，“可VP”问句在汉语方言中存在一系列的合用形式。本文主要关注“可VP”及其与其他疑问格式合用句式的句法结构问题。

一、句子三个敏感位置

徐杰（2005）把句首、句尾和谓头三个句法位置看做三个“句子敏感位置”，这三个句法位置的特殊之处就在于除了担负线性句法结构中的基本角色外，所有对属于全句的语法功能范畴所进行的语法操作（添加、移位和重叠）只能在这三个位置上进行[4]。而句首、句尾和谓头三个句法位置之所以特殊与其在句法结构中的关键地位有关。

经典形式语法理论中，各级各类句法结构都是单一中心的向心结构，句子就是以屈折范畴（INFL，I）为中心的屈折范畴短语 IP（Inflectional Phrase）。句子中心 I 融合了“时态”和“性数格呼应态”，具有两种重要功能：一是充当句子中心成分，二是给主语位置上的名词短语指派格位。这对于分析有形态变化的英语等印欧语系语言中的相关现象具有重要意义。而汉语没有类似印欧语系诸语言的形态变化，因此没有经典意义下的屈折范畴。汉英两种语言中句子都有中心，区别在于二者的内容和形式不同。汉语没有“呼应态”，“时态”也是由词汇成分来完成，与英语等语言具有实质性的差异。汉语的句子中心语只是个没有语音形式的功能特征“[+谓素]”，它主要的语法功能就是将其补充性成分（动词、动词性短语等）转化成“谓语”，与主语构成主谓关系（predication relationship）；而英语的句子中心则是“谓素”、“时态”和“呼应态”三项内容的结合体。虽然内容不同，但二者同样承担着充当句子中心和给主语指派主格两种功能。汉英句子中心的差异，决定了两种语言中句子成分的多种特点。汉语句子中心语“[+谓素]”是没有语音形式和词汇形式的功能特征，因其位于谓语前来实现其两种语法功能，我们形象地称之为“谓头”，用来指称汉语位于句中的中心语[5]。

为了容纳更多的语法成分、概括更多的语法现象，后来的生成语法在 IP 的基础上，进一步将句子表征式由 IP 扩充为 CP 即标句词短语（Complementizer Phrase），CP 逐渐替代了 IP 即屈折范畴短语（Inflectional Phrase）来表征完整的句子结构。在标句词位置上即可容纳多种属于整个句子的功能范畴，其在句法上具体实现为标句词这一语法成分。准确地说，“标句词”这一概念其实包括两层含义：一是句子中心 C 位置，二是句子中心 C 位置上的语法成分。中心语 C 位于句子的边缘位置，与中心语位置参数的一致，不同的语言或选择标句词位于句首，或选择标句词位于句尾[6]。

因此，跨语言地看，句首、句尾和谓头三个句法位置实则句子中心所在地，句首和句尾是句子中心标句词 C 的两个可能位置，谓头即句子中心 I 的位置。这三个位置共同为疑问、否定等全句语法功能范畴提供了进行语法操作的关键句法位置。

二、“可 VP”问句的句法结构

吴语、西南官话和下江官话等方言中使用的“可 VP”问句，其疑问范畴的实现在句法上依靠的是句中的关键成分“可”，有关“可 VP”问句中“可”的性质问题，主要有以下几种观点：一是“疑问副词说”[7]，二是“情态副词说”[8]，三是“话题焦点敏感算子说”[9]，等等。不同的学者也许在“可”的具体定性上存在一定的差异，但对于其在“可 VP”问句中的句法作用上观点是一致的。

众所周知，汉语普通话中主要有是非问句、正反问句、选择问句和特指问句等四种疑问句式，除了语音语调之外，分别通过句法手段和词汇手段来实现疑问范畴。是非问句在句尾添加疑问语气词，正反问句正反重叠谓语中心成分，选择问句和特指问句分别依靠带有［+疑问］特征的词汇成分来表达疑问。其中，主要是是非问句和正反问句两类涉及句法手段。疑问范畴作为典型的全句语法功能范畴，进行句法操作可能的句法位置是句首、句尾和谓头。事实确实如此，是非问句是在句尾添加了疑问语气标句词“吗”，正反问句则是在谓头位置进行正反重叠。

具体到“可VP”问句来说，其疑问特征的核查是通过添加疑问副词“可”，而添加位置就在谓头位置，其简要句法结构如下：

（1）
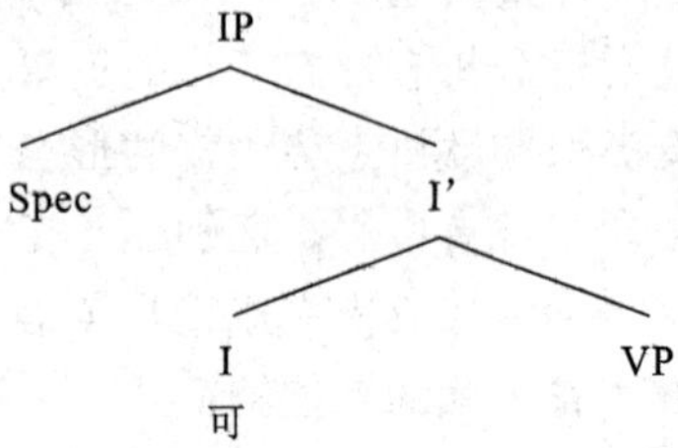

（2）a. li kam（可）bei lai?（闽南话，引自何元建2007）
b. 可喜观看电影?（扬州话，王世华1985[10]）
c. 耐阿晓得?（苏州话）
d. 你格认得?（昆明话）
e. 你克相信?（合肥话）
f. 这本书你可读过?（玉山话，谢旭慧2001[11]）

谓头位置实则句子中心I位置，在此位置上的关键性成分所进行的句法操作对整个句子具有重要作用，疑问副词“可”因此可以添加到该位置核查全句的疑问特征。而在“可VP”问句归属问题上与“可VP”问句纠缠最多的就是是非问句和正反问句，主要原因就在于其与这两类问句分别在很多方面展现出了一定的一致性。这些一致性其实与这些问句在生成过程中所进行的句法操作及其句法结构有关。比如，“可VP”问句和是非问句都是在句子中心位置添加疑问助词，差异在于前者添加在句中谓头位置，而后者添加在句尾标句词位置。“可VP”和正反问句都是在句中谓头位置进行句法操作来核查疑问特征，差异在于前者是通过“添加”操作，而后者则是通过正反重叠的方式。“可VP”问句与是非问句和正反问句在句法特征等方面的展现出的一系列共性与差异与它们在句法操作与句法结构上的同异紧密相关，也可以从其句法结构寻求解释[12]。

其中特别需要提到的是“可VP”问句与“VP吗”是非问句一个明显的差异就是能否内嵌的问题。众所周知，普通话中的“VP吗”是非问句完全不可能内嵌做一个句子成分，而某些方言中的“可VP”问句则可以内嵌做主宾语。

（3）a. 我勿晓得伊阿去勿去。（上海话，徐烈炯、邵敬敏1999[13]）

b. 伊阿去勿去我勿晓得。

(4) 可知道这个事不要紧。(知不知道这件事没关系。)(合肥话，朱德熙 1985[14])

(5) a. 恁知道她今个儿可是生病唠？(阜阳话，王琴 2008[15])

b. 恁说老师可是夜个儿走唠？

这种能否内嵌的差异也许与“添加”句法操作的位置有关。从层级结构的角度看，句子中心C位置是高于句子中心I也就是谓头位置的，添加到句尾C位置的“吗”占据的是更高级别的句法位置，其强势程度远远高于添加到句中I位置的“可”类成分，因此，相对弱势的“可VP”在一定条件下可以内嵌，而强势的“VP吗”则“绝不屈从”。

三、“可VP”合用句式的句法结构

在近代白话文和某些汉语方言中，可见到“可VP”问句与“VP不VP”和“VP吗”构成的“可VP不VP”和“可VP吗”等合用句式。

3.1 两类“可VP语气词”问句

除了近代白话文中常出现的“可VP么”问句外，汉语某些方言中“可VP”问句句尾所带的语气词则体现出了地域差异。皖北方言中可见大量“可VP”问句带上句尾“来、咾、哩、吗”等语气词[16]，其中阜阳方言“可VP”句末可带句末语气词“芒、唠、来、蔫”等（王琴 2008[17]），寿县方言“可VP”问句句尾可带语气词“了、来”[18]，嘉山、全椒、芜湖、濉溪等方言中也使用“可VP+吗”句型（张敏 1990[19]），上海方言中可见前加式“阿VP”和后加式“V哦”的混合式“阿V哦”[20]：

(6) a. 只位相公，可就是会画没骨花的么？(《儒林外史》)

b. 钱师父，你们的散花钱可该送与我老人家么？(《金瓶梅》)

c. 呆子！可吊得自在么？(《西游记》)

(7) a. 恁可相信俺芒？(阜阳方言，王琴 2008[21])

你相信没相信我？

b. 恁明个儿可去上海唠？

你明天还去不去上海了？

c. 这道理可明白来？

这道理明白不明白？这道理明白了吗？

(8) a. 侬阿去哦？(上海方言，徐烈炯、邵敬敏 1999[22])

b. 伊阿会得走错脱路哦？

(9) a. 可睡觉了？(还睡不睡觉？)(寿县方言，杨曼 2011[23])

b. 可睡觉来？(睡不睡觉？/睡没睡觉？)

语言的经济性原则决定了在实现一种句法功能时一般只用一种句法手段。上述例子中的“可VP语气词”问句，包括两类现象，一类是“可VP”与“VP吗”的合用，合用后的“可VP吗”中包含两个疑问词，但其中一个会成为羡余成分，全句的疑问功能主要由一个成分来实现，而且多是位于句尾的疑问疑问词。如安徽阜阳方言中，“可VP芒”问句（7a）中“承担疑问功能的是‘芒’和主要落在‘芒’上的上升语调，‘可’似乎不表示疑问语气，仅仅起到加强语气的作用”，“可”成为羡余成分（王琴2008[24]）。而“可”在与“吗”的竞争中之所以成为羡余，依然与上文中提到的句法位置有关，句尾“吗”所处的句子中心标句词C位置在句法结构中层级更高，其强势程度远远高于添加到句中I位置的“可”类成分，因此“可”类成分才会在竞争中败下阵来成为羡余成分。

(10)

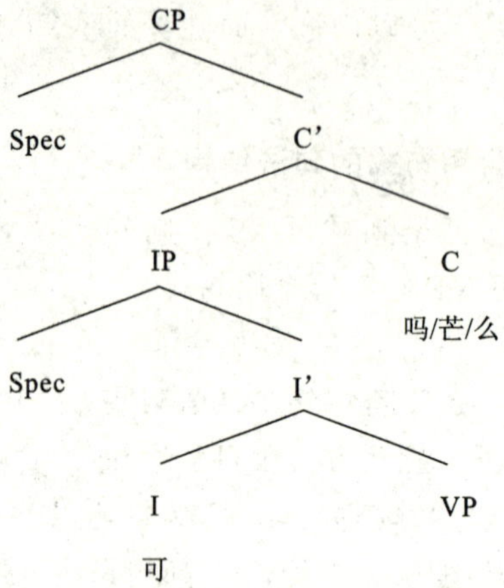

另一类是则不是所谓的合用现象，而是“可VP”问句的句尾带上了非疑问语气词，表示情态或时态等意义。这种情况一般是一个表疑问，一个表语气、情态或时态意义，承担疑问功能的多是句中谓头位置的“可”，句尾语气词因其多样性可以表示多种情态或时态意义。例如白话文中“可VP么”问句中［如（6）］，“么”是表示含蓄语气的助词，整个句子带有反诘语气[25]。安徽阜阳方言中，“可VP语气词”问句中，“已然”与“未然”的体态差异主要取决于句尾语气词，“‘可VP＋唠’表达的是未然，‘可VP＋芒’表达的是已然，‘可VP＋来’既能表达未然，又能表达已然”[26]。而安徽寿县方言中，“可VP”问句可在句尾带上语气词“了、来”，分别与不同的“可”表示多种时体意义［如（9）］，“可$_{1}$了”表达未然持续体，“可$_{1}$来”表达未然开始体，“可$_{2}$来”则表达已然完成体[27]。

Rizzi（1997）提出了分裂标句词假说（Split-complementizer Hypothesis），将传统上单一的标句词系统（CP）分解为包括定式短语（FinP）、话题短语（TopP）、焦点短语（FocP）和语力短语（ForceP）在内的多个功能系统的有机组合[28]。因此，上述两类“可VP语气词”问句中句尾的语气词在标句词层的位置是不同的，但简略起见，一般情况下还是将其统一划分在CP的中心语位置。

3.2　“可VP不VP”问句

(11)“可好不好”　　（《儿女英雄传》，转引自邵敬敏等2010[29]）

(12)“可香不香”　　（安徽东流话，转引自朱德熙1985[30]）

(13) a. “你阿吃不吃啊?” (南京话，张薇 2009[31])

b. “这个煤气灶阿能不能用啦?”

(14) 可拿动拿不动? (合肥话，朱德熙 1985[32])

(15) a. 恁到了到底可去不去? (阜阳话，王琴 2008[33])

b. 恁到了到底可去不去蔫?

(16) 耐到底阿去勒勿去?(苏州话，刘丹青 1991[34])

在使用“可 VP”问句的某些方言中，可见到“可 VP 不 VP”问句，如 (11) ~ (16)。朱德熙 (1991) 指出合肥话、苏州话中这种“K-VP-neg-VP”是一种混合形式，而这种混合句式的出现原因在于“K-VP”与“VP-neg-VP”两种句型中必有一种产生时代较晚，该混合形式则是在长期的新旧更替过程中创新句型的本地化[35]。而施其生 (1990) 则指出“可 VP”、“VP 不 VP”以及“可 VP”与“VP 不 VP”的混合型等三种反复问句都是潮汕方言所固有的[36]。在此我们不继续纠结于“可 VP 不 VP”是如何出现的，我们主要关注这种“混合句式”在句法上是如何实现的。

在汉语疑问范畴的表达中，反复问句 (包括“A-neg-AB”式和“AB-neg-A”式等次类) 所代表的“正反重叠”操作手段，与添加疑问语气词或 K 成分等所代表的“添加”操作手段从本质上来看是互相排斥、互相补充的 (详见徐杰 2001[37])。不管是台湾闽南语等方言中 K 成分与“VP-neg-V”格式的共现，还是与安徽东流话等方言中 K 成分与“V-neg-V”格式的共现，“正反重叠”与“添加”的“互相妥协”、“同时运用”只是表面现象，我们赞同朱德熙 (1991) 的观点，这种共现现象其实是两种格式的杂糅。“K-VP”格式与“V-neg-VP”或“VP-neg-V”格式出现的时间不同，由于受其他方言影响等原因而出现时间较晚的句式作为一种创新性的格式可能为了适应语言中本有的反复问句格式而与其进行了融合，从而出现了两种句法格式杂糅的现象，朱德熙称之为“本地化”。这种杂糅或“本地化”只是语言演变过程中多种因素作用下的常见现象：一种句法格式还未完全退出历史舞台，新的句法格式已经产生，表示同一语法范畴的两种句法格式很容易混合杂糅在一起，它是过渡时期的产物，是“不同时代产生的语法结构的层次积压现象”[38]。有的杂糅形式也有可能被保留下来，因此在某些方言中这些杂糅形式至今还在一定程度上可以接受。既然是杂糅，那么一般来说杂糅的对象应该不是绝对的而是随意的，“K-VP”格式既可能与“VP-neg-V”式杂糅，在某些条件下也可能与“V-neg-VP”或“V-neg-V”式杂糅，这在方言中已经得到了证实。

多种方言中出现的“可 VP 不 VP”混合形式，与其具有一定程度上的句法实现可能性有一定关系。因汉语谓头的特殊性以及疑问范畴表达的特征，添加“可”类成分和进行正反重叠这两种句法操作都是在句中谓头位置 (徐杰 2005[39])。两种句式杂糅之后构成的混合形式“可 VP 不 VP”中的“可”类成分和重叠形式之间在句法位置上能够各得其所：整个“可 VP 不 VP”混合式可以看做一个套叠的 IP，包含两个 I 位置，分别用来添加“可”类成分和进行正反重叠。

（17）

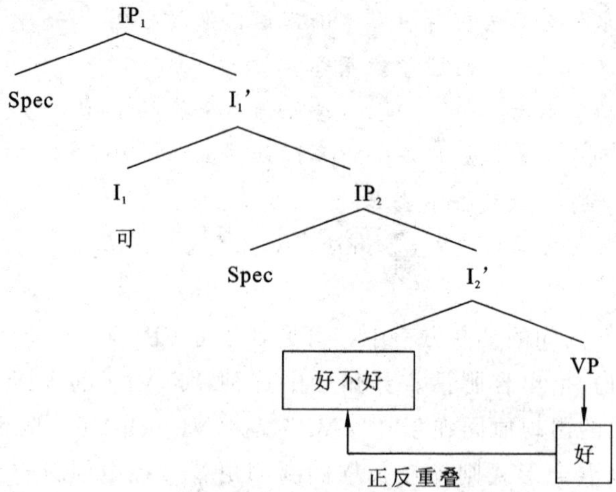

从（17）可见，有两个谓头 I 位置，分别添加“可”类成分和进行正反重叠，这两种疑问操作手段单独都能表达疑问，但在同现的情况下，表达疑问的任务则主要由其中一个成分承担，从信息论的角度看，另一个实则是羡余成分，它的主要功能已经不是表示疑问，而是起加强疑问语气或表示某种情态的作用，因此这种混合形式的存在并没有违背黄正德（1988）[40]、徐杰（2001）[41]等提出的汉语不能同时使用两种手段表示疑问的原则。

四、结　论

“可 VP”问句是吴语、西南官话和下江官话等汉语方言所使用的重要的疑问范畴表达句式，不同于汉语普通话中常见的四种疑问句式，具有独特的句法特征。“可 VP”问句通过在句中谓头位置添加“可”类成分来核查疑问特征、表达疑问范畴，在“可 VP”问句的基础上还生成了“可 VP＋语气词”和“可 VP 不 VP”等貌似不符合语言经济性的句式。“可 VP＋语气词”问句包括两种不同的情况：当句尾语气词为疑问语气词时，句中谓头位置的“可”类成分多为羡余，而主要由位于句尾标句词位置的疑问语气词承担表达疑问范畴的功能；当句尾语气词为非疑问语气词时，句中谓头位置的“可”依然承担疑问功能，句尾语气词用来表示情态等其他意义。“可 VP 不 VP”问句中，“可”类成分和正反重叠都在句中谓头位置进行，这种所谓的混合句式实则是一个套叠的 IP 结构，两种疑问操作手段分别在这个套叠 IP 中的两个谓头位置，但疑问范畴则主要由其中一个承担，另一个会成为羡余。

* 本文为教育部人文社会科学研究青年基金项目“类型学视野下的汉语标句词及句法理论问题研究”【14YJC740079】和教育部人文社会科学重点研究基地重大项目“湖北中西片语言问题研究”【2015JJD740012】的阶段性成果，并获中央高校基本科研业务费资助。

注释：

[1] 朱德熙：《汉语方言里的两种反复问句》，《中国语文》1985 年第 1 期，第 10～20 页。

[2] 徐杰、张媛媛：《汉语方言中“可 VP”问句的性质》，《汉语学报》2011 年第 2 期，第 60～70 页；朱德熙：《汉语方言里的两种反复问句》，《中国语文》1985 年第 1 期，第 10～20 页。

[3] 可参阅施其生：《汕头方言的反复问句》，《中国语文》1990 年第 2 期，第 182～185 页；张敏：《汉语方言反复问句的类型学研究：共时分布及其历史蕴含》，北京大学博士学位论文，1990 年；刘祥柏：《六安丁集话的反复问形式》，《方言》1997 年第 1 期，第 65～73 页；胡利华：《安徽蒙城方言的“可”字句》，《方言》2008 年第 3 期，第 263～267 页；王琴：《阜阳方言“可 VP”疑问句研究》，上海师范大学硕士学位论文，2008 年；王琴：《安徽阜阳方言的“可 VP”反复问句》，《方言》2008 年第 2 期，第 179～183 页。

[4] 有关“句子三个敏感位置”的界定详见徐杰：《句子的三个敏感位置与句子的疑问范畴——跨语言的类型比较》，单周尧、陆镜光编：《语言文字学研究》，北京：中国社会科学出版社，2005 年，第 223～234 页。

[5] 有关“句子三个敏感位置”的界定详见徐杰：《句子的三个敏感位置与句子的疑问范畴——跨语言的类型比较》，单周尧、陆镜光编：《语言文字学研究》，北京：中国社会科学出版社，2005 年，第 223～234 页。

[6] 田源：《汉语标句词及相关句法问题》，华中师范大学博士学位论文，2011 年。

[7] 参阅何元建：《“可”字型问句的反诘语气》，《汉语学习》1996 年第 4 期，第 20～23 页；何元建：《生成语言学背景下的汉语语法及翻译研究》，北京：北京大学出版社，2007 年；朱德熙：《汉语方言里的两种反复问句》，《中国语文》1985 年第 1 期，第 10～20 页。

[8] Malmqvist, N. G. D., “On the Modalities of Obligation and Epistemic Necessity in the Xiyouji”, *Proceedings of the Second International Conference on Sinology*, Taipei, 1989.

[9] 高松：《话题焦点敏感算子“可”和语气词“呢”的比较》，《哈尔滨学院学报》2009 年第 6 期，第 127～131 页。

[10] 扬州话中相关语料详见王世华：《扬州话里两种反复问句共存》，《中国语文》1985 年第 6 期，第 415～416 页。

[11] 玉山话中相关语料详见谢旭慧：《玉山话疑问副词“可”及其相关句式》，《上饶师范学院学报》2001 年第 2 期，第 79～82 页。

[12] 徐杰、张媛媛：《汉语方言中“可 VP”问句的性质》，《汉语学报》2011 年第 2 期，第 60～70 页。

[13] 徐烈炯、邵敬敏：《“阿 V”及其相关疑问句式比较研究》，《中国语文》1999 年第 3 期，第 163～174页。

[14] 朱德熙：《汉语方言里的两种反复问句》，《中国语文》1985 年第 1 期，第 10～20 页。

[15] 可参阅王琴：《阜阳方言“可 VP”疑问句研究》，上海师范大学硕士学位论文，2008 年；王琴：《安徽阜阳方言的“可 VP”反复问句》，《方言》2008 年第 2 期，第 179～183 页。

[16] 皖北方言中相关语料详见侯超：《皖北中原官话“可”类问句的性质及归属》，《方言》2015 年第 4 期，第 324～333 页。

[17] 可参阅王琴：《阜阳方言“可 VP”疑问句研究》，上海师范大学硕士学位论文，2008 年；王琴：《安徽阜阳方言的“可 VP”反复问句》，《方言》2008 年第 2 期，第 179～183 页。

[18] 详见杨曼：《寿县方言的两类“可”问句》，《合肥学院学报》2011 年第 5 期，第 59～62 页。

[19] 可参阅张敏：《汉语方言反复问句的类型学研究：共时分布及其历史蕴含》，北京大学博士学位论文，1990 年。

[20] 徐烈炯、邵敬敏：《“阿 V”及其相关疑问句式比较研究》，《中国语文》1999 年第 3 期，第

163～174页。

［21］可参阅王琴：《阜阳方言“可VP”疑问句研究》，上海师范大学硕士学位论文，2008年；王琴：《安徽阜阳方言的“可VP”反复问句》，《方言》2008年第2期，第179～183页。

［22］徐烈炯、邵敬敏：《“阿V”及其相关疑问句式比较研究》，《中国语文》1999年第3期，第163～174页。

［23］详见杨曼：《寿县方言的两类“可”问句》，《合肥学院学报》2011年第5期，第59～62页。

［24］可参阅王琴：《阜阳方言“可VP”疑问句研究》，上海师范大学硕士学位论文，2008年；王琴：《安徽阜阳方言的“可VP”反复问句》，《方言》2008年第2期，第179～183页。

［25］参阅何元建：《“可”字型问句的反诘语气》，《汉语学习》1996年第4期，第20～23页；何元建：《生成语言学背景下的汉语语法及翻译研究》，北京：北京大学出版社，2007年。

［26］可参阅王琴：《阜阳方言“可VP”疑问句研究》，上海师范大学硕士学位论文，2008年；王琴：《安徽阜阳方言的“可VP”反复问句》，《方言》2008年第2期，第179～183页。

［27］详见杨曼：《寿县方言的两类“可”问句》，《合肥学院学报》2011年第5期，第59～62页。

［28］Rizzi, Luigi, “The Fine Structure of the Left Periphery”, L. Hae-geman, *Elements of Grammar*, Dordrecht: Kluwer Academic Publishers, 1997, pp. 281-337.

［29］参阅邵敬敏，等：《汉语方言疑问范畴比较研究》，广州：暨南大学出版社，2010年。

［30］朱德熙：《汉语方言里的两种反复问句》，《中国语文》1985年第1期，第10～20页。

［31］南京方言中相关语料详见张薇：《南京方言中的反复问句》，《现代语文》2009年第11期，第95～96页。

［32］朱德熙：《汉语方言里的两种反复问句》，《中国语文》1985年第1期，第10～20页。

［33］可参阅王琴：《阜阳方言“可VP”疑问句研究》，上海师范大学硕士学位论文，2008年；王琴：《安徽阜阳方言的“可VP”反复问句》，《方言》2008年第2期，第179～183页。

［34］苏州话中相关语料详见刘丹青：《苏州方言的发问词与“可VP”句式》，《中国语文》1991年第1期，第27～33页。

［35］参阅朱德熙：《“V-neg-VO”与“VO-neg-V”两种反复问句在汉语方言里的分布》，《中国语文》1991年第5期，第321～332页。

［36］可参阅施其生：《汕头方言的反复问句》，《中国语文》1990年第2期，第182～185页。

［37］参阅徐杰：《普遍语法原则与汉语语法现象》，北京：北京大学出版社，2001年。

［38］参阅游汝杰：《吴语里的反复问句》，《中国语文》1993年第2期，第93～102页。

［39］有关“句子三个敏感位置”的界定详见徐杰：《句子的三个敏感位置与句子的疑问范畴——跨语言的类型比较》，单周尧、陆镜光编：《语言文字学研究》，北京：中国社会科学出版社，2005年，第223～234页。

［40］参阅黄正德：《汉语正反问句的模组语法》，《中国语文》1988年第3期，第247～264页。

［41］参阅徐杰：《普遍语法原则与汉语语法现象》，北京：北京大学出版社，2001年。

广东翁源客家话正反问句研究

吴碧珊　黄年丰　甘于恩

（暨南大学汉语方言研究中心，广东广州，510632；
肇庆学院，广东肇庆，526000；
暨南大学汉语方言研究中心，广东广州，510632）

内容摘要： 翁源客家话的正反问是“F-Neg-VP/NP”型问句[1]，根据否定词及其后所带成分又可细分为三种类型：“F-唔-VP”问句，“F-无-NP”问句以及“F-𠉤-VP/NP”。其中，发问词中“F”的语音形式各方言点略有差异，但问句结构及疑问功能各点完全一致。翁源客家话的正反问来源于正反选择问句“VP 还［꜀hai］/还［꜂va］唔 VP”。

关键词： 客家话；正反问句；F-Neg-VP/NP

一、引　言

翁源县地处粤北，位于广东韶关市东南部。东靠连平，南邻新丰，西接英德、曲江，北依始兴、江西。翁源县是纯客县，自 2004 年始，全县行政区划设七镇一场，七镇为龙仙、周陂、翁城、新江、江尾、坝仔、官渡，一场为铁龙林场。

客家话正反问句呈现出三个基本类型[2]：①VP-Neg-VP，②VP-Neg，③F-VP。黄年丰（2015）[3]指出，客家话正反问句使用最广泛的是“VP-Neg”；而“VP-neg-VP”［包括三小类：“V-neg-VP”、“VP-neg-V”、“VV（P）”］在客家话各点的地位有所不同，在梅县、普宁、东莞、广西陆川等地，“VP-neg-VP”的使用频率远不及“VP-Neg”。而在始兴县城、华阳凉水井、连城新泉、宁化等地，“VP-neg-VP”却是未然体正反问的主要形式；客家话的“F-VP”问句主要集中在两个区域，一是粤赣交界地带，可据发问词“F”的语音形式将这一地带分为三个小区域：“阿（唔）VP”区，包括广东省河源市区、龙川、和平、连平和江西省赣州的全南、龙南、定南；“咸（唔）VP”区，包括翁源、新丰两个县；“有（唔）VP”，包括寻乌、安远两地。另一个是赣南地区，包括大余、南康、崇义、兴国等县，根据发问词的语音形式，也可称为“可 VP”区。

据黄年丰（2015：77）考证，韶关翁源的正反问句老派读“咸（唔）VP”，且认为年轻人使用“阿（唔）VP”问句可能是受周围“阿唔 VP”区影响所致。据我们调查，翁源客家话的“F-Neg-VP”类型正反问，根据发问词的语音形式划分出来的“咸唔VP”问句和“阿唔VP”问句在很大程度上不表现为新老派之间的差别，而是表现为地域之间的差异。

本文对翁源客家话的正反问句进行描写分析，标音时声调采取四角标圈法。本文以江尾客家话为代表。

二、翁源客家话正反问句的类型

翁源客家话正反问句的句式为“F-Neg-VP/NP”，根据否定词及其后所带成分可以分为三种类型：(1)“F-唔-VP”问句：否定词为“唔［꜀m̩］”，其后只能带谓词性成分。这一句式表达的是未然体问句，另存在与它相对应的已然体问句“F-盟-VP”，其中“盟［꜀mɛn］（同音字）”是“唔［꜀m̩］”与“曾［꜀tsʰɛn］”的合音。(2)“F-无-NP”问句：否定词为“无［꜀mɔu］”，其后只能跟体词性成分。(3)“F-䆀-VP/NP”问句：该问句中的否定词还是“唔”，“䆀［mɛi꜄］（同声韵字）”是“唔［꜀m̩］”和“系［hɛi꜄］”的合音。发问词后既可以带谓词性成分，也可以带体词性成分。

翁源县客家话正反问句体现为上述三种类型，但翁源县内部发问词中“F”的语音形式并不完全一致。据笔者调查，翁源县7镇1场中，靠近赣南的坝仔镇和江尾镇的发问词中“F”的语音形式为“阿［a꜄］”、“哈［ha꜄］”，即“阿唔VP（阿盟VP）”、“阿无NP”、“哈䆀VP/NP”，可以称之为“阿唔VP”区；翁源其他地方的客家话（新江、翁城、官渡、周陂、龙仙）发问词中的“F”的语音形式为“咸［꜀ham］”（同音字）[4]，即“咸唔VP（咸盟VP）”、“咸无NP”、“咸䆀VP/NP”，可以称之为“咸唔VP”区。如图（1）所示，阴影部分是“咸唔VP”区，非阴影部分为“阿唔VP”区。

图1　翁源客家话正反问句类型分布图

翁源客家话正反问句发问词的语音形式各地虽有差异，但疑问结构和疑问功能等完全一致，例如：

(1) 今夜晡佢阿唔来？=今夜晡佢咸唔来？（今晚他来不来？）

（2）你阿盟看过这本书？＝你咸盟看过这本书？（你有没有看过这本书？）

（3）你阿无钱？＝你咸无钱？（你有没有钱？）

（4）佢哈銮老师？＝佢咸銮老师？（他是不是老师？）

三、翁源客家话的疑问功能

（一）未然体正反问句

1．阿唔 VP

“阿唔 VP”问句中的谓词性词语 VP 可以是助动词短语、单音节动词、动宾短语、连动短语、动补短语以及性质形容词。例如：

（5）你阿妹这对鞋？（你要不要这双鞋？）——爱/唔妹

[꜁n̩ a꜄ ꜁mɔi ꜂ti tui꜄ ꜁hai]

（6）佢今日阿唔使上班？（他今天用不用上班？）——爱/唔使

[꜁tsi ꜀tsin n̠it꜆ a꜄ ꜁m̩ ꜂sɿ ꜂sɔŋ ꜀pan]

（7）阿唔看电视？（看不看电视？）——看/唔看

[a꜄ ꜁m̩ kʰɔn꜄ ꜂tʰiɛn sɿ꜄]

（8）你阿唔去买衣裳？（你去不去买衣服？）——去/唔去

[꜁n̩ a꜄ ꜁m̩ tsʰi꜄ ꜀mai ꜀i ꜁sɔŋ]

（9）这件衫阿唔靓？（这件衣服漂亮吗？）——靓/唔靓

[꜂ti ꜂ŋan ꜀saŋ a꜄ ꜁m̩ liaŋ꜄]

“阿唔 VP”表示的是中性询问句，用于对将要发生的事情或动作行为进行提问；当“阿唔”后面跟的是形容词时，则用于询问事物的性质或属性。“阿唔 VP”问句的发问词是“阿唔”，发问词具有提示疑问焦点的功能，句子的疑问焦点是紧跟在发问词后面的成分，回答时只需针对疑问焦点进行肯定或否定的回答。

需要说明的是，当助动词“爱（要）”紧跟在“阿唔”后作为疑问焦点时，语音上发生了合音，“唔［꜁m̩］”和“爱［ɔi꜄］”合音为“妹［mɔi꜄］”（同音字），即读为“阿妹［a꜄ mɔi꜄］”。“阿妹”既是发问词，同时又蕴含着疑问焦点“爱”。回答时只需针对“爱”进行肯定或否定回答，如例（5）“你阿妹这对鞋？”肯定回答为“爱”；否定回答为“唔妹”。因“［mɔi꜄］”是合音，为了加强否定，在前面再加一个否定词“唔”。“阿唔”后跟助动词结构时还有一例较为特殊，请看例（6）“佢今日阿唔使上班？”这句话的发问词是“阿唔”，疑问焦点是助动词“使”。而“阿唔使”已凝结成了一个发问词，蕴含疑问焦点“使”于其内，用来询问是否需要做某件事或进行某种行为，相当于普通话中的“要不要/用不用”，这里的“使”是“爱（要）”的意思。在回答时只需针对“使”作出回应即可，肯定回答是“爱”，否定回答是“唔使”。

另外，发问词“阿唔［a꜄ ꜁m̩］”中的“阿［a꜄］”因是零声母字，很容易受到周围语音环境的影响而发生临时音变，如例（8）“你阿唔去买衣裳？”人们在说话时，“阿

[a꜄]”通常会和前面“你 [꜁n̩]”发生合音，变成 [na꜄]（“咸唔 VP”区的“咸[꜁ham]”与“你 [꜁n̩]”同现时，变成 [꜁nam]）。当主语不是第二人称“你 [꜁n̩]”时，人们在平常的交际中，如果语速加快，发问词“阿唔 [a꜄꜁m̩]”也会发生临时音变：“阿[a꜄]”受后面成音节鼻音 [m̩] 的影响，发生同化作用，变成“[am꜄]”，即为“[am꜄꜁m̩]”。但是不管“阿唔”发生怎样的临时音变，其中的否定词“唔 [꜁m̩]”都不会脱落或被吞噬。

2.“阿无 NP”

“阿无 NP”是未然体中性询问句，用于询问人、事物等的存在或拥有，只对体词性成分提问，相当于普通话中的“有没有 NP”。“阿无”后面不能直接跟时间名词和方位名词。下面两例不能成立：

（10）＊阿无今日？

（11）＊阿无外背？

“阿无 NP”问句的发问词为“阿无”，疑问焦点是发问词中的否定词“无[꜁mɔu]”，否定词“无”兼含动词于其内，故作动词的疑问焦点蕴含在发问词的否定词中。这一问句的回答方式只需对疑问焦点“无”做出回答即可，不需要带上后面的名词短语，肯定回答是“有”，否定回答是“无”（没有）。例如：

（12）阿无人在屋下？（有没有人在家？）——有/无

[a꜄ ꜁mɔu ꜁ȵin ꜂ʦʰɔi vuk꜆ ꜀kʰa]

（13）这条街阿无公共厕所？（这条街有没有公共厕所？）——有/无

[꜂ti ꜁tʰiau ꜀kai a꜄ ꜂mɔu ꜀kuŋ ꜂kʰuŋ ʦʰɿ꜄ ꜂sɔu]

（二）已然体正反问句

“阿盟 [a꜄ ꜁mɛn] VP”是未然体“阿唔 VP”的已然体形式，其中“阿唔曾”合音为“阿盟”。已然体正反问句“阿盟 VP”用于询问某项动作行为或者某件事情是否已经完成，有时也可以用于询问正在进行的动作。“阿盟”后面的谓词性成分可以是动宾结构、动补结构。“阿盟”后加动宾结构时，可在动词后面加上时态助词表示动作的不同时态。“阿唔 VP”区一般用“顶 [꜂tin]”、“咸唔 VP”区一般用“紧[꜂kin]”（周陂和龙仙也用“稳 [꜂vun]”）来表示动作正在进行；“乙 [iɛt꜆]”表示动作的完成，有时也用“黑 [hɛt꜆]”/“□ [ŋɛt꜆]”；“过 [kɔu꜄]”表示经历过某种动作或变化。翁源客家话相对应的时态助词相当于普通话中的“着”、“了”、“过”。如例（14）～（18）：

（14）你阿盟食朝？（你吃早饭没有？）——食乙嘞/唔盟

[꜁n̩ a꜄ ꜁mɛn sit꜇ ꜀ʦau]

(15) 阿盟煮顶饭?(煮着饭没有?) ——煮顶嘞/唔盟

[aᵓ ꜀mɛn ᶜʦu ᶜtin ᶜfan]

(16) 阿盟洗乙身?(洗澡了没有?) ——洗乙嘞/唔盟

[aᵓ ꜀mɛn ᶜsɛi iɛt꜄ ꜀sin]

(17) 你阿盟去过北京?(你去过北京没有?) ——去过嘞/唔盟

[꜀n̩ aᵓ ꜀mɛn ʦʰiᵓ kɔuᵓ ᶜpɛt꜄ ꜀ʦin?]

(18) 阿盟听清楚偓讲嘅麻介?(有没有听清楚我讲什么?) ——听清楚嘞/唔盟

[aᵓ ꜀mɛn ꜀tʰɛn ꜀ʦʰin ᶜʦʰu ꜀ŋai ᶜkɔŋ kɛiᵓ mak꜄ ꜀kai]

已然体正反问句“阿盟(唔曾)VP”亦是中性询问句,其实质是通过时间副词“曾”来对动作行为的已然状况进行询问。所以“阿盟VP”的疑问焦点是“曾”加上紧跟在其后的动词短语,即“曾VP”。如果VP是动宾结构,肯定回答时在动词及时态助词后面带上表示动作完成的语气词“嘞”,即“VP+嘞”,如例(15)~(18);如果VP是动补结构,肯定回答时要对整个动补结构进行回答,同时也带上表示动作完成的语气词“嘞”,如例(18)。否定回答时,直接对时间副词“曾”进行否定,即“唔盟”,因“[꜀mɛn]”是合音,为了加强否定,在前面再添加一个否定词“唔”。

(三)哈娎[mɛiᵓ]VP/NP

“哈娎”问句相当于普通话中的“是不是”问句。陶炼(1998)[5]指出普通话的“是不是”问句有时会带上问话者主观推断的含意,而且主观推断甚至压倒疑问语气,把一个疑问句变成一个委婉地提出请求或建议的祈使句。邵敬敏、朱彦(2002)[6]认为普通话的“‘是不是VP’问句与一般正反问句不同,它不是信疑参半的问句,而是建立在某种已知事实或已有观点基础上的表示肯定性倾向的‘咨询型问句’”。

在翁源客家话中,“哈娎”问句是信大于疑,具有肯定性倾向的正反问句。从疑问功能上可将其细分为两小类,一类是求证型问句:说话人根据已有事实,或周围语境所提供的信息,对事件已有一定的猜测、推度而提出询问想求得对方证实;一类是建议型问句:说话人用“哈娎”对自己的建议进行提问,目的是征求对方的同意,带有商量或建议的语气。

1. 求证型问句

求证型“哈娎”问句的疑问焦点是判断动词“系”,问话人的目的是证实自己的猜测是否正确,既可以用于询问未然事件,也可以用于询问已然事件。这一问句的肯定回答为“系[hɛiᵓ]”(是),否定回答为“唔娎[꜀m̩mɛiᵓ]”(不是),因为“娎[mɛiᵓ]”是“唔系”的合音,为了加强否定,在“娎”前面加上否定词“唔”。发问词“哈娎”后面可以带谓词性短语,也可以带体词性短语。

甲 “哈娎[mɛiᵓ]VP”

“哈娎”后的谓词性短语,可以是助动词短语、动宾短语、连动短语、兼语短语、动补短语、形容词。例如:

(19) 佢哈娎上顶嘞班?(他是不是正在上班?)

[꜁ʦi haᵓ mɛiᵓ ꜀sɔŋ ᶜtin lɛi(nɛi) ꜀pan]

（20）你哈娶食乙嘞昼？（你是不是吃了午饭？）

[꜁n̩ haᵓ mɛiᵓ sit꜇ iɛt꜆ lɛi ʦiuᵓ]

（21）你哈娶去过嘞北京？（你是不是去过北京了？）

[꜁n̩ haᵓ mɛiᵓ ʦʰiᵓ kɔuᵓ lɛiᶜ pɛi꜀ ʦin]

（22）碗筷哈娶洗净嘞？（碗筷是不是洗干净了？）

[ᶜ vɔn kʰaiᵓ haᵓ mɛiᵓ ᶜsɛi ᶜʦʰiaŋ lɛi]

（23）加大码讲着不着，你俫的哈娶ᵓ□肥？（加大码都穿不了，你儿子是不是很胖？）

[꜀ka ᶜtʰai ꜀ma ᶜkɔŋ ʦɔk꜆꜁m̩ ʦʰɔk꜇，꜁n̩ laiᵓ tə haᵓ mɛiᵓ ꜁paŋ ꜁fui]

当“哈娶”后跟动宾短语时，可用于询问已然事件或正在进行的事件，动词后可带时态助词：表示正在进行的“顶［ᶜtin］/紧［ᶜkin］/稳［ᶜvun］”、表示动作的完成的“乙［iɛt꜆］/黑［hɛt꜆］/□［ŋɛt꜆］”，以及表示经历过某种动作或变化“过［kɔuᵓ］”，且三个助词后通常都会加上“嘞”，如例（19）～（21）。其回答方式可以只回答“系［hɛiᵓ］”，也可以针对动词短语回答，如例（21）可以回答“系”，也可以回答“去过嘞”。“哈娶”后面可以跟结果补语和趋向补语，因为是对动作的结果及趋向实现与否的询问，所以询问时，结果补语和趋向补语后要加上表动作完成的助词“嘞”，如例（22）。“哈娶”对形容词进行提问时，一般会在形容词前面加上程度副词“□［꜁paŋ］”，如例（23）。

“哈娶”还可以对否定性谓词性短语进行提问，这是“阿唔”问句及“阿盟”问句所不能的。问话人根据上下文或语境对否定命题有了肯定性的猜测，向听话人求得证实。当“哈娶”对否定命题进行询问时，其回答方式一般是针对“哈娶”后面的否定短语作出回答，如例（25），“哈娶”是对后面的整个否定命题“还盟洗身”进行询问，其肯定回答是“洗乙嘞”，否定回答是“唔盟”。例如：

（24）你哈娶唔去嘞？（你是不是不去了？）——去/唔去

[꜁n̩haᵓ mɛiᵓ ꜁m̩ ʦʰiᵓ ꜀lɛi]

（25）你哈娶还盟洗身？（你是不是还没有洗澡？）——洗乙嘞/唔盟

[꜁n̩ haᵓ mɛiᵓ ꜁hai ꜁mɛn ᶜsɛi ꜀sin]

乙　“哈娶［mɛiᵓ］＋NP”：发问词后紧跟名词性成分，这里的名词性成分可以是一般名词，亦可是时间和处所名词。例如：

（26）佢哈娶你老弟？（他是不是你弟弟？）

[꜁ʦi haᵓ mɛiᵓ꜁n̩ ᶜlɔu ꜀tʰɛi]

（27）今日哈娶星期六？（今天是不是星期六？）

[꜀ʦin ȵit꜆ haᵓ mɛiᵓ ꜀sɛn ꜁ʦʰi luk꜆]

说话人根据已有知识，或周围语境所提供的信息，对事件有一定的猜度，提出询问想求得对方证实。如例（26）中，问话人可能看见第三方和对方长相相似，心里猜测他们可能是兄弟，于是发出疑问以求证实。

2. 建议型问句

建议型“哈娑”问句，后面只能跟谓词性成分，句子主观意愿很强，是一个委婉提出请求或建议的问句。说话人用“哈娑”提示建议，目的是征求对方的同意，带有商量或建议的语气。“哈娑”问句在表达建议时，通常会在谓语动词前加上“来”表建议，从而变成连谓结构。如：

（28）食乙夜哈娑来打牌？（吃完晚饭是不是打牌？）

[sit꜇ iɛt꜆ ꜂ia ha꜄ mɛi꜄ ꜁lɔi ꜂ta ꜁pʰai]

（29）明朝日哈娑来去下龙仙？（明天是不是去龙仙？）

[꜁min ꜀ʦau ȵit꜆ ha꜄ mɛi꜄ ꜁lɔi ʦʰi꜄ ꜀ha ꜁luŋ ꜀siɛn]

表建议的“哈娑 VP”可以转换成附加问句“S，哈娑?”，而且在表达建议的语义时，比较常用附加问的形式。上述例句可转换为以下形式：

（30）食乙夜来打牌，哈娑?

（31）明朝日来去下龙仙，哈娑?

3.“哈娑”＋选择问

在翁源客家话中，发问词“哈娑”可以对选择问句进行提问，但句子的疑问程度和疑问焦点不同于“哈娑 VP/NP”问句。“哈娑＋选择问”不表示求证或建议，是中性询问句；其疑问焦点是选择问，问话人为了加强疑问语气或提醒听话人注意，在选择问句前加上发问词“哈娑”，如果去掉“哈娑”，句子仍然成立，而且选择问句的性质不变。如例（33），问话人不知道对方是想吃饭还是想吃粥，于是向对方提出疑问，听话人针对选项进行回答，回答“食饭”或“食粥”，或者给出另外的答案“倨先食汤”。在下面两个例句中，如果去掉“哈娑”，问句的疑问程度、疑问焦点以及回答方式都不变，句子仍成立。

（32）哈娑你去□（过）佢去？——倨去/佢去/倨丁两个人嘞唔去，喊老妹去

[ha꜄ mɛi꜄ ꜁n̩ ʦʰi꜄ ꜂va(kɔu꜄) ꜁ʦi ʦʰi꜄

——꜁ai ʦʰi꜄/꜁ʦi ʦʰi꜄/꜁ai ꜀tɛn ꜂liɔŋ kai꜄ ꜁ȵin lɛi꜄ ꜁m̩ ʦʰi꜄，haŋ꜄ ꜂lɔu mɔi꜄ ʦʰi꜄]

（33）你哈娑食饭□（过）食粥？——食饭/食粥/倨先食汤

[꜁n̩ ha꜄ mɛi꜄ sit꜇ ꜂fan ꜂va(kɔu꜄) sit꜇ ʦuk꜆——sit꜇ ꜂fan/sit꜇ ʦuk꜆/꜁ai ꜀siɛn sit꜇ ꜀tʰɔŋ]

四、正反问句的语气词

（一）“S＋嘞”

“F-Neg-VP/NP”句式可以加语气词“嘞”，即“S＋嘞”。这个“嘞”相当于普通话中的“了$_2$”，表示新情况的出现。例如：

（34）你嘅裤搞倒咁屙糟，阿唔洗得净嘞？（你的裤子弄得那么脏，能不能洗干净了？）

[꜁ṇ kɛi꜄ kʰu꜄ ꜂kau ꜂tɔu ꜂an ꜀ɔu ꜀ʦɔu，a꜄ ꜁ṃ ꜂sɛi tɛt꜆ ꜄ʦʰiaŋ lɛi]

（35）你阿无钱用嘞？（你有没有钱用了？）

[꜁ṇa꜄ ꜁mɔu ꜁ʦʰiɛn ꜂iuŋ lɛi]

例（34）在S后加上“嘞”表示对新情况（裤子弄脏了）出现之后的疑问；例（35）蕴含的是听话人可能原来有钱而现在可能有钱也可能没钱，于是加“嘞”表示新情况的出现。

（二）“S＋嘅”

“F-Neg-VP/NP”句式还可以接语气词“嘅”，当“S＋嘅”的句调下降时，带有怀疑的语气，疑问程度不是中性询问句，而是疑大于信，倾向于对命题的否定。当“S＋嘅”的句调上升时，句子原来的疑问程度不变，但在不同的语境下会有不同的语气表达，要依赖于具体语境，有时带有不耐烦的语气，有时又带有委婉、缓和的语气。在“S＋嘅”的句子中当出现新情况时，可以在“嘅”前面加“嘞”。试比较：

（36）a. 你阿唔晓煮食？ [꜁ṇa꜄ ꜁ṃ ꜂siau ꜂ʦu sit꜇]

b. 你阿唔晓煮食嘅？↘（你会不会做饭？） [꜁ṇa꜄ ꜁ṃ ꜂siau ꜂ʦu sit꜇ kɛi]

（37）a. 阿妹这对鞋？ [a꜄ mɔi꜄ ꜂ti tui꜄ ꜁hai]

b. 阿妹这对鞋嘞嘅？↗（要不要这双鞋？） [a꜄ mɔi꜄ ꜂ti tui꜄ ꜁hai lɛi kɛi]

上述例句中a组是中性询问句，b组多了一个句末语气词“嘅”，疑问程度或语气发生了变化。如例（36）b组在a组的基础上加了一个降调的“嘅”，疑问程度发生了改变：a句是中性询问句，不知道对方是否会做饭；b句是疑大于信的询问句，对对方会做饭表示怀疑。例（37）的a句是中性询问句，加上升调的“嘅”之后，疑问程度不变，但在不同的语境下可能表达不同的语气：（37）b如果在问话人心情愉悦或态度良好的情况下，为表达委婉、缓和的语气可能会加上升调的“嘅”，语气较轻快；如果是出现在听话人犹豫不决，而问话人对此感到烦躁的语境中，问话人加上升调的“嘅”表达不耐烦的心理状态，语气偏重。加“嘞”之后，表示听话人有一个从想要到犹豫不决的过程。

（三）“S＋呢”

“F-Neg-VP/NP”句末还可以加上“呢”表示深究的语气，通常是降调。“呢”

经常跟副词“到底”同现。例如：

(38) 你到底阿盟偷东西呢？（你到底偷东西没有？）

[꜀n̩ tɔu̖ᵓ ᶜti aᵓ ꜀mɛn ꜀tʰɛu ꜀tuŋ ꜀si nə]

(39) 你哈娶唔想读书嘞呢？（你是不是不想读书了？）

[꜀n̩haᵓ mɛiᵓ ꜀m̩ ᶜsiɔŋ tʰuk꜆ ꜀su lɛi nə]

五、关于翁源客家话正反问句的来源

黄年丰（2015）认为客家话的“F-（Neg）-VP”正反问句和选择问句密切相关，作者认为龙川客家话的“阿（唔）VP”问句是由“VP 啊唔 VP?”正反选择问删去前面的 VP 而来的；而新丰客家话的“咸（唔）VP”是由“VP 还唔 VP?”左删减而来，其中“咸［ham］”可能是“还［han］”和“唔［m̩］”的合音，即“还唔 VP”变成“咸（唔）VP”。作者从龙川客家话自身的疑问系统以及其他客家方言的疑问系统找到了例证，如龙川存在“你走啊唔走呢?”的选择问句式，五华、始兴、丰顺等地存在“你来啊唔来?”的正反问句式。我们认为黄年丰（2015）所得出的粤赣交界地带的“F-(Neg)-VP”正反问句是由正反选择问删减而来的结论基本可信。

（一）翁源客家话的选择问句

1. 选择问句式及其关联词

(40) a 你去还系佢去？　　b 你去□［ᶜva］佢去？

(41) a 你食饭还系食粥？　　b 你食饭□［ᶜva］食粥？

(42) a 佢辰朝日上韶关还系下广州？ b 佢辰朝日上韶关□［ᶜva］下广州？

通过调查，我们发现翁源西南部“咸唔 VP”区一般用“还系［꜀hai hɛiᵓ］”来连接两个选项，有时会省略“系”，如例（40）～（42）的 a 组。翁城除了“还系”之外，也用“还就［꜀haiᶜ ʦʰiu］”，两者可以互相替换，使用频率相当。另外，在“咸唔 VP”区，有少数人用“也［iaᵓ］”或“那［naᵓ］”来连接两个选项，如例（40）说成“你去也佢去?”例（41）说成“你食饭那食粥?”但这两个选择问关联词比较少使用，有些当地人甚至不接受，觉得没有这种说法。翁源东北部“阿唔 VP”区中，江尾客话一般用“□过［ᶜva kɔuᵓ］”、坝仔用“□到［ᶜva tɔuᵓ］”、仙鹤[7]用“□做［ᶜva ʦɔuᵓ］”来连接两个选项，在日常说话中，“过”、“到”、“做”可以省略，如例（40）～（42）的 b 组。需要说明的是“咸唔 VP”区的选择问关联词和“阿唔 VP”区的选择问关联词呈现互补分布，即“咸唔 VP”区不用“□［ᶜva］（过/到/做）”；“阿唔 VP”区不用“还系/还就”，也不用“也”和“那”。

2. 选择问关联词“□［ᶜva］”

大部分客家方言选择问句的关联词用“还系”，同时也存在其他关联词。如下表所示：

客家话	粤北、粤东[8]	赣南[9]	闽西[10]
选择问关联词	还系、啡系、还就、还、啊、也	抑（系）[iaʔ^{5} he^{53}]、还系、还就、还（[he^{53}]、[xai^{24}]）啊、也	抑还是 [ə^{35} va^{55} sɿə^{33}]、抑系 [ᶜia heiᵓ]、啊（到底）

由此，可将客家话的选择问关联词归为三类：①“还”类，包括“还系”、“啡系”、“还就”。②“啊”类。③“也”类，包括“也”、“抑（系）”、“抑还是”。

通过和其他客家方言点的选择问关联词比较，我们认为“□ [ᶜva]”很可能是由“还”演变而来。连城客家话的“还”就读成 [va^{55}]，另据蓝小玲（1999：78）[11]，二等删韵“还”，永定读 [vẽ^{2}]、上杭 [vã^{2}]、长汀 [vaŋ^{2}]。即在闽西客家话中，“还”声母为唇齿擦音 [v]，鼻音韵尾脱落，主要元音鼻化，甚至变成阴声韵。

翁源客家话“还”今有两读，作为副词的“还”读为 [꜀hai]，作为实义动词的“还”读为 [꜀van]。“咸唔 VP”区选择问句的关联词读“还 [꜀hai]”，“阿唔 VP”区选择问关联词读“□ [ᶜva]”。据此，我们推测“咸唔 VP”区的关联词“还”继承了 [꜀hai] 的读音，“阿唔 VP”区的关联词“还”继承的是 [꜀van] 的读音。今翁源客家话中的选择关联词“□ [ᶜva]”的特殊之处在于其是上声调，而不是阳平调，我们认为“□ [ᶜva]”很可能是由“还系 [꜀van hɛiᵓ]”演变而来，“系”脱落，去声的声调附着在“还”上，导致阳平读为去声，即为 [vanᵓ]。又翁源客家话存在古浊去今读上声的语音现象，已经读去声的“还 [vanᵓ]”卷入了浊去归上的语音演变，从而变成了上声“还 [ᶜvan]”。而“还 [ᶜvan]”用于连接前后两个选项，是一个功能词，语音容易发生磨损，使得鼻音韵尾脱落，变成现在的“还 [ᶜva]”。

（二）翁源客家话正反问句的来源

1. “咸唔 VP”区正反问来源

“咸唔 VP”区选择问的关联词一般用“还系/还就”，其中“系/就”可省略，即为“VP_1 还 VP_2”，如果选择问的两个选项是正反选项，即为“VP 还唔 VP”。其中连接词“还 [꜀hai]”受“唔 [꜀m̩]”的同化作用，韵尾发生鼻化，变成“咸 [ham]”，即为“VP 咸唔 VP”。按照“F-(Neg)-VP”正反问句的生成机制，正反选择问句“VP 咸唔 VP”左删除为“咸唔 VP”，已然体问句则在否定词“唔”后面加上时间副词“曾”。当 VP 是含有“有”或“系”的动词短语时，因其特殊性而形成其他形式的发问词“咸无”和“咸嫑”。其路径如图 2 所示：

2. “阿唔 VP”区正反问句来源

由上可知，“阿唔 VP”区选择问的关联词一般用“还 [ᶜva] 过/还 [ᶜva] 到/还 [ᶜva] 做”，“过/到/做”可以省略，即为“VP_1 还 [ᶜva] VP_2”，如果选择问的两个选项是正反选项，即为“VP 还 [ᶜva] 唔 VP”。按照“F-(Neg)-VP”正反问句的生成机制，正反选择问句“VP 还 [ᶜva] 唔 VP”左删除为“还 [ᶜva] 唔 VP”，已然体

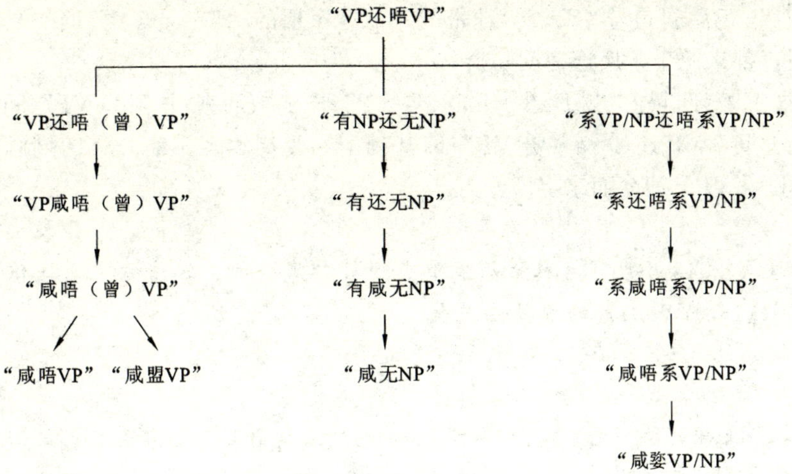

图 2 “咸唔 VP”区正反问来源示意图

问句则在否定词“唔”后面加上时间副词“曾”。但今翁源东北部客家话正反问句是“阿［aᵓ］唔 VP”，我们认为现在的“阿［aᵓ］唔 VP”是由“还［ᶜva］唔 VP”演变而来，其演变的动因是周边方言的接触。与翁源东北部接近的江西全南、龙南、定南以及河源连平、和平、龙川等地正反问形式都是“阿［a］（唔）VP”，形成了粤赣交界地带的区域语言特征。而翁源东北部客家话在区域特征的扩散影响下，其正反问句的语音形式趋同于周边客家话，由“还［ᶜva］”变成“阿［aᵓ］”，即“还［ᶜva］唔 VP”演变为“阿唔 VP”。

“阿唔 VP”区正反问句的演变路径如下图所示。其中含有“系”字短语的正反选择问，经过了两次合音，“系［hɛiᵓ］”和“阿［aᵓ］”合音为“哈［haᵓ］”，“唔［꜀m̩］”和“系［hɛiᵓ］”合音为“奱［mɛiᵓ］”。

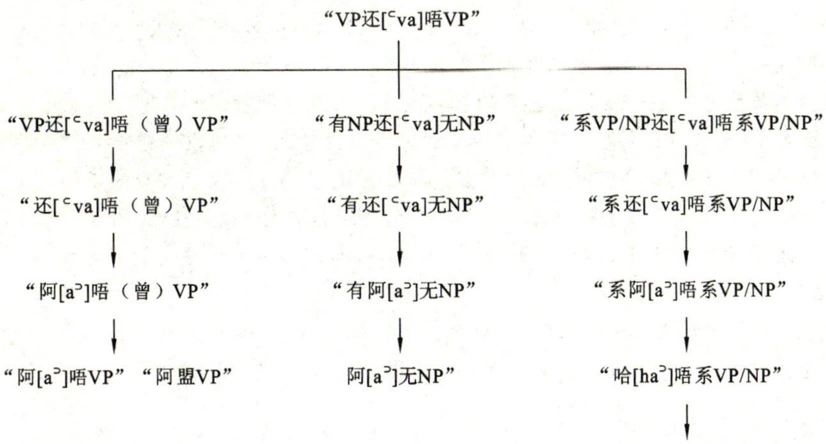

图 3 “阿唔 VP”区正反问句的演变路径示意图

六、小 结

本文描写翁源客家话的正反问句，并揭示其来源。我们认为翁源客家话的

“F-neg-VP” 正反问句与粤赣交界地带的其他客家话的 “F-neg-VP” 问句具有相同的生成机制，都来源于正反选择问句。

“咸唔 VP” 问句由 “VP 还［꜀hai］唔 VP” 左删减而来；“阿唔 VP” 问句是在自身正反选择问 “VP 还［꜂va］唔 VP” 的基础上，受周边客家话方言的接触影响，由 “还［꜂va］唔 VP” 演变而来。

＊本文是 2013 年度国家社科基金重点项目 “粤、闽、客诸方言地理信息系统建设与研究”【13AYY001】的阶段性成果。

注释：

［1］本文采取朱德熙《汉语方言里的两种反复问句》(《中国语文》1985 年第 1 期，第 67～85 页）的观点将“F-VP”问句归为正反问。

［2］客家话正反问句的基本类型参考了邵敬敏、周娟：《汉语方言正反问的类型学比较研究》，《暨南学报》(哲学社会科学版）2007 第 2 期，第 109～117 页。

［3］详见黄年丰：《龙川客家话的正反问句研究——兼论客家话正反问句的类型和特点》，暨南大学博士学位论文，2015 年。下文所引黄年丰(2015)皆同。

［4］翁源县内，只有周陂和青山两个方言点还保留闭口韵，“咸”读为［꜀ham］，其他方言点“咸”读为［꜀haŋ］。本文用“咸”来指代“咸唔 VP”区正反问句的发问词，其实际发音为［꜀ham］，本文统一将“咸”标为［꜀ham］。

［5］陶炼：《“是不是”问句说略》，《中国语文》1998 年第 2 期，第 105～107 页。

［6］邵敬敏、朱彦：《“是不是 VP”问句的肯定性倾向及其类型学意义》，《世界汉语教学》2002 年第 3 期，第 23～36 页。

［7］仙鹤是江尾镇管辖下的居委会，2004 年以前是独立的镇，2004 年并入江尾镇。

［8］粤东、粤北客家话选择问关联词材料来源：练春招、侯小英、刘立恒：《客家古邑方言研究》，广州：华南理工大学出版社，2010 年，第 285～286 页；黄年丰：《龙川客家话的正反问句研究——兼论客家话正反问句的类型和特点》，暨南大学博士学位论文，2015 年，第 35 页、第 102 页；李小华：《客家方言的反复问句及其句末语气助词》，《龙岩学院学报》2014 年第 3 期，第 1～7 页。

［9］赣南客家话选择问关联词材料来源：刘纶鑫主编：《客赣方言比较研究》，北京：中国社会科学出版社，1999 年，第 746 页；刘汉银：《南康客家方言语法研究》，云南师范大学硕士学位论文，2006 年，第 42 页；邵敬敏，等：《汉语方言疑问范畴比较研究》，广州：暨南大学出版社，2010 年，第 85～86 页。

［10］闽西客家话选择问关联词材料来源：项梦冰：《连城客家话语法研究》，北京：语文出版社，1997 年，第 377 页；张桃：《宁化客家话语法研究》，厦门大学博士学位论文，2004 年，第 266～267 页；邱锡凤：《上杭客家话研究》，福建师范大学硕士学位论文，2007 年，第 170～172 页。

［11］蓝小玲：《闽西客家方言》，厦门：厦门大学出版社，1999 年，第 78 页。

鄂东南通山方言一组本字及其音韵特点

范新干　梁　洁

（华中师范大学文学院，湖北武汉，430079/
华中师范大学语言与语言教育研究中心，湖北武汉，430079；
华中师范大学文学院，湖北武汉，430079）

内容摘要：鄂东南通山方言存在一些不知其字的词语和语素，从该方言今音韵母为ā、iā、uā、yā的音节之中选择一组不知其字的词，考出它们的本字分别为“皾”、“棚”、“正”、“謦”、“盈”、“嚷”、“攘”、“串”、“挥”。上述四类方言今音韵母与《广韵》音系咸、梗、宕、山、臻五摄二十多类阳声韵相应，跨度如此之大的韵母合流现象，不见于汉语标准音音系的任何历史阶段，在古今汉语方言中也鲜有同类。这种大合流格局和其中的鼻化现象及离散式音变情况，最有地方特色，能够为汉语方言音韵和汉语语音史的研究提供一定的数据和依据。

关键词：鄂东南通山方言；本字；音韵特点

鄂东南通山县的现代汉语方言，学者多归之于赣方言。该方言存在很多常说而不知其字的词语和语素，本文以通山方言城关片的老派白话为观察点，从今音韵母为ā、iā、uā、yā的音节之中选择若干不知其字的词，考论它们的本字，兼论其中的音韵特点。本文第一作者是通山城关镇人，18岁以前一直生活在故乡，文中方言语料的调查对象是该作者本人及其亲友。

讨论本字离不了语音的考证，其中的声调方面，若是逐条缕述，难免重复，不妨顺便在此作一个整体性说明。通山方言单字声调6类（不包括轻声和变调在内）：

通山调类	通山调值	中古调类	例字
阴平	˨˧ 23	清音平声	刀 tau^{23} 滔 t^{h}au^{23}
阳平	˨˩ 21	古浊音平声	桃 tau^{21} 牢 lau^{21}
上声	˦˨ 42	清音上声、次浊上声	岛 tau^{42} 讨 t^{h}au^{42} 脑 nau^{42}
阴去	˧˥ 35	清音去声	到 tau^{35} 兔 t^{h}au^{35}
阳去	˧ 33	全浊上声、浊去、浊入	稻 tau^{33} 盗 tau^{33} 怒 nau^{33} 读 tau^{33} 禄 lau^{33}
入声	(ʔ) ˥ 55	清音入声	督 tauʔ^{55} 秃 t^{h}auʔ^{55}

一、本字考

1. 歁　通山方言称述“恰好（恰巧、恰恰）”之义，土语色彩最浓的说法用的是一个读作 $k^{h}ã^{35}$ 音的副词：

米□$k^{h}ã^{35}$卖完 ｜ 羊肉□$k^{h}ã^{35}$三斤八两 ｜ 新鞋不大不细□$k^{h}ã^{35}$合脚

这几类用例中的“$k^{h}ã^{35}$”，都还可以换成“$k^{h}ã^{35}$好”、“$k^{h}ã^{35}$来”或“$k^{h}ã^{35}k^{h}ã^{35}$”。

这个 $k^{h}ã^{35}$ 音之词究竟是哪一个字？查《集韵·陷韵》：“歁，口陷切，物相值合。”口陷切为咸摄开口二等去声陷韵溪母地位。通山方言里，口陷切小韵之字有读 $k^{h}ã^{35}$ 音之例：歉 $k^{h}ã^{35}$ 年缺喫之年；古斩切（豏韵见母）之字有读 $kã^{42}$ 音之例：把一碗饭减 $kã^{42}$ 走了一半，可见“歁”字可读 $k^{h}ã^{35}$ 音。从意义上看，“物相值合”是“两两相当”之意，由此能够引申出“不早不晚、不多不少、不大不小”之类副词意义。上述音义情况表明，通山方言这个读作 $k^{h}ã^{35}$ 音的副词就是“歁”字。通山方言里，有一些音源与口陷切相近的字存在文读，声母韵母为 tɕiā、$tɕ^{h}$iā、ɕiā，而“歁”字只有白读 $k^{h}ã^{35}$ 一音。

2. 棚　通山县城老街有些旧式民居，主楼后部逐层架木建构有小阳台——附着于墙皮向外凸出四尺左右，旁有栏杆，顶层上端有房檐，当地白话称之为“吊楼”或“跳□$pã^{21}$”：

跳□$pã^{21}$柱上挂了腊肉 ｜ 到跳□$pã^{21}$下边去提水

查《广韵·庚韵》：“棚，薄庚切，栈也，阁也。”薄庚切为梗摄开口二等平声庚韵並母地位。通山方言里，並母不论平仄一律读 p；开口二等庚梗映韵字多有读 ã 韵母之例：撑 $tshã^{23}$ 船、省 $sã^{42}$ 事、酒瓶（甏）$pã^{33}$，足见薄庚切可读 $pã^{21}$ 音。词义方面可以联系文献用例来发明《广韵》的训诂：

《资治通鉴·唐肃宗至德二载》：“贼又以钩车钩城上棚阁。”胡三省注：“棚阁者，于城上架木为棚，跳出城外四五尺许，上有屋宇以蔽风雨。”

“架木跳出城外四五尺许”的“棚”，与通山的“跳□$pã^{21}$”形制相似，由“棚”的古义能够引申出“木制小阳台”之义。

上述音义情况表明，“跳□$pã^{21}$”的“$pã^{21}$”就是“棚”字。单用“棚”字即有“木制小阳台”之义，前面再加一个“跳”字，则更突出了“向外伸出”这种架空性质的形象色彩[1]。通山方言里，“跳棚”的“棚”只有 $pã^{21}$ 音一读，“棚”的其他意义则只有文读 $paŋ^{21}$ 一音。

3. 正　通山方言有一个读作 $tsã^{35}$ 音的词可以用作两类补语：

真是病□tsā^{35}重了 | 感冒还冒没好□tsā^{35}彻底 | 蠢□tsā^{35}到极点了

修得□tsā^{35}汽车会修汽车 | 吹不□tsā^{35}笛子不会吹笛子

查《广韵·劲韵》:“正，之盛切，……平也……”之盛切为梗摄开口三等去声劲韵章母地位。通山方言多有读开口三等清静劲韵为 ā 韵母之例：姓成 sā^{21}、齐整 tsā^{42}、郑 tsā^{33}家坪，声母方面则是章母开口字一律读 ts 的局面，可见之盛切之字可读 tsā^{35}音。词义方面，“正”有“平正不偏斜”的基本义，“平正不偏斜”是一种完美，是一种极致，由此能够引申出“程度深”和“能够做到”之类语义。音义综合情况表明上述用作补语的 tsā^{35}音之词就是“正”字。通山方言这个用作补语的“正”，只有 tsā^{35}音一读，该字的其他意义则只有文读 tsan^{35}一音。

4. 謦　通山方言称述“咳嗽”这一语义，土语色彩最浓的说法用的是一个读作 k^{h}ā^{42}音的动词：

□k^{h}ā^{42}出了一口痰 | 一伤风就□k^{h}ā^{42}□k^{h}ā^{42}欬欬不歇气

查《广韵·迥韵》:“謦，去挺切，謦欬也。”去挺切为梗摄开口四等上声迥韵溪母地位。据李荣、李新魁等学者研究，迥韵之类纯四等韵，在《广韵》(《切韵》)音系及此前各历史音系中没有韵头 i，到后来才产生韵头 i 与三等韵合流[2]。语音历史演变的进程中，连续式音变与离散式音变是相辅相成的，基于这种原理来看，迥韵开口之字既可演变成齐齿韵，也可以演变成开口韵。前者是连续式音变的结果，后者则是离散式音变的结果——承《广韵》或更早的开口韵音值而来，是一种存古色彩较浓厚的历史积淀。联系实例来看，与去挺切相承的去声苦定切，通山方言有读 k^{h}ā^{35}音之例：钱用罄 k^{h}ā^{35}光了。音理和例证都说明“謦”在通山方言里可读 k^{h}ā^{42}音。这个“謦”字与上述 k^{h}ā^{42}音之词，同为“咳嗽”之义，而且在词的形式上也有一定的传承关系——从古代的“謦欬”到通山方言的“k^{h}ā^{42}k^{h}ā^{42}欬欬”，后者即是前者的叠用形式。上述音义情况表明这个 k^{h}ā^{42}音之词就是“謦”字。通山方言里，“謦”的白读 k^{h}ā^{42}音只用于“咳嗽”之义；该字另有文读 tɕ^{h}in^{42}音，用于“谈笑”之义：亲承謦 tɕ^{h}in^{42}咳。

5. 盈　通山方言可用一个读作 iā^{21}音的动词表示“挽留、存留”之义：

□iā^{21}客吃饭 | □iā^{21}两张戏票送人 | 新衣□iā^{21}到过年着穿

查《广韵·清韵》:“盈，以成切，充也，满也。”以成切属于梗摄开口三等平声清韵余母地位。通山方言里，以成切小韵的字有读 iā^{21}音之例：输赢 iā^{21}；其他中古同韵母的字读 iā 韵母之例也较多见：天晴 tsiā^{21}、衣领 liā^{42}，足见以成切可读 iā^{21}音。从词义方面看，“盈”的“充满”义与“挽留、存留”之义是相因关系，由前者能够引申出后者。音义综合情况表明，上述 iā^{21}音之词就是“盈”字。通山方言里，“盈”的白读 iā^{21}音只用于“挽留、存留”之义，该字另有文读 in^{21}音，用于其他义位。

6. 嚷　通山方言可用一个读作ȵiã^{42}音的动词表示“呕吐”之义：

> 糖水甜得□ȵiã^{42}人甜得让人呕起来 ｜ 我喫多了，胀撑得□ȵiã^{42}起来
> 毛毛喫奶喫快了，□ȵiã^{42}了几口奶

这个ȵiã^{42}音之词，可用于使动谓语，这是“呕（吐）”所不具备的一个情况；词义方面则只用于饮食所引发的较轻微的呕吐，适用范围比“呕（吐）”要窄。

查《徐州十三韵·样韵·让小韵》：“嚷，小儿嚷乳也。”“嚷乳”的“嚷”，就是“呕吐”的意思。语音方面，“嚷”不见于中古音注，现代普通话里则有ʐaŋ^{55}、ʐaŋ^{214}两音，此二音与中古音系宕摄开口三等阳（养）韵日母音节相应。通山方言里，宕摄开口三等韵有读iã韵母之例：向后仰ȵiã^{42}、阿娘ȵiã^{33}[3]；日母多有读ȵ之例：记认ȵin^{33}，姓饶ȵieu^{21}，柔软ȵye^{42}，可见中古开口三等养韵日母音节在该方言里可读ȵiã^{42}音——可见上声“嚷”字在通山方言里可读ȵiã^{42}音。上述词义和语音情况表明，通山方言这个表示“呕吐”意义的ȵiã^{42}音之词就是“嚷”字。通山方言里，“嚷”的白读ȵiã^{42}音只用于“呕吐”之义；该字另有文读ʐoŋ^{23}、ʐoŋ^{42}二音，二者都是纯粹的读书音。

7. 攘　通山方言可用一个读作ȵiã^{42}音的动词表示“（言语、行动）触动对方”之义，一般只用于否定式：

> 阿宝一动就哭，是个冒没人敢□ȵiã^{42}个的伢崽
> 我冒没□ȵiã^{42}过你，你为么事要骂我

查《集韵·养韵》：“攘，汝养切，扰也。”汝养切属于宕摄开口三等上声养韵日母地位，据上一则有关考论而知，汝养切之字在通山方言里可读ȵiã^{42}音。从词义方面看，“攘”的“扰”义与“……触动对方”之义是相因关系，由前者能够引申出后者。至此而知，上述ȵiã^{42}音之词就是“攘”字。通山方言里，“攘”的白读ȵiã^{42}音只用于“……触动对方”之义；该字另有文读ʐoŋ^{42}音，用于其他义位。

8. 串　通山方言有一个读作ŋuã^{33}音的词，词义方面与“习惯（惯）”有相同之处：

> 到新地头地方住几天就□ŋuã^{33}了 ｜ 下乡后□ŋuã^{33}不□ŋuã^{33}

上述用例中的□ŋuã^{33}，与“习惯（惯）”同中有异：□ŋuã^{33}所“适应”的仅是环境因素；“习惯（惯）”所“适应”的对象则要宽得多，凡用□ŋuã^{33}的语句，都可以换用“习惯（惯）”，只是语体略有俗雅之别；而用“习惯（惯）”的语句则不能全都换用□ŋuã^{33}。

查《尔雅·释诂》：“串，习也。”郭璞注：“串音五患反。”这个五患反即是《集韵》五患切的音源，属于山摄合口二等去声谏韵疑母地位。通山方言里，古患切的

“惯”即是读的 uā 韵母，合口二等阳声韵疑母字一律读 ŋ 声母，可见五患切之字是读 ŋuā^{33}音。词义方面，《尔雅》故训表明“串”即有“习惯”之义。至此而知，上述 ŋuā^{33}音之词就是“串”字。通山方言里，“习惯”之义的“串”只有 ŋuā^{33}音一读，不存在文白二读的对立。

9. 挥 通山方言称述“扔”这类行为动作，土语色彩最浓的说法用的是一个读作 ɕyā^{35}音的动词：

□ɕyā^{35}手榴弹 ｜ 把果皮□ɕyā^{35}进垃圾箱 ｜ 把答应过的话□ɕyā^{35}到一边去了

查《集韵·焮韵》：“挥，吁运切，奋也。”吁运切与《广韵》许运切等同——属于臻摄合口三等去声问韵晓母地位。通山方言有读苦本切之字为 uā 韵母之例：捆 kʰuā^{42}扣子眼，还有读王运切之字为 yā 韵母之例：运 yā^{33}金箍棒挥舞金箍棒。苦本切属于臻摄合口一等混韵，与臻摄合口三等问韵的差异只在于韵头；王问切与吁运切，同属合口三等问韵，同属喉音声母。苦本切、王问切可以读 uā、yā 韵母，吁运切就可以读 yā 韵母；声母方面，撮口韵的晓母通山方言一律读作 ɕ，可见吁运切之字可读 ɕyā^{35}音。词义方面，“挥”本义为“挥舞”（奋也），由此能够引申出“扔物”和“丢弃”之义。至此而知上述 ɕyā^{35}音之词就是“挥”字。

通山方言里，吁运切的“挥”字只有“扔物”和“丢弃”二义，都只有白读 ɕyā^{35}音，其他的吁运切之字则都只有文读 ɕyn^{35}音。

“挥”的“奋也”（挥舞）这一基本义，中古另有一个许归切的同义异读，通山方言的“挥”，虽有许归切 ʃai^{23}音，但这个音读所配的是“扔物”“丢弃”二义以外的义位。

二、余 论

以上考述的是 ā、iā、uā、yā 韵母之字，通山方言这几类今音韵母与《广韵》音系咸、梗、宕、山、臻五摄的阳声韵相对应：咸开一的覃感勘、谈敢阚和咸合三的凡范梵，与 ā 对应；咸开二的咸豏陷和衔槛鉴，与 ā 或 iā 对应。梗开二的庚梗映、耕耿诤和梗开四的迥韵，与 ā 对应；梗开三的庚梗映、梗开四的青迥径和梗合三的庚韵，与 iā 对应；梗合二的庚韵，与 uā 对应；梗开三的清静劲，与 ā 或 iā 对应；梗合三的清韵，与 yā 对应。宕开一的荡韵与 ā 对应；宕开三的养韵与 iā 对应。山开一的寒旱翰和山合三的元阮愿，与 ā 对应；山开二的删潸谏和山产裥，与 ā 或 iā 对应；山合二的删潸谏和山产裥，与 ā 或 uā 对应。臻开一的很韵，与 ā 对应；臻合一的混韵，与 uā 对应；臻合三的问韵，与 yā 对应。

上述加有下划单线的中古韵，它们与 ā（uā）的对应，只限于某些小韵。例如咸摄和山摄开口一等韵与 ā 的对应，就只限于舌音和齿音小韵。还有加有下划双线的中古韵，它们与 ā（iā、uā、yā）的对应，只限于个别小韵中的个别字。例如梗开四迥韵和梗合三庚韵，前者只有“謦 kʰā^{42}”字与 ā 对应，后者只有“兄 ɕiā^{21}”字与 iā 对应。这种“个别字”的离散式音变现象很有意思——同小韵之字绝大多数都朝着连续式音变的轨道进发，唯有个别字不合群，以至于在特立独行的道路上形成 ā（iā、uā、yā）。至于无标记的中古韵，则不存在上述两类局限，从总体上看，它们与 ā（iā）对应，遍及唇舌齿牙喉等各类声母的音节，包括开合两呼和二三四各等以及平上去三声，具有分布普遍的特征。

ā、iā、uā、yā 四个鼻化韵，它们所对应的中古韵母，分别涉及五个韵摄、四个韵摄、三个韵摄和两个韵摄，这样的现代方言韵母，显然是古韵合流的结果，主要是韵腹方面的合众为一现象，这其中还包含有鼻音韵尾失落而促成鼻化元音韵母的环节，这也在一定程度上反映了 m、n、ŋ 殊途同归的过程。

跨度如此之大的韵腹合流现象，不见于汉语标准音音系的任何历史阶段，在古今汉语方言中也鲜有同类。这种大合流现象和上述离散式音变情况，最有地方特色，能够为汉语方言音韵和汉语语音史的研究提供一定的数据和依据。

注释：

[1] 通山的“木制小阳台”原本只见于县城少数民居，近三十年来，已经罕见，它的“跳棚”名称已是日趋式微，新出现的水泥小阳台一般不以“跳棚”为名。

[2] 参看李荣：《切韵音系》，北京：科学出版社，1956 年，第 150～151 页；李新魁：《中古音》，北京：商务印书馆，1991 年，第 118、149 页。

[3] 通山方言里，“阿娘 ȵiā^{33}”（“娘”读阳去），相当于普通话的“妈妈”；另有“阿娘 ȵioŋ^{21}”（“娘”读阳平，韵母亦异），相当于普通话尊称意义的“大娘”。

本雅明艺术生产论视野中的科学技术与文学艺术

王东昌

（华中师范大学文学院，湖北武汉，430079/洛阳师范学院文学院，河南洛阳，471934）

内容摘要：当今中国文艺学界存在着对科技不尽相同的看法，本雅明的艺术生产论以及由之而来的现代科技与文艺关系的理论带给我们别样的启示。他认为，艺术生产和物质生产具有内在的一致性，艺术生产者和物质生产者有共同的社会处境、阶级地位和精神状态。以此为基础，他认为，物质生产中的科学技术及其在艺术生产领域的体现，即艺术技术、手段、技巧、方法等的革新和发展，有利于传达进步的思想意识与政治倾向，有利于推动艺术形式与艺术门类的新陈代谢，有利于推动艺术生产关系的新发展，从而使文学艺术能够发挥革命政治作用。

关键词：本雅明；艺术生产；科学技术；文学艺术

马克思主要是从资本的角度，从资本家榨取剩余价值的角度，对资本主义生产，特别是工人从事的物质生产进行了深入的探讨。他虽然也时不时地论及艺术生产，但只是把它作为资本主义生产追逐剩余价值的特例予以论述，而对艺术生产自身的内在特征，包括艺术生产视域中的科学技术与文学艺术的关系，未加全面论述。其原因之一可能在于，马克思时代的艺术生产，与物质生产相比，为资本家带来的剩余价值极其有限。并且，艺术生产中所需要的科学技术，当时也主要集中在工业生产领域中，还未深入渗透到文学艺术的内部。在 20 世纪早期，随着资本主义工业生产的进一步发展，随着艺术生产在这一生产中所占的比重日益增大，其重要性日益凸显；随着现代科技的新发展以及向文学艺术领域的深入渗透，对艺术生产以及艺术生产视域中的科学技术与文学艺术关系进行探讨的社会历史条件逐渐成熟。一批西方马克思主义批评家对这些问题展开了深入的探讨，其中较有代表性的是本雅明。他受马克思《剩余价值理论》的深刻启发，循着后者的思路，在《作为生产者的作者》、《机械复制时代的艺术作品》、《讲故事的人》、《摄影小史》等著作中，对这些问题进行了深入的探讨，尤其集中在他的《作为生产者的作者》中。本雅明的这些富于创造性的探讨是马克思艺术生产思想的逻辑延伸，对以后的马克思主义文艺批评产生了深远的影响，也是当今中国马克思主义文艺批评工作者所应该坚持的基本的文艺理论观点。它有利于改变中国文艺学界普遍存在的对科学技术的较为负面的看法，使人们获得有关科学技术与文学艺术关系的更为全面的认识。

一、艺术生产和物质生产的内在一致性

不同于马克思和阿多诺之处在于，本雅明对艺术生产和物质生产之间内在一致性的强调，往往是从作为人的“生产者”之间的一致性这一视角切入的。他顺应自己所生活的时代的无产阶级革命浪潮，主要是从无产阶级革命政治立场出发，以一个平民知识分子的身份来谈艺术生产的。他认为以作家为代表的艺术生产者和以工人阶级为代表的物质生产劳动者一样，有共同的社会处境、阶级地位和精神状态，有共同的利益和命运。他们的生产条件都被资本家占有，成为资本家追逐剩余价值的重要工具，后者反过来对他们进行统治、压迫和剥削。因此，这两类生产者应该站在一个阵营，结成革命政治同盟，共同反对资产阶级，以实现自身的解放。具体就作家在艺术生产中所处的地位来说，各种各样的文艺生产条件或者说生产机器包括报纸、研究所、出版社，等等（它们往往是发表作品的权力机构或者阵地），以及作为艺术生产资料或者生产力的生产工具、生产技术或生产手段，它们并不为作家所拥有，而往往隶属于资本，为资本家创造剩余价值服务。作家在艺术生产过程中所能做的，就是出卖自己的劳动力——写作能力，充当资本家的赚钱工具。他们在艺术生产中的这种处境，决定了他们和物质生产劳动者一样，是无产阶级的一部分，和无产阶级处在同一个阵营里。对作家这样的阶级定位，有利于他们把自身看成普通的、平凡的劳动者，有利于培养他们的平民意识，这在当时具有重要的革命意义。因为当时很多作家都没有认清自己的社会处境和阶级地位，往往错误地把自己视为社会上层的精英，和资产阶级统治阶级有共同的利益，这导致他们安于被统治、剥削、压迫的现状，放弃对资产阶级的反抗与斗争，不考虑自身的解放。有鉴于此，本雅明对以作家为代表的艺术生产者的全新的阶级定位，就对存在着上述错误认识的作家产生了极大的警醒作用。正如法国的拉蒙·费尔南德斯所说的：“应当把知识分子争取到工人阶级一边，使之意识到双方的精神活动与生产地位是一致的。”[1]这种全新的社会定位使他们在观念上和行动上“能够重新开始”，“根据他在生产过程中的地位”来确定“在阶级斗争中的位置”，“建立他们与无产阶级的团结”，共同反对资产阶级，解除他们对艺术生产资料、生产工具、生产机器、生产技术等生产条件的垄断，使这一切重新掌握在自己的手里，进而实现自身的解放。

当然，本雅明不仅仅看到这两类生产者之间的共同之处，他同样也看到了他们之间的差异之处，看到了以作家为代表的艺术生产者的特殊之处，尽管这不是主要的。他认为，以作家为代表的艺术生产者即使已经无产阶级化了，也不可能变成纯粹的无产者，因为他们部分地分享了资产阶级的某些好处，“资产阶级以教育的形式给了他

一种生产工具，这一工具使他基于教育特权与资产阶级，或更多地是使资产阶级与他联合在一起”[2]。在这种情况下，他们在转向革命的过程中也会面临着与其他“生产者”不同的情形，表现出独特的方式。因此，他们要进行革命，必须付出更多的努力，克服更多的困难，只能如阿拉贡所说的那样，“革命的知识分子最初首先是作为他原初那个阶级的叛逆者出现的”[3]。因此，对于部分还处于糊涂状态的艺术生产者来说，必须进行自我改造，努力推动自身向无产阶级状态转变。同时，也存在着他们转向革命的有利条件。在当时的社会条件下，他们的社会、经济处境、生存状况在不断恶化，社会地位在不断下降，现实生活的巨大压力很容易推动他们的思想意识无产阶级化，这对他们转向革命是有利的。

从更广泛的社会意义上来说，本雅明站在平民知识分子的立场上，提出两种生产者具有内在一致性的观点，有利于改变知识界长期存在的对“意见、思想或者天赋”的过度推崇、重视，以及由此而来的反动的精神统治的思想，也有利于消除作家艺术家常常具有的那种俯视平民大众的知识精英的优越感，使他们放下高人一等的架子，进而回归和物质生产者一样的普通生产劳动者的本相。正如本雅明所说的，他们“对自己在生产过程中的位置知道得越准确，就越少会想到把自己说成是‘有精神的人’”[4]。因此，本雅明的艺术生产论实际上包含着对所谓的知识精英、精神贵族脱离平民大众的猛烈批判，而对他们走向平民大众则持积极地肯定、支持与推动，从而使这一思想包含着重要的社会进步意义。

二、新的艺术生产技术传达着进步的思想意识与政治倾向

在上述有关本雅明艺术生产的论述中，实际上已经潜在地包含着与之紧密相关的另一个问题，即科学技术及其在艺术生产领域中的体现，如技术、手段、技巧、方法等，与文学艺术的关系问题。艺术生产和物质生产都是生产，艺术生产是物质生产的一种表现形式或者补充形式、附属形式，它们具有内在的一致性。相应地，在物质生产中发挥重要作用的自然科学意义上的技术和在艺术生产中所要运用的艺术技巧等也具有内在的一致性，在德语中两者实际上共用一个词汇 technik。可以说，文学艺术的技术、手段、技巧、方法等就是文学艺术领域里的科学技术，或者说是自然科学技术在文学艺术领域里的转化和应用。

具体到艺术生产领域，以作家为代表的艺术生产者在实现自身革命性转变的过程中，将自身从从属于资产阶级的“生产机器的提供者”转变成无产阶级的“一名工程师”，他们在全面地掌握了艺术生产条件、生产工具、生产机器、生产技术以后，不应该对之进行彻底的破坏，而应该对之进行处理、改造、转变和协调，进而推动它们的革新，从而推动文学艺术的进步。正如本雅明在总结布莱希特的观点时指出的，应该按照“可能性准则”即社会主义原则彻底改造艺术生产机器、生产形式和生产工具，解放生产资料和生产技术，戳穿它们在为资产阶级掌握的情况下却能够为社会主义革命服务的谎言，在阶级斗争中实现功能转换，转向并服务于无产阶级和劳动人民。具体来说，改变生产机器，就是改造那些为资产阶级利益服务的旧的生产机器，

包括旧的出版机器、艺术形式、艺术技术、手段、技巧、方法，因为它们对无产阶级的艺术生产形成了障碍与限制；通过这样的改造，艺术生产机器实现了更新，艺术生产力实现了发展，形成新的艺术技术、手段、技巧、方法，从而有利于艺术生产者生产出更高质量的文学艺术作品，传达出新的进步的思想意识与政治倾向，为无产阶级和广大劳动人民服务。正如本雅明指出的："对于作为生产者的作者来说，技术的进步也是他政治进步的基础。"[5]相反，如果忽视生产机器以及艺术生产的技术、手段、技巧、方法，不积极地对它们进行改进，而仅仅强调空洞的思想意识和政治倾向，使文学艺术的"形式大多流于肤浅"，这必然造成文艺作品质量的下降以及文艺创作的失败，结果也很难在思想政治上发挥良好的作用。

因此，对以作家为代表的艺术生产者来说，进步或落后的艺术生产技术决定了文艺作品质量的高低，进而决定了文艺作品思想意识和政治倾向的正确或错误。正如本雅明指出的："只有当一部作品的倾向在文学上也是正确的，它才可能在政治上是正确的。这就是说，政治上的正确倾向包含了文学倾向。……因此一部作品的正确的政治倾向包含了它的文学质量，因为它包含了作品的文学倾向。"[6]这里所说的"文学倾向"毫无疑问就是文学艺术的技术、手段、技巧、方法等因素。詹姆逊继承了本雅明的观点，把作为生产力重要组成部分的科学技术应用到艺术生产中，认为文艺创作的技术、手段、技巧和方法，作为文学艺术中的科学技术，是艺术生产力的重要组成部分，对它们的不断改进和提高将会推动文艺作品内容的更新，这应该是作家艺术家自觉追求的目标[7]。可以说，从文艺生产的技术、手段、技巧、方法的角度出发，可以对文艺作品进行"直接的社会的，因而也是唯物主义的分析"，可以更加辩证的方式克服内容与形式的对立，处理好文艺作品的质量与政治倾向之间的关系，推动文艺作品不断提高文艺质量，传达出正确的思想意识和政治倾向。本雅明在1934年7月至10月在斯文德堡布莱希特的病房里，同布莱希特就《作为生产者的作者》进行探讨时指出，"技巧的进步"是"衡量文学的革命作用最关键的标准"，这甚至比"艺术形式及精神的生产手段"更显得重要。作家艺术生产的生产技巧的提高相当于艺术生产力的提高，无论是对大资产阶级作家还是对无产阶级作家来说，都是有利于无产阶级的，正如物质生产力和物质生产技术的提高，必然会在长远上、总体上、根本上有利于无产阶级[8]。伊格尔顿也发展了本雅明的这一思想，他指出："优秀的写作技巧，意味着具有一种能自由支配的思想洞察力，这种洞察力在政治上进步与否无关紧要；在缺乏真正的革命艺术的情况下，对资本主义社会抱有敌意的极端保守主义反倒能产生最有意义的文学。"[9]因此，在文艺作品的创作中，与精神革新相比，本雅明认为首先应该提倡技术上的更新，因为只有实现了技术上的更新，才可能有精神革新，忽视了技术革新而一味强调精神革新，将会造成精神的没有限制的膨胀，从而可能引发法西斯主义的灾难。

三、艺术生产技术的革新推动了艺术形式与艺术门类的新陈代谢

作为科学技术在文艺领域中的体现，艺术生产中的技术、手段、技巧、方法等和文学艺术的形式或门类存在着紧密的联系，前者对后者具有决定作用，并推动了后者

的发展和更新，而使旧的文艺形式和文艺门类变得过时或遇到危机，从而推动了文学艺术的发展进步。正如本雅明所说的："必须从一个多么广阔的视野出发，来借助我们今天形势下的技术条件重新思考有关文学形式或体裁种类的观念，以便找到构成当前文学活力切入点的表达形式。"[10]资本主义社会旧的艺术生产技术、手段、技巧、方法等带来的，必然是旧的文艺形式或文艺门类，它们所传达的往往是服务于资产阶级的陈旧的思想意识和反动的政治倾向；而社会主义社会在文艺领域里对新的艺术生产技术、手段、技巧、方法等的应用，往往推动新的文艺形式或文艺门类的产生与发展，它们所传达的也往往是服务于无产阶级的新的思想意识和进步的政治倾向，看似失去了资产阶级文艺的深度，但却获得了更多的读者大众。因此，只有实现艺术生产技术、手段、技巧、方法等的不断更新和发展，才能推动文艺形式或者文艺门类的新陈代谢和更新发展，才能不断提高文艺作品的质量，发挥文学艺术的革命政治功能。例如，在摄影艺术领域，通过精巧、时髦、新潮的拍摄技术，能够把丑陋的东西变成美好的东西，把原本美好的东西变成更加美好的东西，把苦难的东西变成可以乐观面对的东西，从而对外部世界进行了美化，给各个领域的普通劳动者带来了美好的享受。这就实现了摄影艺术的经济、革命与政治功能，充分表现出了摄影艺术的进步性[11]。在电影领域，新的艺术技术如机械复制技术、蒙太奇技术等的运用使电影产生了神奇的效果，传达了人类意识的新层面，表达了新的思想内容和政治倾向，从而有利于它发挥革命政治作用。在音乐领域，唱片、有声电影、自动音乐播放器等新技术的发明和应用使音乐获得了新的保存和传播载体和形式，当今更先进的可以随时携带的MP3、电脑保存和调制的音乐形式等，已经从根本上代替了传统的音乐会等音乐形式。这些新的音乐形式拉近了演奏者和听众之间的距离，使技术与内涵更和谐，音乐和文字更和谐，"表现了音乐和文学技术的最高水准"，有利于音乐发挥进步的革命政治作用[12]。在戏剧领域，悲剧、歌剧等旧的艺术形式，作为一种过时的"报废的机器"，为资产阶级利益服务，很难发挥革命政治作用，所以戏剧要实现新的发展，就必须自觉地放弃这些旧的戏剧形式，充分利用电影、广播等新的现代科技，进而推动戏剧形式的革新，这样才能使戏剧获得新的生机与活力。布莱希特的叙事剧就是这样做的，它采用新的艺术生产方法——蒙太奇中断情节的新方法，产生陌生感，带给观众惊奇，引发观众思考，传达了进步的思想意识和政治倾向，使叙事剧发挥了革命政治作用。在叙事文学领域，以报纸为代表的现代传媒技术的发展使传统讲故事的人的文学表达和传播方式遇到了危机，从而催生了印刷在纸质媒介上的小说这种新的叙事文学形式。

当然，本雅明也看到了问题的复杂性，新的艺术技术、手段、技巧、方法以及由其催生的新的艺术形式，也可能为反动的资产阶级所利用，把艺术内容变成消遣、娱乐的对象，从而丧失其革命政治功能。这样一种不良的后果是无产阶级的艺术生产者应该竭力加以避免的。

四、艺术生产技术的变革推动了艺术生产关系的发展

本雅明认为，"艺术是一种社会生产形式"，因此应该将作家及其作品放在"一个

时代的文学创作生产关系之中”，去探讨文学作品在文学生产关系中的作用，这样就自然地把决定着文学生产关系的文学生产力，包括文学生产的技术、手段、技巧、方法等，放在了十分突出的地位：“在我问一部文学作品与时代的生产关系处于怎样的关系之前，我想问：它在生产关系中是怎样的？这个问题直接指向作品在一个时代的文学创作生产关系之中具有的功能。换言之，它直接指向作品的创作技术。”[13]伊格尔顿在阐释本雅明的这一观点时指出：“本雅明的意思是说，艺术像其他形式的生产一样，依赖某些生产技术……某些绘画、出版、演出等等方面的技术。这些技术是艺术生产力的一部分，是艺术生产发展的阶段；它们涉及一整套艺术生产者及其群众之间的社会的关系。”[14]这种关系当然包括艺术生产者与读者、观众以及广大劳动群众之间的革命的、政治的关系。因此，从事艺术生产的作家应该清醒地认识到自己所处的生产条件，认识到自己的生产技术、手段、技巧、方法等对艺术生产关系的促进作用，进而通过它们创作出优秀的文艺作品，以进步的思想意识和政治倾向去引导、影响和团结读者、观众以及广大劳动群众，从而发挥文艺作品的革命政治作用。具体来讲，在旧的艺术生产关系中，作家艺术家及其创作的文艺作品都服务于资产阶级，因此表现出的必然是和读者、观众以及广大劳动群众之间巨大的区别、距离与鸿沟这样的艺术生产关系。有鉴于此，作家艺术家应该彻底改变自己的生产条件，自觉地改造和更新艺术生产工具或机器，变革艺术生产技术、手段、技巧、方法，生产出优秀的文艺作品，使鸿沟逐渐消弭，距离逐渐拉近，区别逐渐消失，从而形成更加团结、紧密、充满互动的关系。这些优秀的文艺作品也将会对其他的文艺生产者产生良好的示范效应，引发他们竞相模仿，从而对读者、观众以及广大劳动群众产生良好的引导和教育作用，使这些作品发挥良好的革命政治功能。正如本雅明所说：“关键是生产的典范特点，它首先是能够引导别的生产者进行生产，其次能够为他们提供一种经过改进的机器。而且这个机器能引导越多的消费者走向生产，简言之，能够使读者或观众成为参与者，那么这个机器就越好。”[15]伊格尔顿在阐释本雅明的观点时指出：“革命的艺术家不应当毫无批判地接受艺术生产现成的力量，而应该加以发展，使其革命化。这样，他就在艺术家与群众之间创建了新的社会关系；艺术的力量包括电影、无线电、照相、音乐唱片等，这些东西本应人人都能享用，现在却成了少数人的家私，这个矛盾由革命的艺术家来解决；他们的任务在于发展这些新的宣传工具，也在于改造旧的艺术生产方式。”[16]“如果艺术工艺的变化改变了艺术家与群众的关系，他们同样也改变艺术家之间的关系。一提到作品，我们本能地想到这是作家孤立的、个人的产品，大多数作品确是这样产生的；但是，新的工具或是经过改造了的传统工具，开创了艺术家之间的新的合作的希望。”[17]更进一步说，一个更具革命意义的革新艺术生产关系的方法是，让物质生产者不断丰富自己的劳动技能，使他们能够自由地运用文学的技术、技巧、手段、方法等，从而获得操作“文学的权限”，使他们可以通过文字以文学的方式自由地表达自己的劳动与生活境况、生产关系、生活关系等内容，从而消除了作者和读者、观众以及广大劳动群众之间的区别，使文学成为他们的共同财富，这是文学走向革命化的重要表现[18]，也是文学生产关系走向革命化的重要表现。总之，现代科技及其在艺术生产中的体现技术、手段、技巧、方法等的持续改进有利于推动艺术生产的发展，有利于推动艺术生产走向平民大众，从而推动艺术生产关系的进步以及文学艺术自身新的发展。

概而言之，本雅明作为一个坚守平民知识分子立场的马克思主义文艺批评家，坚持把文艺创作活动看作和物质生产劳动相似的生产活动，坚持在艺术生产的视野中看待现代科技与文学艺术的关系，充分肯定现代科技及其在文艺领域中的体现技术、手段、方法、技巧等的发展进步对文学艺术的积极推动作用。他的这些思想和马克思的相关思想一脉相承，但是又作出了创造性的发挥，有力地驳斥了当今中国文艺学界对艺术生产以及现代科技作用于文学艺术必然造成伤害的错误看法，有利于引导当今中国的文学艺术在新的高科技社会条件下获得新的发展。

*本文系国家社科基金重大项目“马克思主义文学批评的中国形态”【11ZD078】、华中师范大学优秀博士学位论文培育计划资助项目（一般）【2015YBYB076】“中国高科技时代虚构的文学的变化与应对——在马克思主义文学批评的视野中”阶段性成果。

注释：

[1] [德]瓦尔特·本雅明:《作为生产者的作者——1934 年 4 月 27 日在巴黎法西斯主义研究院的讲话》,王炳钧译,开封:河南大学出版社,2014 年,第 2 页。

[2] [德]瓦尔特·本雅明:《作为生产者的作者——1934 年 4 月 27 日在巴黎法西斯主义研究院的讲话》,王炳钧译,开封:河南大学出版社,2014 年,第 33～34 页。

[3] [德]瓦尔特·本雅明:《作为生产者的作者——1934 年 4 月 27 日在巴黎法西斯主义研究院的讲话》,王炳钧译,开封:河南大学出版社,2014 年,第 33～34 页。

[4] [德]瓦尔特·本雅明:《作为生产者的作者——1934 年 4 月 27 日在巴黎法西斯主义研究院的讲话》,王炳钧译,开封:河南大学出版社,2014 年,第 33～34 页。

[5] [德]瓦尔特·本雅明:《作为生产者的作者——1934 年 4 月 27 日在巴黎法西斯主义研究院的讲话》,王炳钧译,开封:河南大学出版社,2014 年,第 20 页。

[6] [德]瓦尔特·本雅明:《作为生产者的作者——1934 年 4 月 27 日在巴黎法西斯主义研究院的讲话》,王炳钧译,开封:河南大学出版社,2014 年,第 2 页。

[7] 王逢振主编:《詹姆逊文集(第 1 卷):新马克思主义》,北京:中国人民大学出版社,2004 年,第 260 页。

[8] [德]瓦尔特·本雅明:《作为生产者的作家——1934 年 4 月 27 日在巴黎的法西斯主义研究所所作的演讲》,李伯杰译,中国社会科学院外国文学研究所《世界文论》编辑委员会编:《文艺学和新历史主义》,北京:社会科学文献出版社,1993 年,第 63 页。

[9] [英]特里·伊格尔顿:《马克思主义与文学批评·译者前言》,文宝译,北京:人民文学出版社,1980 年,第 2 页。

[10] [德]瓦尔特·本雅明:《作为生产者的作者——1934 年 4 月 27 日在巴黎法西斯主义研究院的讲话》,王炳钧译,开封:河南大学出版社,2014 年,第 20 页。

[11] [德]瓦尔特·本雅明:《作为生产者的作者——1934 年 4 月 27 日在巴黎法西斯主义研究院的讲话》,王炳钧译,开封:河南大学出版社,2014 年,第 19～20 页。

[12] [德]瓦尔特·本雅明:《作为生产者的作者——1934 年 4 月 27 日在巴黎法西斯主义研究院

的讲话》，王炳钧译，开封：河南大学出版社，2014年，第21～22页。

[13][德]瓦尔特·本雅明：《作为生产者的作者——1934年4月27日在巴黎法西斯主义研究院的讲话》，王炳钧译，开封：河南大学出版社，2014年，第7页。

[14][英]特里·伊格尔顿：《马克思主义与文学批评》，文宝译，北京：人民文学出版社，1980年，第2页，第67页。

[15][德]瓦尔特·本雅明：《作为生产者的作者——1934年4月27日在巴黎法西斯主义研究院的讲话》，王炳钧译，开封：河南大学出版社，2014年，第25～26页。

[16][英]特里·伊格尔顿：《马克思主义与文学批评》，文宝译，北京：人民文学出版社，1980年，第2页，第67页。

[17][英]特里·伊格尔顿：《马克思主义与文学批评》，文宝译，北京：人民文学出版社，1980年，第2页，第73～74页。

[18][德]瓦尔特·本雅明：《作为生产者的作者——1934年4月27日在巴黎法西斯主义研究院的讲话》，王炳钧译，开封：河南大学出版社，2014年，第11页。

【推荐人语】论文研读并梳理了本雅明关于现代科技与文学艺术关系的理论，提炼出了一些富有启发性的观点，例如，对艺术生产者地位的重新界定，艺术的技术手段、技巧方法等的革新和发展与文学艺术的关系，以及所带来的对艺术生产关系的变化等。文中的这些观点为中国关于现代科技与文学艺术关系提供了更为辩证的参照。文中个别表述还需要推敲，不过整个立论明确，结构完整，具有一定的现实针对性。（胡亚敏）

“好”类话语标记研究

何 潇

（华中师范大学文学院，湖北武汉，430079）

内容摘要：“好”类话语标记形式多样，主要有完结、转换功能。依据不同的语境，“好”类话语标记可表达“好”的概念意义或相关非真值性条件义，这一特点使“好”类话语标记具有积极义和消极义共存的“正反一体”现象。本文试图以多样性基础上进行倾向性考察的语法研究思路，来探究“好”类话语标记的功能和语义特点。

关键词：好；话语标记；多样性；倾向性

一、引 言

关于“好了”，目前已有不少有价值的研究成果。彭伶楠（2005）针对“好了”虚化过程，指出补语“好了$_1$”、叹词“好了$_2$”以及语气词“好了$_3$”的演变关系[1]。邵敬敏、朱晓亚（2005），主要就“好了”的功能分类和历时发展进行了描述[2]。韩静（2008）在彭文的研究基础上，从静态和动态两个层面对语气词“好了$_3$”作了进一步探讨[3]。张龙（2012）就“好了”的类别和演变提出更加细致的分类和路径，明确将话语标记“好了”进一步划分为“好了$_4$”和“好了$_5$”，提出“好了$_4$”具有标记结束和转换的功能，“好了$_5$”表示情况转变，以短语形式出现[4]。综合以上学者的研究成果，“好了”的性质分类如下：

作谓语：脚好了$_1$之后，他敢跑了。（老舍《骆驼祥子》）

作补语：重庆小伙轻车熟路，表格早就准备好了$_2$，进门就送进去了，转身又向办事员要了一套下回用。（不光《闯西南》）

作语气词：“如果上海不怕丢人的话，那咱们就睡大街上好了$_3$。世博会马上不就开了？满大街都是老外，我们就把家安在市政府门口。”（六六《蜗居》）

作话语标记（完结或转换）：水山庄重又自豪地说，“好了$_4$，这些道理以后和你讲。回家睡吧，明天上午欢送参军的英雄！”（冯德英《迎春花》）

作话语标记（转换）：“过去儿女们两星期才来一次。现在好了$_5$，可以常来了，咱们能和儿孙们多享享天伦之乐了。”（《人民日报》1995年5月）

以往关于“好了”的研究，多关注词汇单位“好了$_{1\text{-}3}$”，针对话语标记“好了$_{4\text{-}5}$”

的研究并不多见。本文主要就话语标记“好了$_{4-5}$”进行共时层面的分析，对“好了$_4$”、“好了$_5$”的使用情况在数据库中进行封闭式统计，考察“好了$_4$”和“好了$_5$”的具体使用情况。

二、“好”类话语标记的概念及分类

（一）概念界定

本文参考 Schiffrin（1987）、Brinton（2008）、Fraser（1999）、Heine（2013）、董秀芳（2007）、冉永平（2003）等学者对话语标记的界定[5]，将作为研究对象的“好”类话语标记界定如下：

1. 具有句法分离性，且句法位置灵活。

2. 表达功能意义和程序意义，而非概念意义，在话题与话题、话题与非话题之间起到“转换”、“衔接”等作用。

3. 口语中，话语标记前后有明显的音节停顿；书面上，往往有表停顿的标点符号。

4. 高度依赖语境表达含义，在不同的语境中，有不同的语用功能。

（二）类型划分

话语标记“好了”可划分为“好了$_4$”、“好了$_5$”两类：“好了$_4$”主要具有完结和转换功能；“好了$_5$”为短语形式，相当于“好了$_4$”转换功能的变体形式，如“这下好了”、“现在好了”等，对前后文感情态度的转变起到衔接作用，使积极到消极，或消极到积极的话语态度顺利转变而不致突兀。

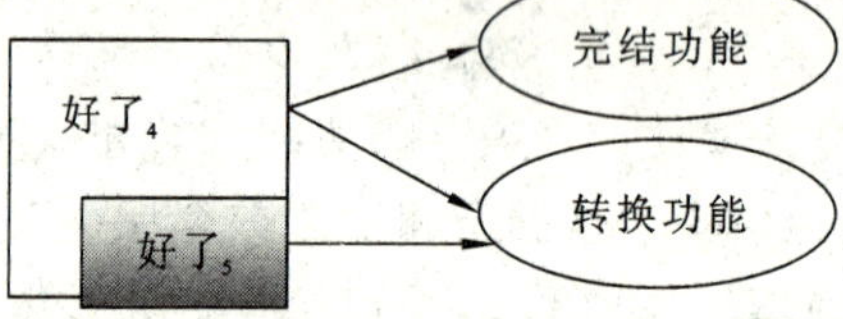

1. 好了$_4$：

“好了$_4$”可以完结某一话题或情景，结束对方的话语内容。如例（1），用于打断和终结对方的会话内容。例（2）用于终结某一情景。例（1）和例（2）都是“好了$_4$”的完结功能。

（1）A：“我母亲有病，青光眼。医生说她一急就会失明。所以，我……”她的头低下去了。他看见她的黑头发在风中颤抖着。“我就一个人跑到那个传达室，给爸爸洗身上的血。”
B：“好了［完结功能］，别说了，”他轻声打断了她。
A：“我用一块毛巾给爸爸洗身上的血。那血，那血——”
B：“别说了！”他转过身去。（张承志《北方的河》）

（2）“好了［完结功能］，我走！”祥子没话可说，只好赶紧离开这里；无论如何，斗嘴他是斗不过他们的。（老舍《骆驼祥子》）

对于一个话题和情境的完结，常意味着下个话题和情境的开始，所以在有的语境中“好了$_4$”完结一个话题或情境的同时，也有转换到下一话题或情境的功能，如例（3）和例（4），分别表示转好和转坏。

（3）有一个女人站在他身边，对门口一个男人说：“好了［转换功能］，周炳醒过来了。”（欧阳山《三家巷》）

（4）路易马上又把它调暗，说幽暗光线使人放松。他指着长沙发要她伏卧。她想，好了［转换功能］，这下真没体统了。（严歌苓《花儿与少年》）

2. 好了$_5$：

“好了$_5$”具有转换功能，但一般不具备完结功能。而且，不同于“好了$_4$”的转换功能，“好了$_5$”在转换功能中没有中立情况。如：

（5）你这个意志薄弱的家伙！我让你学好，你却与卖臭鱼的奸商搅在一起！你脑子里成天到底想些什么？这下好了［转换功能］，信使一定大发雷霆了。（《残雪自选集》）

（6）你开窍？别人都指着姑娘挣钱，你倒好［转换功能］，木头脑袋，为了这么个贱货还倒贴。当然啦，你要是真开了窍，就不会担心我不开窍了。（老舍《鼓书艺人》）

三、多样性和倾向性

储泽祥老师提出在多样性基础上进行倾向性考察的语法思路，指出语法的多样性是形式和语义不一一对应的一种表现。“好”类话语标记在形式上呈现出多样性特征。一种形式可以表示多种意义，如“好了$_4$”可转换积极、中立、消极三种态度，而一种意义可对应多种形式，如“这下好了”、“这可好了”等，都可表达消极的语义态度；语法的倾向性是指语法单位或语法现象表现出来某种性质的多少、蕴含共性或使用频率高低等体现出来的动态规律。“好了$_4$”和“好了$_5$”的倾向性特征表现为诸多变体形式中会有某种形式基于统计数据表现出与某种意义相对应的倾向[6]。

（一）“好了$_4$”的多样性

1. “好了$_4$”形式的多样性

句法形式的多样性主要从句法位置、语表形式两方面来分析：句法位置多样性表现为“好了$_4$”可分布于句首“好了$_4$，S1。”和句中“S1，好了$_4$，S2。”两个位置；语表形式的多样性表现为一个变体形式，即重复为“好了，好了”[7]。另外，“好了$_4$”在书面上有时写作“好啊”、“好啦”等。由于本文讨论的多样性主要针对语法层面，在话语中受语音环境影响的音变现象不作为“好了$_4$”的变体进行讨论。

2. “好了$_4$”意义的多样性

“好了$_4$”的“完结”和“转换”功能，在不同的语境中会产生积极、中立、消极的感情态度，这也是“好了”具有正反一体现象的原因。

首先，完结功能可结束、终止某一话题，带有明显的制止、劝止意味，为消极的“劝阻”类，如例（7）；完结功能也可表示结束、完成任务及不愉快的经历，为积极“完成”类，如例（8）；还有表面赞同，但实际是出于无奈的让步，其本质是想和平结束谈话，为中立“结束”类，如例（9）。

（7）“对!”七姑奶奶大为高兴，“今年还没有好好吃过一顿蟹。”接着又叹口气，“遭劫！兵荒马乱，蟹的来路都断了。这个年头，做人真没味道。”

“好了，好了［劝阻-消极］，不要不知足了!”古应春说，“你住在夷场上，不忧穿、不忧吃，还说做人没有味道；那末陷在长毛那里的人呢?”（高阳《红顶商人胡雪岩》）

（8）何老板见状，拍手道：“好了［完成-积极］，这事就这么定了，明天，我就去给你们办过继的手续。老哥，恭喜你呀，喜得贵子，你老了就等着享福吧。”（《故事会》2005年2月）

（9）“好了［结束-中立］，我知道了，”辜幸文打断了何波的话，语气顿时也严厉了起来，“我这儿现在有几个客人，我们以后再联系好不好?”（张平《十面埋伏》）

其次，转换功能方面，“好了$_4$”也有三种转变感情态度的方式：积极、消极、中立。中立转变是指没有感情上的倾向性，只表明情况发生变化。如：

（10）“……受个处分不要紧嘛，好好表现将来还是可以撤销的嘛。好啦［转好-积极］，现在你可以把孩子领回去了，记着明天把检查交来。”（王朔《我是你爸爸》）

（11）牛大姐把桌上发言稿撕成一条一条，“到底叫我说中了吧？好啦［转坏-消极］，这回人家要跟咱们打官司了。”（王朔《懵然无知》）

（12）拉着简少芬的手从六张桌子间穿梭而过，最后把她按在一张空凳子上，好了［转换-中立］，你就坐在章老师旁边吧。（苏童《另一种妇女生活》）

（二）“好了$_4$”的倾向性

基于统计的倾向性以数据统计为基础，可以按照使用频率从高到低、从多到少排出优先序列来[8]。本文将基于CCL语料库对“好”类话语标记进行数据统计，以明确倾向性规律。由于“好”类话语标记在CCL语料库中共有2万多条检索结果，因此，本文在调查过程中采用抽样调查的方法，选取“当代文学”中“大陆作家”的

205部符合现代汉语规范的文学作品为检索范围。

表一："好了$_4$"的多样性和倾向性

句法位置 \ 功能及态度倾向	转换功能			完结功能		
	积极	中立	消极	完成	结束	劝阻
"好了，S1。"	9	39	1	36	19	50
S1（，/。/!）好了，S2。	15	31	5	26	2	12
"好了，好了，S1。"	13	3	3	29	19	96
S1（，/。/!）好了，好了，S2。	0	0	1	0	1	6

由表中数据，可得出关于"好了$_4$"的倾向性规律如下：

1. 当"好了$_4$"单用，不以重复形式出现，转换功能倾向于表达中立态度。

2. 当"好了$_4$"以重复形式出现时，完结功能则倾向表达消极的劝阻态度。

（三）"好了$_5$"的多样性

1. "好了$_5$"形式的多样性

"好了$_5$"形式上的多样性同样从句法位置、语表形式来分析。句法位置方面，"好了$_5$"在句中表现为短语形式，常在句中作谓语，可被语气副词"可"、"倒"修饰；语表形式方面，"好了$_5$"有非常丰富的形式，分为三大类："这下（回）＋好了"类、"时间词＋好了"类、"人称代词＋好了"类。

2. "好了$_5$"意义的多样性

虽然"好了$_5$"形式较丰富，但如前文所示，其功能意义只有"好了$_4$"的转换功能。这种转换功能在语境中表现为转好与转坏，对应积极和消极两种态度。如：

(13) 郭彩娣听完了，心中十分舒畅愉快，喘了一口气，兴奋地说："这回可好了［转好-积极］，沪江公私合营了，劳资关系比过去简单了……"（周而复《上海的早晨》）

(14)"你错没错咱们看事实。你先不把自己当爸爸，孩子怎么能尊重你？孩子毕竟是孩子，懂得什么好歹？平时一天三顿地给他讲道理他还备不住要出点事，这回可好［转坏-消极］，大撒把没人管了，那他还不上房揭瓦？"（王朔《我是你爸爸》）

(15) 想当年我们考大学，那真是万人齐过独木桥，我们是经过真金白银考出来的！当时的大学生，就能跟现在大学生一个价了吗？现在倒好［转坏-消极］，公司连打字员都要本科以上文凭了，硕士博士满地走，多少年都这样，干什么都放卫星。（六六《蜗居》）

(16) 我那姐妹几个还不都是这末出嫁的！现如今可好了［转好-积极］，共产党想得可真周到哇！闺女大了省得做爹妈的操心，自己找的又是相中的。

(17)“……简佳，人再生气也不能跟钱生气，我跟我们家何建国打架，打得最凶的时候都说要离婚了的那次，我也就是扔了个枕头什么的，你可好［转坏-消极］，那么贵重的东西，说扔就扔！”（电视剧《新结婚时代》）

例（13）、例（14）为“这下（回）＋好了”类，例（15）、例（16）为“时间词＋好了”类、例（17）为“人称代词＋好了”类。

（四）“好了$_5$”的倾向性

“好了$_5$”按照“这下（回）＋好了”、“时间词＋好了”、“人称代词＋好了”三类进行讨论，以CCL语料库中检索的短语形式“好”类话语标记为研究对象，对语料进行逐一分析，得到以下结果：

1.“这下（回）＋好了”类的倾向性：

“这下＋好了”和“这回＋好了”两类话语标记的使用情况在于“了”的省略、“了”与语气副词“可”和“倒”的共现关系。语气副词“可”、“倒”在下表中以“X”表示。其中，“这下倒好了”、“这回倒好了”在语料库中检索均为0个用例，未在表中列出。

表二：“这下（回）＋好了”类的倾向性

变体形式＼态度		积极	消极
这下＋X＋好了	这下好了	53	14
	这下可好了	20	2
	这下可好	4	19
	这下倒好	1	4
这回＋X＋好了	这回好了	10	1
	这回可好了	6	1
	这回可好	3	5
	这回倒好	1	3

2.“时间词＋好”的倾向性：

“现在＋好了”和“（现）如今＋好了”的变体形式同样在于“了”的省略，以及“了”与“可”、“倒”的共现关系，“可”、“倒”在下表中以“X”表示。其中，“现在倒好了”、“如今倒好了”在语料库中检索结果为0个用例，未在表中列出。

表三：“时间词＋好了”的倾向性

变体形式＼态度		积极	消极
现在＋X＋好了	现在好了	147	4
	现在可好了	27	0
	现在可好	7	38
	现在倒好	4	34
（现）如今＋X＋好了	如今好了	4	1
	如今可好了	3	0
	如今可好	1	0
	如今倒好	0	6

3.“人称代词＋好了”的倾向性：

“人称代词＋好了”结构中“可”、“倒”不能省略。其中，“他（们）可好了”、“你（们）倒好了”检索出0个结果，未在表中列出。

表四：“人称代词＋好了”的倾向性

变体形式＼态度		积极	消极
他（们）＋X＋好了	他（们）倒好	1	23
	他（们）可好	0	1
	他（们）倒好了	0	1
你（们）＋X＋好了	你（们）倒好	4	16
	你（们）可好	1	7
	你（们）可好了	0	1

根据表二、表三、表四中的统计结果，可得出如下关于“好了$_5$”的倾向性规律：

1. 对于“这下（回）＋好了”、“时间词＋好了”两类，当“了”出现时，无论语气副词是否隐现，均倾向表达积极意义；当“了”省略时，无论语气副词是否隐现，均倾向表达消极意义。

2. 对于“人称代词＋好了”类，无论语气副词“倒”、“好”与“了”是否出现，都只倾向于表示消极意义。

四、功能意义的动态浮现

话语标记“好了”不具备概念功能，主要发挥语篇功能和人际功能。“好”类话语标记积极或消极的语义功能与语境有密切关系。因为只有在恰当的语境中，语境顺应的原则下，对话双方才能顺利领会对方的交际意图，使话语标记的功能意义得以浮现。

（一）语境的动态性和生成性：

Firth（1935）认为："词汇的意义总有赖于语境，脱离语境的意义研究不是真正的意义研究。"词汇除了本身携带的意义，还可能从具体语境中获得意义。Haliiday（1994）也指出语篇分析的最高目标是对文本进行评价，"这就要求我们不仅要理解文本自身，还要理解语境，以及语境和文本之间的系统关系"。Verschueren（1999）提出，语境在语言使用过程中生成，同时意义的生成总是动态的，而且是互动的[9]。

语境在动态过程中生成，同时语境几乎能影响到语言各个层面。语境中部分能起决定作用的词语，直接影响人们对该话语的理解和对该句中其他语言成分的分析，如前文例（1）：

（1）A："我母亲有病，青光眼。医生说她一急就会失明。所以，我……"她的头低下去了。他看见她的黑头发在风中颤抖着。"我就一个人跑到那个传达室，给爸爸洗身上的血。"

B："好了［完结-消极］，别说了，"他轻声打断了她。

A："我用一块毛巾给爸爸洗身上的血。那血，那血——"

B："别说了！"他转过身去。（张承志《北方的河》）

在例（1）中，表示劝阻意义的"别说了"为"好了"提供了话语分析的语境，使"好了"具有消极意味。又如前文提到的例（8），也依赖语境中的相关信息获得含义：

（8）何老板见状，拍手道："好了［完成-积极］，这事就这么定了，明天，我就去给你们办过继的手续。老哥，恭喜你呀，喜得贵子，你老了就等着享福吧。"（《故事会》2005年2月）

后文的"恭喜"、"喜得贵子"等词语，提供了积极的语境信息。再如：

（18）做药就做药呗，又要挑日子，又要求吉利。这下好了吧［转换-消极］，自己拴个套儿，把自己给装进去了。要我说，这签丢得也好，签筒子都丢了才解气呢，省事儿啦！（陈建功《皇城根》）

（19）郭彩娣听完了，心中十分舒畅愉快，喘了一口气，兴奋地说："这回可好了［转换-积极］，沪江公私合营了，劳资关系比过去简单了，陶阿毛这个特务也抓到了，以后生活就好做了。"（周而复《上海的早晨》）

例（18）中，前文“又……又……”提供高量信息，后文“自己拴个套儿，把自己给装进去了”作为不如意的结果，提示整个话语在主观立场的转变。“这下好了吧”在主观立场上具有指向性评价，强调消极态度。例（19）中，通过前文“心中十分舒畅”、“兴奋”的提示，听话者可以判断出说话人的积极态度。此时，“这回可好了”便具有积极的转换功能。

（二）语境顺应性动态过程

在语言交际中，几乎任何语义表达和理解都体现了语义顺应性原则。语境的存在，时刻会引导激活交际者的认知推理力，致使在交际中超越语义本身而动态生成。刘丽艳指出，说话者话语意义的表达是对话语内容进行顺应性编码和解码的过程，而听话人，也是通过听到的言语信息对语言内容进行推导而认知言者的交际意图[10]。

“好”类话语标记在完结和转换功能中有可能体现出的“积极”、“消极”或“中立”三种不同的主观立场都是在语篇中为顺应语境生成的，充分体现了语境顺应性动态过程［dynamics of adaptability］。当脱离相关的语言语境时，“好了”和“好”类相关话语标记所具有的积极或消极的情感色彩便会自动消解。

以“好了”中的完结标记为例，如例（20）：

（20）好了［中立］，散会。

当不存在任何其他信息，只表示“会议结束”的情景时，无法推断说话人的主观倾向，是中立的。假如增加话语中其他标记成分，构成新的语境，“好了”就具有了主观倾向性：

（21）好了［积极］，终于散会了。

（22）好了［消极］，散会了，没能见到张教授。

例（21）中，副词“终于”表示最终达到目标，强调实现了长久期待的结果，使完结标记“好了”具有积极主观立场和语义态度。例（22）中，由于后文提供的信息传达了愿望未能达成的语义，所以“好了”显现消极的主观立场和语义态度。

五、总　结

“好了$_4$”具有完结和转换功能，“好了$_5$”只有转换功能，并以短语形式出现。“好了$_4$”的倾向性与其形式上是否重复相关，当“好了$_4$”以重复形式出现时，完结功能倾向于消极的劝阻义；当其单独出现，转换功能倾向于中立态度。对于“好了$_5$”中“这下（回）＋好了”、“时间词＋好了”两类，当“了”出现时，倾向于表示积极转换功能；当“了”省略时，倾向于表示消极转换功能；“好了$_5$”的“人称代词＋好了”类，均倾向于表示消极转换功能。

注释：

[1] 详见彭伶楠:《"好了"的词化、分化和虚化》,《语言科学》2005年第3期,第74页。

[2] 详见邵敬敏、朱晓亚:《"好"的话语功能及其虚化轨迹》,《中国语文》2005年第5期,第399～406页。

[3] 详见韩静:《语气词"好了"的语义与语用分析》,《南开语言学刊》2008年第2期,第105～111页。

[4] 详见张龙:《"好了"的语法化和主观化》,《汉语学习》2012年第2期,第62～67页。

[5] 关于话语标记定义的详细讨论见 D. Schiffrin, *Discourse Markers*, Cambridge: Cambridge University Press, 1987, pp. 31-41; L. J. Brinton, *The Comment Clause in English: Syntactic Origins and Pragmatic Development* (*Studies in English Language*), Cambridge: Cambridge University Press, 2008, p. 2857; B. Fraser, "What Are Discourse Markers?", *Journal of Pragmatics*, 31, 1999, pp. 931-952; B. Heine, "On Discourse Markers: Grammaticalization, Pragmaticalization, or Something Else?", *Linguistic*, 6, 2013, pp. 1205-1247; 董秀芳:《词汇化与话语标记的形成》,《世界汉语教学》2007年第1期,第50～60页; 冉永平:《话语标记 well 的语用功能》,《外国语》2003年第3期,第60页。

[6] 关于将语法的多样性和倾向性研究理论详见储泽祥:《在多样性基础上进行倾向性考察的语法研究思路》,《华中师范大学学报》2011年第2期,第91页。

[7] 由于作家个人写作习惯不同,有的作家把"好了,好了"写成"好了好了",但反应在口语中其实并无明显差别。本文在语料统计中将"好了好了"的语例归入"好了,好了"中一并讨论。

[8] 详见储泽祥:《在多样性基础上进行倾向性考察的语法研究思路》,《华中师范大学学报》2011年第2期,第91页。

[9] 相关论述详见 Firth, J. R., "The Technique of Semantics", *Transactions of the Philological Society*, 1, 1935, pp. 36-72; J. Verschueren, *Understanding Pragmatics*, Beijing: Foreign Language Teaching Research Press, 1999, pp. 187-198; M. A. K. Halliday, *An Introduction to Functional Grammar*, London: Edward Arnold, 1994, p. 4; 马伟林:《评价意义的语境依赖性和动态性》,《外语研究》2014年第6期,第14页。

[10] 见刘艳丽:《口语交际中的话语标记》,浙江大学博士学位论文,2005年,第17页。

【推荐人语】本文对共时层面上"好"类话语标记的语用功能、语义特点,以及语境中的多样性特征进行了描述和分析,并基于语料库的统计数据,对相关语言事实进行规律性总结和理论性阐释,深化了研究内容。文章选择在多样性基础上进行倾向性考察的研究思路,颇为契合研究对象的特性,值得肯定。文章搜集了大量的相关语料进行描写、分析,观点、结论具有较强的说服力和可信度。(曹海东)

从禅宗的发展史看其思想对当代社会的启示

陈 硕

（华中师范大学历史文化学院，湖北武汉，430079）

内容摘要：禅宗是佛教的一个重要宗派，它自创立之时，便以“不读佛经，不立文字”的特点独行于世，而后经过因缘际会传到中国，在中国落地生根发展壮大，成了中国佛教的一门重要宗派。本文将梳理禅宗的传播发展史，找寻它与中国本土文化的契合点，分析它在明清之际衰落的原因，进而探寻其思想带给当代社会的启示。

关键词：禅宗；发展；思想

禅宗的“禅”字，是印度梵语“禅那”的音译，意为静虑、思维修、摄念，也就是冥想。而冥想一词，则起源于印度的瑜伽，它是指通过打坐，排除心中的杂念，将意念集中在一处，进而使精神沉淀下来，心如止水，以获取宇宙间的终极真理。因此，禅宗最早脱胎于印度文化，是瑜伽文化与佛教思想结合的产物。

不同于中国的史官文化，印度的早期文化是通过当时的人们一代代口耳相传而流传于世的，因此缺乏文献的记载。释迦牟尼生前也并没有著写佛经的记载，再加上禅宗本身就倡导“以心传法，不立文字”，因而关于禅宗早期的记载是少之又少，我们只有从后世流传的佛经中，窥探到禅宗的起源传说。

一、禅宗的发展和传播史

据《大梵天王问佛决疑经》记载：“尔时大梵天王即引若干眷属来奉献世尊，于金婆罗华，各各顶礼佛足，退坐一面。尔时世尊即拈奉献金色婆罗华，瞬目扬眉，示诸大众，默然毋措。有迦叶破颜微笑。世尊言：‘吾有正法眼藏，涅槃妙心，即付嘱于汝。汝能护持，相续不断。时迦叶奉佛敕，顶礼佛足退。’”[1]这个典故，不仅记载了禅宗的起源，也留下了“拈花微笑”这个美丽的成语。而佛祖所传的禅意之精髓，其实也是后来的参禅者所追求的一种终极境界，即一种至为祥和、宁静、安闲、美妙的心境。这种境界只可意会，不可言传。这也就是为什么禅宗不立文字、以心传法的原因。

禅宗在印度经历了二十八代以后，由菩提达摩传到了中国，而菩提达摩也因此被尊称为东土第一代祖师，成为中国禅宗的始祖，故中国的禅宗又称达摩宗。达摩于中国南朝梁武帝时期航海到广州，并到南朝的都城建业面见梁武帝。梁武帝笃信佛教，因此当时的南朝社会也是佛教盛行。然而，当达摩与梁武帝面谈佛理时，却发现相互之间的观点并不契合。于是达摩便离开南朝，渡过长江，北上北魏都城洛阳。后来他来到嵩山，相传面壁九年，后遇慧可，遂传衣钵于慧可。菩提达摩一生传法的经历被后人所津津乐道，并演绎出了许多动人的传说，比如“一苇渡江”、“断臂求法”、“只履西归”等，也成了佛教的公案，散见于《碧岩录》、《景德传灯录》等佛教典籍中。

禅宗经二祖慧可、三祖僧璨、四祖道信、五祖弘忍等大力弘扬，传至六祖慧能时，终于一花五叶，盛开秘苑，成为中国佛教最大宗门。慧能对中国禅宗的最大贡献，是他开创了南派禅宗，创立了“直指人心，见性成佛”的顿教法门。慧能的禅宗思想集中体现在了慧能的弟子法海集录的一部经典《六祖坛经》（以下简称《坛经》）中。

慧能继承弘忍衣钵的经历，《坛经》将其描述成一个惊心动魄的故事。慧能原本是一个目不识丁的樵夫，因为听闻了金刚经后有所感悟，便投奔到弘忍门下修习佛法。而慧能凭借一首偈语诗打动了弘忍禅师，继承了六祖的衣钵。而后慧能南渡岭南，隐忍数年后出来弘法，遂创立了南传禅宗。这个典故经过《坛经》的演绎，已成了佛教史上的一段公案。其中慧能请人题在墙上的那一首偈语，则几乎成了禅宗的代表诗而流传千古：“菩提本无树，明镜亦非台。本来无一物，何处惹尘埃？”这首诗，也揭示了南传禅宗“顿悟”的本质内涵。自慧能以后，中国禅宗出现了“一花开五叶”的现象：“一花”指的是禅宗自达摩到慧能一脉相承，“五叶”是指慧能之后禅宗又分化出的五宗，分别是伪仰、临济、曹洞、法眼、云门五宗。后来，临济宗又衍化出黄龙、杨岐二派，所以又叫五家七宗。至此，禅宗在中国的发展进入了全盛时期，成了唐代佛教八大法门之一，长期以来和净土宗一起并称为佛教中的显宗。

禅宗为什么能够在中国异军突起，一跃而成了唐宋时期佛教的最大宗派，流行于华夏大地呢？具有如此强大生命力的禅宗又为什么会在明清时期逐渐地走向了没落，其显赫地位被净土宗取而代之呢？要了解这些问题，就先要探究禅宗的本质，以及它与中国文化的渊源和联系。

二、禅宗与中国文化的渊源

在佛教传入以前，中国思想文化领域占据统治地位的主要是儒家和道家思想。以孔、孟为代表的儒家思想，提倡把个人道德品格的修行与国家的治理相结合，提出了“修身、齐家、治国、平天下”的带有政治伦理色彩的思想理论，儒家思想也成了中国古代为人处世的一套标准行为准则。与之互补的是道家。以老庄为代表的道家思想，更注重人与自然的和谐关系，在治国理念上道家提倡“无为而治”，在个人修行上提倡“道法自然，清心寡欲”，因此方能“致虚极，守静笃”[2]。先秦庄子的道家思想，更是将人性关怀放到了至高无上的位置，为了能让内心完全绝对自由，庄子可以放弃世俗的功名利禄。长久以来，儒家和道家的思想一直影响着中国人的意识形态和价值观的构建：当一个人处于通达的顺境时，他注重儒家的修身齐家，以圣人的行为准则来约束自己，力求在一生中建功立业，成为被世人及后世敬仰的君子。而当一个人处于穷困的逆境时，充实他内心的则是道家的理念，老庄哲学“清静无为”的思想使其心态能够放得更加平和。此时，他的理想由成就功名转变成追求精神上形而上的愉悦和自由，而这正是道家思想对人生的贡献。纵观中国历史，但凡太平盛世，儒家思想就大行其道，人们以追求功名、建功立业为毕生理想，于是文学家和政治家辈出；而到了战争频繁的动荡时代，当追求事业的理想之火被残酷的社会现实所扑灭，人们转而投向道家寻找精神上安慰，于是在这个时期，一大批哲学家应运而生。这些政治家、思想家乃至哲学家们，又将儒道两家思想文化发扬光大，代代相传，使儒道文化构成了中国文化的坚固基石。

然而，儒道两家文化并没有解决人们所面临的终极问题："我从哪里来？要到哪里去？"这确是佛教传入之前中华文化的一大缺憾。儒家和道家虽然着眼点不同，但是它们有一个共同点，即关注的是人们应该如何度过有限的生命，而对于我们出生前以及过世后的世界，儒家以孔子一句"未知生，焉知死"[3]避而不谈，道家也仅仅是庄子的"回归自然"一笔带过。不仅是儒道两家，先秦诸子的百家争鸣中，也没有任何一家对此予以关注。墨家信奉鬼神，也仅仅是利用鬼神来推行其兼爱、非攻、尚贤等思想，没有对生死的哲学命题深入探讨。至于其他各家，更是避而不谈。然而，关于生与死的问题，却又是实实在在的。死亡随时都有可能降临到每个人头上，死后的世界对于生者来说是一个永恒的谜。因此，先秦诸子百家争鸣中所忽略的关于死亡的命题，注定是需要有人来填补的。佛教的传入，正好填补了这一空白。

佛教理论的基础是六道轮回和因果报应。佛教认为，一个有情生命的逝去并不代表其灰飞烟灭，他的神识依然存在，并且在天、人、阿修罗、畜生、恶鬼和地狱这六道中循环往复，生生不息。一个人的后世会投生到哪一个道，全凭他今世行善抑或作恶而产生的业报来决定的。佛教的理论首先是让世人了解到这个世界的"苦"，这个"苦"是我们自身的执念而形成的"集"，要熄"灭"这种苦难，就要寻找到解脱之"道"。佛教的终极目的就是要通过各种修习方法，能够让人们彻底脱离六道轮回的循环苦海，达到"不生不灭，恼烦不现，众苦永寂"的涅槃境界。当然，佛教理论非常庞复，笔者在这里仅能作简单概括。但是从佛教因果报应和六道轮回的理论基础可以看出，佛教有力地解答了儒道等本土哲学思想所不能解决的有关生死等人生的终极关怀的问题。因此，自佛教传入中国起，就深刻地影响了中国的社会和文化。诸如"世界"、"刹那"、"障碍"、"觉悟"、"因果"、"慈悲"、"不可思议"、"皆大欢喜"等现在司空见惯的常用词汇，都是在佛教传入后陆续出现的。佛教的典籍纷繁庞复，其理论框架具有极强的逻辑性和思辨性，这与注重感悟和直觉的中国传统儒道文化形成互补，对中国人价值观的构筑起到极大的完善作用。佛教的影响一方面是丰富了中国的语言文学，出现了诸如像《文心雕龙》一样体大精深的文学理论巨著，以及《西游记》这样伟大的神魔小说；另一方面，它还与儒道两家在漫长的时间里逐渐合流，为宋明理学家及心学家们提供了理论来源，使中国传统文化在宋朝以后得到转型和发展。因此，佛教思想和儒道二家思想一起，构成中国传统文化的有力基石。

魏晋南北朝时期，时局纷扰、战乱频繁，名士们纷纷趋附老庄无为的玄学思想，借以避世。而当时佛教性空之学颇为符合魏晋玄学的贵无思想，深受士大夫阶层的欢迎而迅速传播。除此以外，魏晋时期的佛教以译经为主，所译经典有《光赞般若》、

《维摩》、《宝积》、《涅槃》、《法华》等各部类经卷，出现了以鸠摩罗什为代表的著名翻译家。然而正因为佛家理论和佛教典籍的博大精深，致使佛教在传入中国很长一段时间里，仅仅是社会上层王公贵族们学习的专利，未能深入中国社会的方方面面，被普通百姓所接纳。禅宗的出现，则正好弥补了佛教的这一缺憾。

佛教的理论认为众生皆有佛性，但是如何发掘心中的佛性，佛教诸派法门各有见解。禅宗则认为人的自我本质在于自心。自心，从实质上说是本真之心，也称本心、真心，也就是佛性、真性。因此，禅宗在传法时讲"以心传心"，要弟子们自悟自解。从佛祖拈花、迦叶微笑的典故，我们也能得知禅宗的十六字真言中："不立文字，教外别传。直指人心，见性成佛。"禅宗有一部著名的书叫《指月录》，书中用手指和月亮来比喻文字和真理的关系。真理如同月亮，语言好比指向月亮的手指。我们的目的是要见到月亮，而不是拘泥于手指。禅宗以这样的比喻告诉世人，修习禅宗不能执着于文字，而要直面真理，回复到我们初始的、没有受到各种欲望和执着污染的清澈纯洁的本真。当我们寻觅到自我的本心本性，也就真正地获得了"觉悟"，从而"见性成佛"。

拥有自身价值观和哲学体系的禅宗，通过达摩传入中国之初，就显示了其特立独行的特点。在禅宗传入中国之前，修习佛法需要极为丰富渊博的知识和能力，不仅要博览群经，还要通识更多的语言。此外，修佛还需日日行持戒、拜佛、念经、布施等功德，以求圆满。这些繁文缛节，使得佛教对平民百姓关闭了大门，仅能在王公贵族等豪门之间小范围传播。但是禅宗，特别是慧能的南宗禅出现以后，这种局面得到极大改变。首先，禅宗的"不立文字"，将佛理从浩渺繁复的佛经中解放了出来，禅宗的修习者不需要再阅读大量的经书，一些文化程度及社会地位相对较低的人士也能够通过禅宗来修习佛法。其次，南北朝的中国正处于一个战争频繁、社会动乱的时期，百姓生活流离失所，儒教式微，人们正需要一种精神上的寄托。彼时正是老庄道家思想兴盛时期，从《老子》的"道可道，非常道"到《庄子》的"天籁之音"，道家思想也强调着一种形而上学的"自然本真"之道。自魏晋起，玄学盛行，当时的文人士大夫纷纷抛弃儒家的礼教思想，追求老庄"法天贵真"的道家思想，以求在这个纷乱的社会中能获得一种心理上的安慰。而这个时期传入中国的禅宗，其"不立文字，直指人心"的思想正好也契合了道家的玄学思想，因此也满足了当时失意的文人士大夫们的精神需求。第三，禅宗，特别是慧能的南宗禅强调"顿悟"，和北宗禅的渐修渐悟相比，南宗禅更是消解了时空的观念，强调了佛性的无差别。《坛经》有"佛法在世间，不离世间觉"[4]。因此，修习南宗禅，只要能做到心中有佛，有所顿悟，便能够立地成佛。在这个修习的过程中，修行者不仅不需要念经、拜佛、持斋，甚至都不用遵守佛教的戒律。所以，修习南宗禅的文人士大夫不仅能够在禅理中满足自己的审美情趣，也不需要告别美酒、美女等俗世间优厚的物质生活；而更多的底层百姓，也不需要放弃自己农耕、经商、读书等世俗工作，可以在"饥则吃饭，困则打眠，寒则向火，热则乘凉"[5]的世俗生活中也能够体验禅道，有立地成佛的可能。所以，它很快受到了社会各阶层人们的欢迎，迅速和普遍地流传开来，成为唐宋两代佛教中的显宗，甚至对唐宋的政治、文化、文学、哲学、建筑、美术、音乐等方方面面产生了重要而深远的影响。

然而元代以后，禅宗又在中华大地上迅速衰落，至明清时期，已然不成气候。其实纵观禅宗的发展史，我们也能够窥探出其衰落的原因。禅宗提倡“明心见性”、“自识本心”，强调不被外界所迷惑，破除“着相”的执着。这样的思想发展到后来，却走向了另一个极端。慧能的再传弟子义玄禅师抛出了“祖师和佛都不拜”，甚至提出了“逢佛见佛，见祖杀祖，逢罗汉杀罗汉”[6]，以至于发展到最后，许多禅师不守戒律，呵骂佛祖，乃至于“大言不惭”、“不持名节”、“逐势利”、“争人我”。也许有些高僧大德通过这些特立独行的行为示现世人不要着相，然而假如没有佛教所倡导的戒律，除开一些大彻大悟的高僧大德，又有哪位修佛人能够通过这些行为来理解佛教的真正意义呢？慧能在《坛经》里虽然淡化了戒律的影响，强调“无善无恶”，是为了让世人能够不拘泥于善恶之别，不落一边而超越善恶的认识。禅宗后来的发展，也许偏离了慧能大师的本意吧。与此同时，佛教中的另一法门净土宗通过诵念“南无阿弥陀佛”，以求得佛祖在临终时接引，以便往生西方极乐世界继续修行，乃至永无退转，最终成佛。相比较当时的禅宗，净土宗的修习更为简便易行，也更加平和，因而具备了广泛的群众基础，逐渐取代了禅宗的地位，成了佛教的第一大宗派。

三、“禅宗”思想对现代社会的启示

现代科技的飞速发展正急速地改变着我们的生活。为了适应这种改变，现代人不得不加快生活的脚步，这也会导致人的精神世界无法适应飞速的变化而缺乏安全感和归属感。于是，和南北朝时期的人相类，现代人也会从佛教上寻求一种精神寄托。然而，大多数人走向寺院面对佛像叩拜时，心里所想的往往都是请佛保佑实现自己的愿望，而不是佛祖的本意，即脱离苦海，走向彼岸。当然，也有一批人真正地修习佛法。他们在一些高僧大德的教导下，积极念佛、放生、持戒、行善，以求往生净土。可见现代社会的佛教界，依然是以净土宗为显宗的局面。

那么，禅宗是不是过时了呢？显然不是。纵观禅宗在中国的传播史和发展史，可以发现，禅宗其实是一种和中国传统文化，特别是道家文化息息相关的“中国化”的佛教。因此，现在也有人把禅宗称为“中国禅”或者“中国佛教”。禅宗思想已深入中国的骨髓，成为中国文化的一个重要组成部分。因此，在当代，发掘禅宗的文化意义，使其积极的价值意义发扬光大，不仅能够重振禅宗文化，也能够给现代社会的人以一定的启迪。

面对禅宗如何在现代社会中转型，许多有识之士提出了自己的观点。比如星云大师提出“人间佛教”说，耕云大师提出“安详禅”，净慧法师提出“生活禅”等。圣凯在《禅宗现代转型的原因与未来》中提出：“传统禅宗‘不立文字，教外别传’、顿悟成佛的宗旨，对于现代人来说，显得很难入门。而现代人禅修的要求，在于简易、容易入门，有次第可循，而要实现这一点，应该回归到禅宗本身寻找资源。”[7]因此，需要整理、研究有关禅法的经论典籍，也要重视实际禅修。前不久，上海市一家寺院开办短期禅修班，报名的学员通过参禅打坐，寻觅到一种清净自然的状态，而这种状态在他们的日常生活中是很难体会到的。

笔者认为，对于禅宗思想如何应用于现代社会，上海这家寺院的尝试能够给我们以一种启示。在现代社会纷繁复杂的生活中，我们的意识时时刻刻都在躁动不安，像猿猴不停地从这棵树爬到那棵树上，不能安安静静地待在一个地方；也像马儿一样不停地飞驰。禅宗把这种意识的状态叫“心猿意马”。而参禅，就是要使我们的心里能够定下来。正如唐玄奘法师上唐太宗的表文中所说：“制情猿之逸躁，系意马之奔驰。”[8]只有拴住了心猿意马，我们的本心才能够如同乌云散去后的月亮一样，光明而澄净。儒家经典《大学》有“知止而后有定，定而后能静，静而后能安，安而后能虑，虑而后能得”[9]，说的也是这个道理。由此，笔者想起治疗强迫症的“森田疗法”。面对这个西医西药都束手无策的精神疾病，禅宗却贡献出了自己的良方。“森田疗法”的本质在于，当强迫思维来袭时，面对其所带来的杂念，我们要把它当成存在的事物，去接受它的存在，单纯地观察和感知，不去回应也不去刻意压制。当病人领悟到这个层次以后，那些强迫思维就会如同乌云一样，自然而然地消散殆尽。这种疗法正是禅宗思想的体现，因为《坛经》说过，世界上一切事物的本质都是空性。当我们学会运用这种禅宗思维，就不用害怕强迫症来干扰自己内心的清净自性了。因此，要理解禅宗思想带给现代社会的启示，不必将其拘泥于禅宗典籍及高僧大德的言行，甚至也不必把它拘泥于佛教的范畴，而只要记住，不管遇到什么样的环境，只要能够意识到万物本空，意识到自己的内心永远存在着自性的心，就能够超脱一切外在的或者内心的障碍，直达自己心中的那份本真。

注释：

[1]［日］前田慧云、中野达慧：《卍续藏经》第八十七册，京都藏经书院。

[2]（魏）王弼注，楼宇烈校：《老子道德经注校释》，北京：中华书局，2008 年，第 35 页。

[3]（清）阮元：《十三经注疏》，北京：中华书局，1980 年，第 2499 页。

[4] 赖永海主编，尚荣译注：《坛经》，北京：中华书局，2010 年，第 57 页。

[5]（宋）密庵咸杰撰，松源崇岳、笑庵了悟，等编：《密庵和尚语录》，淳熙十五年（1188 年）刊行。

[6]（唐）慧然集：《镇州临济慧照禅师语录》一卷，万治三年（顺治十七年，1660 年）和刻。

[7] 圣凯：《禅宗现代转型的原因与未来》，《中国宗教》2012 年第 4 期，第 71 页。

[8]（唐）彦悰笺：《大唐大慈恩寺三藏法师传》卷九。慧立本。

[9]（清）阮元校刻：《十三经注疏》下册，北京：中华书局，1980 年，第 1673 页。

【推荐人语】该文从禅宗的发生入手，追溯其与中国文化的渊源，再论述它对现代中国社会的启示。文章论域虽稍嫌空泛，但作者论述并不浮泛，不仅议论时见精彩，逻辑也相当严谨，既有一定的学术价值，也有较高的现实意义，特此推荐。（王玉德）

从汉晋海洋文学作品看汉晋人海洋意识的转变

陈克标

（华中师范大学历史文化学院，湖北武汉，430079）

内容摘要： 汉代到两晋时期出现了一些以海洋为题材的文学作品。从内容上看，汉晋人继承了先秦的海洋神话思想，但从总的趋势上来看，其海洋神话色彩越来越淡，写实的成分越来越浓，表明汉晋之际人们的海洋意识有了根本性的转变，逐渐从对海洋的神话般的美好想象转变为对海洋的认识与开发。这种转变与人们生活环境的变化、航海技术的进步以及对外交流是分不开的。

关键词： 汉晋；文学；海洋意识；转变

自古以来，人们就对广袤无垠、神秘莫测的海洋充满了向往。时至今日，人类对海洋的探索依然很有限，更不用说在科技发展水平较为落后的古代社会了。东汉时期，出现了我国文学史上的第一篇海赋。到两晋时期，又陆续出现了一些海洋文学作品。从这些海洋文学作品中可以看出，魏晋时期，人们的海洋意识有了很大的转变。

一、汉魏晋时期的海赋

人类很早就开始关注大海，汉赋是汉代文学的代表，东汉时期班彪的《览海赋》可以说是第一篇把海洋作为主题的汉赋。作者从览海的起因开始，“余有事于淮浦，览沧海之茫茫。悟仲尼之乘桴，聊从容而遂行。驰鸿濑以缥骛，翼飞风而回翔”[1]。班彪因事到淮浦从而有机会看见茫茫大海，结合自己当时的际遇，作者感悟到孔子当年因理念不被采纳而萌生浮海的复杂心情。可以说前面六句为作者赞美大海作了很好的铺垫。那么大海在作者眼里有什么样的魅力呢？“顾百川之分流，焕烂漫以成章。风波薄其裔裔，邈浩浩以汤汤。指日月以为表，索方瀛与壶梁。”[2]在作者的想象中，百川东流共同奔向大海，波涛汹涌、浩浩荡荡，直指日月升起的地方，给人一种气势宏大的感觉。作者似乎觉得，借着流向天边的大海可以到达神仙的居所：“曜金璆以为阙，次玉石而为堂。蓂芝列于阶路，涌醴渐于中唐。朱紫彩烂，明珠夜光。松乔坐于东序，王母处于西箱。命韩众与岐伯，讲神篇而校灵章。”[3]这里描绘了神仙的生活场景：在金光闪闪、玉石为堂、仙草与甘泉遍地、明珠闪亮夺目的宫殿之中居住着赤松子、王子乔、王母、韩众和岐伯等神仙。接着作者幻想自己像神仙般驾龙遨游八方之后，到达天宫，经使者的引见，朝拜天帝。我们可以看出，《览海赋》除了开篇的几句起笔与描绘大海的壮丽之外，主要内容均与神话有关。

三国时期的王粲著有《游海赋》，开头说乘舟沿江到会稽，“登阴隅以东望，览沧海之体势。吐星出日，天与水际。其深不测，其广无臬，章亥所不极，卢敖所不届”[4]。王粲到会稽后东望大海，赞叹它深不可测、广阔无边，章亥和卢敖也不能探得其究竟。接着作者想象海中所藏匿之物，“或无气而能行，或含血而不食，或有叶而无根，或能飞而无翼。鸟则爰居孔鹄，翡翠鹔鷞，缤纷往来，沉浮翱翔。鱼则横尾曲头，方目偃颐，大者若山陵，小者重钧石”，然后写海中还有“大贝”、“玳瑁”，海上有星罗棋布的海岛，岛上“桂林藂乎其上，珊瑚周乎其趾，群犀代角，巨象解齿”[5]。这些是作者对大海情状的猜想，虽然所提及的东西不一定都会出现在会稽东部海域。此外，此赋的内容基本上不含神话因素。同时期的曹丕有《沧海赋》。从留存下来的内容上看，作者先是赞扬了大海一番，对大海是什么样的进行想象，也没有提及神话传说[6]。

两晋时期海赋作品较为丰富，其中木华的《海赋》被视为唐代以前海赋中的最高成就。作者的笔触从远古时期洪水泛滥开始，大禹治水成功，奔流不息汇聚成大海，成就了大海的“广”、“怪”和“大”，用了一百多字引出大海及《海赋》主题[7]。接着作者从“其为状也”、“其为广也”、“其为大也”，以及海上的怪事等方面描写大海。《海赋》用语生动，有学者评价说：“运用铺陈、渲杂、比拟、夸张等众多手法，全方位超时空描绘了大海的各个方面，文笔光昌流丽，音节自然和谐。”[8]赋的最后提到蓬莱仙山、“乔山之帝”以及和神仙一起生活等富有神话色彩的内容。

西晋潘岳著有《沧海赋》，开头应该有缺文，现存内容从描写大海之“状”开始。在作者眼中，大海“汤汤荡荡。澜漫形沉，流沫千里，悬水万丈。测之莫量其深，望之不见其广。无远不集，靡幽不通，群谿俱息，万流来同。含三河而纳四渎，朝五湖而夕九江”，接着的两句“阴霖则兴云降雨，阳霁则吐霞曜日”是海的天气变化。然后作者展开对海里和海上物产的猜想，其中有对真实情况的描写，如“煮水而盐成，剖蚌而珠出”；也有神话中才会出现之物，如“其中有蓬莱名岳，青丘奇山”。最后，作者回到对大海全局的感观上结束全文，“详察浪波之来往，遍听奔激之音响。力势之所回薄，润泽之所弥广。普天之极大，横率土而莫两”[9]。

东晋的庾阐有《海赋》。从所写的内容上看，庾阐的《海赋》与木华的《海赋》类似，只是篇幅不及后者。同时期的孙绰有《望海赋》，也采用的是写实与神话幻想相结合的方式。

二、汉魏晋海赋对神话的传承与其海洋意识的转变

汉魏晋的海赋之中神话色彩最浓的是东汉班彪的《览海赋》。作者除了开头引入海的主题以及简约的几句描写后，就开始描绘想象中的海上仙境，其中提到众多神话人物。在神仙的生活场景中有赤松子、王子乔、王母、韩众、岐伯等。赤松子，《汉书·古今人表》“帝喾师”[10]，《楚辞·远游》中有：“闻赤松之清尘兮，愿承风乎遗则”[11]，《韩非子·解老》中也有：“赤松得之，与天地统。”[12]王子乔，《列仙传》中

记载："周灵王太子晋也。好吹笙作凤凰鸣。游伊洛间，道士浮丘公接上嵩高山。"[13]《楚辞·远游》曰："轩辕不可攀援兮，吾将从王乔而娱戏。"[14]就像《览海赋》一样，松、乔二者已经一起出现在东汉之前的文献当中。如《战国策·秦策》中记载："让贤者授之，必有伯夷之廉；长为应侯，世世称孤，而有乔、松之寿。"[15]这里的乔与松应该就是王子乔与赤松子。《淮南子·齐谷训》中曰："今夫王乔、赤诵子，吹呕呼吸，吐故纳新，遗形去智，抱素反真，以游玄眇，上通云天。"[16]可以说，赤松子和王子乔都是战国之前或传说或真实的人物；到了战国至西汉时期，二者成为常常一起出现的神话人物。东汉班彪继承了这一神话传说。

班彪所提到的王母应当是神话人物西王母。《山海经·西山经》中记载："玉山，是西王母所居也。西王母其状如人，豹尾虎齿而善啸，蓬发戴胜，是司天之厉而五残。"[17]这里西王母的半兽人形象以及"五刑残杀"的司职，与《览海赋》中仙境的意境不相符，班彪想象中的王母形象应该不是出自于此。《史记·赵世家》司马贞《索引》中有："穆天子传曰：'穆王与西王母，觞于瑶池之上，作歌'，是乐而忘归也。"[18]这里的西王母已经摆脱了半兽人的形象，成了一个可以让周穆王乐而忘归的贵妇人。《穆天子传》中西王母更是说自己是帝女。《淮南子·览冥训》中记载："譬若弄请不死之药于西王母，姮娥窃以奔月。"[19]这里的西王母明显是个女神的形象。此外，汉代的文献资料与文物资料中也多有提及西王母，可以说汉代民间有着广泛的西王母崇拜。

《览海赋》中的韩众是在《楚辞》与《列仙传》中均有记载的仙人，岐伯是传说中黄帝时期著名的医家。《览海赋》最后拜天帝的场景描写中，天阍是传说中天帝的守门人，阊阖则是天门[20]。所以，班彪此文是根据当时流传的神话传说，以描写海上仙境为主的作品。同时应该注意到，文中所提仙境的地址方瀛两山确是传说中海上的仙山，但是山中的仙却是传说中长年活动于中原，甚至是西边昆仑山上的人物。似乎作者所处的年代，海上有什么样的神仙并没有丰富的神话传说可供其所书。但是秦皇汉武海外求不死药的故事说明时人以为海上的神祇善于制造长生不老的仙药，所以作者把陆上善于长寿养生的神祇韩众、岐伯，以及当时流传较广的松、乔、西王母等引入海上的仙境之中，也就是把传承于东汉之前的神话人物与海上仙境相结合。

魏晋时期王粲所作的《游海赋》只提及章、亥这两个传说中人物。我们知道，太章和竖亥是远古时期的两个善走之人。《淮南子·坠形训》中记载："禹乃使太章步自东极至于西极，二亿三万三千五百里七十五步。使竖亥步自北极至于南极，二亿三万三千五百里七十五步。"[21]王粲提到他们只是意在形容大海之宽广而非有意谈神话。但是王粲在《白鹤赋》中却说："接王乔于汤谷，驾赤松于扶桑。"[22]这并不能说明王粲认为海上有神祇，也可以解释为作者为了赞美白鹤这个主题而采用的手法。就《游海赋》而言，大海的壮阔以及对大海丰富真实物产的好奇，胜过了作者对海上仙境的向往。

曹丕的《沧海赋》可以说和神话没有什么关系。虽然此赋似乎并没有完整地保存下来，但根据《三国志·魏书·方技传》注引东阿王辩道论可知，曹氏父子谈到瀛洲山的神仙和海岛上求安期时"咸以为调笑，不信之矣"，为防谈论海上神仙的方士

“行妖慝以惑民”而“集之于魏国”[23]。曹丕在他的诗《折杨柳行》中还说道：“王乔假虚辞，赤松垂空言。”[24]所以，曹丕《沧海赋》全文中应该没有提及海上的神话内容，曹氏父子根本就不信海上有神仙。另一方面，曹氏政权为防这些谈论海上仙山、长生不死的方士妖言惑众，而把他们集于魏国，也说明了这些人的言论在当时有一定的市场。《三国志·魏书·华佗传》注引曹丕《典论》曰：“颍川郤俭能辟谷，饵伏苓。甘陵甘始亦善行气，老有少容。庐江左慈知补导之术。并为军吏。初，俭之至，市伏苓价暴数倍。议郎安平李覃学其辟谷，餐伏苓，饮寒水，中泄利，殆至陨命。后始来，众人无不鸱视狼顾，呼吸吐纳。军谋祭酒弘农董芬为之过差，气闭不通，良久乃苏。……刘向惑于鸿宝之说，君游眩于子政之言，古今愚谬，岂唯一人哉。”[25]所以，对于海上是否有神仙，三国时期应该有不少人还是持肯定态度的，但同时也有很多人持怀疑甚至是否定的态度。可以说，三国时期人们的海洋意识正处于从神话到现实的转变当中。

两晋时期木华的《海赋》中也有一些神话色彩。作者在描写负罪之人出海会遇到灾祸时，提到“海童”、“马衔”、“天吴”、“蝄像”、“裸人”国、“黑齿”国等人物或地名，想象出人意料，富有神异色彩。此赋的最后一部分继承了前代海上仙境的描写，先是交代了地点和人物，“觌安期于蓬莱，见乔山之帝像”；然后开始描写仙境，“群仙缥眇，餐玉清涯。履阜乡之留舄，被羽翮之襂纚。翔天沼，戏穷溟；甄有形于无欲，永悠悠以长生”[26]。最后的这段仙境描写与班彪类似，可说是继承了前代的海上神话思想。但总的来说，此赋的神话内容仅占全文的很小一部分，其主要内容还是木华运用自己丰富的知识对大海的写实性描写。

潘岳的《沧海赋》中提到的神话仙境有“蓬莱”山和“青丘”山，提到的神话动物有“螣蛇”、“玄螭”、“赤龙”、“鹔鹴”，但这些也只占全文的小部分，大部分内容也是写实的。庾阐的《海赋》和孙绰的《望海赋》中，神话动物也只占很小的一部分。

从纵向来看，魏晋之前人们对大海多是停留在不切实际的带有神话色彩的想象当中。先秦的著作《庄子》开篇就对大海展开神话想象。《山海经》中有大量的海上神山、异兽，以及神异之国和外形怪异的国民的描写。当时大多数人基本没有机会看见海，对海洋的了解极其有限。可以说，越是不了解海洋，就越会对其产生不切实际的想象。秦汉时期，秦始皇与汉武帝皆热衷于到海上访仙求不死仙药，“上有好者，下必有甚焉者矣”[27]。帝王与知识分子都对海上有神仙笃信至此，普通民众应该也是认为海上的某处有神仙。东汉时期著有第一篇海赋的班彪，从现存的文句上看，也多是停留在对海洋的神话想象上，没有涉及多少实际内容。魏晋时期，人们对海洋的观念则有明显的不同，对海洋的注意力已经集中于对辽阔海洋的赞叹以及对海上丰富真实物产的好奇。换句话说，魏晋时期，人们的海洋意识已经从神话走向现实。

三、魏晋海洋意识转变的原因

“作为观念形态的文艺作品，都是一定的社会生活在人类头脑中的反映的产物。”[28]汉魏晋时期的海洋文学作品是当时社会生活在人类头脑中的反映。那么为什么魏晋时期人们的海洋意识发生了转变呢？当时人们的社会生活发生了很大的变化是其中最重要的原因。具体而言：

第一，生活环境的变化。先秦时期，人们主要生活在内陆。秦汉时期，政治和经济中心在北方，中原是当时最发达的地方，而沿海和南方还有很多地方还处于未开化的状态。国都长安、洛阳又是处于远离大海的地方，再加上农耕社会对人们的活动范围有很大的制约。可以说，当时的绝大部分社会精英一辈子都没机会见到大海。所以，当时人们对大海更多的是不切实际的幻想，探索、了解海洋的意识较为淡薄。三国两晋时期则不同，那是个长年军阀割据的年代，经济重心也开始逐渐南移，南方的人口也迅速增加，南方沿海地区越来越发达。越来越多的社会精英生活在离海较近的地方。处于南方的割据政权的政治经济中心更是离海不远，人们有很多机会了解海洋，探索海洋。

第二，航海技术的进步。航海技术是探索海洋必须解决的技术问题。当时的造船业很兴旺发达。据《三国志·吴书·三嗣主传》记载，吴主孙皓投降时，王濬收得“舟船五千余艘”[29]。另据《三国会要》记载，东吴有船可“载坐直之士三千人”[30]。有如此巨大的船和庞大的船队，可见东吴具有优秀的造船能力。而偏安江南的东吴尚且如此，之后两晋的造船能力自然不会差。海上航行，尤其是远洋航行需要有充足的物资储备，而大船可容纳很多物资，也就为人们进行远洋航行提供了生活上的保障。另一方面，三国时期的风帆技术有了很大进步。三国东吴万震《南州异物志》中记载：“外徼人随舟大小，或作四帆，前后沓载之。有卢头木叶，如牖形，长丈余，织以为帆。其四帆不正，前向皆使邪移相聚，以取风吹。风后者激而相射，亦并得风力，若急则随宜增减之。邪张相取风气，而无高危之虑，故行不避迅风激波，所以能疾。”[31]从万震所述可以看出，三国时期人们已经掌握了打偏风前进的航海技术。我们知道，海上航行时真正顺风的机会是很少的，大多是偏风，而掌握了这一技术无疑能大大地增加时人航海的机会。再加上当时海上导航技术已趋成熟，航海对魏晋人来说已经没有技术上的障碍了。

除了掌握足够的航海技术之外，航海的普及程度也很高。相对于秦汉时期，三国魏晋时期以平民为主体的海上航行越来越频繁。黄巾起义爆发时，邴原出海避难，“原将家属入海，住郁洲山中。时孔融为北海相，举原有道。原以黄巾放盛，遂至辽东”[32]。战乱时有很多人像邴原一样走海路逃难。如《魏书·管宁传》引文中有：“越海避难者，皆来就之而居，旬月而成邑。”[33]可见，当时人们是单独且陆陆续续地出海。这种现象前所未有。大量的居民参与航海，必然会使海上航行的方法越来越普及，航海技术也越来越成熟。

第三，对外交流。东汉以后，中日交流越来越频繁。《后汉书·东夷传》记载：“建武中元二年，倭奴国奉贡朝贺，使人自称大夫，倭国之极南界也。光武赐以印绶。安帝永初元年，倭国王帅升等献生口百六十人，愿请见。”[34]这是史籍所载日本第一次派使者到中国的记录，当时是刘秀在位的最后一年，即公元 57 年。公元 107 年，当时的日本倭奴国又派遣使者前来。曹魏时期，中日的来往更加频繁。景初二年

(238)，“倭女王遣大夫难升米等诣郡，求诣天子朝献”[35]。正始四年（243），“倭王复遣使大夫伊声耆、掖邪狗等”来魏[36]。曹魏也派遣使者到日本。正始元年（240），“太守弓遵遣建中校尉梯俊等奉诏书印绶诣倭国，拜假倭王，并赍诏赐金、帛、锦罽、刀、镜、采物，倭王因使上表答谢恩诏”[37]。正始六年（245），“诏赐倭难升米黄幢，付郡假授”[38]。正始八年（246）日本内乱，“倭女王卑弥呼与狗奴国男王卑弥弓呼素不和”，双方都派遣使者到曹魏“说相攻击状”，曹魏则“遣塞曹掾史张政等因赍诏书、黄幢，拜假难升米为檄告喻之”[39]。两晋时期中日也有交流往来。同时，三国时期的东吴具有丰富的南洋探索和交流经验[40]。从东汉到两晋的频繁的中外交流，使人们的海洋神话观念越来越淡薄。正如孙光圻所说：“由于大批秦汉人移居日本列岛，因此，对该域的地理位置与风土人情也逐渐明晓。自此以后，有关‘三神山’的迷雾扫除一空。”[41]

注释：

[1]（唐）欧阳询：《艺文类聚·水部上》，《艺文类聚》卷八，上海：上海古籍出版社，1982年，第152页。

[2]（唐）欧阳询：《艺文类聚·水部上》，《艺文类聚》卷八，上海：上海古籍出版社，1982年，第152页。

[3]（唐）欧阳询：《艺文类聚·水部上》，《艺文类聚》卷八，上海：上海古籍出版社，1982年，第152页。

[4]（唐）欧阳询：《艺文类聚·水部上》，《艺文类聚》卷八，上海：上海古籍出版社，1982年，第152页。

[5]（唐）欧阳询：《艺文类聚·水部上》，《艺文类聚》卷八，上海：上海古籍出版社，1982年，第152～153页。

[6]（唐）欧阳询：《艺文类聚·水部上》，《艺文类聚》卷八，上海：上海古籍出版社，1982年，第153页。

[7]（南朝梁）萧统：《文选·赋己·江海》，《文选》卷一二，上海：上海古籍出版社，1986年，第543～544页。

[8] 谭家健：《汉魏六朝时期的海赋》，《聊城师范学院学报》（哲学社会科学版）2000年第2期，第84～89页。

[9]（唐）欧阳询：《艺文类聚·水部上》，《艺文类聚》卷八，上海：上海古籍出版社，1982年，第153～154页。

[10]（汉）班固：《汉书·古今人表》，《汉书》卷二〇，北京：中华书局，1962年，第874页。

[11]（宋）洪兴祖：《楚辞补注·远游》，《楚辞补注》卷五，北京：中华书局，1983年，第164页。

[12]（战国）韩非著，陈奇猷校注：《韩非子新校注·解老》，《韩非子新校注》卷六，上海：上海古籍出版社，2000年，第411页。

[13] 王叔岷校笺：《列仙传校笺·王子乔》，《列仙传校笺》卷上，北京：中华书局，2007年，第65页。

[14]（宋）洪兴祖：《楚辞补注·远游》，《楚辞补注》卷五，北京：中华书局，1983年，第166页。

[15]（汉）刘向编，范祥雍、范邦瑾笺证：《战国策笺证·秦策三》，《战国策笺证》卷五，上海：上海

古籍出版社,2006年,第361页。

[16](汉)刘安编,何宁集释:《淮南子集释·齐俗训》,《淮南子集释》卷一一,北京:中华书局,1998年,第797页。

[17]袁珂校注:《山海经校注·西山经》,《山海经校注》卷二,北京:北京联合出版公司,2014年,第45页。

[18](汉)司马迁:《史记·赵世家》,《史记》卷四三,北京:中华书局,1982年,第1779页。

[19](汉)刘安编,何宁集释:《淮南子集释·览冥训》,《淮南子集释》卷六,北京:中华书局,1998年,第501页。

[20](宋)洪兴祖:《楚辞补注·远游》,《楚辞补注》卷五,北京:中华书局,1983年,第168页。

[21](汉)刘安编,何宁集释:《淮南子集释·坠形训》,《淮南子集释》卷四,北京:中华书局,1998年,第321页。

[22](唐)欧阳询:《艺文类聚·鸟部上》,《艺文类聚》卷九〇,上海:上海古籍出版社,1982年,第1567页。

[23](晋)陈寿:《三国志·魏书·方技传》,《三国志》卷二九,北京:中华书局,1982年,第805页。

[24]逯钦立:《魏诗·魏文帝曹丕》,《先秦两汉魏晋南北朝诗》卷四,北京:中华书局,1988年,第394页。

[25](晋)陈寿:《三国志·魏书·方技传》,《三国志》卷二九,北京:中华书局,1982年,第805页。

[26](南朝梁)萧统:《文选·赋己·江海》,《文选》卷一二,上海:上海古籍出版社,1986年,第551页。

[27](清)集循编著:《孟子正义·滕文公上》,《孟子正义》卷一〇,北京:中华书局,1987年,第330页。

[28]毛泽东:《在延安文艺座谈会上的讲话》,《毛泽东选集》,北京:人民出版社,1991年,第860页。

[29](晋)陈寿:《三国志·吴书·三嗣主传》,《三国志》卷四八,北京:中华书局,1982年,第1177页。

[30](清)杨晨:《三国会·要兵》,《三国会要》卷一七,北京:中华书局,1956年,第311页。

[31](宋)李昉,等:《太平御览·舟部四》,《太平御览》卷七七一,北京:中华书局影印本,第3419页。

[32](晋)陈寿:《三国志·魏书·邴原传》,《三国志》卷一一,北京:中华书局,1982年,第350页。

[33](晋)陈寿:《三国志·魏书·管宁传》,《三国志》卷一一,北京:中华书局,1982年,第354页。

[34](南朝宋)范晔:《后汉书·东夷列传》,《后汉书》卷八五,北京:中华书局,1965年,第2821页。

[35](晋)陈寿:《三国志·魏书·乌丸鲜卑东夷传》,《三国志》卷三〇,北京:中华书局,1982年,第857页。

[36](晋)陈寿:《三国志·魏书·乌丸鲜卑东夷传》,《三国志》卷三〇,北京:中华书局,1982年,第857页。

[37](晋)陈寿:《三国志·魏书·乌丸鲜卑东夷传》,《三国志》卷三〇,北京:中华书局,1982年,第857页。

[38](晋)陈寿:《三国志·魏书·乌丸鲜卑东夷传》,《三国志》卷三〇,北京:中华书局,1982年,第857页。

[39]（晋）陈寿:《三国志·魏书·乌丸鲜卑东夷传》,《三国志》卷三〇,北京:中华书局,1982年,第857～858页。

[40]参看（晋）陈寿:《三国志·吴书·吴主传》,《三国志》卷四七,北京:中华书局,1982年。

[41]孙光圻:《中国古代航海史》,北京:海洋出版社,1989年,第159页。

【推荐人语】我国是一内陆型的农业大国,在其五千多年文明的进程中,关于海洋的认识较晚。陈克标将汉晋时期有关描写海洋的文学作品纳入历史研究的领域,以此来探讨魏晋人在海洋意识上的转变。该论文通过深入的考察,揭示出先秦和秦汉时期,人们对于海洋的认识主要是停留在一个神秘莫测的印象里。而与此不同,魏晋人则开始以实际行动来探索海洋,在赞叹大海的波澜壮阔的同时,也越来越了解海洋和海外的世界,逐渐摆脱了对海洋的神话幻想而转向了对海洋的实际利用和开发。（熊铁基）

《华中学术》来稿注意事项

《华中学术》为华中师范大学文学院发表学术论文的园地以及开展学科建设和学术交流的平台，由文学研究所主持，欢迎学界同仁赐稿。有关事项说明如下：

一、所有来稿请遵守学术规范和学术道德，请勿一稿两投。因编辑人员全为兼职，人手有限，所有来稿均不退稿，请自留底稿。来稿若两个月内未接到用稿通知，可自行处理。

二、一般稿件篇幅以一万五千字以内为宜，特别约稿可在两万字左右。所有稿件一式两份，一份为纸质文本，一份为电子文本，如果有特殊字符（古文字、国际音标等），请同时附上 PDF 格式文件。

纸质文本请寄：

430079 武汉市洪山区华中师范大学文学院《华中学术》编辑部

余祖坤　收，联系电话：15927002405

电子文本请寄：

huazhongxueshu@163.com

三、稿件首页包括题目、作者、作者单位、论文摘要、关键词；结尾处写明作者通讯处（包括邮编、作者地址、电话号码、电子邮箱等）。

四、来稿采用尾注。具体引文注释格式举例如下：

甲、中文非连续出版物

（一）普通图书

（1）专著

标注顺序：责任者/书名/出版地/出版者/出版年/页码（连续页码之间用波浪线连接）。注意：注释中的中文字体一般使用宋体，下同。例如：

[1] 张舜徽：《中国古代史籍校读法》，武汉：华中师范大学出版社，2004 年，第 52 页。

[2] 张三夕主编：《中国古典文献学》，武汉：华中师范大学出版社，2003 年，第 25～26 页。

外国人的中译本著作标注顺序：[国籍] /责任者/书名/译者/出版地/出版者/出版年/页码。例如：

[3] [德] 黑格尔：《逻辑学》上卷，杨一之译，北京：商务印书馆，1976 年，第 30～35 页。

[4] 参见 [德] 恩格斯：《自然辩证法》，北京：人民出版社，1971 年，第 21 页。

（2）专著中析出文献

标注顺序：析出责任者/析出文献题名（或篇名）/原文献责任者（与析出责任者

同为一人的，可不写）/原文献题名/出版地/出版者/出版年/页码。例如：

[1]［荷］杜威·佛克马：《走向新世界主义》，王宁、薛晓源编：《全球化与后殖民批评》，北京：中央编译出版社，1998年，第247～266页。

[2]范文澜：《论中国封建社会长期延续的原因》，《范文澜历史论文选集》，北京：中国社会科学出版社，1979年，第41页。

[3]章太炎：《俱分进化论》，《章太炎全集》四，上海：上海人民出版社，1985年，第391页。

（二）古籍

（1）古代出版的古籍一般应标注朝代名/责任者/书名/卷次/版本，或责任者/篇名/书名/卷次/版本。例如：

[1]（晋）慧远：《沙门不敬王者论》，《弘明集》卷五，碛砂藏本。

[2]（宋）杨时：《陆少卿墓志铭》，《龟山集》卷三十四，《四库全书》本。

[3]（宋）王应麟：《考史》，《困学纪闻》卷十一，清嘉庆十八年扫叶山房刊本。

（2）现代出版的标点本或校注本古籍应标注责任者/篇名/书名/全集名/卷次/出版地/出版者/出版年/页码。例如：

[1]（清）钱大昕：《汉书王子侯误字》，《十驾斋养新余录》卷中，《钱大昕全集》第7册，南京：江苏古籍出版社，1997年，第574页。

[2]（清）张廷玉，等：《明史·艺文志序》，《明史》卷九十六，北京：中华书局，1974年，第2344页。

（3）地方志前一般应标明编修或刊刻年代。例如：

[1]（明）正德《建昌府志》卷十五，上海：上海古籍书店，据天一阁明正德刻本影印，1964年。

乙、中文连续出版物

（一）期刊

标注顺序：责任者/篇名/期刊名/年期/页码。例如：

[1]李炳海：《〈离骚〉抒情主人公的配饰意象》，《华中师范大学学报》2008年第5期，第94～99页。

（二）报纸

标注顺序：责任者/篇名/报纸名/出版年月日/版面数。例如：

[1]邢宇浩：《文津阁〈四库全书〉刊行》，《光明日报》2005年12月23日，第1版。

[2]孙钦善：《魏建功先生与古典文献学专业》，《中华读书报》2001年6月20日，第11版。

丙、外文文献

（一）专著

标注顺序：责任者/书名（斜体，实词首字母大写）/出版地/出版者/出版年/页码（单页码标注如：p. 6；连续页码标注如：pp. 123-126）。注意：注释中的外文一般使用Times New Roman字体，下同。例如：

[1] J. J. Phillips, *Handbook of Training Evaluation and Measurement Methods*,

Houston，TX：Gulf Publishing，1991，p. 10.

［2］R. J. Montgomery，*Examinations：An Account of Their Evolution as Administrative Devices in England*，London：Longmans Press，1965，pp. 17-43.

（二）期刊

标注顺序：责任者/篇名（加引号，正体，实词首字母大写）/期刊名（斜体，实词首字母大写）/年期（期在前，年在后）。例如：

［1］J. H. Greehaus，"Sources of Conflict between Work and Family Roles"，*Academy of Management Review*，10，1985.

（三）专著中析出文献

标注顺序：析出责任者/析出文献题名（或篇名，加引号，正体，实词首字母大写）/In/原文献责任者/原文献题名（斜体，实词首字母大写）/出版地/出版者/出版年/页码。例如：

［1］L. Weinstein，M. N. Swertz，"Pathogenic Properties of Invading Microorgnism"，In W. A. Sodeman，Jr. W. A. Sodeman，*Pathologic Physiology：Mechanisms of Disease*，Philadelphia：Saunders，1974，pp. 745-772.

丁、参考文献及带有说明意思的注释体例

例如：

［1］参见《上海总商会概况》，上海总商会 1928 年编印本。

［2］参见陈晋：《文人毛泽东》，上海：上海人民出版社，2005 年。这些"读报诗"主要是有感而发的政论，如："遍找全球侵略者，仅余此地一孤家。""人人尽说西方好，独惜神州出蠢虫。""新闻多多寻常出，独有今年出得殊。"主题与同时期写作且公开发表的《七律·和郭沫若同志》、《卜算子·咏梅》、《七律·冬云》等一致，但情露意粗，毛本人不愿正式公开发表。

戊、电子文献

除注明上述要求的各项内容外，还应加引用日期、获取和访问路径。例如：

［1］王建辉：《出版业的文化诉求：呼唤编辑大师》，《编辑之友》2007 年第 4 期。［2008 年 9 月 29 日］http://www.pubhistory.com/img/text/2/2272.htm.

［2］聂震宁：《文化软实力与文化硬实力》。［2008 年 10 月 14 日］http://www.sinobook.com.cn/press/newsdetail.cfm?iCntno=6967.

己、专利文献

有通过纸质文本获取和通过其他路径获取两种。应写明专利申请者或所有者、专利题名、专利号、公告日期或公开日期、引用日期、获取和访问路径。例如：

［1］姜锡洲：《一种温热外敷药制备方案》，中国，88105607.3，1989 年 7 月 26 日。

［2］西安电子科技大学：《光折变自适应光外差探测方法》，中国，01128777.2，2002 年 3 月 6 日。［2002 年 5 月 28 日］http://211.152.9.47/sipoasp/zljs/hyjs-ys-new.asp?recid=01128777.2&leixin=0.

庚、转引文献及其他注意事项

凡引文不是出自原文献，或找不到原文献而是通过他人论著转引，均须注明转引出处，不能把转引文献当作原始文献来引用。例如：

[1]《中国古籍善本书总目》收录善本标准，转引自程千帆、徐有富：《校雠广义》（版本编）第2版，济南：齐鲁书社，1998年，第289～290页。

凡只通过中文译文来引用的外文文献，须注明中文译文的出处，不得直接注明引自外文文献。

[2] 丁韪良：《古代中国的外交》，转引自汪晖：《现代中国思想的兴起》上卷第二部《帝国与国家》，北京：生活·读书·新知三联书店，2015年，第711～712页。

凡同一文献在一篇文章中不同地方引用，不采用合注，例如：

[1]、[5] 张舜徽：《中国古代史籍校读法》，武汉：华中师范大学出版社，2004年，第52页；第43页。

应采用分注，以便校对，例如：

[1] 张舜徽：《中国古代史籍校读法》，武汉：华中师范大学出版社，2004年，第52页。

…… ……

[5] 张舜徽：《中国古代史籍校读法》，武汉：华中师范大学出版社，2004年，第43页。

《华中学术》编辑部

2016年1月